教育伦理研究

第一辑

主　编：王正平

本辑主编：何云峰

华东师范大学出版社

图书在版编目(CIP)数据

教育伦理研究. 第1辑/王正平主编. —上海:华东师范大学出版社,2014.8
ISBN 978-7-5675-2451-4

Ⅰ.①教… Ⅱ.①王… Ⅲ.①教育学-伦理学-研究
Ⅳ.①G40-059.1

中国版本图书馆 CIP 数据核字(2014)第 185428 号

教育伦理研究(第一辑)

主　　编	王正平
本辑主编	何云峰
策　　划	王　焰
责任编辑	金　勇
责任校对	成毕君
装帧设计	崔　楚
出版发行	华东师范大学出版社
社　　址	上海市中山北路 3663 号　邮编 200062
网　　址	www.ecnupress.com.cn
电　　话	021-60821666　行政传真 021-62572105
客服电话	021-62865537　门市(邮购)电话 021-62869887
地　　址	上海市中山北路 3663 号华东师范大学校内先锋路口
网　　店	http://hdsdcbs.tmall.com
印 刷 者	上海商务联西印刷有限公司
开　　本	787×1092　16 开
印　　张	23.25
字　　数	365 千字
版　　次	2014 年 10 月第 1 版
印　　次	2014 年 10 月第 1 次
印　　数	2100
书　　号	ISBN 978-7-5675-2451-4/G·7570
定　　价	58.00 元
出版人	王　焰

(如发现本版图书有印订质量问题,请寄回本社客服中心调换或电话 021-62865537 联系)

《教育伦理研究》编辑委员会

学术顾问

陈 瑛 唐凯麟 朱贻庭

主 任

王正平 钱焕琦

副 主 任

卫建国 王本陆 王泽应 王淑芹
李忠军 李 萍 曾建平

编 委(以姓氏笔画为序)

卫建国(山西师范大学)

卫荣凡(广西教育学院)

马永庆(山东师范大学)

王正平(上海师范大学)

王本陆(北京师范大学)

王国聘(南京晓庄学院)

王泽应(湖南师范大学)

王晓阳(清华大学)

王淑芹(首都师范大学)

邓安庆(复旦大学)

田鹏颖(沈阳师范大学)

史秋衡(厦门大学)

朱 平(安徽师范大学)

刘铁芳(湖南师范大学)

江雪莲(华南师范大学)

杜时忠(华中师范大学)

李 玢(闽南师范大学)

李 萍(中山大学)

李忠军(东北师范大学)

何云峰(上海师范大学)

余玉花(华东师范大学)

金生鈜(浙江师范大学)

林 滨(中山大学)

贾新奇(北京师范大学)

钱焕琦(南京师范大学)

韩跃红(昆明理工大学)

曾建平(井冈山大学)

靖国平(湖北大学)

管向群(江苏第二师范学院)

主 编:王正平

本辑主编:何云峰

目录

编者的话 / 1

教育伦理专题研究

·教育伦理与师德治理·

教育伦理、教育政策与师德治理(王正平) / 3
教师职业道德评价:治标与治本(钱焕琦) / 7
重铸教育之魂(王本陆) / 12
建立和完善教育伦理与教师道德之间的中介架构(何云峰) / 16
遵师道以安身立命,铸师德以教书育人——关于师道与师德内涵本质的思考(王泽应) / 22
走出教育自由悖论的阴影(余玉花) / 26

教育伦理理论研究

教育基本善事物及其意义——基于教育正义的思考(金生鈜) / 35
自由:教育的伦理之维(王　燕) / 53
教育善与教育伦理建设的两个向度(糜海波) / 61
关于教学伦理学研究对象的理性思考与深层追问(汪　明) / 70
教育伦理规范生成的辩证视野(刘云林) / 77
教师德性研究的三个基本维度(童建军) / 86
教师伦理道德:失范与复归——基于"个体·社会"框架的一种分析(王中男) / 99

目录

当代学校德育的使命:培养道德生活的当事人(靖国平) / 111

教育伦理学科发展研究

教育伦理学:新问题与新领域(王本陆,汪　明) / 123

教育伦理学发展对师德建设的影响力研究(刘东菊) / 133

学科制度视野下的教育伦理学(王　珺) / 142

学习伦理论纲(李廷宪) / 151

简论教学内容设计的伦理原则(李　湘) / 157

教师道德建设实践研究

论师德建设的层级结构(李清雁) / 167

师德建设片论(贾新奇) / 174

高校教师师德自律与教师团队(卫荣凡) / 181

高校职业道德与社会风气(余玉花) / 189

论高校内部的道德治理(黄富峰) / 193

师德的实质与教师的人格建构(邵龙宝) / 202

再论师德的先进性——以"宁选'范跑跑',不要'郭跳跳'"为例(李　玢) / 211

对我国教师职业道德现状的思考(潘文岚) / 218

师德关系与师德规范研究

师德失范与道德敬畏感缺失(李春玲) / 229

重建"师道尊严"(韩跃红,李浙昆) / 237

在女校中营造良好师生关系——以上海市第三女子中学为例(徐永初,把 伟) / 243

论教师职业道德发展中的自主责任意识(车丽娜) / 253

以专业伦理精神重构师德规范——以"2008版师德规范"为研究对象(杜时忠,张添翼) / 262

教育伦理比较研究

汲取《全国教师公约》精髓 建构教师伦理制度范式(沈 璿) / 275

论金女大"厚生"教训的伦理意蕴及其对当代高等教育的启示(钱焕琦,蒋灵慧) / 287

从淑身济物到替祖国服务——梁启超的家庭道德教育思想及其当代意义初探(陈泽环) / 299

个人幸福的教育追寻——功利主义教育话语辨析(郑富兴) / 311

美国教育职业伦理的理论研究、行为规范与实践(王正平) / 321

教育伦理研究综述

教育伦理学研究三十年的回顾、反思与展望(吕寿伟) / 339

核心价值、教育伦理与师德建设——全国首届教育伦理学学术研讨会综述(周治华) / 354

编者的话

  教育伦理学是一门跨教育学与伦理学的新兴交叉学科,它是研究教育活动的价值与善恶,探讨教师职业劳动过程中的道德关系和行为规范,探索如何健全教师职业人格的科学。今天,加强教育伦理问题的研究既是学科理论发展的内在需要,又是推进我国教育事业健康发展的实践诉求。

  社会主义核心价值体系是兴国之魂。党的十八大提出,倡导富强、民主、文明、和谐,倡导自由、平等、公正、法治,倡导爱国、敬业、诚信、友善,积极培育和践行社会主义核心价值观,分别从国家、社会、公民三个层面,为我们当前加强社会主义职业道德建设,深入开展职业道德领域突出问题的研究、教育和治理,阐明了基本价值目标和追求。当前,以社会主义核心价值观为指导,从我国教育职业伦理道德建设的需要出发,加强教育伦理学的理论与实践研究,大力推进教师职业道德建设,是我国社会主义道德建设的一项重要任务。

  为了推动我国的教育伦理学学术研究与教师职业道德建设,在中国伦理学会和教育部教师工作司的大力支持下,中国伦理学会教育伦理学专业委员会(简称"中国教育伦理学会")、上海师范大学哲学学院、上海师范大学跨学科研究中心和上海师范大学学报期刊杂志社于2013年10月27—28日在上海师范大学召开主题为"核心价值、教育伦理与师德建设"的全国首届教育伦理学学术研讨会。会议的主要议题包括:对目前我国教育领域存在的突出教育伦理与师德问题,我们应当有怎样的反思?如何推进我国的教育伦理学研究,目前的主要任务和重点是什么?教育伦理学研究如何走向实践、如何大力推进师德建设?来自全国28省、市、自治区的100多位专家、教授和学者参加本次会议,并在会前提供了论文和发言提纲。本书选编了其中的部分有代表性的论文。同时编入本书的还有中国教育伦理学会、《解放日报》理论部、《探索与争鸣》杂志社和上海师范大学跨学科研究中心，共同于2014年1月18日在上海召开的题为"核心价值观与教育伦理"高端学术论坛的论文。

本专辑的论文，围绕如何从当前我国教育伦理思想意识多元、多样、多变的新特点出发，以社会主义核心价值观为指导，从理论层面对于我国的教育伦理和师德建设展开了深层次的热烈探讨。学者们认为，我国的新型教育伦理的理论建构要以社会主义核心价值观为指导，教育伦理的理论研究要回应教育改革和教师职业道德建设的实践诉求，为教育事业立德树人，促进人的全面发展这个根本任务服务。学者们认为，我国当前的师德建设，要特别警惕和抵制教育目标工具化和师德境界低俗化倾向，坚持教师教育劳动对民主、自由、平等、公正、爱国、人道等重要价值理念的崇高道德追求。推进师德师风建设，要继承和吸取中外优秀教育伦理资源，坚持治标治本相结合，建立和完善教师职业道德规范和评价体系，努力形成师德建设的长效机制。师德建设要尊重和调动教师的主体上进心和积极性，把合理的教育伦理理念渗透到教育政策和教育管理的各个方面，形成有利于教师发扬高尚师德的良好教育政策导向、利益机制和社会环境，引导教师在新的历史条件下正确处理个人权利与教师责任的关系，铸造教师的"人格长城"。

本专辑选编的论文，既涉及教育伦理与师德治理、教育伦理基本问题、教育伦理学科发展等深层次的研究，又涉及教师道德建设实践、师德关系与师德规范研究，并且有的论文还对我国教育伦理学研究30年作了较为系统的回顾，对重要学术会议作了综述。它们分别从宏观、中观、微观等不同层面，对教育理论问题进行了多样化的有益的探讨。透过这些文章，我们大致能够看到当前我国教育伦理学的研究现状、理论进展、关注热点和存在的问题与不足。可以相信，本专辑展示的理论成果能够为我国的教育伦理学理论研究和教学，以及方兴未艾的全国范围内的教师职业道德建设提供有益的参考。

现在推出的《教育伦理研究》是中国教育伦理学会主办的学术集刊。它坚持以马克思主义和中国特色社会主义理论为思想指导,坚持教育伦理研究为我国当代教育事业发展服务的价值取向,坚持"百家争鸣,百花齐放"的学术自由精神,鼓励全国广大教师、学者和教育行政管理人员从教育工作的实践出发,大力弘扬中华民族的优良师德传统,积极吸取国外体现人类文明进步的教育伦理理念和师德建设经验,努力建构具有中国特色和时代精神的教育伦理理论和规范体系,激励广大教师提升品行,升华人格,教书育人,为中华民族教育事业的伟大复兴作出贡献。

《教育伦理研究》的出版得到华东师范大学出版社领导的大力支持,第一辑由上海师范大学跨学科研究中心提供出版资助,谨此表示诚挚的谢忱!

《教育伦理研究》是开放性的学术平台,欢迎大家积极投稿,欢迎读者提出批评和建议。联系邮箱:zgjyllxh@163.com

编者
2014 年 3 月于上海师范大学

教育伦理专题研究

· 教育伦理与师德治理 ·

教育伦理、教育政策与师德治理

王正平

（上海师范大学跨学科研究中心）

近年来，教师道德问题日益突显，从"范跑跑"、幼教老师虐童、小学校长性侵女生这样的恶性事件，到教师歧视学生、学校"一切向钱看"、教育资源分配不均衡，无不触动着有着几千年尊师重教传统的中国广大教师和民众的道德神经。加强师德治理，制止师德滑坡，提升师德水准，已经成为国家政府管理层面、教师队伍和全体民众的强力道德诉求。

当前，我们应当如何加强教师道德治理？我认为，仅仅满足于社会的舆论抨击、民众的网络泄愤，或仅仅依靠国家教育行政管理部门下达几条"师德禁令"、推行"师德一票否决制"，高喊几声"恪守师德底线"，不能真正解决当前我国师德建设面临的严峻问题。从最深层面看，加强师德治理，必须从澄清教育伦理价值理念，改善教育政策措施入手，在这两个最重要、最根本的方面抓起。

教育伦理，是指社会教育职业活动所追求的根本价值目标、评价善恶的基本标准、"应然"的道德关系和道德行为规范。夸美纽斯在《大教学论》中说，教师所从事的教育劳动是"太阳底下最光辉的职业"。一方面，教育劳动是推进人类文明进步的事业，它要开启民智，培养青少年一代知识和技能的成长；另一方面，教育劳动本身承担着全社

作者简介：王正平，上海师范大学跨学科研究中心主任，哲学学院教授，博士生导师。
E-mail：wangzhpj@shnu.edu.cn

会对理想的伦理道德的实践和培育。每一社会教师集体在教育劳动中所追求的伦理价值和教育劳动所体现的道德品质，直接影响青少年一代的精神道德气质。正如亚米契斯在《爱的教育》中所说，"教师是国民精神的父亲"。"良善的社会"必须要有"良善的教育"，而"良善的教育"，必须要有"良善的教师"，而"良善的教师"必须要有"良善的教育伦理精神"指导和支撑。

我国改革开放30多年来，教育现代化事业获得迅猛发展，我国的教育伦理精神和教师职业道德总体健康向上，与时代相契合的教育伦理精神正在成长。但是，我们同时应当冷静地看到，伦理精神正面临着严峻的挑战，存在着教育伦理精神"缺失"或"沦陷"现象。例如，教育劳动的目的性价值缺失。教育劳动的真正目的，应当是培养人的全面发展，培养人的健全人格和德性，激励人们对真善美的价值追求，建设和享受健康和美好的生活。我国改革开放以来，全社会急切希望实现国家现代化的意愿无疑具有历史的正当性，但教育领域中的某些急躁情绪和短视政策措施，造成不少学校对人才培养的工具性价值的片面追求，严重损害学校教育对公平、正义、民主、自由、人道等社会核心价值的追求。这些年，许多教育行政官员、学校领导干部和一线教师道德迷失。不少政府和教育行政部门的官员、已经占有过多社会教育资源的大中小学"名校"校长或手握实权的人，在教育资源分配、招生名额落实方面道德底线丧失，大搞权钱交易，贪污行贿；有的从事基础教育的任课教师爱心不足，偏心有余，对学生分成三六九等，无端挖苦讽刺学生，甚至体罚学生，严重损害学生的自尊心和人格尊严；还有的所谓"名师"，公然在课堂上振振有词地叫嚷"读书就是为了挣大钱、娶美女"，如此等等。这不仅降低了学校教育劳动自身对于全社会文明进步的伦理价值，降低了教师道德精神境界，也对青少年一代的人格与品德塑造产生深层的负面影响。

因而，从整个社会角度来看，要讲师德，讲立德树人，那么教育职业劳动首先要有伦理道德。我国的师德治理要从教育伦理精神的"拨乱反正"做起，从教育伦理精神必须体现社会核心价值理念着手。在我国，社会主义核心价值体系是兴国之魂，也是兴德之魂。党的十八大，提出倡导富强、民主、文明、和谐，倡导自由、平等、公正、法治，倡导爱国、敬业、诚信、友善，积极培育和践行社会主义核心价值观。分别从国家、社会、公民三个层面，为我们当前结合教育职业劳动的具体特点，提炼和概括与时俱进的教育伦理精神，加强教师职业道德建设，深入开展教师道德领域突出问题的研究、教育和治理，阐明了基本价值目标和追求。倡导和践行体现社会核心价值观的教育伦理精神,是师德建设和师德治理的巨大道德资源。

教育政策是政府对社会教育资源配置的最重要手段,是对社会教育利益进行选择、分配以及实施过程等所制定的行为准则、规范和行动。[1]它涉及教育公共利益的分配和调节。以社会公共利益为核心的教育政策,包括一系列教育制度、教育政策、教育法规、教育条例、教育措施等。美国著名行政学家戴维·K·哈特认为,"公共行政并非一项专业技能,而是一种社会实践道德的形式。"[2]教育公共政策与体现社会核心价值观的教育价值理念有着密切的内在联系。一方面,制定怎样的教育政策本身需要一定的教育价值理念的指导和约束,正如美国当代伦理学家富勒所说:"一个真正的制度应当包含着自己的道德性,一旦国家施行的制度没有能蕴涵着道德的价值取向,就会导致一个根本不宜称为制度的东西。"[3]教育政策的内在价值规定性,其最终根据来源于一定的教育价值理念或道德,各种各样的教育政策实际上是教育道德价值的展开与体现。教育政策作为教育行政的工具和手段,它是调节、平衡社会各教育利益矛盾、维护公共利益的产物,是社会公共教育利益的诠释和社会道德的表达,反映着教育政策行为主体对于社会教育利益的价值判断、态度和基本立场。因而,实行师德治理的一个根本手段是要将非制度化的教育价值理念、教育伦理精神渗透到制度化的教育政策中去。要有效地加强社会核心价值体系的具体导向和约束,必须把社会核心价值观的要求在各种社会教育政策中转变成看得见、摸得着、可感悟的教育制度、管理规范和措施,使一个社会所倡导的教育伦理价值理念通过"硬约束"的方式,让其具有道德上的合法性、合理性。

另一方面,体现一定的教育价值理念的教育政策,一旦制定和实施,必然对教师道德观念和师德风气产生直接的积极或消极的巨大影响。之所以教育政策反过来会直接影响教育职业领域内的道德风尚的走向,是源于教育政策直接决定了教育职业集团、教师职业劳动个体的物质或精神利益的分配。马克思曾经极其深刻地指出,"正确理解的利益是整个道德的基础"。[4]利益是道德的基础。受合理的教育伦理价值观念指导的教育政策,能够对教育职业活动过程中的国家、集体和个人的利益关系进行合理的分配和调节,成为可量化的善,成为积极的道德实践者,对教师道德水平提升起到普遍的激励和促进作用。反之,受不合理的教育伦理价值理念影响下产生的教育政策,实际上是对社会教育利益的不合理分配和引导,可能造成"老师们吃亏"、"讲师德的老师吃亏","逼良为娼"的严重后果,挫伤广大教师讲师德、讲教育良心的道德积极性和道德进取心。

应当看到,改革开放 30 多年来,我国制定的各项教育政策在大政方针上,在整体上体现了社会核心价值观的根本要求,服务于建设中国特色社会主义教育事业和中华民族的伟大复兴。但在不少具体的政策措施和各学校内部管理的各种规范措施上,仍然存在许多明显的不足和失误,有些教育政策的执行过程或结果,偏离了政策制定的预设目标,导致教育资源分配不公平;有些教育质量评估指标,严重重智育,轻德育,对青少年一代的人才培养放松了最为重要的科学世界观、合理价值观和文明道德观的培育,造成不少所谓的"优等生"有文化没道德,成为"精致的利己主义者";有些学校内部具体利益分配政策往往不考虑维护社会整体利益,遵循教育规律的根本要求,只简单遵循市场经济运行中的价值规律和市场原则,甚至公开提出"教育产业化",刺激教师职业集团(学校)和教师个体的追求物质利益的最大化,把学校办成了"学店";有些教育行政管理部门制定的直接影响教师切身利益的职称晋升条例,常常把论文发表数量、科研项目、获奖情况当作"硬指标",而把日常课程教学态度、是否真正关心和帮助学生思想道德进步等当作"软指标",使一些一线教师为了评职称而心有旁骛,分心教学。显而易见,一些急功近利的教育管理政策,严重偏离了合理的教育伦理价值理念,严重损害了社会的整体利益和长远利益,也使理应倡导的优良教师职业道德在实践中在相当程度上失去感召力和向心力。

因此,我们当前要真正抓好师德治理,推进我国的师德建设,一定既要高屋建瓴,以社会主义核心价值观为指导,精心凝练和倡导具有中国特色的教育伦理价值观念和师德规范体系,重振教师道德的精、气、神,又要扎扎实实以社会核心价值观为最高价值尺度,认真梳理和完善各种的教育政策,坚决剔除和修改不利于社会整体利益实现和师德进步的无良教育政策,制定更加合理的教育政策和管理措施,为中华民族教师道德的伟大复兴创造坚实的精神动力和社会机制保障。

参考文献:

[1] 王正平,李耀峰.论社会公共政策的道德价值.上海师范大学学报(哲社版).2012(3).
[2] 丁煌.西方行政学说史.武汉:武汉大学出版社.2007:419.
[3] 李龙.西方法学名著提要.南昌:江西人民出版社.1999:534.
[4] 马克思恩格斯文集(第 1 卷).北京:人民出版社.2009:333.

教师职业道德评价:治标与治本

钱焕琦

(南京师范大学)

教师职业道德评价是教师职业道德活动的一种重要形式,是使教师职业道德原则和规范得以贯彻,并转化为教师的道德行为的保证。

教育部近日印发了《中小学教师违反职业道德行为处理办法》,共梳理了9种违反职业道德的行为,其中既有体罚学生等常见的师德问题,也有如突发事件时不履行保护学生人身安全职责、在考试考核中弄虚作假、骚扰学生等社会热点问题,还有一些如"以侮辱、歧视、孤立等方式变相体罚学生,造成学生身心伤害"的边缘性师德问题。当下,个别的教师和教育管理者失德败德的不当言行让教师与教育的整体形象及声誉受损,仅靠道德的舆论力量已不足于自律,因而需要他律的刚性约束,让违反师德者付出相应的代价,以警示敢于逾越师德底线者。这也正是出台《处理办法》的意义所在。但是从教育"立德树人"的本质来看,笔者认为仅靠行政处罚手段是无法从根本上解决师德问题的,因为它毕竟只是一种辅助手段,只能治标,不能治本。师德境界的提高,需要通过有效的教师职业道德评价"让教师对自己选择的教育行为负起道德责任",主动地远离底线;而"有效的教师职业道德评价"又需要良好的教育生态和正常的教育秩序做保障。

作者简介:钱焕琦,南京师范大学教授。
E-mail:13505173218@163.com

当前师德评价面临的困境与问题

所谓教师职业道德评价,是指生活于现实中的各种社会关系的人们,按照教师教育行为善恶评价的道德行为标准和道德心理标准,运用社会舆论、教育传统和内心信念等形式,对教师个体或集体在教育过程中的行为所做的是非、善恶的价值判断。由此可见,师德评价并非教师职业领域内的单一活动,它与社会的政治、经济、文化环境关系密切。

从师德评价的现实环境来看,市场经济和现代商业化所带来的物质实利主义和世俗享乐主义对教育的冲击和影响是全方位的。如在学校管理与制度方面,以家庭的感情共同体为特征的学校组织正在或者已经演变为以科层制结构为主要特征的社会组织。这一转变最明显的特征是学校内的成员成为各类"角色"。每个成员关注于如何完成自己的角色任务,对"人"的关注被"角色"所替代。在教育的目的方面,以寻求道德和真理为目的的学校教育已经演变为以寻求"谋生术"为最终目的的应试性教育。青少年儿童正常的教育生存环境、家庭的正常生活秩序、教师们的正常职业生活遭受严重扭曲。由此,学校正在变成一个"道德贫乏"的地方。同时,在市场经济和现代商业化的背景下,教师的独立意识、权利意识、自我意识不断增强,社会成员价值取向的多元化现象在教师群体中同样存在,与师德先进性并存的是教师德性状况的"多样性"、"社会化"和"个体性"。回顾近20年以来曾经产生广泛恶劣社会影响的教育言行,如1994年克拉玛依教委的领导当大火燃起时命令"学生们不要动,让领导先走";2001年尹老师对学生进行学习目的教育时强调"读书是为了挣大钱、娶美女";2006年两会期间某部发言人在解释"上学贵"问题时发表"教育如衣论"(部分教育是一种消费,要量力而行。好比逛市场买东西,如果有钱,可以去买1万元一套的衣服;如果没钱,就只能去小店);2008年范老师理直气壮地向全社会宣告他在地震来临时撇下学生撒腿就跑的道德合理性。小学一年级的学生数学考99分被老师评价为"不及格",语文考97分被认定为"不识字"。成千上万无奈的家长在学校教育"不能输在起跑线"的引导下强迫孩子们超常学习……1980年代民众还基本无异议地认定:教育就是善的;而进入21世纪后,市场经济已经使教育与医疗、住房一样成为民众最为焦虑的领域!

如何去评价上述教育管理者和教师们曾经产生广泛恶劣社会影响的教育言行,确实已经成为一个十分复杂和棘手的问题。由此可见,师德评价需要科学清晰的价值导向和政治文化背景的支持,再加以科学的方法和评价机制的创新。

强化师德评价"立德树人"的价值导向

党的十八大报告把教育放在改善民生和加强社会建设之首,对教育提出了一系列新要求、新论断,其中"把立德树人作为教育的根本任务"是在党的全国代表大会报告中首次提出,作为重大的政治宣示,这一论断将引导全社会对教育的期待朝正确的方向发展。

"立德"为中华民族优良的文化传统,是谓古代圣贤"三不朽"之一。《左传》载有"太上有立德,其次有立功,其次有立言,虽久不废,此之谓不朽"。意思是,人生最高的境界是立德有德、实现道德理想,其次是事业追求、建功立业,再次是有知识有思想、著书立说。这三者是人生不朽的表现。把"立德"摆在第一位,是因为万事从做人开始。"一年之计,莫如树谷;十年之计,莫如树木;终身之计,莫如树人",《管子》中的这段话说明我们的先贤已充分认识到培养人才是长远之计。"立德树人"也几乎是我国历代教育共同遵循的理念。

当下社会需要强化教育"立德树人"的价值导向,尤其在基础教育阶段,要将培养具有良好素质、健康人格的合格公民,普通劳动者作为基础教育的基本目标和根本任务。只有在基础教育阶段关注全体学生的全面的、基础公民素质的培养,才有可能去扶持薄弱学校、关怀弱势群体、推进教育的均衡发展;也才有热情去培养青少年儿童诸如善良、仁爱、合和、互助、平等心、感激心、敬畏心等等的德性品质。正如陶行知先生所言,学校应"培养人中人、平民人,而不是培养人上人或人下人,培养'我知天下'而非'天下知我'的健康的社会人格"。而任何具有了良好的现代公民素质基础的人,都在时空宽泛意义上有机会成长为精英(包括参与高考竞争)。对基础教育的评价应类似于建筑工程中的基础工程质量评价、原材料生产中的合格检测评价、运动员选拔中的体能测试评价、交通部门的安全行车公里数、事故发生率性质的评价;其合适的定位是普及合格率、均衡化达标率、群体测试水平,重视具体的生产劳动素质评价、社会公益活动贡献评价、自立于社会的生存能力评价等等。这样的评价必须依靠法定权威的国家评价导向,主流舆论真正具有趋向平民化的觉悟,让普通劳动者真正理直气壮地站起来,让"精英首先必须是平民"的认识真正普及开来。在主流价值导向中,珍惜学生的普通劳动者素质就应该像珍惜"状元"的高考分数一样,关心农民工子弟学习环境的改善就像关心创建窗口学校一样,尊重考入中等职业技术学校的学生、回乡务农或进厂做工的学生就像尊重考入北大、清华的学生一样。如此旗帜鲜明地在基础教育阶段以培养普通劳动者和提高基本的国民素质为己任,社会人力资源才能得以可持续发展;高等教育也有望在这样的空间里选拔并培养拥有内在的学习和研究动机的专业人才,由此高等教育才可能健康地可持续地发展。这样的价值导向将从根本上有望还青少年儿童以正常的教育生存环境;有望还社会、成人包括家长以正常的生活秩序;有望还教师们以正常的职业生活。也只有在回归教育"立德树人"本源的教育环境和教育秩序中,教育工作者的教育言行才有章可循,教师职业道德的评价才能科学明晰有效地进行。

师德评价的内容、方法和机制创新

在正常的教育环境和教育秩序中,师德评价的方法和机制创新是无限的。

在师德评价内容方面,可以从教师的职业理想、职业态度、职业品质、职业表现等多方面判断教师的师德水平。不仅着眼于行为约束层面的职业道德规范,也应关注教师的专业责任和专业精神等内在的伦理品性。评价标准不仅注重实效性、针对性,也应强调其具体性和可操作性。可以从教师对国家、社会、学生、家长和同行的道德责任等层面建立师德评价的内容体系。以结构合理、形式合理和实质合理为基本视角探讨师德评价标准的完整性、可行性和合理性。可以确立师德评价的根本标准、一般标准和底线标准。从师德认知、师德情感、师德态度、师德能力、师德行为、师德绩效等方面分析师德评价的具体指标。

在师德评价方法方面,如基于师德的整体性、发展性、多变性和差异性,分析师德评价的对象、范围、权重及其阈限;探讨以领导、同行、学生、家长、教师为主体共同参与的综合性师德评价方法,以权衡教育行为的动机、目的、手段、态度、效果为判断依据的分析性师德评价方法;以信息采集、互动沟通、建立档案为载体的动态式师德评价方法;以角色伦理、规范伦理、美德伦理为视角对教育行为的道德性质、道德价值、道德责任进行考量的静态式师德评价方法等等。

在师德评价机制方面,积极探索现代师德评价的基本规律,研究师德评价在理念、目标、功能和作用等方面的新要求,思考和构建以督察-考核-鉴定-反馈-矫正为基本路径的师德评价模式;从社会主流价值观的舆论导向,师德失范的制度约束,教师发展的道德激励等方面探讨师德评价的外部强化机制;从教师道德价值认同,教师道德心理调控,教师道德习惯养成等方面探讨师德评价的内部自律机制等等。

重铸教育之魂

王本陆

(北京师范大学课程与教学研究院)

  进入新世纪以来,在整个社会道德失范的大背景下,教育系统出现了严重的道德问题(在一定程度上可以说是教育道德危机)。性侵犯、虐待幼儿、招生腐败、弄虚作假、剽窃作弊等丑恶行径频频在校园里发生,说明校园已经不再是道德的净土。出现这种状况,原因很多;只有综合治理,才能真正解决问题。在综合治理的各种措施中,我认为,重铸教育之魂,乃重中之重。

  教育系统出现的严重道德问题,若就事论事来看,似乎都是个人的道德修养问题。但为什么那么多人会出现不良道德行为呢?这就必须从整个行业乃至整个社会来反思。不良的道德行为必定是在相应的社会环境中滋生蔓延的。最近10多年间,我国教育系统流行的是行政逻辑和市场逻辑,物质至上、政绩至上的价值倾向大行其道,弃守教育信仰、迷失教育精神,这是诸多教育道德问题不断滋生蔓延的主要社会基础。因而,重新找回和大力弘扬教育精神,是教育走出道德困境的治本之策。

作者简介:王本陆 北京师范大学课程与教学研究院教授、博士生导师,普通高校人文社会科学重点研究基地北京师范大学教师教育研究中心研究员。

E-mail:wangbl67@sina.com

本文系教育部人文社会科学重点研究基地重大项目"教学伦理学研究"(编号:12JJD880013)阶段性研究成果。

进入新世纪以来,我国教育事业的确发展很快,取得了很大成绩;伴随教育系统的快速发展,行政逻辑和市场逻辑也逐渐成为教育领域的主流话语。何谓教育发展?由行政逻辑和市场逻辑主导的教育发展观认为,教育发展体现在各种看得见、摸得着的统计数据中。比如,一个学校师资队伍的实力,就是看你有多少院士、多少杰出青年、多少长江学者、多少新世纪人才;一个学校的科研实力,就是看你有多少国家级、省部级课题,多少经费,多少人获奖;而一级二级学科博士点硕士点的数量,则成为学校教学实力大小的标志。老师的能力水平和工作绩效,也是由相关的统计数据来说明的。极端一点说,就是行政给予的封号、位置和权力,市场给予的资源和机会,就等于一个老师的价值。这种发展观把教育发展理解为获得一系列看得见、可比较的资源和机会的过程,即物质利益的实现过程,而无视教育所体现的文化传承、精神引领、心灵铸造的意义和价值。这样,教育的精神追求就不断迷失于教育的功利实现中,堕落成为了一种没有灵魂的事业。

要克服教育道德危机,关键是要重新找回教育灵魂。所谓教育灵魂或教育精神,就是教育系统经历世世代代的演变而积累下来的基本信念和核心价值。教育作为一个和人类文明同呼吸、共命运的行业,它秉承特有的文化使命和社会责任,这种使命和责任为历代教育工作者所体认和实践,就逐渐形成了教育的基本信念和核心价值。教育灵魂究竟是什么呢?笔者认为,可以大致概括为三点:育人为本、公益品格、文明生活。

育人成才是教育区别于其他行业的核心价值追求。教育的全部意义在于不断影响人、改变人、提升人,使人由粗野而文明,由无知而博学,砥砺德行、增长才干。育人成才是衡量教育发展的根本尺度,是教育发展的着眼点和立足点。一个学校是否是好学校,一个老师是否是好老师,主要应看在立德树人方面的努力程度和实际效果,而不是看拥有多少荣誉和资源。当前许多学校的考评制度,深受行政逻辑和市场逻辑的影响,不是引导教师把主要精力放在教书育人上,而是逼迫大家比拼论文、课题、经费、头衔,在教育之外大做文章。这种做法值得认真反思,它客观上背离了教育的核心价值取向,追求的是外在的、短期的物质利益和教育政绩,是一种重物轻人的不良倾向。重铸教育之魂,首先就是要在教育系统真正倡导和践行育人为本的教育价值观。育人为本的教育价值观认为,教育的根本目的是追求和促进学生身心全面发展,对学生的培养教育需要教育者全身心的付出,这种付出很难计量和统计,主要依靠的是教育者的良心,即教育者内在的道德约束和自我激励。教育管理主要不是简单地用外在指标去考核和约束,而应努力唤醒教师自身的责任感、成就感和荣誉感,把大家的全部心思和精力引导到教书育人上来。而学校发展的核心标志,就是不断为学生身心全面发展创造更加科学、丰富和高效的教育机会,不断提升学校育人的质量、水平和能力。坚持育人为本的教育价值观,是整个教育系统端正思想方向,形成正确的价值取向和舆论导向的制高点,是焕发教育精神的关键之点。

公益品格是教育行业的社会定位和基本属性。学校不是衙门、不是公司,它是促进全社会共同利益的文化部门。教育的社会使命,就是传承文明,传播文化,促进人类社会繁荣进步。自觉坚持公益品格,是重铸教育灵魂的一个重要现实要求,其关键之点,就是要抵制和反对把教育作为谋取集团利益或个人利益的工具。弃守、背叛公益品格,见利忘义,是我国教育系统道德失范乃至道德危机的重要根源。例如,为什么奥数班屡禁不止?为什么大学变相买卖文凭现象频频出现?为什么考级评比遍地开花?为什么有偿家教此起彼伏?具体原因可能很多,但有一点是共同的,就是利用教育来牟利。教育成为了某些利益团体的奶酪。许多严重的教育道德问题,归结起来,就是见利忘义。正确处理义利关系,使教育不为私利所诱而恪守公益大义,这是当前重铸教育之魂要重点解决的一个课题。教育牵涉着千家万户的身家性命,关系国家长治久安,它承载着重大的社会公共利益。学校、教育工作者在实现社会公共利益的过程中,获得正当合理的利益回报,这是合乎逻辑和道义的安排。见利忘义的实质是,罔顾公共利益的实现而一味追求集团利益或个人利益,把集团或个人利益凌驾于公共利益之上,甚至以损害公共利益的方式使集团或个人利益最大化。不难想象,当教育决策和行为主要从集团利益或个人私利来考虑的时候,何来教育公正,哪有爱心奉献?所以,坚持教育公益品格,就必须坚决反对那些见利忘义的观念和行为,积极建立公共利益和个人利益和谐统一的制度安排,大力倡导无私爱心和奉献精神。在一个以金钱衡量一切的时代,教育行业能否抵制种种利益诱惑,洁身自爱?这的确是一个很大的挑战,也是必须跨过的一个坎。跨过这道坎的关键是树立正确的义利观,杜绝贪心,体认教育的大爱大义;同时,需要在制度上明确教育行业的公益性质,加大公共经费投入,切实满足教育系统合理的利益诉求和经济回报。

文明生活是教育活动的内在属性。人们常说,教育是传播文明的种子,是守望文明的灯塔。在社会生活领域,如果说法院代表公平正义,医院代表生命至上,那么,学校所代表的就是文明生活。曾几何时,教育被赞誉为太阳底下最光辉的事业,以其大爱无私、境界高雅、珍爱文明、追求真理、弘扬美德而成为文明生活的标杆和航灯。学校表达着人类文明生活的选择,这就是向往和践行真善美的生活。教育就是以文明方式传播文明内容的高雅活动,因而,不论是教育内容还是教育方式,都必须符合真善美的标准,这是教育之为教育的一种内在尺度。在现实生活中,教育灵魂迷失的一个重要表现,就是教育在不断偏离真善美的标准,变得越来越低级粗俗。在校园里不断发生的性侵犯、性交易,责任涣散,弄虚作假,唯利是图,追名逐利等现象,足以说明校园里高贵优雅的基因在退化。因而,抵制低俗生活、提升精神境界,就成为重铸教育之魂的重要现实要求。在一个多元化社会,在市场化大背景下,低俗文化的确容易在现实生活中大行其道。但是,教育就应该随波逐流,甚至与低俗文化同流合污吗?这是我们需要扪心自问的问题。教育之为教育,贵在坚持文化自觉的立场,即用文明的标准去选择文化、过滤文化,彰显、保存和传播优秀文化。教育彰显、保存和传播优秀文化的过程,是知行合一的过程,不仅要宣讲、倡导,而且要实践、示范。今日之教育,需要回归本真和正道,即以文明高雅的方式传播文明高雅的文化。教育者应珍爱自己作为文明传播者的高贵身份,不断提升思想认识和道德境界,切实做一个文明人。

总之,教育的道德困境,实质上就是教育的道德迷失、自我堕落;而走出教育的道德困境,就是重新唤醒教育的内在精神,通过端正育人为本的价值追求、坚守立教为公的基本属性、遵循文明生活的内在标准,实现教育的自我救赎和道德重生。这就是我们所理解的重铸教育之魂,是教育获得内在价值和社会认同的根本出路。让我们共同努力,使教育重新焕发出道德的力量和光辉!

建立和完善教育伦理与教师道德之间的中介架构

何云峰

(上海师范大学知识与价值科学研究所)

教育伦理学作为一门学科来讲,既要研究教育伦理的问题又要研究教师道德的问题。而教育伦理与教师道德既有着密切的关系,但又有本质的区别。从教育伦理的角度看,相应的跟教育相关的责任和义务是最核心的内容;而从教师道德的角度看,教师的教育行为符合有关的责任和义务要求是最核心的内容。在最理想的道德自觉状态下,教师的教育行为能够没有任何外在的律令和监督便能符合有关的责任和义务要求,此乃最高的道德慎独境界。然而,任何的道德至善主义都是一种理想的境界而已。现实的社会中,教师的道德行为往往不总是能达到这样的境界,教师个体不可能始终如此,教师集体也不可能。因此,在教育伦理与教师道德之间通常需要一个中介环节——那就是教育伦理规范或教师道德规范。规范也就是规则,其理据是相应的伦理责任和伦理义务,其作用是将伦理要求变成可操作的道德律令。笔者以为,除了在规范的意义上教育伦理和教师道德具有相同的意义外,在其他任何场合都不能将二者混为一谈。这样的区分对于强化教师职业道德建设具有独特的意义。

作者简介:何云峰,上海师范大学知识与价值科学研究所所长、教授、博导。
E-mail:yfhe@shnu.edu.cn

一、教育伦理和教师道德之间为什么需要行为规范作为中介？

伦理责任和伦理义务是所有道德领域的前提。不存在相应的伦理责任和义务，也就没有道德要求的必要，因而也用不着相应的规范/规则。于是，责任/义务→规范/规则→道德/行为，形成一个必要的链条。在这里，规范/规则是责任/义务和道德/行为之间的中间环节。

之所以需要行为规范作为教育伦理与教师道德之间的中介，是因为：

第一，只有明确的教师行为规范才能将教师应当承担的教育责任和义务明晰化、可操作化。教育是一个全人类的事业，每个人、每个群体、每个政府及其部门、每个公共政策都可能涉及对教育伦理责任和义务的担当问题。对于教育职业从业者而言，这样的伦理责任和义务更是必然的。问题在于，不同的个人和单位或部门究竟有哪些具体的教育伦理责任，并不是每个人和单位或部门都完全明确的。大家知道自己有相应的教育伦理责任和义务，但对具体的该做什么，不该做什么，以及怎么做，却未必都十分清楚。在这种情况下，就需要有一个中介组织或部门，将应然的教育伦理责任和义务转变成具体的具有可操作性的道德规范。对于教师群体而言，跟教育伦理责任和义务最直接相关的就是其教师职业道德规范。

第二，教育伦理责任和义务是相对稳定的，具有一定的超越时空性，而教师的师德状况却在不同的时空里有不同的表现，这需要根据师德状况适时地调整相应的规范。相比较而言，教师行为规范需要因时因地地加以修订和完善。例如，当前我国就出现师德状况不如人意的现象，这跟整个社会风气不正、市场经济的负面影响、法制不健全等等诸多因素有关。面对这样的情况，我们首先需要对相应的教师行为规范进行建立和健全。一旦师德状况发生变化，则相应的教师行为规范又必须及时调整。所以，教师行为规范是应然层面的教育伦理与实然层面的师德现实相结合的产物。当我们制定师德规范的时候，不能脱离师德实际地试图追求一蹴而就的效果。

第三，人类道德的不完善性必然要求道德律令的约束。我们没有理由假设每个教师都是道德完美主义者，以为每个教师都会自觉履行自己应尽的教育伦理责任和义务，成为道德"圣人"。当然，也没有理由假设每个教师都是道德上的"恶人"，没有规则，就不能从善。然而，我们几乎可以毫无疑问地假设，有的（或者少数）教师存在着道德上的不完善性，或者说会（至少有时会）违背教育伦理的责任和义务要求。因为只要有一个教师如此,这个命题就成立了。不过,由于教师群体中具体哪个人是这样的"道德不完善者",是无法确知的,所以在理论上,每个人都可能是那个"道德不完善者"。于是,从社会管理的角度来说,我们不得不对这种不确定的道德不完善性进行制度性的规约,要求每个教师都必须遵守,以防止他/她现实地成为那个道德不完善者,从而有限地实现人类的道德至善追求。

经中介组织或部门依据教育伦理责任和义务转化出来的道德规范应该具备这样几个特点:第一,必须跟责任和义务是直接关联的,不能超越教育伦理责任和义务,提出另外的要求;第二,必须是具体可操作的规则,包括具体指明应该做什么和不应该做什么,而且必须跟原则性的抽象规定明确区别开来;第三,必须对违反规则的行为有明确的处罚条款,甚至可列明细的负面清单;第三,必须符合不同的主体角色特征,不同的道德主体具有不同的伦理责任和义务,相应的道德规范应该根据不同的角色特点,提出不同的明确要求。总之,具体的道德规范应该具有规约性,是由抽象的教育伦理法则转换而成的具体细则。

总之,没有了具有约束性的教师行为规范,就无法明确各个时代和社会背景下的教育伦理责任和义务,也无法对教师道德实际状况进行规制,更无法推进人类有道德不完善走向道德至善。中介的存在必要性也就是在于它去厘清这些具体的规则,以达到有效规制的目标。

二、谁最适合充当教育伦理和教师道德之间的中介角色?

既然教育伦理义务与教师道德之间需要行为规范作为中间环节,那就必然会产生谁来制定这种行为规范的问题。考虑到道德本身的特点,这个中介角色充当者(即规则制定者)最好要满足以下几个条件:(1)符合道德本身的非强制性特点;(2)符合道德践行的自觉性(自律性)特点;(3)对教师群体具有规约性。

从可能性的角度看,可以假设这样几个可能的规范主体(规则制定者):(1)教育行政部门(政府机构);(2)行业协会等中介组织(包括非政府组织);(3)学校;(4)教师(即个体性地自我约束)。

首先,政府部门制定教师行为规范,应该说,是有充分理据的。政府要管教育,当然就要管教师,所以政府制定教师行为规则,完全可以被看成是教师资格标准化和专业化的重要内容。然而,政府制定师德规则有一定的问题:一是违背道德的本性。道德在本质上是非强制性的。而政府制定道德规则就必然具有强制性。这是政府本身的强制性所决定的。在我国,更是如此。政府制定的规则就相当于"行政法",具有法律效力。这样刚性的师德规则跟道德的本质本身是不匹配的。二是在双轨制下面,民办教育机构的教师似乎难以很好地包容进去。我们的现行体制是,民办教师不属于"体制内"的教师,属于"企业员工"的性质。这就天然地产生了"合理性"的问题:待遇和社会地位上他们不是教师,在法律规则遵守上却又是教师。这是自相矛盾的社会管理现实。如果考虑到我国当前存在的这两种情况,笔者以为,政府并不是非常恰当的师德规范制定者。

其次,学校制定教师职业道德行为规范,表面上,似乎也有充分的理由。学校是教育的主体单位。它当然应该对自己的员工提出道德上的要求。不过,这里有一定的问题。学校从组织文化的视角是可以进行道德上的提倡和规约的,那就是:只要在我学校做教师,你就必须如此。但是,组织文化是学校可以抓也可以不抓的,学校可以把它看得很重也可以不看重。因为学校的中心任务是培养人才。它即使不明确制定教师道德规则,也完全有可能完成自己的中心任务。这样,如果制定教师行为规范的责任完全交给学校去承担,就会在不同学校之间呈现巨大的差异。而这是不利于整个社会的教师道德发展的,对于教师履行相应的教育伦理责任和义务具有诸多弊端。某些管理松懈的学校,可能会出现严重的师德问题。

其三,通过教师自我约束,以完全依赖于教师自觉的方式,提升教师道德建设,这虽然满足了道德的自律性要求,但无法保证教师群体的道德自觉性。如前所述,人类道德的非至善性是始终存在的。完全依赖教师的自觉性去实现教育伦理义务的担当,既不符合人类道德的发展规律,也不利于教师道德的发展。

因此只有行业协会等中介组织(包括非政府组织)作为教师道德规则的制定者,才是最恰当的。换言之,笔者以为,行业协会等中介组织(包括非政府组织)担当教育伦理和教师道德之间的中介角色,是最合理的制度安排。行业中介既能降低政府规章那种过于刚性的强制程度,也能体现教师自律性特点。对于教师个体而言,行业中介具有外部约束的特征,但从教师群体整体看,行业中介仍然属于教师的自我约束,即以集体自律要求个体自律。行业中介也可以消除学校间的差异性,防止对师德建设的态度冷热不均现象出现。

总之,教育从业者行会作为教育伦理与教师道德之间的中介组织,去制定相应的行为规范是最为合适的。

三、 从强化行为规范的制定和执行角度,反思教师职业道德建设的治理架构

虽然教育从业者行会具有担当中介角色的合理性和正当性,但我们国家也面临着中介组织不健全、政府不愿意转变职能等问题。从目前来看,我们的社会组织不发达,社会中介组织更是不健全。有人呼吁:应该加强行业协会的作用,成立专门的教师行业协会,使之成为真正的非政府组织,作为教师职业准入和水平认定的权威机构,弱化政府职能部门的作用,而且有的学校的确也成立了老教授协会、女教授协会、青年教师协会等类似的内部社团,个别的社团还偶尔具有一定的跨校特征。然而,总体来说,我们还没有真正意义上的教师行业协会。在这种情况下,教育伦理与教师道德之间的中介角色往往只能由政府来担当。于是,政府出台的各种教师道德规范,就不断涌现出来。而它既不像法律那样严谨且具有威慑性,又不像行规那样具有自律性。政府具有科层性特点,所以在制定此类师德规范的时候,也不得不层层出规则,最后还要指望学校去出细则。结果,师德规范实际上要么重复上级政府的,要么不伦不类。要是建立了相应的教师行业协会,全国制定一个统一的规范,最多各省市再制定一个师德规范,也就行了。政府对教师道德行为的监管因而也就可以主要变成对行业协会的监管。当教师道德状况出现问题的时候,政府主要应该对教师行业协会施加压力,促使相应的行业协会对师德进行管理和自律。这样,政府主要不是针对教师个体进行监管,而是对行业整体的监管;而行业再对个体进行约束,充当有效的中介角色。这对于避免政府与个体之间的直接冲突,维系政府的权威性,具有很大的帮助。

在计划经济体制下,每个个体都是有单位归属的,即使没有单位的个体,也会有居委来管理。于是政府主要跟单位和居委打交道。这是中国特色的"公民社会",即"政府—单位+居委—公民"的三位一体结构。这是社会主义中国独有的公民社会。所以,笔者认为,中国从来不缺少公民社会,认为公民社会没有发展起来,这是不符合中国的实际的。从公民社会的建构目的来说,公民社会的发展无非是为了提高社会动员和公民力量组合的有效性。在这样的意义上,咱们长期形成的"政府—单位+居委—公民"的三位一体公民社会结构,是非常不错的体制。不过,这个三位一体架构,应该

根据不同的治理需要灵活运用,才能使我们的公民社会健康地发展起来。

拿教师道德建设来说,在理论上,"政府规章—学校细则—教师自律"三位一体的框架似乎也不错。但这个框架将道德建设与社会建设混为一体了。在社会建设方面,也就是社会管理的角度来说,"政府—学校—教师"构成有效的教育资源体系。但是,教师道德建设的问题,主要是教师的职业道德问题,不属于社会动员和公民力量组合的范畴,所以不能利用"政府—学校—教师"的框架去管理,而必须用"政府—行业协会—教师"的结构去治理。

如此看来,如果要真正使我国的师德建设卓有成效,就必须从抓教师行业协会做起,通过"政府—行业协会—教师"的结构性完善去整体地解决目前所面临的各种师德问题,以使教育伦理责任和义务通过广大教师身上来落在实处。

遵师道以安身立命，铸师德以教书育人
——关于师道与师德内涵本质的思考

王泽应

（湖南师范大学道德文化研究中心）

中国传统是一个以志道据德和尊道贵德为基本价值取向的文明范型，"天地君亲师"成为最能够代表这一价值取向和价值追求的五大道德主体。如果说君之道德主体重在国家道德和政治道德的建构，亲之道德主体着眼于家庭道德和家族道德的建构，那么师之道德主体则立足于文明道德和精神道德的建构。从某种意义上说，亲之道德彰显自然的血亲生命，君之道德揭橥社会的政治生命，师之道德担纲着文化的精神慧命。这是中国古代道德生命的三个重要来源，也拱立并支撑着中华道德的神圣殿堂。

从与君亲之道德的比较可以看出，最能呈现出道德在创化和精神意义上的价值特质，最能体现道德之为超越性和理想性之基元效应，恐怕当属于"师"这一道德主体。师道与师德是师这一道德主体在具体的布道传道和弘道过程中所应遵循的道德原则规范以及所形成的道德品质和人格等的综合体现。它不特具有职业道德的意义，也具有社会道德创化和追求的示范意义，承载着一个社会在道德生活方面创业垂统、建纲立极等的神圣意义，挺立的是一个民族或国家精神家园的脊梁。师道尊严、师德高尚

作者简介：王泽应，哲学博士，现为湖南师范大学道德文化研究中心主任、教授、博士研究生导师。

E-mail：wangzeying2008@qq.com 或 wangzy0936@sina.com

自古以来是中华文化的价值认同和伦理期许。

"师道"和"师德"既相互联系,又相辅相成。从伦理类型的意义而言,如果说师道主要是一个规范伦理范畴,那么师德则是一个德性伦理范畴。师道讲必然的道德律令和原则规范,师德讲应然的道德品质和人格素养。为人师者,必须信守师道,陶铸师德,遵师道以安身立命,养师德以教书育人。这种既服从绝对命令又做到法由己出、意志自律凸显了规范伦理学和德性伦理学的辩证统一。

师道是教师为师之道和社会各界对师这一道德主体所定下的原则规范、价值律则以及规训条例等的总和,究其实是为师必须弘道、体道、行道和循道。"传道"是教师的基本职责,"弘道"是教师义不容辞的责任,"卫道"更是教师职业操守和职业人格的必然要求。正可谓"道之所存,师之所存也"。教师之在社会生活中的地位与价值全由其对道的传播、弘扬、体认与拱卫而定,如果师不能传道、弘道、体道和卫道,那么师就没有存在的价值,更谈不上具有尊严。师之所以具有尊严并值得尊重和敬重,就在于他以传道、弘道、体道和卫道为己任,是故师道尊严。"道"在中国文化史上是一个极具超越性、形上性和根源性的范畴,从其本质上可将其视为一个合规律性与合目的性的概念,集真理和价值于一身,是人们需要去努力探求的真知和必然性,也是人们需要奋力追求的价值目标和伦理原则。师道所传的道、所弘的道、所体的道和所卫的道莫不含有这种既具知识论之真义亦具价值论之理性等因素,故而是一种极其崇高的精神事业和文明传承工作,是一种铸造人的心灵,开启人的心智,成就人的人格的伟大事业。"师道"担纲着人类文明创化和革新的使命,同时也肩负着"道"之自身传播和普泛的责任,可谓真正意义上的任重道远。那种一味地将师道低俗化、世俗化乃至金钱化、物质化,实在是对师道的一种亵渎或污辱。在近现代社会,如同整个社会的道德遭遇解蔽和祛魅一样,师道有着回归平凡、容纳世俗的接地气一面,但这并不意味着它就可以仅仅局限于回归平凡、容纳世俗这一点上。师道之为师道,就在于它始终有一种趋向崇高、走向伟大的神圣性。因此从某种意义上讲,当代社会的道德建设需要复魅以解决祛魅之后的价值迷失,师道更应该彰显其超凡脱俗、抵制粗俗庸俗和媚俗的价值引领性。在市场经济的条件下,师道的工具理性得到无限扩张,但其尊严也正在日益失去。欲重建师道的尊严,必须置重师道的价值理性,并以价值理性规约工具理性,唯此方能使师道回归正道,以不负为师之本质要求,文明之价值承载。真正的师道应该有圣凡合一圣为先、知行合一行尤重、义利合一义当高的精神特质。这是为师者必须遵循的道德律令、伦理原则和价值目标,彰显着伦理哲学之统一论与重点论有机结合的价值要求。仅仅停留在圣凡合一的层面上是颇为不够的,必须有一种立根平凡走向神圣的价值趋赴。同理,仅仅停留在知行合一的层面上也是不够的,必须有一种出乎认知而奋力践行的价值自觉。在义利关系上也是如此。"君子谋道不谋食","君子忧道不忧贫","朝闻道,夕死可矣",既是孔子对君子的定性论述,也是为师者应该追求的价值目标和伦理风范。只有这样,才能挺立、拱卫并彰显为师之道。

师德是教师这一主体自身对师道体认、修养、践履而形成的教师道德品质和道德人格的综合体。"道者,万物所共由;德者,人之所自得也"。"德者,得其道于心而不失之谓也。"作为一个德性伦理范畴,师德无疑具有个体化、内在化和精神化等特点。汉儒董仲舒在《春秋繁露·玉杯》中指出:"善为师者,既美其道,又慎其行。齐时早晚,任多少,适疾徐,造而勿趋,稽而勿苦,省其所为,而成其所湛,故力不劳而身大成。此之谓圣化,吾取之。""既美其道,又慎其行"的师德是"善为师"的必要条件,也是其首要条件。师德是师智的根本。有师智只能做一般意义上的经师,但很难成为人师。只有师德才能既为经师亦作人师。"经师易得,人师难求",说明师德高于并优于师智,师智只有以师德为指导为统帅才能有积极而正面的意义,否则只会误人子弟。师德是诸种美德的集成,其中最重要的是师爱、师义、师礼。师爱是师德之魂,师义是师德之魄,师礼是师德之神。《论语·宪问》将"爱学生"列为师德的要素之一:"爱之,能勿劳乎?忠焉,能勿诲乎?"在孔子看来,为师之德在于仁,从事教育的人必须具有爱心。师爱是师德的核心。教育本身是在播撒爱、传播爱,因为心灵与心灵的沟通、情感与情感的交流都离不开爱。如果说爱自己的孩子是一种天赋,那么爱别人的孩子则是一种美德。师德不仅需要师爱,而且需要师义。师义在于引导学生认识道义,追求真理,在于培养有德之"人",即所谓"行义"之人。《吕氏春秋·孟夏纪·劝学》指出:"为师之务,在于胜理,在于行义"。对学生进行道义精神和道义观的教育,引导学生诚心向义,真心行义,既是教育的宗旨,也是为师者应尽的职责。"故师之教也,不争轻重、尊卑、贫富,而争于道。"(《吕氏春秋·劝学》)对于为师者而言最有意义的事情,莫过于"争于道",而不是去争什么轻重、尊卑、贫富、贵贱,此即张衡所言"君子不患位之不尊,而患德之不崇;不耻禄之不优,而耻知之不博"。"争于道"意味着在道的追求和践履中应当一马当先,意味着在道的维系与拱卫中"舍我其谁"的责任担当。"义之大者,莫大于利人,利人莫于教。"(《吕氏春秋·孟夏纪·尊师》)师义建构起来的是教师的道德价值观,也体现着为师者的价值趋赴与职业精神。师礼意味着教师应是礼的化身,应做传播礼仪文明的先锋,教化礼仪文明的典范。"礼者,所以正身也,师者,所以正礼也"。(《荀子·论礼》)教师担负着训礼导俗、以礼化俗和以礼正人的责任。孔子说:"不学礼,无以立。"荀子说:"礼者,法之大分,类之纲纪也,故学至乎礼而止矣。夫是之谓道德之极。"(《荀子·劝学》)为师者要培养学生成为彬彬有礼的人,自己应当率先垂范,隆礼尚礼,恪守礼仪规范,以礼养情,以礼和欲。此外,为师者还应具备各种善良美好的品质,"以善先人者谓之教"(《荀子·修身》),教师只有具备礼的修养和善的品质,才可以教育他人,才能令他人信服,成为他人尊敬和效仿的榜样。教师需先善其德,才有资格教育他人,才能让他人信服,成为他人学习和效仿的榜样,正所谓"其身正,不令而行;其身不正,虽令不从"、"不能正其身,如正人何?"《礼记·学记》谈道:"善歌者使人继其声,善教者使人继其志"。凡此等等,都凸显了师德的内容和要求。师德,是教师道德素质和人格魅力的集中体现,也是教育事业的内在本质要求。弘扬师德不仅关乎教师铸魂和自身的完善,更关乎教化的成败、人才的成长和国家民族的未来。高尚的师德,是对学生最生动、最具体、最深远的教育,起着以德化心、以德变俗、立德树人的伦理妙用。

师道与师德,一则是为师者必须遵循的道德律令、伦理原则和价值目标,一则是为师者应当养成的道德品质和人格风范,二者相互作用,共同支撑起教师道德的精神大厦。新的历史时期,弘扬师道,践行师德,意义重大,价值深远。教师道德建设,既需要社会从制度、从规范、从物质等方面着力运思并提供保障,更需要教师自我强化个体修养和道德培育,从内在动机和价值趋赴、人格养成等方面认真践履并严格自律。比较而言,教师自身的道德挺立与陶铸更具有优先和重要的意义。教师不能因为其他群体道德状况的滞后或偏低而拒绝自身的道德进步。如果教师也因"贫穷而怠乎道",斯文扫地,那实在有辱于为师者的声誉和德性。教师必须而且应当具有师道和师德意义上的斯文,开口言利,甚至以教师的岗位或某种权力去盈利,缺乏基本的乐道、尊道和弘道精神,丧失基本的师德,那就失去了安身立命之根,教书育人之本,就不配做一个教师。不尊师道,不修师德的老师只会成为教师的败类,不仅贻害教育,误人子弟,更伤害道德,损毁文明。可见,教师没有理由不尊道贵德、志道据德。这既是教育事业本身的内在要求,也是中国伦理文化给我们的谆谆告诫和教导!

走出教育自由悖论的阴影

余玉花

(华东师范大学)

在高等教育的哲学讨论中,教育自由是一个无法回避的命题。教育自由问题之所以不可回避,不仅在于其理论上的多种歧见而需要不断的争辩讨论,更在于教育自由遭到了教育实践者的怀疑:教育可能自由吗?高校教师在自己的教育实践中感到,高校教师受制的东西太多,现代大学已远离了"自由之体现"的传统精神,陷入了一个追求自由却又被自由所累的境地之中。这被称之为"教育自由悖论"。破解"教育自由悖论"之现象,既要对"教育自由"作出理论上的解释,也要对高校教育的现实进行深入的解析。

一、什么是教育自由悖论?

关于教育自由悖论,一种观点认为,教师个人意志与社会对教师约束之间矛盾会导致教育自由悖论。学者高伟指出,教师应该是自由的理性存在者,否则"就无法成为真正意义上的教育主体",但是"个体自由要有法来保障,否则个体自由充斥教育世界,世界沦为个体意志、价值相对主义的泛滥的场所"[1]。如此一来,教师自由行为与受法

作者简介:余玉花,华东师范大学人文社会科学学院教授。
E-mail: yyhecnu@163.com

之约束之间形成对立,这就是教育自由的悖论。另一种观点是从教师的专业兴趣与社会对教师知识期望的矛盾提出教育自由悖论。日本学者金子元久认为,"大学教师个体基本上都是站在各自专业领域的体系内考虑问题,但是社会却从社会要求于大学的知识和技能这一角度出发考虑问题并和大学发生联系,两者之间存在着不一致",[2]从而构成教育自由悖论。本文所要讨论的是现实中的教育自由悖论。

相对于基础教育,高等教育的自由度是比较高的:教师没有坐班制;绝大多数的高校教师承担自己专长的授课任务,可以从事自己感兴趣的学术研究(严格意义上的教育自由还包括学生自由选择课程,自由安排作息时间等。但本文主要以教育主体教师为研究对象)。因此,高校教师的职业通常被称之为"自由职业",高校教师也以能"自由工作"感到自豪。

但是近些年,高校教师中这样的自由感受越来越少,甚至出现厌烦教育、逃避教育的心理感受。厌烦与逃避的心理来自于下述的现实:

一是承担课程太多,教改太累。由于扩招和博硕士点的建立,学生增多,教师不仅要多开新课,而且要多上课,课程工作量增加许多。虽然年轻教师不排斥多上课多拿课时酬金,但是一周20几节课下来,累得连看书的兴趣都没有了。而不断推出的教改任务,如网络课程、精品课程、慕课令教师不胜其累。二是科研的压力。无论是晋升职称,还是遴选博导、硕导,都以科研为衡量指标。科研包括课题及其级别指标、成果及其发表刊物级别指标。为了课题中标,或者为了课题结项,每年寒暑假是不少教师奋力鏖战的时间,对他们来说,寒暑假是另类的工作时间。问题在于,这样的投入未必有满意的收获,只有少数人可能中标高级别课题,有的人连续7、8年申请课题都以失败告终。身心疲惫是他们切身的感受。三是考核的焦虑。这些年高校引入现代管理制度,实行高校教师考核制。既有工作量考核,还有学生打分的考评。大多数教师对学生打分难以适应,感到尊严尽失。四是各类评奖、比赛使教师忙于应付。评奖、比赛不仅与教师个人的利益有关,还关系到学校的声誉和排名,为此不少高校以类似强制的手段要求有条件的教师都要参加,希冀广种薄收,斩获奖项。但是大多数教师要付出很多无谓的辛劳。五是竞争的压力。高校实行聘期制,研究型的名校大多实行2个聘期非升即退的规定,有的甚至规定在1个聘期非升即退的要求。而晋升名额有限,实际上就是竞争上岗。这种竞争压力主要落在中青年教师身上,他们必须按学校的各项要求全力拼搏,在竞争中胜出,否则就有丢失工作之虞。

上述种种，不仅难以使高校教师感受到职业的"自由"，反而感到很不自由：首先，缺少"自由"的时间。高校教师始终在紧张的过程中，紧张地去完成要求他们承担的各种任务，他们失去了"自由"时间。他们既少有时间去研究教学，少有时间去教诲学生，也少有时间去反思现实，更少有时间去"遐想"学问。其次，丢失了自我"自由"学术的方向。很多工作并非出于自我研究的需要，而是"被需要"之下的研究活动。再次，缺失了"自由"的心灵。为了对付现实，有的教师干脆否弃科研，以上课捞金为主，不仅校内大量争课时，还到处兼课，只为赚钱，无关学问与责任。有的教师为了考核过关或得到考核高分，不惜以送分讨好学生以换取学生的评价高分。有的教师为了职称，拼命写论文，没有思想就拼凑文章乃至抄袭。理工科的甚至造假"发明创造"成果，以猎取巨额课题经费。科研丑闻令高校教育自由黯然失色。而这种种的不自由恰恰是在高校教育自由的旗帜下，在高校提供的自由空间中产生的，这大概就是现实高校教育自由的悖论。

二、 如何理解高校教育自由？

高校教育自由悖论现象的出现原因很多，其中既有客观的原因，也有主观的问题。就主观而言，有一个对教育自由正确理解的问题。

教育自由的提出，与现代大学的兴起以及大学倡导自由平等价值有密切联系。教育自由不仅包含了大学自治、民主、平等的理念，也包含了大学自治机构及其运作条件。如民主选举校长，每个教师都有竞选校长的权利等等。然而，教育自由的核心是学术自由。学术自由一词最早出现在16世纪荷兰的莱登大学，但对学术自由作出深刻解释的是19世纪德国柏林大学教育家威廉·洪堡。洪堡认为，学术自由意味着大学是一个不受任何干预的纯粹的学术场所，探求知识的自由是大学的本质，大学教师应力排各种外界的干扰、甘于寂寞而自由潜心于学术研究、致力于人的教化。这种学术自由使大学成为"社会的道德灵魂"。洪堡关于教育自由的思想在大学教育界影响深远。

当然，当代大学所处的环境与200年前的大学已有天壤之别，高校与社会的联系日益紧密，传统意义上的"象牙塔"大学已不复存在，同时转型中的中国高校也有自身的特殊性。但是，大学的现代转型是否意味着教育自由也已经过时了呢？笔者以为，教育自由的理念并没有过时,随着时代的进步应该赋予其新时代的要素,因而对教育自由要进行重新思考。

第一,当代中国高校教育自由并不否定大学与社会的结合。现代大学与社会结合是时代潮流,如果高校教育逆必然性潮流而动,那不是自由,而是不自由。相反,高校教育自觉认识和接纳时代潮流才能达到如黑格尔所说的"对必然性认识"的自由。从这个意义上看,洪堡关起高校大门的教育自由确实不合时宜。同样,高校教师追求"两耳不闻窗外事"的"自由"也是不合时宜的,关注社会与教育自由并不相悖。

第二,学术自由仍是教育自由之核心。学术自由的内涵是,在学术兴趣引导之下,追求学术之真、学术之善、学术之美。学术兴趣是学术自由之母,是学术自主性的集中体现。如果不是在学术兴趣之下做学问,不仅难以体会其自由之奥妙,反而是一种沉重的精神负担,是被羁束的痛苦,那是极不自由的。除此以外,求真的学术才是自由的学术。真为明,假为蔽。把握客观规律性的学问是真知之学,因而是获得知识的自由之学;而一切作假的东西,自欺欺人,何来自由之快乐?求善之学是智慧的自由,其最低境界是利人利己,最高境界则是,即使"为伊消得人憔悴",仍然"衣带渐宽终不悔",在坚持与奉献中感受自由的意义。学术之美是完全超越功利的愉悦之学问。求真、求善、求美的自由源泉是学术兴趣。

当下,影响高校教师学术自由的一个重要方面是作为教育主体的教师对学术的兴趣不高、专业情感不深。没有兴趣则没有热爱,没有热爱则没有专心的投入,即使整天忙忙碌碌,但非主体所追求的,产生不了自由的感受。求善的智慧自由也是常被忽略的,通常被名利占去了地位。智慧自由必然有善的目标,即学术理想,更贵于"潜心"学问,即甘于寂寞。在洪堡看来,寂寞就是自由的代名词。学术自由说到底就是思想自由、精神创造自由,属于个体性的活动。虽然学术研究也需要从学术交流中获得启发,但更多的是学者自我饱阅群书,是繁缛资料搜集和文献整理、是反复进行的数据考证与枯燥实验中的寻觅,更是个人殚心竭虑的痛苦思考,最后才有灵感爆发获得新发现——新物质、新原理、新公式、新观点、新方法等精神成果。

或许有人疑问,在如今物质主义横流的时代如何可能寂寞?寂寞一定是自找的亦是自愿的对学问的挚爱,那才称其为自由。自由是十八大倡导的社会主义核心价值观内容之一,为什么是倡导而非规定?因为自由是不能强制的,否则就不是自由。但必须指出的是,甘于寂寞、潜心学问,未必与物质财富无缘,因为精神创造也是社会财富,理应获得社会回报。虽然物质回报不属于自由追求的范畴，不过可以理解为社会对自由劳动的敬意和鼓励，这是社会公正性的体现。潜心于专业研究还有另一项的功利收获，那就是辛勤劳作产生的丰硕学术成果，这在公平合理的竞争中必然具有竞争力。

第三，教育自由还包括教学自由。一种传统的说法，教学自由就是教师讲什么都由教师来决定，官方和管理者不得审查教师的讲稿，不得为教学指定教材等等。不能否定这种观点有一定的合理性。事实上目前中国高校除了政治理论课有统一教材之外，大多数的课程与教材是由教师决定选用的，也不存在审查教师讲稿的问题。但是教学自由是有边界的，并非教师可以信口开河，信口雌黄。教学中的自由除了自主性之外，还有责任性，具有道德意义，在教育伦理中自由与责任是统一的，是有责任的自主性。教学活动是对象性的活动，又是教育性的活动，因此负有培育对象即学生道德成人的责任，这就要求教育教学的一切活动都要从有利于学生发展的目的来进行。在此前提下，教师可以自主设计教学的内容、教学的方法和教学的手段，并受教育法律的保护。

三、创造教育自由的条件

教育自由是保证高校学术质量、教学质量的必要条件，也是高校教师精神劳动得到充分尊重的体现，因此，追求和实现高校教育自由值得倡导，也符合"自由"这一社会主义核心价值观在高等教育领域得以践行的要求。但教育自由的推行实施需要条件，也会遇到各种阻力。当前什么影响了高校教育自由？除了上述高校教师主观因素之外，转型期的社会环境、高校自身的改革难题，以及高校内部管理的不合理，都在一定程度上影响了高校教育自由。

第一，转型期社会环境对高校教育自由最大的冲击是物质诱惑力，使高校教师难以安心书房。市场经济打破了教师原来享有的福利待遇，特别是分配住房的福利待遇。虽然各高校仍然安排有住房补贴，但是学校房贴与飞速上涨的房价差距太远，这对高校教师尤其是青年教师是一大难题。没有安身之居哪能有安心之教？毕竟生存是第一位的。另外，收入差距也是动摇教师甘于寂寞之心的原因之一。高校教师大多来自于优秀毕业生，看到原本不如自己的同学、校友在市场上发了财成了富翁，不免失衡，思想脱离自由的心境，影响潜心做学问。

第二,高校在市场经济中也被卷入了竞争,这种竞争在政府主管部门各种检查考核的推助之下,也异常激烈甚至残酷。分数排名、就业排名、学校影响力排名等等,不仅决定着学校的社会声誉,也决定着学校从政府和社会获得多少资金资助。学校只能以改革的名义将课题申请、论文发表、奖项争夺落实到各位教师头上,将这些与职称晋升紧紧联系起来。使这些原本是教师自我乐意做的自由工作变成了疲于应付的负担。

第三,不合理的高校管理影响高校教育自由。教育管理是必要的,但应该有助于推进高校教育自由。然而,有的高校把政府层级制的管理模式简单搬到高校管理中,再加上现代网络技术的助推,其结果正如学者所批评的:"除了'官本位'的庸俗外,科技主义的管理的主要恶果是剥夺学术自由,用一堆堆数字、一套套表格,将教师、学生'一网打尽',压制学术热情、摧残创造精神,而其根本原因,只是为了'便于管理'。"[3]这种所谓的"科学化"的管理,是直接冲击教师自由感受的肇源之一。

如何排除高校教育自由的不利因素,需要各方努力。有的需要政府部门的顶层设计,有的则需要高校管理的改进,但确实有些困难当前无法解决。从此也可看出,教育自由的实施并不容易,是一个逐渐推进的过程。在这个推进过程中,应积极创造高校教育自由的条件。

首先,政府提供高校教育自由的必要条件。一是政府在财政预算中增加高校资金投入,并以提高人员资金投入为主,提高教师的经济收入。目前大多数高校被新校区基建贷款所累,影响了教师收入分配。而全国性大学城的建设是政府决策所致,政府应在财力允许的情况下,逐渐免去高校贷款负担,让更多的资金用在教师人才建设上。二是政府拨出一定土地和资金专门建造一批让高校青年教师入住的廉租房,使青年教师安心教学与科研。三是政府真正下放高校自主权,减少各种干预性的活动和检查,即使必要的检查也应当讲究实效,坚决杜绝形式主义检查制度,还时间给高校。

其次,高校管理部门积极创造教育自由的条件。一是要破除高校行政化管理倾向,根据教师的需求,建立服务性的管理制度。二是促进自由的人性化管理,自由的管理就是简单化的管理,表格要少而简单,电子表格与纸质表格各取其一,不要重复,符合节约与环保的原则,更重要的是还时间给教师。教育自由包含着时间自由,没有时间自由则没有学术自由。人性化的管理则是尊重教师的管理,可以听取学生对教师的评价意见,但最好否弃大规模的学生打分,那种随意性的评价教师既不客观,也不利于师生和谐,是大多数教师反对的考查方式之一。三是大力鼓励潜心学问的教师,允许失败,不以短时间的成果数量作为考核依据,更注重成果质量和学术潜力。同样大力鼓励潜心教学研究并受学生欢迎的教师。潜心教学与潜心科研都是教师根据自己所长而自由选择的教育重点,应尊重他们自主选择权,给予同样的支持。

最后,高校教师自身也负有推进教育自由的责任。一是积极争取教育自由的客观条件。教育自由事关教育环境与教育质量,也与教师个人的切身利益、发展事业息息相关。积极争取教育自由的条件是教师负责任的表现,不能将自己置身事外。现实影响教育自由的问题表明,教师的教学自由、科研自由并不是现成自在的,各种阻力要靠包括教师在内的社会力量去排除。总之,教师不能做教育自由的旁观者。二是建立负责任的自由观。自由不等于悠闲、任意、我行我素,而是学术研究的自我动力、精神成果的创造能力、教育治学的艺术力和教育学生的道德力。三是提升个人在教育活动中的自由能力。包括自我的学术兴趣能力,潜心学问的意志力和坚韧性,科研活动与教学活动中的创造能力,以及对社会各种诱惑的抵制能力,通过不断提升自身的自由力量去推动教育自由的发展。

[本文为国家社科重大项目"推进政务诚信、商务诚信、社会诚信和司法公信建设研究"(12&ZD008)、教育部哲社重大课题攻关项目"提高教育系统廉政文化建设的实效性和针对性研究"(12JZD047)成果之一]

参考文献:

[1] 高伟.回归智慧,回归生活.北京:教育科学出版社,2010:33.

[2] 金子元久.大学教育力.徐国兴译.上海:华东师范大学出版社,2009:90.

[3] 周义.教育美学引论.天津:天津教育出版社,2010:89.

教育伦理理论研究

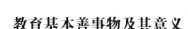

教育基本善事物及其意义
——基于教育正义的思考

金生鈜

(浙江师范大学教育学院)

内容提要:

罗尔斯在《正义论》中提出了社会基本善事物的理念。本文借鉴罗尔斯这一概念,对教育基本善事物进行研究。教育基本善事物是受教育者共同需要的根本性的教育事物,它们对于人生目的的追求、道德人格的发展、美好生活的实现是不可或缺的。教育基本善事物是受教育者的精神健全发展和营造未来生活前景必需的教育条件和教育支持,是受教育者追求教育福祉的必要因素。离开教育基本善事物,教育意义和教育价值就无从实现。教育善事物的被剥夺,意味着人的健全发展受到了阻碍和压制。教育伦理的根本内容之一,就是规导教育制度及其相关因素在正义的角度公正、公平地分配教育基本善事物。

什么样的教育事物是最有教益的?什么样的教育事物是受教育者的健全成长根本需要的?教育制度公正、公平分配的基本教育事物是什么?本文基于罗尔斯的社会首要善的观念,对教育基本善事物及其教育意义进行了规范性的探究。

作者简介:金生鈜,浙江师范大学教育学院教授,博士生导师。
E-mail:jinshenghong@zjnu.cn

一、基本善事物的概念

善事物是生活值得欲求的事物。就善事物本身的价值而言,有具有目的价值的善事物,也具有手段价值的善事物,前者是实在善,后者是外在善或手段善。实在善是内在的善,其本身为善,手段价值的善事物是产生效果的善。善事物的手段价值,存在于事物与人的欲求的关系之中,那些满足人的欲求的善事物,都是对人的生活具有手段能或效果的事物。

实在善是道德的善,手段善是实用的善。前者具有道德价值,后者具有效用价值。前者是生活的价值理想的终极指向,而后者是对生活有用处、好处和有益的东西,当然这种有益、有用是精神与肉体两个方面的。有些实在善是终极的,它们无法成为手段,其本身就是最终的目的,所以可以称作终极善。终极的善是我们行动实现的价值目的,是完善的、纯粹好的,是人应当追求的,因此追求终极善是我们作为人的自然义务和责任,这是我们作为人的价值所在,终极善是先于我们的行动的,是应当欲求的,这一种善,不以我们的需要和欲求为转移,其本身是内在善的。

终极善是构成性的,它构成生活的意义,引导人的自我超越,引导人的精神灵魂的发展,追求终极善,使得灵魂和人格高尚和优秀。在这个意义上,目的善是生活力图实现的价值或意义,即是生命意志的最高目的——存在的完满与生命价值的完满运动。1 生活追求意义,那是指生活追求终极善,生活的道德或伦理价值都是以善来衡量的。在道德生活中,善既是理想的,又是现实的生活。善的理想具体化为人格理想和普遍的道德规范系统,二者都规定了"应该如何"的价值期盼和行动原则,如,我应成为什么样的人,我应当追求什么,我应当如何行动?应该如何生活?等等,所以终极的目的善也就是试图成就的善,我们生活过程中实践的生活理想和道德理想,我们的行动所期望实现的道德善。这个意义上的善既是理想的,又是现实的,善的理想通过人的实践可以进一步转换为善的现实。实践了道德规范的行动,成就了德性,成就了人格的优秀品质,拥有了善事物都是可以看作是善的现实。

作为道德意义或者目的意义上的善与人的共同需要相连,因此是值得被欲求或应该被欲求的,该事物事实上是善的,因此值得我们欲求。但目的善或终极善不是工具性的事物,不是分配的对象。任何社会机制或教育机制都无法、也不能分配具有道德性的目的善,作为目的的善是我们人的生活中自主追求的,是与我们的自由选择相关的,我们选择把目的善作为追求的对象,善的实现就与我们的行动相一致,我们追求德性的行动,总是会为我们收获德性。我们追求知识,我们求知的行动自然也就会收获知识。所以,这一类善,也是优秀善,因为追求它们,都会使得我们的人格品质变得更优秀。

在精神成长中,我们总是试图通过我们的生活行动成为我们希望成为的人。这可以称为我们欲求成为的善。这不是指人希望做什么职业,而是人希望成为什么样的人。人的精神在自我超越中获得发展,每个人都想成为自己希望成为的人。一个人应当追求,或者欲求成为的善,是优秀或卓越(excellence)的人格品质。人的生活所应当实现的精神成就,就是人格品质的优秀或卓越,实现自己想成为的人,过自己认为值得过的生活,在这一过程中,他既实现了生活理想,又获得了人格的提升。这是人之为人的精神价值的实现,也就是说,人作为理性的存在者,他的生活行动表现了他对于生活和自我的期望,他通过生活行动向更高的人格境界超越,他的人生就是美好的。

一个人追求人格的完善,追求幸福,这就是他的美善生活。但是美善生活与人试图拥有的善事物是相关的。生活理想的实践,人生计划的实施,道德能力和理性能力的养成,既依赖于自己的行动,也依赖于外部环境所提供的有效的善事物。那些有助于我们实现生活理想的条件或手段,是我们欲求拥有的善事物。

我们欲求拥有的善事物又可分为选择的善事物(goods of choice)和机会的善事物(goods of chance)。选择的善事物可以全部地从我们自己自发地参加的活动中获得。例如,道德习惯不仅它们本身是善的,而且它们也是过上美善的生活所需的途径。只要我们选择去培养这些习惯,我们就能够通过完全是在我们控制之下的行动和行为来获得道德习惯。如同知识,技能和其他的好习惯等,所有选择的善事物都是内在的善事物,我们追求知识和道德,它们就是我们选择的善事物,虽然它们本身是善的,但是我们的选择和实践是获得知识和道德的根本途径,如果我们不去选择追求它们,它们不可能降临在我们的心灵之上。财富是机会性的拥有之物,是外在的善事物,存在于每个欲求去拥有它们的个人之外。所有外在的善事物都是机会的善事物。获得这种善事物,部分地取决于我们按照自己的选择,部分地取决于不能由主观控制的外在环境。因此,是机会的善事物。[2]

一个人的生活价值的实现和道德人格的提升,对于个人来说是生活力图实现的善,而且是终极的善,因为在个人生活之外,没有比这一目的更高的目的,生活没有超越于美善生活这一目的的目的,或者人无法把美善生活或自己的道德人格作为手段,这就是说,个人的美善生活或者优秀品质的实现,是本身具有价值的善。一个人养成良好品德,他个人生活理想的实践、道德能力和理性能力的充分的发展,本身就是美善生活,是终极的善,它们本身就是目的,不是实现其他目的的手段,它们自身是根本性的善,而不依赖于其他目的。

所有外在的手段善,都是外在环境条件性的善事物。获得这一类的善事物,一方面依赖于我们的行动,另外一方面也依赖于环境条件或机会。就涉及我们每个人的生活的基本需要的基本善事物而言,它们是依赖于社会机制调节和分配的善事物,他们都是机会善事物。因为它们是外在的手段,对于我们每个人实现生活理想或谋求更好的生活有效用,每个人都希望拥有的更多,也就是想要的更多。在一个社会空间或生活场域中,人与人之间对于这一类的善事物的需求是竞争性的,相互冲突的。所以,正义调节这一类善事物。

可以把基于人的需要和欲求的手段善事物分为两种,一是基本善事物,这是人的生活必需的重要事物,也就是对于人的生活实践具有重要价值的善事物,每个人在实现自己的生活理想的过程中都需要这些重要事物,对于这类善事物的需要是人们的共同需要,因此是普遍重要的善事物。二是特殊善事物,即对某个人的生活来说是具有特殊的重要意义,是特殊重要善事物。特殊善事物是某个人实现自己的生活计划所需要的特别善事物,这是基于自己的特殊的欲求,而不是基于普遍的需要。

普遍重要的基本善事物就是基本善事物,它们对于人生目的、道德人格、幸福的实现是根本性的。在这个意义上说,基本善事物是任何人在人格发展和实践生活理想的过程中试图拥有的。因为对于生活具有重要性,因此是值得被欲求或应该被欲求的,因为基本善事物是满足人的本质需要的,因此值得我们欲求。这是对所有人来说,都是有效用的善事物,而特殊重要的善事物,是因为该事物被某人特殊欲求,因此可以说仅仅对欲求主体是一种善的事物。

这一区分是有意义的。因为普遍重要的善事物基于人们的共同需要,是每个人不可缺少、不可剥夺的善事物,它们对于人的健全发展具有关键性的效用。因为基本善事物满足的是普遍性的共同需要,这一类善事物的提供与否就与公共制度的正义具有重要的关系。因为是普遍重要的善事物,或者说是基本善事物,政治共同体就必须保证基本善的提供以及正当分配。而对于特殊重要的善事物而言,因为是特殊个人的特殊需要,仅对于单个人的生活有重要性,而且,不同人所想要的特殊重要的善事物是不同的,因此,政治共同体或公共体制没有义务提供特殊重要的善事物。

一个好的社会必须能够给人提供过善生活的所必需的条件——基本善事物,也就是尽可能公正地满足每个人的基本需要,因为一方面,这些需要的满足是人成为人的关键条件,另一方面,这些善事物的获得部分或全部地超越了个人可以控制范围,尽管人们需要它们,并且可能付诸行动,但是不能保证一定能得到满足,因为这些善事物的提供依赖于外部环境。手段性的善事物是受环境制约的,是机会的善事物。一个社会为了发展人的精神能力,为了帮助人实现优秀品质,应尽可能地提供满足共同需要的基本善事物,这是一个社会是否人道的标准之一;同时,一个社会也应当创造有利的机会、条件和氛围,以便人们不受阻碍地追求自己的特殊的善事物,当然,任何人必须在社会正义的框架之中,追求自己的特殊善事物。

一个好的社会提供人人都需要的重要善事物,也就是基本善事物。每个人都需要这种善来帮助和促进自己的美善生活。但是,因为它们是外部环境条件,不完全是由行动者的选择和行动决定的,如果社会不提供普遍重要的善事物,仅仅靠个人的行动来获得它,这就把基本善事物以及个人的基本需要的满足完全交给了个人的机会、背景或运气,这样,普遍重要的善事物就会在公民之间分配不公平,这就会使得那些缺乏机会、条件或者运气的人,缺乏资本和资源的人,在期望自己的生活前景、实现自己的生活理想、渴望成就的善等方面,处于极大的不利地位,他们会因为缺乏基本善事物的支持而无法实现自己渴望实现的生活理想和生命价值。

政治共同体的正义主题之一,就是确保公民们充分享有对于他们的生活和发展具有重要意义的基本善事物,或者说,就是平等而公正地提供或分配对于每个人实现生活理想和人格发展的基本善事物,满足他们的共同的基本需要。政治共同体如果不提供这些善事物,或者不能平等而公正的分配,政治共同体就失去了公共性,失去了之所以作为共同生活形式本来的使命,这样共同体失去了正当性和合理性。

从这个意义上,基本善事物是每个人实现人生之前景、生活之理想、人格之认同、能力之发展、生活之美好的必需的条件善事物,它们表现为对于人生的重要有益性。它们的获得,被看作是生活在共同体中的公民的重要权利,保证它们的正义而公平的分配是政治共同体(也就是国家或政治)的义务。

二、教育基本善事物的内容

教育终极善是教育的价值目的,而教育基本善事物是教育所能够提供给受教育者的资源、条件、机会、认同等善事物。

教育基本善事物表现为对于人的精神建构的必要的有益的事物。这表现为每一个受教育者的共同需要,这些有意义的事物被人们公共地认为是对人的精神建构是有利的,对于人的发展的是有价值的,它们被看作是公民作为受教育者的公共需要,被视为有利于所有人的不可剥夺、不可缺少的东西。教育基本善事物是能够使得个人通过运作个人的道德能力和理性能力,实现整体性的精神成长和追求个人最终生活理想所需要的教育条件。如果教育的善事物是指对人的存在或成长有价值的事物,特别是对人的健全、完整的精神成长有意义的事物,也是为受教育者共同需要的事物,那么为受教育者平等地提供和保障这些善事物是教育正义的内容。

对人的成长有意义有价值的教育事物很多,最为基本和重要的教育善事物是什么呢?怎样确定教育基本善事物?

每一个人都有实现精神健全发展的能力和可能性,同时每一个人都有实现精神健全发展的必要性,因为这是一个人之所以成为人的关键。因此,就精神健全发展所需要的教育而言,它所提供的善事物是共同需要的发展条件,也是对于每一个受教育者值得欲求的对象物。因此,教育基本善事物是共同享有的。

因为教育基本善事物是每一个人的精神健全发展的共同需要,对于教育基本善事物的需要的满足因此也是正当的,这就意味着,教育作为制度与实际行动必须提供基本善事物,而且必须提供一种受教育者公平共享基本善事物的机会。所以,教育或学校是教育基本善事物的提供者和保障者,而接受教育的人(受教育者)教育基本善事物的需要者和享有者。

教育促进人的精神人格的建构,或者说,促进人的理性能力、德性优秀、个性杰出,这是教育的价值所在,教育因此是人的基础性的需要。教育虽然属于人的生活的内容之一,具有内在性,但教育对于人的精神的发展与人性的优秀而言,是一种根本的善条件,这是因为教育不仅在整体上对人的完整性的发展有意义,而且教育的机会、活动、实质性的资源以及精神支持等对人的精神完整性发展具有工具性效用。这意味着不仅人的生活本身与教育生活是一致的,而且人也需要教育本身提供的工具性价值。事实上，对于人的精神的健全发展而言，有些教育的工具性事物对于所有人而言是共同的，也是根本性的，缺少它们，精神的健全发展就面临着巨大的困难或障碍，这些事物就是关键的教育基本善事物。

在教育中，每一个受教育者都是作为平等的人而相互交往和共同生活，这是基于他们的人性尊严以及公民身份的尊严，基于受教育者的人格发展主体的道德尊严，他们每一个人也许有自己特殊的生活向往，有自己特殊的兴趣和偏好，有自己特殊的天资和气质，也可能具有特殊人生趣味和道德理想，也有自己的情感甚至自己的缺点，也可能有不同的宗教背景、民族背景、家庭的经济背景等等，尽管他们可能因为不同的原因处于不同的发展阶段，但是基于他们建构精神的权利，受教育者在教育的制度框架内、在学校生活中，在教育的交往关系里，他们希望得到精神发展所依赖的权利、自由、机会、资源、自尊的社会支持等等[3]，这些事物都是作为一个人或一个公民在建构自己的完整的精神中所必需的事物，对于这些有意义的事物的要求是正当的要求，因此，是教育实践必须保证的。

教育基本善事物涉及受教育者的教育受益，涉及学生在学校中可支配的资源和机会，涉及学生的学校教育的活动内容，涉及他们在学校享有的教育权利，涉及他们的教育生活的品质。

从共同需要以及教育提供基本善事物的正当性来看，可以包括以下项目[4]：

1. 基本的人权、教育权利；这是人格发展、精神建构和实践个人生活理想、表现自我价值的制度性条件，对于受教育者的健全发展是不可缺少的。

2. 根本的教育自由；自由本身是精神主体的特征，没有自由，就没有主体性。教育自由对于每一个人成为精神主体具有重要意义，只有成为自由而平等的精神主体，个人追求珍视的美好生活才具有可能性。

3. 多样化的教育机会；活动方式以及发展方式的选择；这样的机会和选择允许受教育者能够发展多样化的生活旨趣，允许他们追求独特的个人事业，有助于人们成就他们的人格理想。这种多样化的教育机会也是教育摆脱任意强制和干预的方式。

4. 学校、班级中的各种职权、岗位、资源以及责任；这些因素也是十分重要的教育性资源，对于受教育者发展自我管理的能力、社会交往能力、社会责任感以及规范化能力具有重要的意义。

5. 课程和教学提供的知识内容以及学习方式与学校结构；知识和学习方式对于

受教育者建构精神人格和发展营造美好生活的可行性能力是必要的。

6. 自我尊严和自我价值的教育基础；自我尊严源自于社会结构和教育结构。对于受教育者的自我价值感以及他们在实现自己的人格理想和社会价值方面的自信和精神力量，具有重要意义。

7. 教育制度、学校、教师提供的关怀、承认与重视；对于受教育者而言，关怀、承认和重视是他们重要的精神需要，也是他们在人格成长中实现健康的自我认同的需要。这些因素不仅体现为教育以人为目的的人文精神取向，而且本身就是教育关切人的精神教化的方式，即教育的方式。

8. 教育制度、学校、教师提供的赞赏、奖励和荣誉；受教育者需要赞赏、鼓励以及荣誉的推动和激发。这是学生获得自我发展和自我努力的动力需求。学校和教师的赞赏和奖励对于他们积极地努力实现自我价值是非常重要的。

9. 教育所提供的闲暇和游戏的时间与机会；闲暇和游戏是重要的精神需求，也是重要的发展方式，没有闲暇和游戏，精神的完整性发展受到重大的影响。[5]

教育基本善事物的特征：

第一、教育基本善事物是教育性的（educative）。

教育基本善事物是教育性的，而不是纯粹的条件性和工具性的。这意味着，它们是教育实践所特有的具有教育性意义的善事物。其他社会实践，虽然也可能提供权利、机会或资源等，但是这些善事物的性质都是完成某种活动的条件和工具。在教育生活中，教育基本善事物不仅仅具有条件性，它们的存在、价值、提供和分配方式都是教育性的，都是通过教育制度、教育活动、学校组织、教师行动等所具体保证的，因此具有教育意义，它们不简单是教育提供、受教育者追求的工具性善事物，更重要的是它们本身所具有的教育意义对于儿童的人格发展和他们对于美善生活的期望是根本性的。

第二、教育基本善事物是共同需要的。

学生的发展必需品包括知识内容、能力促进、尊重、关心、认可、机会、资源、条件、引导、指导等等，这些都是教育善事物的内容。教育基本善事物是教育为所有发展中的受教育者提供的，面向所有的受教育者，因为教育基本善事物对于每个人的精神成长具有普遍意义，受教育者是共享它们，平等地分享它们，没有哪一种教育基本善事物是专门指向特殊范围的人群的。基于是每一个人建构自己的精神发展的过程或者形成自我成长的过程的重要条件,基于他们具有的教育意义,教育基本善事物是必需的,是教育过程中人的自然而正当的需求。这些善事物不仅仅是工具性的条件,它们也是受教育者追求的对象,因为它们具有价值上的"好",不仅内在是好的,而且对于精神成长也是好的,正是在这个意义上,它们被称为善事物。不管受教育者具有多么大的自然禀赋的差异,不管他们的家庭的背景多么不同,不管他们对于生活的理想多么不同,他们对生活前景的创造,对于教育善事物具有根本的依赖性,教育实践必须提供这些善事物,这是教育正当性的表征之一,而且,受教育者具有要求这些善事物的权利。

第三、教育基本善事物是人际可比较的。

教育基本善事物,是基于人的精神发展的普遍性的共同需要,因此具有人际比较的公共基础。也就是说,教育基本善事物的分享或分配是可以进行人际比较的。无法进行人际比较的事物,就没有共同性,也就不是教育正义针对的对象。这种人际比较可以说明基本好事物的分配的比较性。实际上,我们无法比较不同的受教育者的精神发展的结果或高度,我们只能比较教育能够给每个人提供的有利于精神发展的普遍性条件,尽管这些普遍性条件相同地提供给不同的人,但是就其实现自己的精神发展的水平或高度,依然是不可比较的,因为每个人运用这些条件的基础等因素是不同的。

教育基本善事物是人际可比较的,意味着我们可以比较受教育者获得教育基本善事物的平等性,这是评价教育公平与公正与否的依据,因此是教育正义的内容之一。教育中的不公之利或教育特权就是对教育基本善事物的分配不公正。

第四、教育基本善事物是正当欲求的。

善的事物和值得欲求的事物是不同的。善事物不仅是值得欲求的事物,而且也是应当欲求的事物,因为人的精神的健全发展对于教育基本善事物具有不可缺少的依赖性,所以,对于受教育者来说,它们就是应当欲求也是值得欲求的事物。教育实践提供应当欲求的善事物才是正当的。而且,教育基本善事物本身具有教育性,其本身具有内在的价值,其本身就是善的,所以它们在价值意义上被欲求。尽管教育基本善事物,不是目的性的终极善,不是个人的生活的目的善,他们虽然本身具有教育性,但是他们是实现精神成长的条件善。虽然它们应当被欲求,而且值得欲求,但是在教育中,学生无法预想和了解他们可能在教育和学校中得到的资源和机会,当然就部分权利而言,学生可能被告知,但是许多教育的潜在条件与资源是学生无法确定的,这样,教育和学校必须提供教育基本善的完整内容。因为教育基本善事物是正当欲求的,因此是无条件地平等保障的。

在教育中,受教育者需要的善可能具有一定的范围,他们想要的善事物更是多种多样。但是真正的具有善价值的教育善事物是建立在人类天生对于教育的需要基础上的,只有对于我们需要的善事物,我们才有自然权利去拥有,才是教育基本善事物。对于我们想要的善事物,我们不一定有自然权利去拥有,因为一个人想要的事物可能超出了他的需要,而且,想要的事物不一定是应当拥有或者应当满足的,也不一定是值得拥有或者值得满足的。[6]

三、教育基本善事物的意义

教育基本善事物的每一项都针对人的发展需要,对于他们的人格建构和精神成长具有根本性的意义。欠缺教育基本善事物,人的发展就受到限制。

1. 基本的人权、教育权利。每一个人都是道德主体,都具有不可比拟的内在价值,这一主体价值是人成为人的先验存在性。人是一个具有理性本质的存在。他有自我决定与选择自己的生活理想与目的的权利,他有自己的人格尊严,他有自由。所以,权利是人作为道德主体的需要。这意味着人必须被作为具有内在价值的道德主体看待和对待,也就是把人作为目的。人是目的意味着,教育将每一个人的理性、将他的人格尊严作为他自身的目的对待,将他作为自有的价值对待,也就是尊重一个具有理性本质和道德主体性的人,尊重他们按照自己的理性和道德意志行动的权利,这也是将他作为自由的存在者来对待,当做一个有终极价值的人来看待。权利是平等的,在理念上设定人的价值是不可比较的,同时,权利的平等性也设定每一个人的理性、个性和德性的发展,不管有多大的差异,都是社会的福祉;每一个人只有在权利得到保障的情况下,才能成为一个道德主体或理性主体,他的生活前景的希望和人格理想才会得以追求和实现。

基本权利的保障也是受教育者重要的自由,如学生的生命健康的权利,必须受到教育的保护。教育制度、学校和教师不能以某种宏大的理由或者从代表学生的利益(为学生好)的立场出发做任何不利于他们身心健康的事情,不能以任何遥远的目的牺牲儿童的身体利益,不能牺牲儿童的欢乐、游戏和交往的需要而把儿童放置在劳累之中,损害儿童的身心。基本权利向教育提出认真对待儿童的生命、健康和幸福,提出仁慈地、体谅地、理解地、宽容地对待学生的要求。受教育者还具有针对以上自由和权利的要求权。要求权是一种能够向教育争取、敦促、监督、索取以上教育自由的权利。因为以上的教育自由并不是由学校、社会和教师的同情心和关心而给予学生的奖品和恩赐，如果是恩赐，则意味着接受者要感恩戴德。教育自由是受教育者自己作为人本来就应该拥有的，是用来维护自己的，是应得的，因此应当加以维护。教育自由的要求权保障每个人都具有人性尊严，因而教育必须加以尊重。要求权同时也是克服任何强制、不畏任何压制、避免养成奴性人格的权利。

2. 根本的教育自由是每一个受教育者获得精神健全发展的根本条件。[7] 精神成长是在自由的条件下，实现自我建构和自我发展，虽然人生活在社会文化、共同体的法治以及其他客观精神中，主观精神的建构受其约束或影响，但是精神人格的丰富、健全、完整是自由的。如果教育以精神的完整、健全为目的，那么。教育基本制度体系和实践必须免除对于学生的任意的干预、压制、奴役[8]，使每一个人在教育中享有最大限度的精神自我创造的空间，让他们在教育生活中运用各种生命活力，自由地交流和更新经验，自由地选择生活理想和创造自己。

教育自由是实质性的自由，实质性自由是人们能够过自己珍视的那种生活的可行能力。教育的任务之一就是扩展学生的实质性自由。也就是，在共同体中过自己所珍视的有价值的生活的可行能力。这样的话，教育就要消除限制可行性能力发展即限制自由的因素。

思想自由是受教育者具有独立形成自己的世界观、价值观和人生观的自由。表达自由是受教育者具有表达自己思想、观念、意见的自由。思想的自由和表达的自由是受教育者自由而公共地运用自己的理性的表现，可以带来思想的创新和知识的创新，可以促进他们公开地应用自己的理性判断社会事务，摆脱蒙昧、偏见和无知，参与社会生活，可以自由地探索和认识世界、试验新思想，形成新方法。思想自由和表达的自由是受教育者追求自己独特的人格理想、实现自己价值、个性发展的背景性条件，也是受教育者提出教育要求、避免思想灌输和表达自己的思想主见的重要保障。如果教育违背了思想自由和表达自由，那就根本背离了教育的价值。

道德自由意味着受教育者个人拥有追求自己的道德理想、选择和慎思道德原则、追求自己的幸福的自由权利。这意味着个人享有按照自己的道德判断、选择自己的道德行动、选择自己的生活理想、实现自己的道德价值、创造自己的美善生活的自由。受教育者有权利形成自己的生活观念和道德理想、追求自己所认同的善事物的自由。道德自由是人的根本性自由,在一定意义上说,没有自由,就没有美德。道德自由是个人形成卓越的人格品质和德性的基本条件。道德自由向教育提出,在任何时候和任何地方,都不能对受教育者灌输道德价值观,都不能强制性地迫使受教育者遵循或者服从无法获得理性辩护的规范或规则,同时,道德自由要求教育不能以任何理由对受教育者进行道德监督、道德惩罚、人格怀疑和品质比较,不能以任何理由强制受教育者执行道德行动。

人身自由意味着受教育者的人身不受任何伤害、压制、侮辱、欺凌等的权利。在学校生活中,受教育者的人身不能因为任何原因而受到他人(包括教师)的消极性对待,比如,殴打、罚站、强行拉扯、残害、驱赶、跟踪、被监视和被检举、被胁迫等。人身自由还包含着受教育者个人不能因为身体原因而受到教育体制、学校、教师以及他人的歧视、羞辱、排挤和解除教育权。人身自由是个人自我主宰、自我引导的重要的条件,它是受教育者个人直接或间接达到更高的生活目的的必要条件。特别对儿童而言,在学校生活中的人身自由是他们获得自我尊严、不畏任何困难、敢于尝试和创新、不屈服任何环境障碍的精神品质的重要条件。

个性自主发展的自由意味着受教育者追求不同方式的生活、实现自己的价值、获得个人发展、创造自己独特的精神气质的自由。保障受教育者个性自主发展的自由空间,不仅是受教育者发展批判性思维、追求人格品质的优秀的条件,而且也是提高受教育者的自尊和自信的背景性条件。

交往的自由意味受教育者在教育生活中可以选择自己的伙伴、朋友的交往关系的自由。这是受教育者自由追求自我创造和多样性目的的条件,也是受教育者获得社会认同和个人认同的必需的条件,也是他们获得自尊和社会价值的源泉之一。交往的自由也是受教育者的判断、选择的理性能力发展的基础,是获得德性和积极的个性的基础。自由的交往是个人获得自我治理和形成社会责任感的条件,是获得和谐、积极、健康的人格的条件。

3. 多样化的教育机会、活动方式以及发展方式的选择;每个人对生活的个人想象和人生理解是不同的,对于生活境遇的态度是不同的,成长的客观自然环境和精神环境如自然、家庭、文化、信念是不同的,所以每个人的生活理想是多样化,个性气质也是多样化的。多样化的教育机会允许每一个受教育者追求多样化的终极目的和生活理想,这是精神成长的重要内容。如果教育只是提供单一的人生奋斗的机会,把接受教育的人的多样的生活追求限制在单一的发展轨道,仅仅认同一种人生价值成就模式,忽略和歧视具有不同于教育认同的人生理想的学生,那就违背了教育自由的原则,形成对于学生的任意强制、规训、形塑和压迫,同时,对于受教育者的精神成长有危害的。

4. 学校、班级中有学生承担的各种职权、岗位、资源以及责任;学生承担的管理岗位与特殊的权力表达形式,如管理同伴学生的权力(如班长)、与教师具有更多沟通机会的岗位以及使用学校特殊资源的机会,等等,都给各种各样的自我管理能力和社会能力的发展提供了机会,在学校和班级中的这些资源都是教育性资源,也就是说,具有教育价值,不能只有少数人享用,每一个学生在学校中都应当具有通过这样的机会和岗位获得社会能力发展的权利,所以应当向每一个学生平等而公正的开放,不能由于任何理由把一部分学生排斥在这样的教育性机会之外。

5. 课程和教学提供的知识内容以及学习方式与学校评价结构;这些内容是教育基本善事物是因为它们都是学生获得精神发展和人格养成的实质性的促进物,知识和学习方式都是学生认识世界、社会、自我以及自然的方式,也是学生形成主观精神的方式,完整性的精神成长离不开知识以及学习。知识一方面是精神得以发展的支架,另一方面是精神得以展现的支架,从这两个方面的意义上说,知识是人的精神得以生产的重要因素,知识表达了人,知识也塑造人。因此,这些也是教育基本善事物的内容。学校中的课程和教学以及学校的评价制度结构必须使得知识内容以及学习方式对每一个学生的完整性人格的成长或精神发展有价值,也就是对每一个学生产生教益,不能因为学生的自然禀赋和家庭背景等因素而限制他们对知识的追求和感受,不能在课程和教学中的形成限制某类学生,或者偏重某些学生。

6. 自我尊严和自我价值的教育基础;自尊和自我价值感是一个人自我认同和自信的基础,也是他的自我、人格、价值得到了他人的尊重而值得去努力的自我信念。自尊提供了对自我价值的坚定确信,对生活目的的坚定意愿,对实现有价值的生活的确信,包含着对于自我实现的理想的自信,这是个体确信自己在社会性交往中获得承认的表现。自尊对于个人的人格发展和精神成就是基础性的,缺乏自我尊严的人,无法获得自信,无法获得自我认同,他们的自卑可能会扭曲他们的人格和心理感受,从而对精神的健全发展形成不良影响。同时,自尊也是实现自我价值和社会价值的重要基础。缺乏自尊,就是失去自我的效能感,对于坚持自己追求的价值缺乏信念和努力。罗尔斯说:"没有自尊,那就没有什么事情是值得去做的,或者即便有些事情值得去做,那我们也缺乏追求他们的意志。那样所有的欲望和活动就会变得虚无缥缈,我们就会陷入冷漠和犬儒主义。"[9]自尊是个人的德性、个性和理性发展的基础,这对于儿童是具有特殊意义的。

"自尊"意味着个体因受正义地对待而感到自由平等,感到具有自我的价值感。每一个人都希望得到他人的赞誉和认可,为此他同时需要认可他人,所以自尊和互尊联系在一起,自尊是人人平等相待的基础,也构成社会团结和社会合作的基础,因为没有人受到制度性的排斥和羞辱,所以,对充分参与社会合作具有了自愿和自信。因此,任何一个平凡的人都需要有自尊。只有自尊的人才会感觉到人的尊严。[10]

自尊来自于他人以及社会体制性的对个体生命价值与人格尊严的尊重,就接受教育的个体来说,自尊依赖于教育制度与教育重要人物(如教师和学校同伴)对他的尊重,教育制度不因特殊的原因而排斥一部分人,或者拒绝对一部分人给予制度性的承认,比如对学业表现平平的人的贬低会严重影响他们的自尊。自我尊严是每一个人在教育中获得精神发展所需要的。正是自尊来自于他人和制度结构,自尊也是一个人承认他人、尊重他人的基础。一个获得自我尊严的人,更倾向于在社会交往中尊重他人,从而形成一种相互支持和相互尊重的社会氛围和文化,这是一个社会形成健康的精神环境的重要内容。教育的制度结构以及实践满足每一个人对于自尊的需要,不仅是基于人性价值也是基于良好社会的建构必需的善。

7. 教育制度、学校、教师提供的关怀、承认与重视;人具有一种获得承认的自然倾向性,这种需要使得每个人在社会交往中试图获得他人的承认,同时,作为交往主体之一,他也要承认他人,因此,社会互动或者社会交往就是相互承认的活动。每个人在他人对自己的承认中获得自我认识,获得自我肯定和发展。教育制度、学校和教师的承认对于儿童的精神成长是十分关键的。获得承认是儿童获得健全发展的基础,儿童处于不断了解和肯定自己的独特的自我过程之中,如果他认识到自己的品质、能力、人格、参与等受到教育的承认,他的精神的特殊性、自我的独立性就获得发展。

教育面对是一个个人性的存在,教育因此给予承认性的关爱。关爱呈现着承认。以关爱为媒介的教育承认,主要存在于教师与儿童的互动交往中,特别是在教育早期的儿童,这一形式的承认的需要是明显的。关爱的需要表现了儿童特殊的情感依赖,以及希望获得教师的情感鼓励的心态。教师是儿童心目中的重要人物,他们对儿童的情感接纳对于儿童的自我认同、自我形象、自我意识的发展具有积极的意义。这是基本的教育承认。处在教育中的儿童,作为一个特殊需要的儿童,通过教师的关爱形式的承认,而把自己作为一个独立精神个体,获得自信。这是教育的人文精神的表现。

权利的保证和尊重也是教育的承认形式之一,既存在于教师与学生、学生与学生的互动之中,也存在与作为组织的学校与学生的互动关系之中,同时,也存在于整体的教育制度对待学生的方式之中。以权利为媒介的教育"承认"是以平等的尊重与关怀为原则的,是以儿童普遍权利的实现为特征的。权利的根本特性是平等提供的资格和利益,离开平等,就没有权利。教育权利是平等地赋予所有接受教育的儿童,而不是依照某种标准分别地赋予不同学生不同权利,是平等保障不是区分性对待儿童。[11] 只有平等权利的尊重才能发展出学生的自尊来。因为,只有在获得了教育对儿童自己的权利的尊重和保障之条件下,一个儿童才把自己理解为面对学校、教师以及其他儿童而拥有权利和拥有尊严的人,他才能对等地承担起尊重他人的权利的道德义务。这使得个体发展出基于个体的权利而获得的自尊,也就是个体获得了自我价值意识,形成了对待他人和自己的积极的态度。因此,权利的赋予和保障是人获得尊严以及自尊的根本基础。[12]

儿童需要教育的重视,因为学校和教师的重视肯定了儿童的自我期望和努力,肯定了儿童的发展和成就,认可了他所采取的行动,也肯定了他所形成的个人品质、人格的独特性,认可了他所具有的价值和重要性。这样,教育重视就创造了一种儿童实现自我认同的环境和氛围,使他认识到自己的能力和品质被教育所承认,从而他可以更好、更有动力认识自己,把握自己,实现卓越而独特的个性,因为儿童自己的特殊性通过教育的重视而实现自我认同,他就会在教育中努力获得成长,他就会把自己理解为一个与众不同的人,他就会力图发展独特的个人品格。

教育重视就是把儿童作为一个完整的人而对待,这是儿童对自己的独特"人格"尊严和价值肯定的需要。儿童的努力、取得的微小进步、个体的特性、理想作为完整的人的组成部分得到了教育的认可和支持,儿童的独特生活历史获得了肯定,个体才能通过教育的重视实现自我认同。

教育承认的三种形式即教育的关爱、权利的尊重、社会重视,构成了对儿童作为完整的人的精神成长的独特价值。离开了承认、关爱和重视,儿童将无法形成自信、自尊和自重的积极关系,将无法建构道德、个性、责任、品格等,无法形成完整的、健全的精神品格。

8. 教育制度、学校、教师提供的赞赏、奖励和荣誉;每一个人都希望得到来自他人或者机构如学校的肯定,这种肯定形式如奖励、赞赏和荣誉等。尽管学校中的奖励、赞许和荣誉的产生和分配非常复杂,但是学校和教师都把它们作为鼓励受教育者的重要方式,而且获得积极的鼓励是每一个儿童的精神需求,对于他们形成自我的价值感和对于生活理想的追求具有重要的意义,教育中的赞赏、奖励和荣誉等形式,作为教育的基本善事物,对于儿童获得自我发展和追求更优秀和卓越的动力具有重要的价值。

9. 教育所提供的闲暇和游戏的时间与机会;学校教育并不仅仅是课堂、书本学习和完成作业,它也包含闲暇和游戏。这种两种形式不仅是儿童学习的重要形式,也是儿童获得精神发展的重要方式。对于闲暇和游戏的需要是儿童的基本需要,也是儿童的权利。因为闲暇和游戏,是精神实现和谐和健全的方式。"闲暇是一种灵魂的状态……是一种投入于真实世界中,听闻、观看及沉思默想等能力的表现。"[13]闲暇是灵魂的自由状态,它不是无所事事,而是默观自我的方式,享有时间,面对自己的灵魂,感受和思考自我重要的问题,所以闲暇意味着一个人和自己成为一体,和自己互相协调一致。闲暇真正地表现了自我主宰自己的机会和时间的主体性。在学校教育中,儿童享有闲暇,可以让他们摆脱外在的强制学习,让他们充分地享受自我探索和自我思考的乐趣,让他们形成自己的人生之旨趣。这对人的精神健全发展的意义是明确的。[14]

游戏是儿童的权利,也是儿童精神建构和发展的方式。游戏表现了人的超越性,儿童通过游戏的想象、游戏过程,从当下的现实超越到更广阔的可能的现实。游戏也表达了儿童的完整性和社会性,游戏是由主体在场或进入角色而完成的,在模拟和创造某种社会性故事或事情的过程中,儿童不仅获得了精神的满足,而且获得了对于生活的想象、回忆、学习,乃至获得了生活的再创造,儿童在游戏中投入的是整个身心,投入完整的人格和精神,过一种可能的生活,所以游戏是儿童自己创造的一个可能的世界,通过游戏儿童获得最初的精神、心灵、心智的锻炼,儿童一定要在这种想象的虚构世界里找到与自己的心灵相通的事情,找到自己安顿自己灵魂的快乐。如果说心灵或者心智的成长是通过自我的超越而实现的,儿童通过游戏而创造了一个新的世界,儿童把自己放在这个世界里欢笑、体验、思考,他们走出了当下的界限或限制,而使得自我的心灵有了一种提高。同时,在游戏中,儿童获得了社会性交往,学会了相互合作的规则,也获得了自我超越,学会了对自我的约束。游戏是重要的教育形式。缺乏游戏的教育是不完整的,因为没有游戏就限制了儿童从事游戏学习的可能。学校有义务满足儿童的游戏需要,提供时间、机会以及资源让儿童游戏,这不仅是教育本身的应有的内容,而是儿童获得发展的重要的方式。

教育基本善事物是适宜于每一个受教育者实现精神成长、追求自己的生活理想的基本条件,保证这些基本条件,受教育者就具有可行能力(capability)追求自己的理想。教育中的基本善事物就是人的精神发展的客观需要,与学生的福祉和幸福具有重要的关系。或者说,如果这些需要得不到满足,人的精神发展就可能受到严重的影响,以致无法达到精神健全发展的目的,无法体验教育中的幸福。所以,教育基本善事物的保证,可以保证教育提供有价值的事物,可以帮助和促进受教育者成为他们想成为的人,也就是说,能够帮助他们充分实现自己的道德能力,并能够依靠这些条件追求他们的生活意义,所以,教育基本善事物,能够帮助人成为完整的精神主体。离开教育基本善事物,人的健全发展就基本上无法实现。

参考文献与注释:

[1] 弗里德里希.包尔生:《伦理学体系》[M],北京:中国社会科学出版社,1988:190.

[2] 阿诺德《六大观念——真、善、美、自由、平等、正义》[M],北京:团结出版社,1988:77.

[3] 罗尔斯:《正义论》[M],何怀宏译,北京:中国社会科学出版社,1988:382.

[4] 这个教育基本善事物的项目的提出,参考了罗尔斯的社会首要善的理念和理论,并基于教育的特征和受教育者的需要特征给予了补充。

[5] 教育基本善事物的目录是理性地想象的,对于教育生活而言,受教育者的共同需要的善事物是很多的,因此基本善事物的目录可能是开放的。

[6] 参见 M. J. 阿诺德:《六大观念——真、善、美、自由、平等、正义》,[M],北京:团结出版社,1988:77.

[7] 参见金生鈜:《规训与教化》[M],教育科学出版社,2004:166—186.

[8] 压制、奴役都是对于精神自由的压迫,虽然有时候体现为对于肉体的迫害,但是针对的是精神。

[9] 罗尔斯:《正义论》[M],何怀宏译,北京:中国社会科学出版社,1988:427.并参见罗尔斯:

《政治自由主义》[M],万俊人译,南京:译林出版社,2000:338.

[10] 因为"我"是人(人类的一员),所以"我"理应被当人(正义地)看待,如果"我"受到了正义的对待,"我"才能实现自尊。

[11] 平等是基本原则。如果赋予弱势群体更多的善事物,那是为了在更大的范围内实现平等。

[12] 参见[德]阿克塞尔·霍耐特著:《为承认而斗争》[M],胡继华译,上海:上海人民出版社,2005:85.

[13] [德]约瑟夫·皮珀:《闲暇:文化的基础》[M],北京:新星出版社,2005:40—41.

[14] 希腊文化中的闲暇与学校是同一词根,实际上教育的场所是人的灵魂摆脱事务性的工作而获得宁静地思考的地方,所以,闲暇不是放弃或消遣,而是指灵魂获得锻炼的时刻。如此说来,闲暇可能是与教育的本质和人生的本质相关。

自由:教育的伦理之维

王 燕
(南京师范大学道德教育研究所)

伦理学是一门价值科学,反思并寻求人类活动的价值合理性的根据是其理论使命之一。因此,从伦理学的维度来审视教育,其焦点不在于知识、技能层面的研究,而是对教育的价值合理性的追问。即,什么样的教育是善的、合理的?我们借以判断的依据是什么?对教育的此种考察所要揭示的不是感性的教育事实,而是内蕴在纷繁复杂的教育现象背后的精神实质和"共同性"的内容,因而,在研究方法上必须坚持"纯正的哲学立场"。[1](P5) 本文认为,"自由是全部精神存在的类本质"。[2](P67) 一切教育的核心或关键就在于使人成为自由的存在者,教育价值合理性的依据应当指向人的解放与自由。教育目的的确立、教育内容的选择、教育方法的设计等教育实践活动中一系列具体的环节都必须以珍视、捍卫并努力增进人的自由作为根本的价值诉求。

一、 人的自由本性与教育自由

自由是人类固有的权利和恒久的追求。正如法国启蒙思想家孟德斯鸠所言,在各

基金项目:江苏省高校哲学社会科学基金资助项目"自由:教育的伦理之维"(05SJB720004)研究成果之一

作者简介:王 燕,南京师范大学道德教育研究所讲师,博士研究生。

种名词中最能打动人心的莫过于"自由"一词了。[3](P153)至少从亚里士多德"人本自由"[4](P5)的命题开始,人们就已经意识到了自由之于人的可贵性与不可让渡性。"放弃自己的自由,就是放弃自己做人的资格,就是放弃人类的权利。"[5](P16)马克思对自由的价值更是异常珍视。对自由的祈求始终是马克思考察哲学和历史的基本向度。他不仅以个人发展的自由度为准则来划分人类历史的发展阶段,而且把"自由人的联合体"作为孜孜以求的未来理想社会的价值目标。在马克思看来,动物的生命活动是绝对依附于必然性基础上的和自然界的直接同一,为自然界的自发性和自身本能所规定。而人则能以自己的意志与理性来约束和支配自我的生命本能,并按照自己的意愿和需求去创造和改变客观世界,从而使自然界和自己的生命活动本身变成"自己的意志和意识的对象","仅仅由于这一点,他的活动才是自由的活动"。[6](P96)因此,自由是人的"类本性",即人类作为一个整体区别与动物的基本规定性。"失去了这种规定性,人就不再是人,而堕落为动物。"[7](P241)人的本质力量正是在对自由的不懈追逐中得以逐步显现与验证的,人对自由的希求深深植根于人的本性之中。

但是,尽管自由和人具有内在的统一性,但人生来并非就是自由的。人有两种理解的维度:一是作为自然生命体的存在,一是作为自由的存在。处于自然状态的人完全受"自然的直接性"所支配,"在一切本质方面是和动物本身一样不自由的"。[8](P154)就如同黑格尔所言,"天然状态不外乎是无法的和凶暴状态,没有驯服的天然冲动状态,不人道的行为和情感的状态",[9](P43)它充其量只是具备了实现自由的可能性而已。而一个"真正大写的人""作为精神是一种自由的本质,他具有不受自然冲动所规定的地位。所以,处于直接的无教养的状态中的人,是处于其所不应处的状态中,而且必须从这种状态解放出来"。[1](P29)那么,问题的关键是:人类如何才能从这种"直接的无教养的状态中"解放出来呢?答案就是"教育"。"教育的绝对规定就是解放以及达到更高解放的工作",[1](P202)这里的"教育"是从最广泛的意义上讲的,既包括学校教育、家庭教育、社会教育,还包括个体的自我教育。教育是对人的自然的质朴性和直接性的扬弃,教育的过程就是人从野蛮的无教养状态向文明理性状态飞跃与提升的过程。"它把人看作是自然的,它向他指出再生的道路",[1](P171)即"去除其粗糙性和野蛮性",[1](P30)将冲动、情欲等这些自然的东西"规定和设定为他自己的东西",[1](P23)从自然的质朴性和一己的偏私性中解放出来,从愚昧和主观任性的束缚中解放出来,从而以人应有的姿态——自由的存在——而存在。无怪乎康德感言:"人只有通过教育才能成为一个人",[10](P106)且"人,只有人,才必须接受教育"。[10](P101)因此,教育是联系自然人与自由人的纽带与中介环节。教育的核心应当指向自由人的培养与塑造。

二、自由视阈中教育的内在规定

从根本上来说,教育之于人并不仅仅具有工具和手段的意义,而是人的自由解放不可或缺的内在环节。而且,只有当其致力于拓展与提高人的自由度的时候才是与人类本性相契合的真正的教育。因此,"教育能够是,而且必然是一种解放"。[11](P175—176)一切教育都必须珍视并竭力捍卫个体的自由,在努力向个体揭示自由真谛的同时,启发个体把握自身的本质及其自由的规定,并鼓励其勇敢而富有理性地追求自由。具体来讲,从自由的维度来考量和规定教育,以下三项任务是教育必须要承负的:

1. 培养自由能力

自由并不是一种"原始的和天然的'观念'",而是"要靠知识和意志无穷的训练,才可以找出和获得"的一种能力。[9](P43)人在刚刚出生时所具有的仅仅是自由的抽象或潜在形式,而自由并不在于开始的可能性,自由的真正实现需要后天教育的培养和锻炼。

从哲学上来讲,自由是表达主体和客体之间关系的概念,即作为主体的人从客体(自然、社会、人自身)的限制和束缚中解放出来,"成为自己的社会结合的主人,从而也就成为自然界的主人,成为本身的主人——自由的人"。[8](P443)它是主体对客体的认识、利用和改造的统一。因此,教育之于人的自由能力的培养主要包括认识能力与实践能力两个方面。

(1) 认识能力

自由存在于必然的限制之中,同时又表现为对限制的超越。而超越限制并不是纯粹主观的任性行为,它首先取决于对限制本身的认识。"意志自由只是借助于对事物的认识来作出决定的那种能力。"[8](P154)因此,对必然性的认识是自由的前提,"必然性的真理就是自由"。[12](P322)犹豫不决和盲目的主观任意都是以不知为基础的,"它看来好像是在许多不同的和相互矛盾的可能的决定中任意进行选择,但恰好由此证明它的不自由,证明它被正好应该由它支配的对象所支配"。[8](P154)所以,无知是自由的天敌。

没有对必然性的认识，人类就会失去实现自由的阶梯。教育的基本任务之一就是要将人类从天然的愚昧无知的状态中引领出来，实现从未知到已知，从不知到知的转化。通过教育，尤其是学校教育，以其独有的目的性、组织性、系统性和计划性，可以在短时期内将人类长期积累的文化知识传授给个体，使盲目的、自发的、异己的外在客观必然性转化为"为我的必然性"和"内在的必然性"，从而逐步摆脱自然的奴役、社会的奴役以及自我本能欲望的奴役，个体才能获得真正的自由。因此，教育中传授知识的过程实际上就是培养健全理性和提升自由能力的过程。一个人对外在客观必然性和对本能自我的认识愈深刻、愈全面，其实现自由的可能性就愈大。

(2) 实践能力

对客观必然性的认识只是实现自由的前提，而不是自由本身。自由的根本标志在于人合乎目的、合乎规律地利用、支配客观对象并实现对自我的改造与完善。这个过程本身就是一个能动的实践过程。实践是自由超越人的思想范围，进而成为主体客观存在状态的最重要的中介和桥梁。真正的自由是主体实践的产物，是人们行动的结果。因此，教育在努力提升个体理性认识能力的同时，还必须要致力于培养年轻一代的实践能力。在黑格尔看来，"野蛮人是懒惰的，他同有教化的人的区别在于他只对着面前的事物呆想；其实，实践教育就在于养成做事的习惯和需要"。[1](P210) 而这其中最主要的就是劳动能力的培养。马克思早在《资本论》中就已经充分肯定了劳动教育的重要性："未来教育对所有已满一定年龄的儿童来说，就是生产劳动与智育和体育相结合，它不仅是提高社会生产的一种方法，而且是造就全面发展的人的唯一方法。"[13](P530) 劳动是主体积极能动地认识、把握客体的具体方式。在劳动中，一方面，主体"以自己的身份去消除外在世界的那些顽强的疏远性"，[14](P39) 实现对外部必然性的扬弃和超越，并在对自然界的征服与改造中获得自身生命赖以存在与独立的物质基础；另一方面，当人通过劳动"作用于他身外的自然并改造自然时，也就同时改变他自身的自然，他使自身的自然中沉睡的潜力发挥出来，并且使这种力的活动受到他自己的控制"，[13](P202) 即成为自己的主人。由此可见，劳动之于个体并不仅仅具有谋生手段的价值，它本身就是人的本质力量的自我实现。因此，劳动并不是自由的羁绊，而恰恰是通往自由的必经之路。教育必须要使个体充分意识到劳动之于人类自由的重要意义，既要灵活有效地赋予其基本的劳动技能，启发并挖掘其深藏于"手指尖上的智慧"，又要努力促使其养成积极的劳动态度和真挚的劳动情感。

2. 塑造自由精神

人是精神的存在,自由之对精神犹如重力之对物质。"'物质'的'实体'是重力或者地心吸力,所以'精神'的实体或者本质就是'自由'。……'自由'是'精神'的惟一的真理,乃是思辨哲学的一种结论。"[9](P17) 即,精神的本性是自由的,自由既是人类精神的本然状态,又是精神发展的终极价值。只有在自由奔放的状态之中,人类精神才存在着不断攀升和跃迁的可能,才能不断迈向富足和充盈。因此,自由之于精神具有不可让渡的绝对价值。假若精神完全"没入客体之中",[1](P35) 即便赋予其外部言行上的自由,个体将仍然是一个被规定的存在。因为他意识不到自己的自由本性,"自愿地"放弃对自己的控制和占有,"自愿地"选择"被规定"或"被强制"。关于这一点,杜威早就明确地指出,"把自由认定为活动的自由,或认定为外部的或身体方面的活动"是"自由问题出现的最普遍的错误"。[15](P281) 精神"是个人存在的深层尺度",[16](P18) 相对于自由能力的培养而言,精神自由是个体自由的"内向度","唯有精神的自由才使人类真正成为自己的主人。"[17](P408)

塑造人的精神世界从来都是教育的基本任务,教育是最深切的人与人之间精神交往的过程。诚如雅斯贝尔斯所言:"教育过程首先是一个精神成长过程,然后才成为科学获知过程的一部分。"[18](P30) 符合人性的、善的教育必须始终与个体精神的自由发展保持和谐一致:在这里,个体是其精神发展的"最高主权者",每一个人都应当成为"他自己的思想的主人","他能够用自己的眼睛去看,用他自己的心去想"。[19](P360) 在这里,每一个人都可以自由平等地表达自己独特的意见或看法,而不必担心因为见解的不完善性甚至是离经叛道的"荒诞性"而受到任何肉体或精神上的惩罚;在这里,免除任何形式的知识霸权和话语垄断,教师作为"知识权威"的形象日益消解,"除了他的正式职能以外,他将越来越成为一位顾问,一位交换意见的参加者,一位帮助发现矛盾论点而不是拿出现成真理的人。他必须集中更多的时间和精力去从事那些有效果的和有创造性的活动:互相影响、讨论、激励、了解、鼓舞"。[11](P108) 惟有在这种平等、自由的精神交往中,才能激发个体积极探索真理的热情和敢于言说的勇气,如此,创新之路方能开拓,人类文明方能生生不息。

3. 养成自由人格

"人格是个体的一种本质的存在状态",[20](P40) 自由人格所表达的是人类在应然的意义上对理想人格的价值追求。它既是对"依附人格"的否定,又是对"独立人格"的超越。拥有自由人格的人首先必须是一个独立的、自主的、能够明确"意识到自身主体性"的主体存在。自由的本意就是自立自主、自我依赖、自我主宰,成为自身存在和发展的主体。按照黑格尔的说法,"假如我是依靠自己而存在的,那我就是自由的"。[9](P18)他摆脱了对他人以及社会共同体的直接依赖关系,在外在的精神权威和现实势力面前没有任何的依赖性和卑弱感,不以他人或传统的约束和要求为标准来衡量和裁剪自己,完全按照自身固有的内在本性的要求"自由地发展和发挥他的全部才能和力量"。[21](P217)但是,虽然拥有自由人格的人只"依赖一种'内容',这内容就是我自己",[12](P115)但他并不是一个孤立的、自我封闭的、相互分裂的单子式的"自我主体"。他不仅扬弃了自然的直接性和质朴性,而且扬弃了自身的"特异性",从而臻于"普遍性的特殊性——即单一性"。[1](P17)也就是说,自由人格是消弭了普遍性与特殊性的对立的人的存在状态,是实现了自我与他我共在共生的人的存在状态,是超越了一己的偏私性达于人——我一体的人的存在状态。"他乐于承认一切伟大的和崇高的,并且欢迎它们的存在",[9](P32)他既不去奴役别人,同时也不被别人所奴役。"成为一个人,并尊敬他人为人",[1](P46)这就是自由人格的律令。

人格教育(Character Education)历来被许多教育家视为教育尤其是学校教育"天职的核心"。诚如蔡元培所谆谆告诫的那样:教育者"养成人格之事业也"。[22](P407)一方面,自由人格是建立在"自己依赖自己,自己是自己的决定者"的基础之上的,因而,良好的教育必须要充分肯定、信赖并尊重人的个体存在的价值,使其摆脱狭隘群体的局限,鼓励和帮助个体努力"成为他自己"。同时,要彰显其独立性和自主性,允许个体在理性和智慧所及的范围内,自我引导、自我主宰,成为自身存在和发展的主体,并养成有所执着、敢于担待的人格品性。另一方面,又要竭力避免由于个人价值和独立性的片面张扬所导致的以自我为中心的主体性。只有"粗野小人才最坚持自己的权利,而高尚的精神则顾虑到事物是否还有其他一些方面"。[1](P47)所以,"有教养的人首先是指能做别人做的事而不表示自己特异性的人,至于没有教养的人正要表示这种特异性,因为他们的举止行动是不遵循事物的普遍特性的"。[1](P203)因此,"教育就是要把特殊性加以琢磨",培养个体的社会共同体意识,使"每一个人虽然与所有的人相联合,却只是服从他自己,并且仍然同以前一样自由"。[23](P171)即把自我从纯主观性和纯偏执性中解放出来,从特殊性走向"单一性"(普遍性与特殊性的统一)。惟其如此,个体自由才能从抽象走向实存,从偶在成为常规。

三、 追寻自由呼吸的教育

教育应当成为人的自由的肯定性存在,且其本身就应当是自由的。自由与教育的天然的内在统一性并不仅是形上的理念或美好的憧憬,它必须在具体的教育实践中得到真实地体现,必须由纯粹的思想变为活的定在。

自由不是个别人的特权,而是人类精神的普遍权利。只有普遍的自由才真正具有理性和道德的本质。因此,教育必须打破阶级的局限,任何阶级和个人都平等的具有接受教育的权利和机会。"只有在这种平等化的状态之下才有在事实上的而不是在某种抽象的形而上学的方式上的自由。"[24](P93) 教育的超阶级性既是自由之于人的绝对性和不可剥夺性的客观要求,又是教育民主与教育公正的必然体现。

自由只有在主体中才能得到实现,"主体是自由的实现的真实材料"。[1](P111) 因此,教育必须要确立"主体"的观念。人应当是一个主体的存在,教育就是要充分挖掘并张扬其主体性,"培养一种能动的、非顺从的、非保守的精神状态",使其拥有高尚芳洁的主体意识。这是个体自由的前提和底线。假若他是完全被动的、依赖的、驯良的,人将堕落为教育的奴隶。当主体都已经不复存在的时候,何来自由可谈?

作为思维的内在本性,自由与怀疑、发问、试探、批判、自我否定以及千方百计地推翻现有的假设和理论具有同样的性质。因此,教育必须远离强权的粗暴干涉与控制,不依附于任何现实的政治势力,不臣服于任何外在的权威;教育必须给教育者和受教育者提供更大的自主活动的空间、更加宽松的学术氛围、更多的独立思考和大胆质疑的机会、更加丰富多样和更具开放性的教育内容、教育形式和教育方法。惟其如此,人的自由才会由天赋的权利变为"活生生的自由本身"。[25](P135)

自由与教育的联姻并不是任何外力强迫的结果,而是深深源于人的自由本性的内在渴求,源自人类"成人"(即从自然的存在上升为自由的存在)之必需。教育的目的就是为人类的自由而斗争,自由是教育德性的根基。致力于提升人类获取自由的能力、塑造自由的精神、培育自由的人格应当成为不同历史时期、不同形式的善的教育所必须要遵循的"恒久而真实的原理"。[1](P7) 一切具体的教育实践都不能以牺牲个体自由为代价,否则教育就将沦为与人性相背的异己的力量,也就失去了其存在的价值和意义。

参考文献：

［1］黑格尔.法哲学原理［M］.北京：商务印书馆，1982.

［2］马克思恩格斯全集（第1卷）［M］.北京：人民出版社，1982.

［3］孟德斯鸠.论法的精神（上）［M］.北京：商务印书馆，1995.

［4］亚里士多德.形而上学［M］.北京：商务印书馆，1983.

［5］卢梭.社会契约论［M］.北京：商务印书馆，1980.

［6］马克思恩格斯全集（第42卷）［M］.北京：人民出版社，1979.

［7］石中英.教育哲学导论［M］.北京：北京师范大学出版社，2002.

［8］马克思恩格斯选集（第3卷）［M］.北京：人民出版社，1972.

［9］黑格尔.历史哲学［M］.上海：上海书店出版社，1999.

［10］E. F. Buchner. *The Educational Theory of Immanuel Kant*［M］. New York：AMS Press INC，1971.

［11］联合国教科文组织国际教育发展委员会.学会生存——教育世界的今天和明天［M］.北京：教育科学出版社，1996.

［12］黑格尔.小逻辑［M］.北京：商务印书馆，2004.

［13］马克思恩格斯全集（第23卷）［M］.北京：人民出版社，1972.

［14］黑格尔.美学（第1卷）［M］.北京：商务印书馆，1979.

［15］约翰·杜威.我们怎样思维·经验与教育［M］.北京：人民教育出版社，1991.

［16］B. K. Myers. *Yong Children and Spirituality*［M］. New York and London：Routledge，1997.

［17］周辅成.从文艺复兴到十九世纪资产阶级哲学家政治思想有关人道主义人性论言论选辑［M］.北京：商务印书馆，1966.

［18］雅斯贝尔斯.什么是教育［M］.北京：生活·读书·新知三联书店，1991.

［19］卢梭.爱弥尔（下）［M］.北京：商务印书馆，1978.

［20］曲炜.人格之谜［M］.北京：中国人民大学出版社，1991.

［21］马克思恩格斯选集（第1卷）［M］.北京：人民出版社，1972.

［22］蔡元培全集（第2卷）［M］.北京：中华书局，1984.

［23］北京大学哲学系外国哲学教研室.十八世纪法国哲学［M］.北京：商务印书馆，1979.

［24］约翰·杜威.人的问题［M］.上海：上海人民出版社，1965.

［25］黑格尔.精神现象学（上卷）［M］.北京：商务印书馆，1979.

教育善与教育伦理建设的两个向度

糜海波

(南京森林警察学院思想政治理论教研部)

教育善是教育伦理之现实形态,体现在传承人类文明,传播先进文化,培育道德精神。教育追求的基本价值目标是促进社会进步和人的全面自由发展。诚如黑格尔所言:"教育是促进人的解放的事业"。[1]作为一项塑造、引导和解放人的社会活动,教育本质上是崇善的事业,"以善律教"乃是教育系统自我完善和发展的内在要求。实现教育善这一社会对教育者具有"应然"意义的价值期待,客观上要求加强教育伦理建设,即通过规范教育者的行为和提升教育者的德性,使教育活动臻达至善和谐的境地。然而,在传统社会,教育伦理较为注重对教育者个体美德的濡养,缺少了具有普适意义的教育规范伦理建设;在现代社会,教育伦理注重具有普遍约束力的教育规范伦理建设,但教育主体的德性伦理建设却显得相对薄弱。因此,追求教育善的当代教育伦理建设要显示完整的意义与功能,必须从教育规范和教育德性两个向度上作出努力,只有这样,才能将教育伦理的现实性与超越性、他律性与自律性、规范性与主体性统一起来,且为教育善的实现提供外在的具体路径和内在的动力支持。

作者简介:糜海波,南京森林警察学院思想政治理论教研部副教授,博士后。
E-mail:nanjingmhb@126.com

一、教育伦理建设的两个向度

教育伦理作为社会所设定的教育者行为之应然,是教育主体把握教育活动的一种实践理性,是一定社会道德在教育领域的特殊反映。教育伦理建设旨在通过对教育行为具有应然意义的规定,引导教育行为主体不断超越"现有"而趋向"应有"。因此,教育伦理建设在规则层面包含了教育规范伦理建设,在实践层面又包含了教育德性伦理建设。教育伦理是教育规范伦理与教育德性伦理的有机统一,二者构成了教育伦理建设的两个基本向度。前者为教育行为主体趋善避恶提供了外在的价值导向,后者为教育行为主体扬善抑恶提供了内在的品质保证。

从教育伦理学的角度说,教育伦理学理论有两种基本类型:教育规范伦理和教育美德伦理,这是缘于道德在本然意义上是划分为不同维度的。按照当代美国著名法学家富勒的观点,道德应当划分为"义务的道德"和"愿望的道德"两个方面。义务的道德指的是一个有秩序的社会所必不可少的一些基本原则。愿望的道德意味着人的"至善"的某种概念,实际上,在这里,愿望的道德即是一种美德。[2] 所谓教育规范伦理指的是教育者应当遵行的最起码的教育伦理规范,它具有广泛的可行性、可接受性甚至某种必须性,是教育人际关系和谐、教育活动良序开展最基本的伦理需要。教育规范伦理关注的中心是作为一个教育者,"我应当做什么"的问题,即什么样的教育行为是合乎教育伦理精神的,是合乎教育善的。任何社会的教育活动都必须依赖一定的教育规则,教育规则就是规定教育者应该做什么和不应该做什么,有了这样的道德规则,教育活动方能"有法可依"。通过教育伦理立法为教育活动提供行为的基本模式和规范,这是教育活动得以正常进行并趋向教育善的基本前提,也是引导教育者走向教育善的第一步。但是,对于教育善的实现而言,若是只注重外在的教育规范伦理建设,而漠视主体的教育德性伦理建设又是难以奏效的。因为,道德本质上是人类精神的自律,它是规范性与主体性的统一,缺失主体性的道德规范是没有活力的僵死的条文,也无法在现实生活中转化为"活的善"。如果我们只是关注教育规范而不考虑作为品质的教育德性,那么当教育行为主体面对利益矛盾时,往往会无视规则而做出不道德的行为。这意味着,即便是制度化的教育伦理,它的有效执行也需要教育者具有遵守教育伦理规范的守法道德。教育主体是否具有良好的教育德性和教育道德品质,对于教育规范从应然转化为实然是不可或缺的内在条件。甚至可以说,在教育实践活动中,对于教育善的最终实现来说,起关键作用的还是教育主体的德性品质。

所谓教育德性伦理指的是教育者对教育伦理规范的真诚服膺、自觉认同和自愿遵行,以及以追求更善人生价值、更美人生境界为指向的优良道德品质。教育德性伦理关注的中心是作为一个教育者,"我应该成为什么样的人"的问题,它表现为教育主体在规则面前的主动性、神圣性和超越性。其实,教育德性伦理不仅是指教育者具有一种良好的教育美德,而且包含对教育规范的践行及其意义的收获。正如麦金泰尔所言:"一种品质能够被称为德性品质,是因为在具体的实践过程中,这种品质能够获得成功。德性是一种获得性人类品质,这种德性的拥有和践行,使我们能够获得实践的内在利益,缺乏这种德性,就无从获得这些利益。"[3]他强调主体的德性品质在道德活动中的重要性。罗尔斯认为,道德之善只能在正义规则之后,而不可能在规则之先,所以他更为注重规范的确立。不过,道德规则如果不能内化为行为主体的德性或成为其自身的品质,那么遵从规范也不过是屈服于外在的压力,即使会产生一定的道德效果也并不能反映行为主体的道德需要。事实上,懂得掌握规则的人未必就比一个不懂得规则的人更有德性。在教育活动中,只有真正将外在的教育规范转化为教育主体内在的德性品质,或者出于教育主体自身的内在良知而行事的人,才能把教育善的追求作为本然的教育道德义务。而教育规范在尚未被教育者接受时,总是表现为一种外在的教育律令,它与教育者的具体行为之间往往存在着一种距离。而且,教育规范的确定性、稳定性常常可能蜕变为理论的封闭性、僵化性,面对不断变化、丰富多彩的教育生活及其行为境遇,既有的教育规范可能会显得不适应、不够用。相对于教育规范伦理,教育德性伦理在视角上更为注重教育者自身的德性或道德品质,它把教育德性的形成、教育美德的培育看做是道德生活中最重要的事情。

在西方,受理性主义思想传统的影响,人们在教育道德问题上更注重从社会层面,对教育道德规则和规范的思考和确立。在中国,受德性主义思想传统的影响,人们在教育道德问题上更为注重个体的道德修养、道德品质的养成和美德的造就。然而,作为教育伦理建设的两个向度,教育规范与教育德性是相互存依、相互支撑的。在文化多样化、利益主体多元化的社会背景下,教育伦理建设需要将这两个向度有机结合。教育规范与教育德性之间并非简单的非此即彼的对立关系,而是构成教育道德存在的两个基本因素,它们在推动人类教育道德进步中承担着各自独特的功能,满足着教育实践活动的不同需要。如果说,在教育伦理的实践中,教育伦理规范的实施结果还只是一种外在秩序的话,那么,美德所造就的乃是教育者的一种心灵的秩序。在这两种秩序之间,心灵的秩序更为根本,它是实现外在秩序的保障。总之,教育规范和教育德性都是教育道德的载体,二者不过是教育善的不同存在样态。其中,教育规范作为社会公共价值的文化符号、表达文本,引导教育德性的方向;教育德性作为人之道德的主体性力量,不仅认知和践行教育伦理规范,而且反思和建构社会教育规范。教育规范是约束人们教育行为的指示系统,教育德性是呈现教育伦理精神的控制系统。教育伦理建设向度的两重区分,为有效地实现教育善提供了基本的思路,作为实现教育善必要路径的教育伦理建设,应从教育规范和教育德性两个向度协同并行。

二、 教育善与教育规范伦理建设

教育善的实现是教育之应然向实然的现实转化,必须依托于一定的教育道德实践,这就必须为教育主体设定符合社会价值期待的教育伦理规范,从而为教育者进行教育活动提供伦理路标。教育规范伦理建设作为教育伦理建设的一个向度,是实现教育善的具体路径之一,它旨在探讨如何确立一种合道德的教育伦理规范,为教育者提供合理的行为准则。一种教育伦理规范如果其自身不具有伦理合理性,它就无权成为教育者必须信守的行为准则,教育者在其指导下的行为就不可能是善的。所以教育伦理规范只有具备了科学性和道德性这两个要件,方能发挥其应有的价值功能,也才可能得到教育者的认同和自觉遵行。

首先,教育伦理规范在价值诉求上要赋予时代性。教育伦理规范是道德一般性与特殊性的统一,既要反映社会道德规范的共同本质,也要体现教育活动自身的规律和要求。教育伦理规范本质上就是一定社会生活关系和教育活动关系的伦理表达。随着社会生活和教育生活的变迁,社会道德规范和教育伦理规范也会随之变化和发展,因而无论是一般的社会道德规范还是特殊的教育伦理规范都不能不体现一定的时代精神,都要打上历史的烙印。尽管规范有不同的表现形式,它都有其客观的社会基础,规范本身是一种客观的社会要求和人们的主观意识相统一的结果。正如马克思所说:"人们按照自己的物质生产的发展建立相应的社会关系,正是这些人又按照自己的社会关系创造了相应的原理、观念和范畴。"[4]作为确立和处理教育活动中人伦关系的行为准则,教育伦理规范总是一定时代社会道德观念和价值精神的反映,是实现社会对教育者价值期待的工具和手段。

在当代中国,教育伦理规范要确切地反映社会的价值要求,就必须以社会主义核心价值作为其灵魂和内核,这是教育伦理规范合乎社会发展规律的逻辑必然。而以社会主义核心价值为内核的教育伦理规范在价值诉求上又集中表现为"教育公正"和"以人为本"两个层面。教育公正是现时代社会追求的最高教育道德理想,从而也是衡量教育伦理规范是否彰显时代精神的最高价值标准。尤其是在随着市场经济的推进所导致的地区发展不平衡和社会贫富差距客观存在的情况下,如何体现和落实教育公正原则就显得更为紧迫和重要。"以人为本"不仅是现代社会发展的根本理念,而且是推进教育规范伦理建设的时代旗帜。"教育为未来社会培养人"在当代正逐渐成为一种世界性的共识。"以人为本"、促进人的全面和谐发展已成为社会关心教育的价值主张。体现"以人为本"的教育伦理规范,就要秉持"人是目的"的道德理念,避免把人商品化、工具化。

其次,教育伦理规范在形式内容上要具有合理性。教育规范伦理建设作为实现教育善的向度之一,其宗旨不仅在于为教育活动进行伦理立法,而且它所立的教育伦理之法本身又应该具有合理性。早在两千多年前,古希腊思想家亚里士多德在论述法治时指出:"法治应包含两重含义:已成立的法律获得普遍的服从,而大家所服从的法律又应该是制定得良好的法律。"[5]这就启示我们,教育伦理规范不仅要被广大教育者所认同和接受,而且它本身也应该是合道德的。只有合道德的教育伦理规范才有资格成为教育者的行为准则,才有可能引导教育主体趋向教育善。因为教育者是具有一定理性认识能力的行为主体,没有他们对教育伦理规范之合理性的认同,它是很难被有效内化和遵行的。因此,教育伦理建设尤其要关注教育伦理规范的合理性,它包括形式合理性和实质合理性两个方面。

所谓教育伦理规范的形式合理性,是指教育伦理规范在形式上的独立性和自洽性。一方面,教育伦理规范的确立要体现教育伦理实体自身的特点。教育不仅是共同体,而且是一个伦理实体。教育伦理规范是对教育人伦关系和教育伦理秩序的文本表达,教育人伦关系的特点在于教育者与被教育者之间是一种非功利的以人格塑造人格的文化建构,教育者对被教育者总是显现一定的道德示范效应。所以,教育伦理的价值旨趣既是为我的,又是为他的,是教育人文精神的传递。另一方面,合乎教育规律的教育伦理规范本身也要具有和谐性。教育活动的丰富性和教育主体的多样性决定了教育伦理规范是一个完整的体系结构,如此才能担当起对教育活动的伦理调控。教育伦理规范要完成这一使命,其内部的各个要素之间应该是和谐一致的。如果教育伦理规范自相矛盾,其自身就会丧失规范的是非标准,教育者也无法作出道德选择。所谓教育伦理规范的实质合理性,主要体现在教育伦理规范对于教育者、教育关系以及社会的积极意义。其一,教育者是教育伦理规范的践行者,"教育者的素质状况决定着教育伦理规范的实现程度,所以教育伦理规范的实质合理性首先表现在有利于教育者良好素质的养成。"[6]其二,教育伦理规范的重要功能在于限定教育者的教育行为,协调教育活动中的各种人伦关系,所以教育伦理规范的实质合理性也表现在有利于教育活动关系的和谐。其三,教育伦理规范是社会道德的一种特殊表达,必须与应有的社会核心价值观相一致,从而有利于推动社会的全面进步。

再次,教育伦理规范在功能发挥上要体现完整性。教育伦理规范作为教育善的重要载体,是通过抑教育行为之恶和扬教育行为之善而实现其价值功能的。教育伦理的作用机制从某种意义上说,就是抑恶与扬善的有机统一。贬抑教育行为之恶,就是消除教育善实现的否定因素;褒扬教育行为之善,就是激发教育善实现的肯定因素。因之,教育伦理规范要完整发挥其价值功能,就表现在抑恶和扬善两个方面,缺失了其中的任何一个方面,教育伦理规范的功能都是不健全的。为使教育伦理规范的功能得以完全发挥,我们所设定的教育伦理规范体系既应包含禁止性规范,又应包含倡导性规范,既要发挥规范作用,也要发挥激励作用。其一,教育伦理作为一种特殊的社会规范,虽然其对教育行为主体的规范作用是其基本功能,但并不是唯一的功能。就教育善的实现而言,将教育伦理的功能仅仅定位在对教育人际关系的调整和对教育行为的规范上是远远不够的。教育伦理规范建设不仅应关注教育者行为不逾道德之矩,还应当为教育者追求教育善提供持久不息的动力源。教育善实质上是行为主体高度自觉性的体现,也需要发挥教育伦理的激励功能敦促教育者向善而行。其二,从教育者现实的道德境界来看,他们的道德水平又呈现出不同的层次。对于那些道德状况处于较低层次的教育行为主体来说,教育伦理主要应发挥其对行为的规范、纠偏功能,特别是抑制教育活动中"恶"的现象发生。对于那些处于较高道德层次的教育者来说,教育伦理规范就需要确立有效的激励机制促使其向更高的善追求。只有既注重社会激励,又不忽视自我激励,教育者的求善行为才可能获得持久不断的动力,也才能不断趋近教育伦理的价值目标。

三、教育善与教育德性伦理建设

在致力于教育善的实现过程中,教育规范伦理建设主要是为教育者进行教育伦理立法,使教育者在教育活动中"有法可依",从而为教育善的实现提供外在的可能性。而要使得这种外在的可能性转化为现实性,即教育伦理要实现自身,还依赖于教育者具有实践教育伦理规范的教育德性,从而为教育善的实现提供内在的保证。教育德性伦理建设作为教育伦理建设的向度之一,就是要培养教育者良好的德性品质和实践理性,促成教育者的内在德性转换为外在善行,并从个体和社会两个维度来全面实现教育善。

首先,培养教育者的教育理智德性和教育道德德性。教育德性伦理建设的宗旨在于使教育者具有实践教育伦理的良好品质,以及使这种品质转化为教育善的知识和能力。而教育德性在内容上包含了教育理智德性和教育道德德性两个方面,前者指涉教育者对教育伦理规范及其价值精神的理性认知以及在教育中表现的实践智慧;后者指涉教育者在教育伦理实践中形成的教育道德品质、教育道德情感和教育道德习惯。一方面,教育德性伦理建设要培养教育者的道德理性和实践智慧,使得教育者在教育活动中,能够从自己扮演的社会角色出发,对应遵循的教育伦理及其合理性和价值精神具有理性的自觉和深刻的认知,并对其采取的教育行为从动机、目标和效果等方面给予缜密的审视和把握,从而形成实现教育善所应有的教育理智德性;同时,这种教育理智德性也是一种实践智慧,这就是教育者能够把教育德性的要求与特定教育情境中的特定问题结合起来,根据个人的品行正确地做出德性的行为。当教育行为主体面对实际境遇中的道德冲突时,选择何种教育伦理以及何种价值等级的教育伦理行为,与教育者的实践智慧和道德能力密切相关,这种教育理智德性对于教育善实现的质和量都是至关重要的。另一方面,教育德性伦理建设也要致力于培养教育者的教育道德德性,它是关乎教育活动能否获得成功所必需的品质和品性。这种品质在教育行为中表现为教育主体对教育德性的自愿选择,所以它与教育道德情感相关;教育者只有形成了高尚的教育道德情感,才能将根据教育伦理去行动以及将教育善的实现看作是人生价值的实现和生命本质的对象化。由于教育道德德性不是出于自然,而是由习惯养成而获得的品性。所以,稳定的教育道德德性又必须通过教育实践、道德教育、道德修养、教育善的累积而逐渐形成和发展。

其次,促成教育者内在德性向外在善行的有效转化。在教育实践中生成的教育者德性作为一种精神价值,是实现教育善的内在保证。它虽然是一种善的获得性品质,但本身并不等于善的行动,因此教育德性伦理建设的任务还在于促成这种内在的教育德性转化为外在的教育善行。由于教育者的良好德性是内隐于教育者的人格和观念之中的,它只有通过具体的教育行为方能得以外显和实现。教育德性向教育善行的转换,实际上就是将教育伦理规范内蕴的价值因子由"应然"变为"实然"。因此,教育德性伦理建设必须要有一定的机制保障教育者内在德性向外在善行的有效转化。这一机制主要包含他律机制和自律机制两个方面。之所以对教育道德的保障机制作这样的规定,是由教育者不同的德性境界以及对教育伦理的不同行为反应所决定的。对于那些"消极守德"的德性境界一般的行为主体,他律机制主要是通过教育伦理制度建设,强化其遵守教育伦理规范的意识和行为,并提升其教育德性的层次。因为教育伦理规范对人们行为调控功能的有限性,决定了当教育伦理的效应不尽人意时,有必要将这种道德上的要求上升为制度化的要求,以保障德性与善行的一致。而对于那些"积极守德"的德性境界较高的行为主体,自律机制主要是通过培养教育者高尚的道德良心,将此作为促进其内在德性向外在善行转化的内在驱动。因为,教育良心是教育道德自律的最高体现,是教育者德性之灵魂,是对社会向教育者提出的道德义务的高度自觉精神和情感体认,也是推动教育德性向教育善行转化的潜在动力。因而教育德性伦理建设应重视主体教育良心的培育和养成。对于教育伦理实践而言,教育良心的形成确乎是教育德性完善的重要方面,是教育道德生命的根本所在,更是教育行为之"应然"转化为"实然"的一种不可或缺的内在精神力量。

再次,将教育德性伦理的个体维度与社会维度相结合。在致力于实现教育善的教育德性伦理建设过程中,应从个体和社会两个维度来认识和拓展教育德性伦理的视野,从而将教育伦理的个体善和社会善结合起来。从学科的价值追求而言,教育伦理学作为一门求索教育善的真谛及其实现的学问,是通过引导行为主体不断超越自身德性状况之"实然"而趋向教育伦理所昭示的教育德性之"应然"来实现自身功能价值的,行为主体之行为与这种应然的契合程度,影响着教育伦理价值的实现程度。而在教育德性伦理的视野中对行为主体如何认定,便直接决定了教育伦理科学价值实现的范围。在传统的教育伦理研究中,行为主体仅仅被限定为各个具体的个人,从而教育德性伦理建设所探寻的即是个人至善之道。然而,将个体视作教育伦理行为主体的全部,教育道德的价值追求仅局限于个体善的实现,使得教育德性伦理的视域过于狭窄,也有悖于社会发展现实对教育伦理的价值期待。从理论上而言,按照道德主体的不同,教育伦理学可分为个体教育伦理学和社会教育伦理学。如果说教育良心、教育责任、教师修养等德性活动大多是针对教育者个人而言的,属于个体教育德性的范畴,那么,教育公平、教育民主、教育理想等德性则主要对社会、组织和制度的要求,直接关乎社会教育行为之伦理意义,因而属于社会教育德性的范畴。这就是说,教育德性伦理包含了个体的教育德性伦理和社会的教育德性伦理,教育德性伦理建设在价值追求上是个体善和社会善的融合。教育的社会善是个体善的前提,没有社会、组织和制度对教育至善的追求,就难以形成个体善的道德氛围,从而也就难以实现整体的教育善。

社会教育伦理的核心在于制度的正义:"制度的正义才能孕育正义美德并遏制不正义,才能限制那些与正义美德不相容的愿望、抱负和行动"[7]。教育变革最为重要的是进行制度变革,使教育制度具有正义性,确定正义的教育普遍形式和具体内容。因此,教育正义是国家、政府和教育本身的合法的教育行动基础,是最为优先的教育善。总之,教育德性伦理建设包含了个体维度和社会维度,只有从这两方面进行卓有成效的教育道德建设,才能全面实现教育善,这是我国教育事业发展的现实需要。

参考文献:

[1] 黑格尔:《法哲学原理》,范扬等译,商务印书馆,1996年,第202页。

[2] 沈宗灵:《现代西方法理学》,北京大学出版社,1992年,第55页。

[3] 麦金泰尔:《德性之后》,龚群等译,中国社会科学出版社,1995年,第141页。

[4] 《马克思恩格斯选集》(第1卷),人民出版社,1995年,第108页。

[5] 亚里士多德:《政治学》,吴寿彭译,商务印书馆,1981年,第199页。

[6] 刘云林:《合道德性教育伦理规范的生成路径》,《教育研究与实验》,2009年第3期。

[7] 罗尔斯:《正义论》,何怀宏等译,中国社会科学出版社,1988年,第252页。

[8] 糜海波:《我国教育伦理学研究综述》,《伦理学研究》,2006年第2期。

关于教学伦理学研究对象的理性思考与深层追问

汪 明

(北京师范大学课程与教学研究院)

尽管教学伦理思想源远流长,但作为一门学科建制来说,教学伦理学却是一门新近才兴起的学科,人们对其研究对象的认识一直不够明确且尚存争议。"明确研究对象,是一个学科存在和发展的首要前提和基础。"[1]明确教学伦理之研究对象是开展教学伦理研究的首要课题,尽管"这一课题不仅无法被探索穷尽,而且对它难以下确定的定义,因为恰恰就是对它所作的关注改变了它。过去的状况可以视为终止了的状况,它们已幕落剧终,已度过自己的时辰而不复存在。现在的状况却具有激发人的特性:对它的思考有助于确定从它当中将要演变出什么"[2]。在此,笔者不揣浅陋,在盘点当前人们关于教学伦理研究对象诸种认识的基础上,提出自己的一点拙见,旨在抛砖引玉,引发大家对此的进一步关注与思考,以期对明确教学伦理学研究对象有所助益。

一、盘点与批判:当前关于教学伦理学研究对象的诸种认识

当前有不少人认为教学伦理学是研究教学中教师职业道德规范抑或研究如何在教学中促进学生道德发展的。尽管尚未有人专门就此观点进行过明确论述,但这种观点却具有广泛性,不仅存在于广大教学实践工作者和教师管理者中,就连部分教学理

作者简介:汪明,北京师范大学课程与教学研究院。

论研究者也同样持有如此观点。

1. 教学伦理学是研究教学中的教师职业道德吗？

当前有不少人认为教学伦理学就是研究教学中的教师职业道德的，甚至"有人认为，教学伦理和教师职业道德是一回事，我国正在加强教师职业道德建设，因而教学伦理的研究没有必要"。[3]初看起来这一观点似乎正确且也合乎现实，毕竟当前教学伦理的研究大多是针对教师提出诸如"人道"、"公平"之类的职业道德规范。且在如何提升教师教学伦理性的问题上，我们也将目光主要投注到教师职业道德建设上，似乎进行教学伦理学研究也就是要在教学这一领域进一步呼吁并加强教师的职业道德建设。首先，我们不否认、同时也承认加强教师职业道德建设委实助益于教师教学伦理的涵养与提升，教师职业道德对教师教学伦理的提升确实有一定的帮助作用。然而，我们必须清醒地认识到将教学伦理学研究等同于教师职业道德建设是不科学的，尽管教学伦理在很大程度和众多方面关涉教师的职业道德。教师职业道德隶属美德伦理学范畴，其重心在于研究与确立教师这一社会角色所应肩负与具备的优良道德品质。教师职业道德解决的是"教师应当做一个什么样的人"的问题。所以说，教师职业道德所体现的是教师的一种应然人格。而相对而言，教学伦理则隶属规范伦理学范畴，其重心在于研究和确立教师在教学过程中所采取行为方式的道德性，倾向于解决教师怎么教才是符合道德、好的教学行为。从学理的视角来看，规范伦理学以具体行为方式为中心，而美德伦理学则以品德为中心。细究起来，二者之间还是有很大差异性的。具体来说，规范伦理学比美德伦理学更为具体、情境化，毕竟规范伦理学涉及的是"做什么"，而美德伦理学侧重的是"成为一个什么样的人"。[4]也正是在这个层面上，我们说教师职业道德所关注与思考的做一个什么样的人以及应具备哪些高尚品质，在实际教学（尤其是面对复杂而又富有不确定性）中步履维艰。我们可以说一个好人、有良好品质的人是不会自愿或至少不会有意去做有违道德的事，但这并不能确保这样的人的行为举止都是道德性的。可见，教学伦理与教师职业道德并不是同一回事，也不是教师职业道德的某一个方面内容的重复或展开，而是从一个新的角度，即从伦理学与教育学、教学论相结合、相统一的角度，研究和解决教学活动中蕴含的伦理道德问题，使教学真正成为道德的教学。可以说，教师职业道德解决的是教师成为有道德的人的问题,而教学伦理解决的是师生共同的教学活动成为有道德的活动的问题。

2. 教学伦理学是研究如何在教学中促进学生道德发展的吗?

现实中有不少教师都认为教学伦理学就是研究如何在教学中促进学生道德发展的。笔者曾专门对此问题进行过调查,结果发现绝大多数教师均认为所谓的教学伦理就是要加强教学的教育性,教学承载着道德的使命,教师在日常教学中不光要进行学科知识的传授,同时亦要重视与加强学生的思想道德教育。实际上,这种对于教学伦理研究对象偏颇的认识不仅存在于广大教师那里,就连有些教学理论研究者也存在同样的不正确认识,这可以从他们的发文论述中窥见一二。如华东师范大学全国中小学计算机教育研究中心的李树培在其《教学道德性的偏失与回归》一文中,有些就言及曾将教学道德性视为在教学中促进学生道德发展。

现实中之所以有人会把教学伦理学误认为是研究如何在教学中促进学生道德发展,究其原因,这与赫尔巴特所强调且广为流传的教学教育性不无关涉。赫尔巴特强调,"我不承认有任何'无教育的教学'","教学如何没有进行道德教育,只是一种没有目的的手段",[5] "我拒不承认任何没有教育性的教学"[6]。教学理应也必须具有教育性,否者教学将不复为教学,教育性成了教学的内在规定性。教师,就算不是专门的德育教师,在其教学实践中亦要关注与重视学生的道德发展。在中国这个有着悠久道德传统且道德泛化的国度里,自然会有不少人将教学伦理学视为是研究如何在教学中促进学生道德发展的。实际上,除了上述这个原因之外,还有另一重要原因——伦理与道德的近似。尽管基于外文语境来看,道德一词的英文为"morality",意指(standards, principles, of)"good behavior",即有关美德和美德行为的标准、原则。其形容词为"moral",主要有如下两种意思:一是"concerning principles of right and wrong";二是"good and virtuous",亦是关涉对错标准和品行端正的意思[7]。而相对而言,伦理一词的英文则为 ethic,其主要意思有二:一是"system of moral principles, rules of conduct";二是"moral soundness"[8]。前者意为道德规则系统、德行规则,后者意为行为的准绳及道德原则的可靠性、合理性。细究起来,道德(morality)更强调主体的德行,偏向个体;而伦理则更强调客观性,偏向社会性。"不过,一般说来,'道德'与'伦理'大多数情况下都是被用作同义词的。它们有微殊途而无迥异。除了在某些哲学家那里之外,这对词在后来的用法中也更多地是接近而不是分离。无论如何,两个概念的趋同还是主流,我们在日常和理论上的使用也基本上还是大致可以遵循这一主导倾向。"[9]实际上,现实中有不少教学伦理研究都冠名教学道德的,这也很容易使人"顾名思义",产生误解。然而,教学伦理学所要研究的却不是教学教育性,也就是说教学伦理学所要研究的并不是如何在教学中促进学生的道德发展,而是如何在教学中"以善致善",确切来说它所关注的是教学的正当性问题。

二、澄明与建构:对教学伦理学研究对象的初步探寻

对于当前教学伦理学研究对象的偏颇认识,我们看到其不足并对其进行批判与解构,尽管这是需要的,但还不够。正如赵汀阳强调的那样:"解构和创造必须是不分先后的同一个过程……如果没有开出一条新的道路,光把原来的道路给破坏了,那我们往哪里走? 只不过停留在一条被破坏的道路上,而且还是那么一条老路。"[10]因此,对于教学伦理学研究对象这一问题,我们不光要批判当前不科学的认识,更要在批判之余树立正确的认识。

1. 由"好"到"应该":教学伦理学研究的原点思量

提到伦理学,大家脑海里浮现的可能尽是些关涉"应该"的义务、规范类语句。"凡是含有或暗含'应该'(ought to be)这一意义的语句就是规范语句。主流伦理学主要是规范伦理学,即以规范为研究主题的伦理学。"[11]伦理学是教学伦理学的上位学科,受当前规范伦理学的影响,人们在思考与开展教学伦理研究时带有浓郁的规范色彩,以致教学伦理好像对教师提出了无尽的"应该如何如何",且极其相似于教师职业道德建设。然而,这种逻辑理路却是有问题的。赵汀阳在其学术自选集《直观》一书中,就"伦理学思路的改变"做过专门论述。他认为:"以'应该'为形式表达出来的规范是由好的事物的存在而引发的,如果不是因为人们在追求好的事情上发生冲突,就根本不需要树立规范来加以调节。然而,正如没有一种事情因为'应该'而成为'好'的,也并非只要是好的事情就成为'应该'的。由'好'到'应该',或者说,在'好'和'应该'之间存在着另一类伦理学问题:如何使应该的成为好的,或者说,如何使应该的服务于好

的。由于人的存在时有自由意识、有计划的存在,这其中必定产生一系列极其复杂的问题。没有比自由意识更为危险的东西,为了保证好的事情,所以需要规范,如果脱离'好'这一绝对前提,规范便是荒谬的、无聊的甚至是非人的。"[12]"在谈论什么是好的时候就绝不是在谈论什么是应该的。伦理学中最常见的错误就是把'应该'和'好'这两个问题混为一谈,用这两者互相定义或者循环。这一错误实在令人惊讶,因为'应该'和'好'之间那种巨大差异是极其明显的:规范总是对行为的某种限制,假如凡是好的东西就是规范所允许的东西,规范的限制性就完全失去意义,就成为多此一举的事情。"[13]"所以在此有必要强调,伦理学问题不在于'应该'而在于'由好而应该。"[14]"显然我们需要由好事情出发来对伦理学问题进行重新思考,并且发现一些基本的伦理真理。"[15]具体到教学伦理学研究,我们亦要首先关注好,然后才由好而引发出应该。

2."好教学"作为教学伦理学研究对象及其价值与意义

"伦理学问题不在于'应该'而在于'由好而决定应该'"[16]。鉴于此,我们在思考教学伦理学问题时应扬弃规范伦理学的路径,关注与重视好教学,而非简单地提出一些教学规范。好教学理应、也必须是教学伦理学的研究对象。那么何谓好教学呢?从内在结构来说,所谓好教学就是有效且正当的教学;而从主体间性来看,好教学这个好不光对学生来说是好的(人道、公正的),同时对教师来说也是好的。将好教学作为教学伦理学研究对象不是一种情绪表达抑或一时冲动,这么做是有一定思量的。也就是说将好教学作为教学伦理学之研究对象是有一定价值与意义的。英国科学哲学家伊姆雷·拉卡托斯(I. Lakatos)的精致否证主义认为,一种新理论比旧理论更"科学",它应该至少满足以下三个方面的"边界条件":(1)能够包容和解释旧理论中一切未受反驳的内容;(2)能够解释旧理论中不能合理说明的反常现象;(3)能够预测新事实,在本领域内有更大的预见力。用波普尔(K. Popper)的话来说,就是这种新的观点所包含的"真理性的值"应该比其他理论观点要高一些。下面基于这些标准和条件,来分析一下好教学作为教学伦理学研究对象的科学合理之处。首先,好教学作为教学伦理研究对象有利于制衡规范伦理学视阈下教学伦理研究对教师提出的义务苛责。我们知道当前教学伦理研究对教师提出了众多义务规范,而教师的权利却在消弭,使得教师的权责严重失衡[17]。"好的教学来源于教师的自身认同和自身完整……有好的教师,才有好的教学。"[18]教学三要素既包括学生,同时亦包括教师[19],所以好教学不光对学生是好的,同时对教师也是好的。这就有效规避了教学伦理学规范主义对教师的盘剥。此外,约翰·罗尔斯指出:"伦理学的两个主要概念是正当和善……一种伦理学理论的结构就大致是由它怎样定义和联系这两个基本概念来决定的。"[20]在研究教学伦理的基础理论时,作为伦理学分支学科的教学伦理学之教学伦理基本问题研究理应、也必须关注与思考教学的正当性与善的问题。然而现实中,当前的教学伦理学研究并未将其做得很好。"综观我国当前的教学伦理相关著述,不仅未特别触及教学有效性与其伦理性关系的探讨,而且在研究的问题域上也有待拓宽。更为重要的是,相关研究的哲学思辨色彩依然浓烈。从话语体系上适应国际研究趋势固然重要,但仅仅如此恐怕还不够。深切关怀教师的伦理实践,透析教学中效率与道德问题的互动与共生,以实证研究为理论思辨提供经验源泉,进而形成切合现实的理论以引领实践,也许是一条可以参酌的路径。"[21]而好教学作为教学伦理学研究之对象,就将教学有效性与教学正当性同时纳入教学伦理学研究视野中去了,这对完善和促进教学伦理学研究大有裨益。

参考文献:

[1] 王本陆.关于教育伦理学研究对象的再探讨[J].华南师范大学学报(社会科学版),1999(1):40—45.

[2] 卡尔·雅斯贝斯.时代的精神状况[M].王德峰译.上海:上海译文出版社,2008:1.

[3][4] 欧阳超.教学伦理学[M].成都:四川大学出版社,2008:14、14—16.

[5] 张焕庭.西方资产阶级教育论著选[M].北京:人民教育出版社,1964:257.

[6] 赫尔巴特.赫尔巴特文集(教育学卷一)[M].李其龙译.杭州:浙江教育出版社,2002:215.

[7][8] 牛津现代高级英汉双解词典[M].北京:商务印书馆,1988:733—744、394.

[9] 何怀宏.伦理学是什么[M].北京:北京大学出版社,2002:14.

[10] 赵汀阳.赵汀阳自选集[M].桂林:广西师范大学出版社,2000:33—34.

[11][16] 赵汀阳.论可能生活:一种关于幸福和公正的理论(修订版)[M].北京:中国人民大学出版社,2004:1、63.

[12][13][14][15] 赵汀阳.直观:赵汀阳学术自选集[M].福州:福建教育出版社,2000:20、18、21、21.

[17] 冯婉桢.教师专业伦理的边界:以权利为基础[M].北京:教育科学出版社,2012:1—3.

[18] 帕克·帕尔默.教学勇气:漫步教师心灵[M].吴国珍,余巍等译.上海:华东师范大学出版社,2005:13.

[19] 裴娣娜.教学论[M].北京:教育科学出版社,2007:4—6.

[20] 约翰·罗尔斯.正义论[M].何怀宏等译.北京:中国社会科学出版社,1988:23—24.

[21] 卢乃桂,王丽佳.西方教学伦理研究的路向与问题[J].全球教育展望,2011(8):10—14.

教育伦理规范生成的辩证视野

刘云林

(南京师范大学公共管理学院)

就动态的视角而言,作为教育伦理学的核心范畴和教育活动追求的价值目标,教育善的实现过程,就是具有合理性的教育伦理规范体系的运行过程。而这种教育伦理规范体系能否获得合理性,又取决于其制定者是否具有辩证的视野。从而,教育伦理规范生成的辩证视野乃是实现教育善的认识论基础。具体言之,这种辩证视野表现为:在所关注的问题域中,教育道德之实然和应然是两个必要的视点;在规制对象上,教育伦理规范不仅应调控教育者个人的行为,而且对于社会的教育行为也应具有重要的制约意义;在功能设定上,教育伦理规范不仅必须抑教育行为之恶,而且也应该扬教育行为之善;在目标向度上,教育者的美德与善行应该成为两个重要的方面。当教育伦理规范的制定者具备了这种辩证的视野,教育善的实现便获得了认识论方面的保证。

一、必要视点:实然与应然

教育伦理规范作为对教育者行为的价值导向和行为规制,其宗旨在于引领教育者

作者简介:刘云林,南京师范大学公共管理学院教授、博士生导师。
E-mail: Liuyunlin078@163.com

不断超越现实而达到理想的境界,即实现教育者德性之实然向应然的跨越。由教育伦理规范的这一使命所决定,教育者德性之实然与应然乃是在确立教育伦理规范时必须关注的两个视点。罔顾实然,教育伦理规范就失去了植根基础,就难以具有科学的依据;忽视应然,教育伦理规范就只能停留在基本的水平层次,教育者的德性就难以得到应有的升华。从而,教育伦理规范的价值就难以得到全面而有效的实现。

　　首先,必须关注和准确把握教育者德性之实然。这一要求既由道德的植根基础所决定,也取决于道德的内在本性。就道德的植根基础而言,教育伦理规范作为教育者在教育活动中应该依循的社会规则,其对教育者行为的规定并非是制定者头脑中概念运动和逻辑推演的结果,也绝非是出于统治者纯粹的价值偏好,它集中体现了社会环境的内在要求。而就构成要素而言,这种社会环境不仅指向社会的政治经济存在,也包含了教育者德性之现状。从而,教育伦理规范作为一种特殊的上层建筑,其既取决于特定社会的政治经济状况,同时也决定于教育者道德之实然。换言之,一定的教育伦理规范有两类赖以生长的土壤:一是其特定的政治经济关系和政治经济制度,二是其特定的教育道德之实然。前者对于教育伦理规范具有本体论上的决定意义,而后者对于教育伦理规范的影响也不可小觑,特定的教育道德之实然乃是教育伦理规范生长的"第二土壤"。因之,在思考和设计教育伦理规范的时候,应当关注教育道德之实然,而不能仅从现实的政治经济关系上找根据。只有从当代中国的教育道德现状这一土壤中生长出来的教育伦理规范之花,才可能结出丰硕的教育道德建设之果。

　　就道德的内在本性而言,其和现实须臾不可分离的特点也要求我们必须关注教育道德之实然。道德在西方被视为实践理性。在中国,以道德为研究对象的伦理学被视为知行合一的科学。无论是中国还是外国伦理思想史,其理论的源头都在于对社会现实道德问题的思考;无论是过往还是当下的社会道德建设,也都是以改变道德现状为宗旨的。这意味着,道德应解决社会现实问题的要求而产生,又通过解决社会的现实问题而彰显其价值。社会的道德建设过程,正是主体不断认识、应对和解决现实道德问题的过程。道德和社会现实不可分离的这一特性,决定了作为其具体表达形式的教育伦理规范,宗旨也应是通过对教育者的价值引领和行为规范以有效解决教育道德问题。而这种旨在解决现实问题的教育伦理规范,当然首先必须关注教育者德性之现状。

　　其次,教育伦理规范不仅立足于实然,而且指向应然,教育伦理规范乃是现实性和理想性的统一。就具体归属而言,教育伦理规范是道德规范在教育领域的具体体现,而道德在本然意义上又是包含现实和理想这两个不同维度的。按照当代美国著名法学家富勒的观点,道德应当划分为"愿望的道德"和"义务的道德"两个方面。愿望的道德意味着人的"至善"的某种概念,义务的道德指的是一个有秩序的社会所必不可少的一些基本原则。由于这两类道德对行为主体的要求不同,社会对于人们履行这两类道德的实际情况所作的评价是不一样的:人们不会因为履行义务的道德而受到赞扬,但如果违反它就会受到谴责和惩罚;人们因为履行了愿望的道德就会受到尊敬,但不履行至多只会使人感到惋惜,而不会受到谴责。[1]和富勒的观点相类似,另一位美国著名法学家博登海默则把道德区分为两类不同的等级体系:"第一类包括社会有序化的基本要求,第二类道德规范包括那些极有助于提高生活质量和增进人与人之间的紧密联系的原则,但是这些原则对人们提出的要求则远远超过了那种被认为是维护社会生活的必要条件所必需的要求。慷慨、仁慈、博爱、无私和富有爱心等价值都属于第二类道德规范。"[2]无疑,博登海默的第二类道德和富勒的"愿望的道德"一样,也具有超越现实道德的意蕴,是对人们的行为具有导向意义的道德之应然。我们认为,上述两位思想家对道德的这种划分,在理论上有其合理性,对于科学的教育伦理规范的确立也颇具启迪意义:社会既应根据教育者的德性现状确定其基本的教育伦理规范,又应设定超越现实层次的教育伦理规范,以引领教育者向更高的德性境界迈进。而对于教育者个人而言,既应自觉依循社会所规定的伦理路径,又应有一种高于现实的理想追求。如果社会和教育者都能在教育伦理规范的价值视点上达成此共识,教育道德建设必将收到良好的效益。

二、规制对象:个人与社会

教育伦理规范的要旨在于通过对教育者行为路径的设定而引领其达至教育善的境界。而在社会现实生活中,教育者事实上乃是一个广义的范畴,其不仅包括教师和家长等各个具体的教育者个体,而且由于组织、政党、政府和社会等在一定意义上往往也扮演着教育者的角色,因此他们所加予客体的具有教育意味的行为本身也有一个道德上是否应当的问题,他们必须对自己具有教育意味的行为方式、内容、态度、价值取向以至于后果承担起道德上的责任。正缘于此,我们认为,教育伦理规范不仅对教育者个体具有制约意义,而且对后者具有教育意义的行为也应发挥其调控效能。

之所以对教育伦理规范的对象做出这种规定,乃在于受传统伦理学的影响,我国的教育伦理学研究存在视域过窄的缺憾。从规制对象的视角而言,传统伦理学实质上是一种个体伦理学,研究的是个体行为之应然,从而道德的使命就在于对个体行为的调控和德性的提升。受这种传统伦理学研究视域过窄的影响,在教育伦理规范建设的过程中,研究者往往只注重教育者个体尤其是学校教师应该如何的问题,因而传统的教育伦理学只是一种狭义的教育伦理学即教师伦理学,这直接导致了教育伦理规范规制对象的窄化,也使得教育伦理学作为一门学科在功能实现上存在缺憾。由于教育行为的主体仅限于教育者个体,从而教育伦理的价值追求只表现为个体善的实现:教育伦理原则是个体在教育活动中必须依循的准则,教育伦理规范是对个体的行为限定,教育良心和教育责任等范畴是个体必须具有的自觉意识,教育伦理修养则是教育者个体提升自身德性的活动。诚然,教师个体的教育道德问题应该成为教育伦理学十分重要的研究内容,其在教育活动中所表现的德性对于正在成长过程中的青少年有着至关重要的意义,我国庞大的教师群体的职业道德状况将通过被教育者这一中介影响他们的家庭以至整个社会的精神文明建设。基于此,教育伦理研究必须关注教育个体行为之应然。正是这种对教育个体善的追求,使得教师伦理学成为应用伦理学的重要分支,也使得教育伦理学的研究内容更加丰满。

但是,社会在对教育善的追求过程中,同样不应忽视对其他教育主体提出伦理道德方面的要求。只有当所有教育主体的教育方式、教育内容、教育价值取向、教育态度和教育人格等符合教育伦理规范的要求时,我们才可以说社会具备了良好的教育道德。有鉴于此,教育伦理规范不仅应对教师、家长等教育者个体的行为进行应有的规制,对他们所从事的教育活动持有一个进行善恶评判和价值导向的任务,而且由于我们所处的社会、政府和政党等往往也扮演着教育者的角色,所以教育伦理规范对他们所实施的具有教育意味的行为也应实行必要的规制,也有一个善恶评判和价值导向的任务。如果说,传统的教育伦理作为一种个体教育伦理,主要是昭示个体行为之应然,将个体善的实现作为学术研究之旨归,那么具有现代意义的教育伦理绝不能忽视对社会行为应然性的研究,绝不能放弃对社会教育行为的善恶评判和价值导向,应该要求社会对自身行为的教育伦理后果担负起相应的责任。例如,社会应该对其宏观环境的育人效应承担何种责任,政府所倡导的教育理念和制定的方针政策将会对教育产生何种伦理后果,政党对受教育者所施行的教育是否符合时代精神,等等。在目前,我国的教育伦理学研究尤其要关注如下社会现实问题:一是政府所制定的事关教育的大政方针的伦理合理性何在,它将会产生何种伦理后果;对于不良的伦理效应,政府应采取何种应对措施予以矫正和消解。二是如何实现教育公正。尤其是在地区之间经济发展不平衡和社会各人群之间贫富差距客观存在的情况下,作为社会主义性质的国家如何体现和落实教育公正原则,如何根据公平正义原则合理配置教育资源,如何解决好教育发展过程中公平与效率的关系问题。三是如何通过推进经济的发展来为社会成员接受教育提供必要的经济基础从而实现社会公正的问题。四是对教育立法机关而言,有一个如何使有关教育的法律法规积极推进和保障受教育者权利的有效实现和教育者全面发展的问题。相信对这类社会教育伦理问题的关注,将会丰富教育伦理学的学科内容,有利于教育伦理功能的全面实现,从而也将有助于推进中国教育事业的健康发展。对这一系列问题的解决状况直接关乎教育善的实现,从而理所当然地应该被纳入教育伦理的研究视域。对应于此,社会作为教育伦理规范的规制对象将是一种逻辑的必然。

三、功能设定:抑恶与扬善

就工具价值的意义而言,教育伦理规范乃是实现教育善的必要手段,这是教育伦理规范的功能所在,也是社会对于教育伦理规范的价值期待。但是,在如何理解教育伦理规范的功能向度这一问题上,无论是学界还是社会都还存有局限性。受传统伦理学关于道德即是对人行为的规范和制约的观点影响,在教育伦理学研究领域,人们往往简单地将教育伦理规范的功能定位于抑制教育恶的产生。我们认为,道德规范固然应该防范恶的产生,同时还应该激励人们努力追求善的实现。相应地,抑教育行为之恶与扬教育行为之善也应成为教育伦理规范两种不可或缺的功能。教育伦理规范作为对教育行为主体的价值导向和行为规制,就应该通过贬抑教育行为之恶和褒扬教育行为之善这两个方面来实现其功能。教育伦理的作用机制从某种意义上说,就是抑恶和扬善的有机统一。贬抑了教育行为之恶,客观上就为教育伦理目标的实现清除了障碍;褒扬了教育行为之善,将激励更多的教育者自觉追求教育伦理的目标。因之,抑恶和扬善是教育伦理规范建设必不可少的两个方面,是教育伦理功能的两个重要向度。

将教育伦理规范的功能设定为抑恶和扬善两个方面,既有其学理的依据,也符合人类道德建设的实际。从学理上而言,一方面,否定往往就是肯定,对某种事物的否定往往意味着对该事物对立面的肯定,否定教育行为之恶实际上就是肯定教育行为之善。另一方面,肯定往往就是否定,肯定某一事物往往内蕴着对这一事物对立面的否定,肯定教育行为之善同时意味着否定教育行为之恶。就人类道德实践的历史来看,抑恶和扬善作为表现形式相异而价值目标一致的行为,两者实质上是互为支撑、互相策应的。例如,为了遏制个人主义价值观,就必须弘扬集体主义精神;而为了弘扬集体主义又必须逻辑地否定个人主义。对个人主义价值观的批判将有助于弘扬集体主义精神,而对集体主义道德原则的坚持客观上也是对个人主义的一种遏制。这两者对于坚持集体主义道德基本原则都是不可或缺的。如果将社会道德建设的过程视为道德之舟驶向善的彼岸的航程,那么在这一航程中,我们既要依循正确的航线,沉着应对险恶的冰山暗礁、急流险滩,又要为航船提供足够的给养和持续不断的动力。如果我们将道德建设的过程视为使人成圣的过程,那么在这一过程中,我们既要注意遏制、贬抑人性中恶的东西,又要强化和激励人性中美好的一面。

基于将教育伦理规范的功能设定为抑恶和扬善两个方面的内在合理性,我们所制定的教育伦理规范体系既应包含禁止性规范,又应包含倡导性规范,从而在机制建设中注意惩处机制和激励机制的结合。由于传统的教育伦理研究往往只注重抑恶,只关注惩处机制功能的发挥,从而将传统的教育伦理等同于抑恶伦理学,所以现代教育伦理学要特别注重倡导性规范的确立,应构建一套行之有效的激励机制。因为,从最终的意义上而言,教育善乃是行为主体高度自觉性的体现,所以对他们而言,设定一定的激励机制远比展示刚性的惩处机制更为有效。在我国市场经济的背景下,我们既要注意运用惩处机制应对由于市场原则的泛化和对教育领域的侵蚀而出现的有违教育善的现象,又不应忽视运用行之有效的手段甚至市场机制激励人们对教育善的追求。我们认为,这种激励机制大体可以包含两方面的内容:一是主体的自我激励,即自己为自己设定向善的动力机制。由于教育者的合道德举动,通常都是在一定机制的激励下对道德价值目标理性认同和情感共鸣的结果,所以教育伦理要致力于培养教育者科学的教育理性,良好的教育情感,高尚的教育良心,将此作为教育者道德行为的内在驱动。二是外在的社会激励,这种激励可以是精神激励,也可以是物质激励。行之有效的社会激励机制既是激发教育者职业自豪感和强化其工作责任心的需要,也是实现旨在追求教育者德福一致的教育伦理公正的需要。只有坚持自我激励和社会激励并举,激励机制才是健全的;只有在完善科学的激励机制推动下,教育者的求善行为才可能获得持久不断的动力,才能不断实现从外在守德到内在守德、从消极守德到积极守德、从自发守德到自觉守德的跨越,从而实现守德层次的提升。唯其如此,教育者行为才能不断切近教育伦理的价值目标,社会的教育道德建设才可能获得理想的效益。

四、目标向度：美德与善行

教育伦理规范的目标作为植根于教育道德现状的应然性规定,其对教育者的行为具有引领方向的意义。就具体向度而言,这一目标应包括教育者的美德和善行两个方面。而将教育伦理规范的目标作这样的区分,乃是作为社会生活特殊规范的道德之功能在教育领域的具体体现。就道德的功能而言,其主要表现在两个方面：规范人的行为和提升人的德性。即道德既要告诉人们什么当为,什么不当为,又要求人们具有应有的德性境界。作为社会道德之具体表现形态的教育道德,无疑也应该在以下两个方面发挥自身的功能价值：一方面,为教育者的行为进行道德立法,从而为他们所从事的教育活动设定具体的伦理路径。教育伦理基本原则的规定,教育伦理一系列规范对教育活动的调控,就是社会道德在教育领域的具体实现。另一方面,道德对现实超越性的特点决定了应将教育者美德的养成作为教育伦理的重要价值取向。在教育伦理规范建设的过程中,只有将此两者作为教育伦理目标不可或缺的方面,教育伦理的价值实现才可能避免缺憾,才不至于留下"盲区"。只有为教育者的行为规定具体的伦理路径,才能使教育者的行为依循道德之矩;只有教育者具备了美好的德性,才能在教育实践中不断实现对现实的超越。

对教育伦理规范的目标向度做出这两方面的规定,是具有其历史学依据的。回顾人类求索道德善实现的历史可知,在具体的路径设计上,思想家们无不极为关注人的美德之养成和善行之实现这两个方面。一部伦理思想史,可以说就是充满了人们对如何养成美德、如何行善的理性思考。早在古希腊时期,德性主义伦理思想已相当丰富,亚里士多德就将人的德性的完善作为道德建设的首要目标。在近代康德那里,我们可以感受到的是,他的伦理学就是一种德性伦理学。在现代西方,德性伦理学则和规范伦理学一起成为引人关注的伦理学主流学派。在中国伦理思想史上,人们对于道德的功能应在于人的德性的提升和对行为的规范的认识可以说已经达到了一种理性的自觉。自古迄今,中外伦理思想家们其理论观点虽然各具特点甚至大异其趣,但对善的实现路径的设计却是颇为相似的:或者将主体德性的养成作为主要目的,或者偏重于对行为主体规则意识的培育,或者将两者的结合作为实现善的手段。人类伦理思想发展的这一特点启示我们,在确立教育伦理的目标向度时,人们可能会由于原因各异而做出不同的抉择,但教育者的美德和善行无论如何应该是最为重要的两个方面。

从教育者美德和善行的相互关系而言,两者各以对方为自身实现条件的特点,也决定了教育伦理规范的价值目标应该将此两者作为自身的向度。首先,教育者良好的德性必须转化为具体的善行才会产生实际的伦理效应。作为教育伦理目标重要向度的教育者的良好德性,是内隐于教育者的观念和人格之中的,它只有通过教育者的具体行为才可能得以外显和实现。将教育者的良好德性作为教育伦理目标的重要取向,还只是一种"形而上"的预设,它必须通过教育者具体的行为才可能得以积累、积淀直至形成。一种教育者的良好德性,如果不见诸具体的行为,只停留在自我欣赏、自感欣慰的阶段,就没有应有的实际意义。其次,教育者要使自身的行为具有善的意义,要形成自觉遵循教育伦理规范的习惯,也离不开德性方面的保证。没有德性方面的保证,教育者或许会在某种境况下因某种契机甚至冲动而做出合道德的行为,但绝不可能因行为的累积和持之以恒而养成一种良好的习惯。所以,要由个别行为而成习惯,同样必须要有人的德性方面的保证。如果说,在教育伦理的实践中,教育者善行的实施结果还只是一种外在秩序的话,那么,教育者美德所造就的乃是其心灵的秩序。在这两种秩序之间,心灵的秩序更为根本,它是实现外在秩序的保障。当然,外在的秩序也是不可或缺的,心灵的秩序只有化为外在的秩序,主体良好的德性才能得到确证和发扬光大。

再就教育伦理追求的终极价值——教育善的实现而言,也确乎需要这两个向度的有力支撑。道德作为一种精神价值,它需要成为人们的信仰,需要内化为人的一种德性;而道德作为一种行为规范,它又需要人们在具体活动中的自觉遵循,而这两者对于道德的价值实现来说都是不可或缺的。如果说,教育者的美德是实现教育善的内在保证的话,那么教育者的善行就是实现教育善的外在条件。没有前者,教育善的实现就失却了内在的动力;缺少后者,教育伦理的价值目标就难以发生现实的转换,就只能永远停留在"应然"的水平层次。基于此,教育者德性的提升和良好行为习惯的养成逻辑地成为教育伦理规范的追求目标,从而教育伦理研究的主题和教育道德建设的重点也就主要集中在这两个方面。

注释：

[1] 富勒.《法律的道德性》[M].郑戈译.北京:商务印书馆,2005:6—8.
[2] 博登海默.《法理学——法律哲学与法律方法》[M].邓正来译.北京:中国政法大学出版社,1999:373—374.

教师德性研究的三个基本维度

童建军

(中山大学社会科学教育学院)

教师德性是优化教育质量的重要参数。19世纪德国教育家第斯多惠认为,"一个真正的教育者,根据他自己和别人的宝贵经验,他知道,通过你是什么样的人要比通过你知道什么,可以获得更大的成效"。[1](P350) 因此,加强师德建设就成为古今中外教育活动普遍关注的重点和难题。但是,在不同的道德哲学理论中,教师德性有不同的价值;在不同的文化传统中,教师德性有不同的内涵。只有在明晰道德哲学的立场和自觉文化传统的预制后,教师德性的学术谋划才会更具说服力,其实践关怀才能更显合理性。

一、德性伦理视野中的教师德性

德性伦理是伦理思想史上成熟最早的道德哲学类型。什么是一个好人?如何成为一个好人?怎样获得好生活(幸福)?这些是德性伦理探讨的核心命题。借用理查

基金项目:2010年国家社会科学基金重大招标项目"改革开放视阈下我国社会意识变动趋向与规律研究"(10ZD&048);2012国家社会科学基金重大招标项目"社会转型中的公民道德建设工程"(12&ZD007);2012年中山大学中央高校基本科研业务费专项资金资助

作者简介:童建军,中山大学社会科学教育学院、马克思主义哲学与中国现代化研究所副教授。

E-mail:charlie_tong@126.com

德·泰勒的话而言,德性伦理是一种关于"渴望"的伦理学(ethics of aspiration)。它主要关心的不是行为对错的标准,而是如何使自己获得"有德"的生存状态,实现幸福生活。因此,德性伦理学首要的任务是告诉人们如何认识自己的生活目的,对人生的方向有一个清晰的认识,并为实现一种善生活的内在目的而培植自我的内在品格和德性。赫斯特豪斯认为,德性伦理学与规范伦理学之间的区别通常被人们归纳为:"以行动者为中心"还是"以行动为中心";思考的是"是什么(Being)"还是"做什么(Doing)";关心的是好的(和坏的)品行还是正确的(和错误的)行动;考虑的是"我应该成为什么样的人"还是"我应该做什么"。[2]

德性和规范是伦理学中非常重要的范畴。在不同的道德哲学中,德性相对于规范的地位的强弱不同。任何成熟的道德理论都必须包括对德性和规范的说明,即使是行为导向的规范伦理也关注德性的发展,因为这些德性与正当(right)一致,或者支持对正当的尊重。因此,后果主义和道义论会包括德性的理论说明或者德性理论,而不是德性伦理,德性理论是对德性的说明或者解释。德性伦理将德性评价作为伦理学的基础和伦理分析的核心概念,认为这种对人类品质的评价同行为正当性或行为后果价值的评价相比,更具根本性意义。因此,在德性理论中,德性从属于规范,是一种弱德性;而在德性伦理中,德性优先于规范,是一种强德性。

古希腊语境中的"德性"(希腊文"arête")最初被用作指称每一种自然存在展示其"固有能力"而显现的优秀或卓越。例如,刀的德性是锋利,马的德性是跑得快,鱼的德性是善游。因此,洞察自然存在的"固有能力"就成为理解德性的根本前提。在亚里士多德伦理学中,人的本质在于其灵魂机制,但灵魂的生命机制不是人独有的,只有灵魂的理性机制才体现了人的"固有能力"。所以,人的德性就反映在其拥有的理性能力的运用上。"人与植物和其他种类的东西共有汲取营养和发育的能力,与动物共有感觉和意识的能力。但是惟有理性才是人类所独有的。因此,人类所特有的活动就在于运用理性,人类所特有的卓越之处就在于正确而熟练地运用理性。"[3](P99) 普遍的人的理性在不同的职分中有不同的表现形式,这就是与职分相应的品质。在荷马史诗中,"一个履行社会指派给他的职责的人,就具有德性。然而,一种职责或角色的德性与另一种职责和角色的德性是完全不同的。国王的德性是治理的才能,武士的德性是勇敢,妻子的德性是忠诚,如此等等。如果一个人具有他的特殊的和专门职责上的德性,他就是善的"。[3](P31)

因此,在德性伦理学中,德性必然同人的功能相关。在亚里士多德的德性伦理学中,"人"就是一个核心的功能性的概念,他认为人的善就存在于人的功能中。对任何一个有某种活动或实践的人来说,他们的善就在于那种活动的完善。因此,一个吹笛手的善就在于演奏,雕刻家的善就在于雕塑。人类的善就是遵循或包含着逻各斯的活动的完成。因此,亚里士多德把"人"与"生活得好"的关系类比作"竖琴师"与"竖琴弹得好"的关系,并将此作为伦理学探究的起点。启蒙思想家认为,没有任何有效论证能够从全然事实性的前提推出任何道德的或评价性的结论,从而产生事实判断与价值判断的分离,表现为"是"与"应该"的断裂。但是,在德性伦理学看来,"是"可以合理地推导出"应该"。例如从前提"他是个大副"可以有效地推论出"他应该做大副应该做的事情"这样的结论。论证之所以有效,是因为"大副"是属于功能性的特殊概念,我们是基于"大副"被期望实现的特有的目标或功能来界定"大副"的。因此,要成为一个人也就是要扮演一系列的角色,每一角色均有其自身的意义和目的:家庭成员、公民、士兵、哲学家、神的奴仆。我们由人的这些角色功能就可以合理地期待他的德性。

因此,从德性伦理的视角来看,教师德性内生于教育活动。从词源学上考察,"教育"源自拉丁文 educare,表达的是"引导、引出"的内涵;英语中的 edueation 则包含 nurture(养育)、rear(培养)、bring up(抚养)等含义;《说文解字》对教育的解释是"教,上所施,下所效;育,养子使作善也"。从发生学上考察,教育作为人类社会所特有的一种社会现象,"它从一开始,就具有明确的愿望和要求。它必须由年长一代有目的、有意识、有计划地把人们积累的有关生产斗争和社会生活的经验、知识和技能,系统地有步骤地传授给年轻一代"。[4](P3) 可见,无论是从词源学上考察,还是从发生学上分析,"教育"的"固有能力"或本性是发展人的实践活动。"教育是极其严肃的伟大事业,通过培养不断地将新的一代带入人类优秀文化精神之中,让他们在完整的精神中生活、工作和交往。"[5](P44) 对于教师而言,只要他选择了教育活动,那么,他的善就在于发挥教育活动的"固有能力"和完善教育活动。我们就可以由他所是推出他所应该。这就是教师德性。

每一个职业所具有的功能都决定了其相应的道德要求,主体履行这种职业的功能就是承担相应的社会角色。当一个人选择了以教师为职业的时候,那么他同时就选择了在危急关头救助学生的义务。这不是功利主义所能算计的,这来自一个简单的事实,因为你是教师,你就承担着这个义务。在这种生命的选择关头,不是生命轻重之间的比较与权衡,而是教师的德性问题,这就是他的社会角色。而只要他承担着这种社会角色,那么,他就不能选择危难时刻率先逃离现场,他必须承担与他的社会角色相应的道德责任,也就必须培养与实践同其社会角色相应的美德。对于教师而言,由于他所承担的特殊使命,选择高尚的生活就不是个人自愿的问题,如果说这其中存在自愿,那么,这种自愿发生在他选择以教师为业之前,而不是之后。事实上,一旦他选择了教师行业,获得了社会的尊重与期待,同时也就意味着承担着社会赋予的角色责任。这就是教师职业的要求,是教师职业的角色期待。

德性不仅是教师完善教育活动所需的品质,而且是教师获得教育实践的内在利益的品质。教育实践提供给教师两种利益:外在的利益和内在的利益。前者比如学校或者政府授予的荣誉或者奖励的财物,后者则是教学提供给教师特殊的主体经验和主体体验。前者的获得途径是多样的,并且依附于社会环境而带有偶然性。而拥有高尚的人格,是教师获得内在利益的必要条件。无疑,在当代中国,教师的社会地位很低,收入也很微薄。但是,这种外在的利益不应该成为选择以教师为业的唯一标准。实际上,一个人选择以教师为业,报酬等外在利益确实是需要考虑的,但是他考虑更多的还应该是教学实践内在的利益。这是通过教育实践这一人类特殊的社会实践所获得的独特精神享受、特殊的主体经验和主体体验,这类精神享受暗含于追求教育实践活动本身的卓越的过程中,是任何其他类型的活动所不具备的,只有依据参加该实践活动所取得的经验和体悟才可以识别和判断。外在利益的获得途径是多样的,并且依附于社会环境而带有偶然性。而拥有高尚的德性,是教师获得内在利益的前提性条件。"德性是一种获得性人类品质,这种德性的拥有和践行,使我们能够获得实践的内在利益,缺乏这种德性,就无从获得这些利益。"[6](P242)

既然我们是在德性伦理的视角探讨教师德性,那么,师德最终取得成效的标准就不是仅仅依据规范订立的多少或者规范是否得到遵守,而是要深入理解这些教师们遵守这些规范的主观情感、动机和愿望等品格要素。因为人们对规范的遵守存在着不同的主观情感、动机和愿望。亚里士多德指出,合乎德性的行为"除了具有某种性质,一个人还必须是出于某种状态的。首先,他必须知道那种行为。其次,他必须是经过选择而那样做,并且是因那行为自身故而选择它的。第三,他必须是出于一种确定了的、稳定的品质而那样选择的"。[7](P1104b6—9)从主体的情感状态而言,亚里士多德提出,德性同快乐和痛苦相关。"仅当一个人节制快乐并且以这样做快乐,他才是节制的。相反,如果他以这样做为痛苦,他就是放纵的。同样,仅当一个人快乐地,至少是没有痛苦地面对可怕的事物,他才是勇敢的。相反,如果他这样做带着痛苦,他就是怯懦的。"[7](P1103b1—3)我们会发现,究竟是以规范还是以德性为目标,会产生出差异性的效果评价标准。德性的形成不能依靠政治行为的催促一蹴而就,其成效的考察也难以通过短期客观化行为的分析而完成,所以,在以德性为导向的师德建设中,我们需要的是系统观,充分认识到德性养成的长期性、复杂性和渐进性,而最忌讳以"短"、"平"、"快"的思维,通过一时的、轰轰烈烈的造势,取得表面上的结果,这不但无助于德性的养成,反而是对德性的戕害。

二、文化传统视野中的教师德性

文化传统对现实的人类生存和社会发展发挥着重要的预制功能,深刻地影响着人们的生存样式和思维方式。"预制"是一个形象的比拟。工匠们在建造桥墩时,总是要先用木板和钢筋等材料做成桥墩的模型,然后注入混凝土,干涸后就成为桥墩。那些桥墩的模型就是一个预制。只要这个模型不变,那么,其模塑出的桥墩就基本相同。昔日传统对今日生活具有同样的预制性,它使得文化的发展主要地不是表征为普遍的和制造的,而是呈现出经由历史延续而培育的特征。对于文化积淀成传统所产生的预制力,钱穆在下面这段话中已表达得十分清楚了:"本源二字是中国人最看中的,一个民族是一个大生命,生命必有本源。思想是生命中的一种表现,我们亦可说,思想亦如生命,亦必有它的本源。有本源就有枝叶,有流派。生命有一个开始,就必有它的传统。枝叶流派之于本源,是共同一体的。文化的传统,亦必与它的开始共同一体,始成为生命。"[8](P77)

中国自古以来就积淀了尊师重教的文化传统。儒者是中国古代传授典籍的职业群体,擅长演礼乐、教诗书。儒者不同于儒家。因为儒者单纯是一种职业群体的称谓,而儒家有了明确的"说仁义"的道德内涵。儒者先于儒家,在孔孟之前就已经存在。但是,孔孟创立了儒家后,特别是儒家成为官方推崇的主流意识形态之后,儒家取代了儒者。它既接替了儒者教授诗书礼乐的职责,又着力于弘扬仁义道德的实践精神。因此,孔子就成为中国文化传统中公认的先师。教育的主体是教师和学生。教师是教的主体,学生是学的主体。因此,师德的核心就是教师对学生的德性以及教师的自我修养两个层面。中国传统文化在这两个问题上提出了不同于西方文化传统下教师德性的模式。

在教师与学生的关系上，中国传统文化强调教师的独断性，发展出强烈的等级观念，这特别表现在"礼"的规范中。在儒家看来，人有贵贱尊卑之分、长幼亲疏之别，这是天经地义的。"礼"就是明分、别异、序等级的社会规范。对方地位、角色不同，"礼"的要求固然有别。"尊师"是"礼"极为重要的规范内容。"师"享有与"天地君亲"同受供奉的殊遇。春秋时期，左丘明即提出"民生于三，事之如一。父生之，师教之，君食之。非父不生，非食不长，非教不知生之族也，故壹事之"(《国语·晋语》)。战国时期，荀子认为，"礼有三本：天地者，生之本也；先祖者，类之本也；君师者，治之本也。无天地恶生？无先祖恶出？无君师恶治？三者偏亡，焉无安人。故礼，上事天下事地，尊先祖而隆君师，是礼之三本也"(《荀子·礼论》)。《荀子》之后的《史记》、《大戴礼记》、《礼记》、《白虎通义》、《太平经》等文献都有相同或相似的说法。明朝中后期起，"天地君亲师"成为社会崇奉和祭祀的对象，在民间广为流传；清雍正帝颁布上谕，钦定了"天地君亲师"的秩序；由于"君"是封建帝制的象征，辛亥革命后，"天地君亲师"被改为"天地国亲师"。

"礼"使教师与学生处于尊卑截然分明的地位。"师"是"道"的继承者和传播者，所代表的"道统"是学生不可轻易挑战的和随意冒犯的"尊严"。在这种文化传统的语境中，西方的"吾爱吾师，但更爱真理"难以获得生长的土壤。西方的名言暗含了一种常识性的假设。这就是教师既可能是真理的拥有者，又可能是真理的背离者。学生只以寻求真理为首要，因而他既可以表现出对教师的爱，也可以收回这种爱，这完全取决于教师对真理的掌握。尽管真理的内容在中西文化中有不同的所指，但中国文化传统没有否认学生追求真理的重要性，这是中西文化中的共通之处。但是，在中国文化传统中，教师被认为是真理的当然承载者，教师可能背离真理的假设是不允许存在的。既然如此，那么，学生对教师的态度只能是单一的敬重或者遵从。不过，实际上，尽管教师以圣人自律，但并不必然就是圣人。因此，教师背离真理的可能性就不仅是一种思维上的主观假设，更是一种广泛存在的客观现实。那么，学生对教师所传授真理的零星的或者偶发性的质疑就难以完全杜绝。但即使学生的怀疑被证明为更具真理性，其怀疑本身也会被认为是对"师道尊严"的公然挑衅。在"师道尊严"的旗帜下，真理的重要性有时候可以忽略不计。这就在师尊生卑的格局之间，有一条不可逾越的"礼"规范和约束着双方,逾越就意味着文明的退化,意味着"物我同一"。"一日为师,终身为父"的民间谚语,不仅是流传在口头上的,而且要体现在行动中。这样导致的结果是,教师人格发展出专制的倾向和强烈的等级观念。

这种对于教师与真理之间关系理解的差异,直接影响着中西方的教育理念。从苏格拉底开始,西方教育就反对灌输。苏格拉底利用问答的方式进行教育:教师提出一个值得推敲的简单问题,然后学生给出答案;教师又提出另一个促使他进行深入思考的问题,然后学生给出新答案。这一过程延续至教师或学生,或者师生都感觉到,这一分析已经走得太远他们无法控制为止。[9](P3)这就是苏格拉底的"辩证法"。利用这种方法,教师可以引导学生发现既有认识的错误或者混乱,并通过师生问答而展开的逻辑思考,使学生从具体、表象或者个别经验中,得到具有普遍意义的知识或者概念。这种方法背后隐藏着一种个人主义的理论前提,强调个人权利与个性自由,保持个人对社会相对独立的地位。尽管"个人主义"的用法历来缺乏精确性,但是,作为一种哲学信仰和价值理论,它有自己比较稳定的内涵,这就是在个人的地位上,强调自主性;在个人之间的关系上,强调平等与尊重;在个人与社会的关系上,把社会看作是个人意识的产物。"在西方的思考方式中,就现象来说,最确实的东西都不是由社会方面、由他人所赋予的。最为确实之物是为自己的意识所确立的自我意识,而不是自己自身的人格之外的某些东西。"[10](P12)但在中国,由于教师代表着"道统"或者真理,因此,主流的教育模式恰恰是通过反复灌输才取得教育结果。

在教师自我修养上,中国传统文化强调教师的君子人格,发展出成熟的由内而外的自我修养方式。儒家以"仁义道德"见称于世,其精髓是成人的学问和做人的道理。成人和做人不是从生理发展而论,而是就伦理成熟而说。在儒家关于人的伦理发展阶段中,圣人是最高理想,"圣人,人伦之至也"(《孟子·离娄上》)。理论上而言,这是每个人都应该也可能达到的目标,"人皆可以为尧舜"或者"途之人皆可以为禹"。但实际上,这又是一个难以企及的人生追求。孔子也感慨"若圣与仁,则吾岂敢?"(《论语·述而》)因此,切实可行的道德理想是"君子"。自孔孟开始,作为古代教师的儒家一直强调现实生活中君子人格的实现和完善。"君子"一语,最初专指社会上层居高位者,是贵族阶层在位者的称谓。及至春秋,其身份内涵已经为道德内涵所取代,用以专指品行高尚者。《论语》对君子的行为准则作出了不同的阐释,但核心思想是强调君子对仁义道德的承担和践行。"志于道,据于德,依于仁,游于艺。"(《论语·述而》)"君子义以质,礼以行之,逊以出之,信以成之。"(《论语·卫灵公》)即使面临着物质的困顿或者诱惑时,君子仍然坚守这种对仁义道德的自觉而不为外物所役使。"君子喻于义,小人喻于利";"君子无终食之间违仁,造次必于是,颠沛必于是"(《论语·里仁》)。"君子谋道不谋食","忧道不忧贫"(《论语·卫灵公》)。因此,颜回就成为君子在处理君子之道与小人之利之间关系的一个现实的范例。"一箪食,一瓢饮,在陋巷,人不堪其忧,回也不改其乐。"(《论语·雍也》)"饭疏食,饮水,曲肱而枕之,乐亦在其中矣。"(《论语·述而》)"君子食无求饱,居无求安。"(《论语·学而》)

由于对成人和做人的重视,儒家发展出一套成熟的由内而外的自我修养方式。孔子提出"修德"、"克己"、"正身"、"修己"、"求诸己";孟子提出"尽心"、"养性"、"求放心"、"养浩然之气";朱熹提出"居敬";王阳明提出"致良知";《大学》以"明明德,亲民,止于至善"为"三纲",以"格物"、"致知"、"诚意"、"正心"、"修身"、"齐家"、"治国"、"平天下"为"八条目",主旨却只有一个即培养人的德性操守。既然德性德行足以上升为人禽之分,那么,"人如果要立志'成人'或'为人',不甘与禽兽处于同一境界,就必须用修养功夫来激发这一价值自觉能力"。[11](P35)人必知其所贵,而一旦意识到背离了人之所贵者,内心就会产生耻辱感,遭受心灵的自我折磨和痛苦。他因此会"十分注意社会对自己行动的评价。他只须推测别人会作出什么样的判断,并针对别人的判断而调整行动"。[12](P155)这是一种由内而外的人格修养进路,它关注内省、强调慎独、反求诸己、正己正人;它将道德的根基建立在个体的内心世界,其先天具有的良知良能就足以提升生命,人的道德实践无需仰仗外力,就足以实现人的道德自救。儒家的修身理论既是其学说的全部,又是其人生实践的所有。在这种文化中浸染的中国教师,自古以来就十分注意通过自身的修养,提升自我德性,完成正己成人的教育使命。"是故善为师者,既美其道,有慎其行。"(《春秋繁露·玉怀第二》)西汉时期的扬雄提出,"师哉!师哉!桐子之命也。务学不如务求师。师者,人之模范也"(《法言·学行》)。

这种由内而外的人格修养方式,同西方文化场景中的人格修养理论与实践有差异。由于假定人自利的向己性和罪性,西方文化更多的是借助于契约抑制人恶的潜能,并达到引导人向善的目的,这是一种由外而内的人格修养进路。契约表现为两种:神圣的上帝之约和世俗的社会之约。人类始祖由于偷食禁果而与上帝毁约被驱逐出乐园,人成为罪性的存在。世人若要获救,就必须信仰上帝,重新恢复神人关系,重新建立上帝与人的契约。社会之约典型的如霍布斯,他认为人向己的天性会造成人与人之间的全面战争和敌对状态，这时人对人就像狼一样，反而享受不了自己的权利，为了避免这种危险，保障个人的生命财产，实现和平，人们就把自己的权利转让出来，交给第三者：国家。因此个人与国家、社会的基本关系，就是契约关系。契约双方具有各自的权利和义务，这也构成了西方社会法治的传统。受这种由外而内的修养进路的影响，西方文化传统下的教师权利义务以制度规范的方式表达得更清楚，师生之间可以建立中国式的"父子"关系，但首先是人格平等的自然人之间权利义务的交换关系。

近年来，教师侵害学生的事件不时现于媒体报道。人们对此深感震惊，甚至对当代中国师德产生出一种绝望感。但是，传统文化中对师德的重视使人们又从绝望中看到了希望的曙光。媒体津津乐道于教师无德表明了，师德没有全线全员崩溃，而只是个别的偶发现象；否则，媒体就失去了刨根究底的热情。人们对教师无德的愤慨揭示出，社会民众对教师作为"人之模范"的道德角色期待没有改变；他们可以接受政客是无耻的或者商人是无耻的，但不能容忍教师是无耻的。这种经传统积淀而成的社会心理和文化情感，就成为抵制和反制师德滑向更深或者更远的减速带，它使人们从对师德的绝望中看到了师德的希望。

三、核心价值视野中的教师德性

教师，被誉为太阳底下最崇高的职业，当人们讲到它，就自然地将之与道德联系在一起，自然地将教师提升到一个道德的示范、典范的意义上。乍想起来，这似乎有点不合常人之逻辑，但深想下去，却不无道理，即，它在一定意义上揭示了教师这一职业特殊的内涵和本质。难怪古人对为人师者早已提出了传道、授业、解惑三位一体的使命，也正因如此，教师德性才成为教师职业的生命线。其核心价值主要有三个方面：

第一，对教育的信仰。所谓对教育的信仰，就是对知识、真理的尊重和追求。从教育的第一使命"传道"的角度，就是教师对自己所传的"道"，自己是相信、尊重、追求，并以身作则去示范的。显然，如果传道之师不尊重、不相信自己所传的"道"，或者说一套做一套，只是"说给学生听"、"教别人实践"，那就是真正意义上的说教。过去我们把"说教"理解为方法上的不灵活、死板所致，实际上，那只是说教的表现形式，并不是说教的本质，说教的本质从主体的意义来看，就是教师缺乏对教育的信仰。从授业的角度，就是教师必须内含尊重知识，追求真理的品格，这种品格是求真脱俗的，不是为求

"书中自有千钟粟,书中自有黄金屋,书中自有颜如玉"的功利获得。"有些职业是这样的高尚,以致一个人如果是为了金钱而从事这些职业的话,就不能不说他是不配这些职业的;军人所从事的,就是这样的职业;教师所从事的,就是这样的职业。"[13](P27)因而教师如果不尊重、不追求所授之"业",就不可能对学生产生正面的影响。蒙台梭利提出,"如果我们设法把科学家的自我牺牲精神和基督徒的虔诚和热心都移植到教育者的心灵中来,那么我们就会培养出教师精神"。[14](P62)基督徒的虔诚和热心是指向信仰本身的。而德国教育哲学家雅斯贝尔斯则明确指出,"教育须有信仰,没有信仰就不成其为教育,而只是教学的技术而已"。[5](P27)

显然,在雅斯贝尔斯看来,有无教育的信仰是教学的技术与教育之本质区别。教学的技术是见物不见人的手段,而教育必须内含以人为主体、为中心的价值导向。因为"所谓教育,不过是人与人的主体间灵肉交流活动(尤其是老一代对年轻一代),包括知识内容的传授、生命内涵的领悟、意志行为的规范。并通过文化传递功能,将文化遗产教给年轻一代,使他们自由地生成,并启迪其自由天性"。[5](P3)"教育是人的灵魂的教育,而非理智知识和认识的堆积。通过教育使具有天资的人,自己选择决定成为什么样的人以及自己把握安身立命之根。"[5](P4)教育基本要旨的三个方面传道、授业、解惑的终极目标指向即是"成人",因此,如果教师没有教育的信仰,"传道"的教师其价值取向与教学的价值导向相分离,或者相逆行,就势必造成教师事实上的"双重人格"。教师的这种分裂人格,不仅会直接影响接受主体的态度、无法激发他们的需要情感以及开启他们的心灵,而且对教育会产生不可低估的侵蚀作用。

第二,对教师职业的敬畏。"敬畏"同"畏惧"相比,有着根本的区别。"畏惧"是有具体对象的,是"有所恐惧忧患";而"敬畏"是没有具体对象的,是"戒慎不睹,恐惧不闻",是对天理良知的灵明,是由外而内的自我反省、自我觉察和自我体认,是对人生而有限的自我清醒。所谓对教师职业的敬畏,包括两层意义:一是对职业的敬畏。敬,就是尊重,即一个人对自己选择或所从事的工作的一种尊重的态度;畏,不是畏惧、害怕,而是由一种强烈的责任感而产生的欠缺感,对自己的不满足感。二是对教育的特殊的敬畏。这是因为教师这个职业除具有一般职业的共性之外,还有其自身的特性。它的基本使命是教书育人,也就是教书是基本手段和定位,培育人才是教师职业的根本归结点,因而教师对人的一生往往产生最基本、最长远、最深刻的影响。"假如要形成一个人,就必须由教育去形成,只有受过恰当教育之后,人才能成为一个人。"[15](P39)如果将培养什么样的人作为教育产品的话,它与其他产品的最大不同点就在于,教育培育的是有灵性的"产品",因而它折射了教育对人负有不可逃避的责任。乌申斯基提出,"如果我们把我们的健康信托给医学家,那么我们就要把我们的子女的道德和心智信托给教育者,把子女的灵魂,同时也是把我们祖国的未来信托给他们"。[14](P63) 正是在这个意义上,教师的人格要求,正是负载着一种神圣的社会期待和职业要求的。这种期待和要求转化为主体内心的信念,就表现为对教师职业的敬畏之心;这种敬畏之心也就是教师内在的道德人格约束力。

教师的基本使命决定了教师这一职业所特定的素质要求。如果说爱是教育的本质,没有对学生的爱就没有真正的教育的感染力的话,那么教师的爱是需要依凭相当的专业素质和能力来表达的;如果说在传统社会,教师要给学生半桶水,自己必须要有一桶水的话,那么在现代社会,教师是否具有终身学习的意识和能力,是否具有相当的专业素质、达到相当的水准则是教师职业道德的应有之义。因为教育从根本上说是一种价值引导的活动,即教育投射着、蕴含着教育者的主观意愿,内含着教育者的价值预设和选择等。因而教育者的素质和能力,毫无疑问直接决定或影响教育的结果、培育人的质量,最终影响了一个国家、民族乃至人类的文明与发展。

第三,对学生的人文关怀。人文、人本或人道,具体表述不同,但是,实质和精髓都是指向对人的主体性地位的肯定和尊重,从而本质地区别于物本、神本、君本和民本。人文关怀主要是指,对人的生存状况、意义、目的和价值的关注,对人的解放、自由和发展的追求,对人的尊严和符合人性的生活条件的肯定。人文关怀就是要关怀学生主体,尤其是精神主体的成长。从教育的角度,教育者必须要了解学生成长中的困惑与需求,教育的根本理念必须是为人的。只有激发学生主体的情感,"满足"学生的需要,"教"才能入心,才能转化为"育"。否则,再正确的原则,再好的内容,在教育的意义上,都是无济于事的。在这个意义上,教育应把关怀学生的生命价值和引导学生的思想发展,作为教育的起点和归宿。

关爱学生的生命价值。从主体规定性的角度来说,人是寻求生命意义的存在物,人类活动所遵循的"内在的尺度",是人与动物相区别的理性与思想。由于理性所赋予人的反省与思考的能力,人能清醒地意识到自身存在的有限,意识到生命的短暂与宝贵;由于理性赋予人的主体性的特质,人才能赋予生命的存在以价值。一个人如果不懂得生命存在的价值与意义,那就仅仅是活着而已。所以,寻找生命存在的意义就是为人生找到一个支点,就是为生命找到动力和源泉。因此,尊重受教育者生命的价值,引导他们思想与生命的成长,正是教育的应有之意。一个回避或不能对生命存在意义给予回答与引导的教育一定不是好的教育;一个无视或无法满足受教育者成长需要的教育,也不可能是真正有效的教育。[16]

引导学生的思想发展。无论是国家还是个人,发展才是根本的出路。发展不仅是当代社会进步的内在要求,而且是个体安身立命的内在要求,即是当今学生最根本的利益和需要。德国教育家第斯多惠在《德国教师教育指南》一书中,提出了"发展性的教学"的观点。他认为,教学只有在适应受教育者心身自由发展的原则下,才能取得重大的实效。为此,教师就必须遵循受教育者的年龄和个性特征及其发展阶段,教授真正所需要的知识。德国教育家福禄倍尔也重视教育的发展性原则,他受德国哲学家谢林的影响,认为自然界的万物都在无限地发展着;人在其生命的整个过程中,也在不断地发展。因此,教育应该按照受教育者的本性,使他们在身体和精神两个方面都同样得到发展。教育的重点,不应停留在防范学生出思想问题的取向上,不应被异化为控制人和驯服人的手段、幻化成管理人的手段和钳制思想的方式,而应在于如何通过教育激发、调动学生发展的创造性,帮助学生发展自己,使教育真正成为学生在寻求发展中的需要。

对于教师而言,只有怀有对教育的信仰之情、对教师职业的敬畏之心、对学生的关怀之意,才可能生发出真正的关切、宽容、平等与正义等德性,才可能建立师生间以关切交换爱戴、以宽容赢得理解、以平等换取信任、以正义收获尊敬的和谐关系,才可能成就高尚的师德。在这种文化氛围、道德情境熏陶中成长起来的学生,才更可能避免沦为"有文凭没知识、有知识没文化"的新时代"文盲",才可能获得心智心灵的健康、和谐成长。一句话,教师德性对学生的人格成长具有长久深远的内在影响。

参考文献:

[1] 第斯多惠.德国教师教育指南[A].张焕庭.西方资产阶级教育论著选[C].北京:人民教育出版社,1979.

[2] 罗莎琳德·赫斯特豪斯.规范美德伦理学[J].邵显侠,译.求是学刊,2004(2).

[3] 麦金太尔.伦理学简史[M].龚群,译.北京:商务印书馆,2004.

[4] 王天一,等.外国教育史(修订本)(上册)[M].北京:北京师范大学出版社,1993.

［5］雅斯贝尔斯.什么是教育[M].邹进,译.北京:三联书店,1991.

［6］麦金太尔.追寻美德[M].宋继杰,译.南京:译林出版社,2003.

［7］亚里士多德.尼各马可伦理学[M].廖申白,译.北京:商务印书馆,2003.

［8］钱穆.从中国历史来看中国民族性及中国文化[M].香港:香港中文大学出版社,1979.

［9］奈尔·诺丁斯.教育哲学[M].许立新,译.北京:北京师范大学出版社,2008.

［10］今道友信.东西方哲学美学比较[M].李心峰,等译.北京:中国人民大学出版社,1991.

［11］余英时.中国思想传统的现代诠释[M].南京:江苏人民出版社,1998.

［12］鲁思·本尼迪克特.菊与刀[M].吕万和,等译.北京:商务印书馆,2005.

［13］卢梭.爱弥儿——论教育(上卷)[M].李平沤,等译.北京:商务印书馆,1978.

［14］王正平.中外教育名言新编[C].上海:复旦大学出版社,2013.

［15］夸美纽斯.大教学论[M].傅任敢,译.北京:人民教育出版社,1984.

［16］李萍,童建军.当代中国马克思主义教育的返本归真[J].马克思主义研究,2012(5).

教师伦理道德:失范与复归
——基于"个体·社会"框架的一种分析

王中男

(上海师范大学学报期刊杂志社)

一、以史为镜:教育伦理思想的历史回顾

教师道德与教育伦理息息相关。一般而言,"教育伦理学是研究教师道德的学问","是研究教育职业劳动领域内道德意识、道德关系和道德活动的科学","是教师道德理论学说、教师道德规范学说和教师道德实践学说的有机统一"。[1]

审视我国近年来屡屡出现的师德异化现象,部分教师伦理道德的失范已成为一个亟须解决的问题,教育世界乃至全社会迫切需要教师伦理道德的复归。正所谓"以史为镜,可以知兴替",面对教师伦理道德的已然失范与迫切复归,我们可以通过梳理古今中外教育伦理思想的历史发展,从智者先贤的言论①中深切反思和从容应对教师伦理道德的失范与复归。

作者简介:王中男,教育学博士,上海师范大学学报期刊杂志社编辑。
E-mail:wangzhongnan@shnu.edu.cn

1. 古代的教育伦理思想

我国古代先贤非常重视教师的道德修养,认为有无"道"是为"师"的根本标准。从孔子的"仁者爱人"、"不能正其身,如正人何?"[②]到墨子的"兼相爱"、"有道者劝以教人";从孟子的"教者必以正"[③]到荀子的"天地君亲师"、"尊严而惮,可以为师;耆艾而信,可以为师;诵说而不陵不犯,可以为师;知微而论,可以为师"[④];从唐代韩愈的"道之所存,师之所存也"到宋代朱熹的"言、忠信,行、笃敬。惩忿窒欲,迁善改过"[⑤]与"立志、主敬、存养、省察",再到明末清初王夫之的"行而后知有道,道犹路也。得而后见有德,德犹得也"[⑥]、"质以忠信为美,德以好学为极"[⑦]、"不以一人疑天下,不以天下私一人"、"有才皆有用,用之皆可正,存乎树人",尊师重道的思想可见一斑。

相较于我国古代先贤对于师道的重视,国外此时期的哲人们似乎更注重对教师德性的要求和规范,比如在古希腊罗马和文艺复兴时期,从古希腊柏拉图主张的教师应遵循"善"的道德观念,到古罗马昆体良倡导的教师应以身作则,"唤起个人对他学生的父母感";从法国的蒙台涅认为的教师应具有"高尚和坚强的心灵",到捷克的夸美纽斯认为的教师作为"太阳底下最光辉的职业",应该成为"道德卓越的优秀人物",从中可以看出国外古代先贤关于教师道德的思想,也可以看出中外先贤关于教师道德的殊途同归之处。

2. 近现代的教育伦理思想

到了近现代时期,我国的先哲们更注重从应然的角度对教师伦理道德作出规范,比如:从康有为在《大同书》里提出的各级教师应具有的道德品质——他认为幼儿教师应"德性慈祥、身体强健、资禀敏慧、有恒心而无倦心";小学教师应"德性仁慈、威仪端正、学问通达、诲诱不倦";大学教师应"专学精深奥妙实验有德",以及认为教师的道德修养是"全世界之人类才能德性兼系之,岂不重哉",到梁启超呼吁的教师应"终身以教育为职志";从蔡元培提倡的教师"砥砺德行"、"束身自爱",到陶行知"捧着一颗心来,不带半根草去"的呼吁,再到徐特立对于教师"经师"、"人师"合一的倡导,可以看出这种变化。

与此相同,在近现代时期,国外的教育家们亦注重应然角度的对教师伦理道德的要求和规范。比如:从英国洛克的教师"应当具有良好的教养,随人随时随地都有适当的举止和礼貌",到法国卢梭的认为"一个人在敢于担当培养别人的任务之前,自己就得首先成为人,成为一个道德优秀的人";从瑞士裴斯泰洛奇的崇尚师爱,认为"道德的实质就是积极地爱人",到德国第斯多惠认为的"教师所奉行的宗旨在于培养人员德行,他要为它奉献自己的整个心灵";从俄国别林斯基的"爱应该是教育工具,又是鉴别教育的尺度,而教育的目的是人道",到乌申斯基认为的"在教育中,一切都应基于教师的人格",再到托尔斯泰认为的"一个完美的教师"应该"热爱事业"、"热爱学生";从克鲁普斯卡娅认为的"教师的职业是一种责任最重大、最光荣的职业",教师不仅要"热爱学生",而且要"善于爱",到加里宁认为的教师应具有完美的职业素养,要"忘我地为人民服务",可以看出中外近现代智者关于教师伦理道德的异曲同工之妙。

二、反观现今:教师伦理道德的现状与问题

理论与实践之间,似乎总是难以弥合。就在古代先贤之于教师伦理道德的应然理论规范在当今时代不断绵延和续写时,在师德实践这一领域却出现了嬗变。这种变化并非意指整体意义上的师德实践的世风日下,因为现当代以来,为教育事业奉献一生、为学生成长呕心沥血的令人敬仰的教师比比皆是,优秀教师的典型事例更是不胜枚举(比如谭千秋⑧、瞿万荣、袁文婷、严蓉、张米亚、汤宏)。然而,变异又是真实存在的。

1. 现象:教育领域的乱象丛生

随着21世纪的到来,教师职业道德沦丧的恶劣事件更多映入民众眼帘、不绝于民众之耳。部分教师的厌岗怠业、玩忽职守、敷衍了事已经成为公众司空见惯的社会普遍现象,有关教师收受家长贿赂、课后收费补课、课外教材收回扣的行为更是在这个社会中屡见不鲜。就在公众对教师屡屡失德的行为终于难以姑息的时候,媒体又曝光出了一系列让举国震惊、公众愤怒的直击人性黑暗面的"性侵"事件。2013年5月,发生了震惊全国的"海南校长带女生开房案"⑨,该案掀起了一场批判教师道德沦丧的舆论战,在此之后,一系列有关校园性侵的恶劣事件层出不穷:在该案被曝光后的不到20天时间里,"安徽、河南、湖南、广东、山东、上海等地又相继曝光多起中小学生遭性侵犯事件。究竟有多少中小学生遭受过性侵没有谁统计,但我们可以肯定的是中小学生遭受性侵,曝光的只是冰山一角,还有更多的性侵案一定未被曝光。"[2]如此频发的校园性侵案,最终促使教育部、公安部、共青团中央、全国妇联四部门联合下发了《关于做好

预防少年儿童遭受性侵工作的意见》。如此事件,让我们在为无数身心备受摧残的学生感到痛心与惋惜的同时,更多地是对教师伦理道德一再失范的愤怒和汗颜。

2. 问题:师德失范与信仰缺失

(1)教师伦理道德的沦丧与失范

"为师之道,重在学养,贵在师德。"[3]然而,从近年来的"幼教虐童"到"范跑跑事件",再到"教师性侵学生"、"大学性交易事件",这些纷至沓来、令人触目惊心的铁证一再地将"教师职业道德沦丧"推向风口浪尖,一再地追问着人们"教师伦理道德何在"?不禁让人感慨现代社会的世风日下、人心不古,更让人感叹学校这一最后象牙塔的乱象丛生与纯洁不再。

从公众的集体失语、缄默、无意识到集体惊觉、指责和批判,上述诸多事例已难掩"教师伦理道德的沦丧与失范"这一问题,然而,比之更为严重地是隐藏在这一问题之后的另一个更深的问题,即教师精神信仰的迷失,甚至是缺失。

(2)教师教育信仰的离场与缺失

人不能没有精神,精神中不能失去信仰。信仰于每一个人而言,是其生命之魂,是其人生之路的指明灯塔。许多人都曾言说过信仰之于人的重要性,如克莱尔说,"人是为了某种信仰而活着";雨果说,"信仰,是人们所必须的";马·普顿尔说,"人活着就要用生命去解释自己的信仰";马明·西比利亚克说,"信仰能拯救一个人";柏拉图说,"我们若凭信仰战斗,就有双重的武装";托尔斯泰说,"信仰就是生命车"。这些言语皆为我们证明了信仰之于人的重要性。反之,当信仰不复存在的时候,人之为人的根本性就会招致怀疑、发生动摇。比如,卢梭说的"没有信仰,就没有真正的美德";惠特曼说的"没有信仰,则没有名副其实的品行和生命;没有信仰,则没有名副其实的国土";威廉·詹姆斯说的"信仰是人类赖以生存的众多的力量之一,若是没有它,便意味着崩溃"。

从应然的角度而言,教师作为人在教育领域的一种存在,理所应当具有人之为人所应有的信仰;教师作为培育儿童成长的"师表","教·育"的信仰更是在其精神世界里不能离场,在其价值世界里不能缺位。《说文解字》对"教育"一词有着如下解释:"教,上所施,下所效也";"育,养子使作善也"。[10]可见,教育承载着多么高尚与沉重的使命,教师自身具有正确的信仰、价值观是何其的重要,引导一代代儿童形成"真善美"的信仰又是何等的重要!

然而,实然却是教育信仰缺失的教师比比皆是。在现代社会中,我们不否认真正意义上的教师的存在,我们甚至愿意相信少部分教师的师德沦丧只是被媒体放大的结果,大部分教师依然代表着真善美、传递着正能量。但是当我们宁愿这样一厢情愿去认为的时候,又有多少教师在金钱的诱惑下没有动摇、在权力的笼罩下没有盲从、在名利的追逐中没有迷失?如果不是这样,上述层出不穷的道德败坏事件为何屡屡出现在教师群体中?如果不是这样,为什么教师会被人贴上"嫌贫爱富、攀附权贵、追逐名利、唯利是图、弄虚作假、麻木不仁、为师不廉、师德泯灭"的标签?

行文至此,在大量铁证如山的事实面前,我们已不能无视或否认教师道德的沦丧和失范在教育领域的存在,更应该看到,这一现象抑或问题的背后所隐匿和遮蔽的是教师教育信仰的离场和缺失,而后者也许是教师乃至教育世界甚至整个民族最深层的问题所在。

三、 原因分析:从个体维度的"人性"到社会维度的"等级"

文至于此,教师的伦理道德为何会失范、其教育的精神信仰又为何会缺失?本文将遵循"个体—社会"的分析逻辑,依从个体、社会的双重维度,从"个体之人性"到"社会之等级",探讨教师伦理道德失范的深层原因。

1. 个体维度:外在的物质人、内在的人性

从相对显性与浅层的角度来看,部分教师师德失范、信仰缺失的原因在于:人对于外在事物的追求与迷恋,这一外在事物主要表现于"名利钱权"。西汉司马迁说,"天下熙熙,皆为利来;天下攘攘,皆为利往";西汉刘向说,"争名者于朝,争利者于市"[11];五代长乐老亦有言,"名者皆虚,利者惑人,人所难拒哉"[12]。可见,对于名与利的追逐、钱与权的向往,也许是古今每一个社会人都难以挣脱的束缚和逃脱的诱惑。教师作为一个社会人,自然难超"名利钱权"之右。所谓"名者虚妄、利者虚浮",这就可以在一定程度上解释:何以教师会收受家长的贿赂、课后开小灶盈利、课外辅导书销售收回扣、区

别对待贫富家庭的孩子、热衷于升官发财等。

从相对隐性与深层的角度来看,部分教师师德失范、信仰缺失的原因在于:无法摆脱人性中固有的恶的一面,我们可将这一面笼统地界定为"真善美"的对立面。

关于人性善恶,孟子和荀子皆有论述,我们在此先看一看荀子的"性恶论"。主张"性本恶"的荀子认为——人性"本"恶;"生之所以然者谓之性","性者,本始材朴也",然而,与"性"相对的是"伪"("伪"是人为、后天加工的意思),"伪者,文理隆盛也"。"性"与"伪"的关系是,"无性则伪之无所加,无伪则性不能自美。性伪合,然后成圣人之名,一天下之功于是就也。"荀子"性恶论"的观点认为,人"性"本恶,但是"伪"是善的,因此要"化性起伪"。我们可以从下面这段言论看出"人之性恶"的自然表现,以及人性何以实现"由恶向善"的转化。荀子《性恶篇》有云:"人之性恶,其善者伪也。今人之性,生而有好利焉,顺是,故争夺生而辞让亡焉;生而有疾恶焉,顺是,故残贼生而忠信亡焉;生而有耳目之欲,有好声色焉,顺是,故淫乱生而礼义文理亡焉。然则从人之性,顺人之情,必出于争夺,合于犯分乱理,而归于暴,故必将有师法之化、礼义之道,然后出于辞让,合于文理,而归于治。用此观之,然则,人之性恶,明矣。其善者伪也。"[13]

人性究竟是"向善"还是"本恶"?继孟子、荀子之后,学者多有论述,在此不一一赘述。然则可以明确的是:人性中既有向善的一面,也有向恶的一面。教师无论是作为自然人还是社会人,都无法超出人性的善恶之右。教师性善的一面暂不作赘述,我们仅从教师性恶的这一方面来看,这就可以在一定程度上解释:何以作为人的教师会在危难紧急时分出现诸如"范跑跑"这样的事件,该事件所反映出来的自私自利、自我中心难道不是人性之恶的一种表现吗?何以作为人的教师会出现诸如"虐童"这样的通过残害儿童达到转移报复、迁移情感、愉悦自身之目的的扭曲行为,该种行为所展现出的冷漠麻木、伤人为乐难道不是人性之恶的一种表现吗?何以作为人的教师会一再出现"猥亵"、"性侵"学生这样惨绝人寰的极恶事件,这种行为所反映出来的性生淫乱、为所欲为难道不是人性之恶的一种表现吗?

2. 社会维度:看得见的制度、看不见的等级

从社会维度来看,部分教师师德失范、信仰缺失的原因在于:在追求隐性的社会等级浮动的过程中,失去了自我、忘却了师德、堕落了理性、沉沦了精神。

中国社会自古以来是一个等级社会,等级性是中国传统社会的属性之一。早在西周时期,宗法分封制(依据血统尊贵与血缘关系而划分等级)的确立就为中国社会的等级性宣证了合法、夯实了根基。在宗法分封制的规范下,中国传统社会形成了一个隐性的"金字塔"三角等级,上到天子、诸侯、卿大夫、士,下到黎民百姓,无一没有固定的社会层级和地位,又无一不固守着森严的等级框架。这一等级默默践行着"上尊下卑"的原始规范,比如,"上"意味着拥有权力、金钱、名望、地位,"下"往往对应着服从、贫困、卑微、底层;又通过"礼"⑭这一秩序不断规约和固化着等级结构,比如,"在'礼'的秩序中,特别突出的是上与下、尊与卑、长与幼、富与贫之间的明确等级"⑮[4]。

经历"数千年来未有之大变局"的中国社会,不仅等级性从过去延续到了现在,公众对于社会等级浮动的追求亦未曾改变。正因为"高高在上"代表着钱与权、名与利,意味着可以兼享精神上的优越感和物质上的高享受,因而,"向上浮动"几乎成为中国古今通行的社会规范,"往上爬"、"出人头地"、"成为人上人"几乎成为古今社会中每一个体的真实追求。教师作为社会中的一分子,作为中国传统文化精神的凝聚载体和传播载体,更是难以逾制和僭越。

然而,不断地向上浮动是要付出代价的。本来,"向上浮动"并非全然代表着追求钱权名利,因为古今人士"向上"的目的除却"追求功名利禄、享受荣华富贵"之外,还有着通过到达这种高位从而实现"修身、齐家、治国、平天下"。然而,后者毕竟是少数,更多地是通过位居高层从而追逐名利、尽享荣华,而且这种追求被赋予了合理的解释,比如:孔子的"耕也,馁在其中矣;学也,禄在其中矣",北宋苏轼的"天下之学者莫不欲仕,仕者莫不欲贵",南宋朱熹的"然自圣学不传,世之为士者,不知学之有本而唯书之读,则其所以求于书,不越乎记诵、训诂、文词之间,以钓声名、干利禄而已",明清时期盛行的"以哗名苟进"抑或"孜孜为学,期取科第以荣其亲"。[5]正所谓有得必有舍,就后者而言,不断追求钱权名利的一种后果是欲望的膨胀甚至泛滥。虽然欲望是人类基本的生理要求和心理动态,个体对欲望的追逐亦是一种符合人性的自然行为。然而,当对欲望的追逐超越了社会道德及个体理性的规约时,欲望就会无限扩张,人亦会沉溺于欲海之中。我们通常说人有七情⑯六欲,《吕氏春秋·贵生》将六欲归纳为:生、死、耳、目、口、鼻,即人渴望生存、畏惧死亡,希望生活得有滋有味、有声有色,那么嘴要吃、舌要尝、眼要观、耳要听、鼻要闻,后人将其诠释为见欲、听欲、香欲、味欲、触欲、意欲。本文认为,当社会道德理性与个体欲望天性的天平倾斜至后者时,人的原始兽性就会展现,人的行为就会无所节制,如残暴邪恶、攻击侵略、自私自利、好色淫乱、麻木冷漠等。教师作为人,当然亦有七情六欲。当其欲望完全压制住理性的时候,也自然会出现与之德性规范下的教师形象不相符的恶劣行为。这就可以在一定程度上解释:何以教师会因为这些行为而被冠名为嫌贫爱富、攀附权贵、追名逐利、唯利是图;何以教师会因这些行为而在追求社会等级浮动的过程中,失去自我、忘却师德、堕落理性、沉沦精神。

四、对策探究:从"人性之善"到"社会的民主、平等与自由"

针对教师的"师德失范、信仰缺失"这一核心问题,上文已从个体与社会的双重维度作了原因分析。对症下药,就可药到病除。下文将遵循一致的分析逻辑,继续依从"个体—社会"的双重维度,从"个体之人性的从恶至善"到"社会的民主、平等、自由",将此作为教师伦理道德复归的宏观策略。

1. 个体维度:从人性之恶转向人性之善,实现真善美

根据上文,从个体维度来分析,教师伦理道德失范的深层原因在于人性之恶,正因为个体内在的人性固存着恶的一面,教师才沦为外在的追求钱权名利的物质人。因而,下文我们将继续从人性的角度探讨教师伦理道德复归的策略,即由人性之恶转向人性之善,追求真善美。

从个体维度来看,教师伦理道德复归的根本策略在于由人性之恶转向人性之善。何为人性之善?我们先来看一看孟子的"性善论"。作为"性善论"代表的孟子认为——人性"向"善;性善是人的本性、天性。我们可以从如下典故体察孟子的性善之论:《孟子·告子上》有云:"恻隐之心,人皆有之;羞恶之心,人皆有之;恭敬之心,人皆有之;是非之心,人皆有之。恻隐之心,仁也;羞恶之心,义也;恭敬之心,礼也;是非之心,智也。仁义礼智非由外铄我也,我固有之也。"《孟子·公孙丑上》有云:"人皆有不忍人之心";《孟子·尽心上》有云:"人之所不学而能者,其良能也;所不虑而知者,其良知也。"[⑰]孟子还以自然水性来类比人性之善,在《鱼我所欲也》中有言:"人性之善也,犹水之下也。人无有不善,水无有不下。"

关于人性究竟是善还是恶,至今尚无盖棺定论。不过笔者认为,人性的本真很难

用善恶二维就可全部说明;但善恶的确又是人性在后来社会中发展的两种方向。无论如何,我们还是希望人性的发展可以更多地倾向于善的一面。这是因为:其一,人性趋于恶引发了太多的恶果。比如教育界的教师虐待儿童、性侵学生。其二,人性倾向善是实现社会民主、平等、自由的根本路径。人性之恶给人生活于其中的社会镀上了等级、专制、控制的黑暗之色,这样的黑暗社会又催生和加剧着人性之恶。就这样恶性循环,人变得千疮百孔,社会也开始险象环生。

正因为人性是左右人观念和行为的根本所在,人又是这个社会的最基本构成,因而根治人和社会的良方依然是人性,这就是本文所提倡的人性归善。当人性倾向善之时,也许社会中的每一个体都会心存孟子所说的恻隐之心、羞恶之心、恭敬之心、是非之心,也许仁义礼智信会成为每个人的共性。那么具体到教育世界里,也许我们看到的会是这样一幅图景:教师教的虔诚,学生学的认真;师生之间相互尊重、礼让有加;教师信任学生,学生敬仰教师;师生之关系民主、平等,又不失精神自由……到那时,我们也许会实现王国维在《论教育之宗旨》中曾提出的"真善美"教育的理想,使得存真、向善、至美成为教育世界甚至全社会每一个人的终生追求和至高境界。

2. 社会维度:朝向民主、平等、自由

根据上文,从社会维度来分析,教师伦理道德失范的深层原因在于教师追求隐性的社会等级浮动,并在此过程中迷失了自我、丧失了德性。因而,下文我们将继续从社会等级的角度探讨教师伦理道德复归的策略。等级对应着专制、控制,故实现教师伦理道德复归的根本策略在于,实现社会的民主、平等、自由。

从社会维度来看,教师伦理道德复归的根本策略在于由等级、专制、控制走向民主、平等、自由。前文已指出,我国社会深受传统影响,等级性仍然在一定程度上存在。"等级"不仅意味着有一座隐性的金字塔式的等级秩序,还意味着依附等级而生的"专制"和"控制"的存在。这是因为:其一,等级代表着不平等,不平等意味着民主的消亡,而没有民主就意味着社会中存在专制;其二,等级代表着上下尊卑之分,位于上尊意味着拥有权力,而下卑惟有服从,控制由此产生。综上所述,等级预示着专制、控制的衍生。

本文指出,以等级、专制、控制为特性的社会应该朝向民主、平等、自由的方向发展。这是因为:其一,等级、专制、控制带来了太多的负面后果。首先,人人生而平等,然而等级性却告诉我们,人与人之间尊卑有别,而且人生来就应该接受这种不平等。其所导致的后果是等级性割裂了人与人之间原初的平等性,使得不平等的隐性等级充斥于古今社会的每个角落中。其次,一个民主的社会本应是以民为主,然而专制性却告诉我们,"普天之下莫非王土,率土之滨莫非王臣",不仅君主独自掌权,而且君权至上,民众要无条件地服从位尊掌权者。其所导致的后果是,民众不仅失去了人之为人所应有的权力,而且还在专制的控制下失去独立的人格、自由的思想、民主的精神。其三,人本应是自由的存在,然而控制性却告诉我们,人生来就应该安分守己、克己复礼,顺从接受统治阶级的控制,人被控制是天经地义的。其所导致的后果是,人不仅在控制中学会了顺从,衍生了奴性,逐渐丧失了独立思考的能力,而且丢弃了反思、质疑、批判等思想品质,失去了宝贵的思想自由。

其二,民主、平等、自由是社会应然的发展方向。正因为充满等级、专制、控制的社会让生活于其中的个体远离快乐、失去追求,而且不断加剧着人性之恶,摧毁着社会真善美,所以民主、平等、自由应是社会应然的发展方向。具体到教育世界里,也许我们看到的会是这样一幅图景:首先,教师不再拥有至高无上的权力,而是会把学生作为一个个体所本应拥有的权力归还学生,让学生也拥有自由思想的权力、自由言说的权力、自由行动的权力。这样,出现在我们面前的也许就是一个不再专制、充满民主的教育世界。其次,教师不再是高高在上的智慧化身,而会返璞归真为一个与生平等的智慧的引导者,师生之间不再师尊生卑、师上生下,而是自然平等的相处。这样,出现在我们面前的也许就是一个消泯等级、充满平等的教育世界。再次,教师不再是课堂中唯我独尊的控制者,而会化身为尊重学生主体性、欣赏学生独特性、支持学生创造性的促进者。这样,出现在我们面前的也许就是一个抵御控制、倡导自由的教育世界。到那时,我们也许会真的处身于一个民主、平等、自由的社会,也只有到那时,我们也许才是真的实现了以人为本。

康德曾说:"世界上有两种东西最能引起人们的震撼,一是天上的星空,一是人内心的道德律。"因而,针对教师伦理道德的失范,无论是个体维度的由人性之恶转向人性之善,还是社会维度的走向民主、平等、自由,其最基本的一步在于每一位教师内心的道德律,因为"真正意义上的教师伦理必定是教育主体精神的高度自律"[6]。当然,除却教师主体的德性自律,相关社会制度之于教师的保障和规约也是重要和现实的,这些都是实现教师伦理道德复归之宏观策略的微观步骤。在文章最后笔者想指出,虽然教师伦理道德的复归任重而道远,但我们坚信教师伦理道德从失范走向复归的这一天终归会到来。

注释:

① 此部分古今中外智者先贤关于教师伦理道德的言论,引自于王正平,郑百伟.教育伦理学——理论与实践[M].上海:上海教育出版社,1998:31—48.

② 引自《论语·子路》

③ 引自《孟子·离娄上》

④ 引自《荀子·致士》

⑤ 引自:朱熹.《白鹿洞书院揭示》

⑥ 引自:王夫之.《大学补传衍》

⑦ 引自:王夫之.《思问录·内篇》

⑧ 谭千秋(1957—2008),湖南祁东人,中共党员,四川省特级教师,2008年感动中国人物。在汶川地震中,为救四名学生,献出了51岁的生命。他在地震中张开双臂,以雄鹰展翅的姿势,紧紧掩护未来得及离开的四个孩子,自己的后脑被楼板砸得深凹下去。5月13日晚上,当人们从废墟中将他的遗体挖出来时,他的双臂还是张开的,趴在讲台上,被他用生命掩护的四个孩子全部生还。

⑨ 2013年5月,海南省万宁市后郎小学6名就读6年级的小学女生集体失踪,经调查原来该6名小学女生被万宁市第二小学校长陈在鹏及万宁市一政府单位职员冯小松带走开房。该信息来源于:校长带女生开房案[EB/OL]. http://baike. baidu. com/link? url = ANUESYP59hdh8MuxTKTa4wHQtwcVq9kw CjN9v2TYetcuFfd6rIYoy1L0jQuElnbGuWSkfb-UXe4KGDVaZ6qyY5SV02xsv3tU1pvJ011vhFTRlapApwNp4uHWIcjhj8ntZsJJVQZSFk81iziv5e6WVCo78tjmH2L9i6HrNeGvIq

⑩ 源于《说文解字》,引自:教育[EB/OL]. http://baike. baidu. com/link? url = zYUfHZEQgOO3VQdsd AmkYzA1jdW5QSuH1VJhQcpwyLyD7IF3dMMmLNWgwf2Q4aY3

⑪ [西汉]刘向.《战国策·秦策一》

⑫ [五代]长乐老.《荣枯鉴·圆通卷一》

⑬ 意思是说:凡人都是好色好利、憎丑恨恶的,这些都是人性本恶的表现,如顺其自然发展,社

会就会充满争夺、残暴、淫乱。因此,必须用师法教化、礼仪规范来使人向善,但善不是"性",而是"伪"。该信息来源于:性本恶[EB/OL]. http://baike.baidu.com/link? url=Ah-Ns3S-czK6rzhPpW2ofuNPSu_mJvG6iPJLBrc3PsQPaIx7TxxCt1uJG6_lQSFZYjYfr-HUD52CO-Tuqjm0ma

⑭ 关于"礼"的诠释可参见《荀子》。比如,"先王……制礼义以分之,使有贫、富、贵、贱之等,足以相兼临者,是养天下之本也。"(选自《荀子·王制》)又如,"礼者……贵贱有等,长幼有差,贫富轻重,皆有称者也。"(选自《荀子·礼论》)

⑮ 如汉代董仲舒所总结出的"三纲五常"中的"三纲"——君为臣纲、父为子纲、夫为妻纲。其中,君与臣,君为上等,臣为下等;父与子,父为上等,子为下等;夫与妻,夫为上等,妻为下等;兄与弟,兄为上等,弟为下等。

⑯ 《礼记·礼运》将"七情"概括为:喜、怒、哀、惧、爱、恶、欲。

⑰ 文中孟子关于性善的诸多言论,引自于:性善论[EB/OL]. http://baike.baidu.com/link? url=VKmN65nB8YgpeVJfSX1nEzdodbhwiTN1GVz1OatkHasJkIzW0NAqfqx_oTGGfEVc

参考文献:

[1] 王正平,郑百伟. 教育伦理学——理论与实践[M]. 上海:上海教育出版社,1998:18—19.

[2] 校园性侵亟须引起高度重视[EB/OL].
    http://www.hysgq.gov.cn/main/qzx/sqmy/1_15488/default.shtml

[3] 张凌洋. 经济学视域下中小学教师专业伦理研究[D]. 西南大学博士学位论文,2012:1.

[4] 丁念金. 人性的力量:中西教育文化变迁[M]. 福州:福建教育出版社,2011:37.

[5] 王中男. 考试文化研究[D]. 华东师范大学博士学位论文,2012:69.

[6] 薛振平,张丽. 新课改中教师伦理道德问题的反思与重建[J]. 基础教育,2009(8):23.

当代学校德育的使命:培养道德生活的当事人

靖国平

(湖北大学教育学院)

进入21世纪以来,人类社会发展不可逆返地更加开放、更加多元、更加快捷、更加冲突化和复杂化。在这种新异的、前所未有的时代背景下,学校道德教育的目标定位、价值标识及相应的活动方式,既要立足于人类历史发展的基础文明和普世准则,传承社会公共生活中一如既往的道德知识、价值、信条和习惯,使受教育者具备一定的道德意识,掌握基本的道德知识,养成必要的行为习惯,更要引导学生真实地、主动地、参与式地、负责任地生活在当下,真正融入社会公共生活,成为道德生活和实践的主体。培养道德生活的当事人,培养具有责任能力的时代公民,应作为当代学校德育目标的一个具有引导性、紧迫性的标识。

基金项目:国家社会科学基金"十二五"规划2013年度教育学一般课题"化知识为智慧:素质教育实践中的转化机制研究"(课题批准号:BHA130050)、湖北大学当代中国主流文化研究项目(项目编号:090—075028)。

作者简介:靖国平,湖北大学教育学院院长、教授。湖北大学高等人文研究院学术委员会委员、研究员。

E-mail:jinggp2892@126.com

一、当代社会发展呼唤道德生活的当事人

当前,伴随着全球化、国际化浪潮的持续影响,我国社会改革的深入推进以及对外交流、合作的显著拓展,人的思想活动的独立性、自主性、变动性和差异性不断增强,社会思想空前活跃和复杂,价值观念呈现出多样化、个性化、冲突化、情境化等一系列新的特点。多种社会思潮涌动,多种价值观念碰撞,多种人生信仰并存,多种文化思潮激荡。这主要是由我国现阶段经济结构多样化、社会结构动态化、社会阶层差异化、利益格局矛盾化等多方面因素综合引起的。

在多种文化和多元价值相互并存的影响之下,旧的平衡日渐被打破,原有的价值体系和道德标准遭遇猛烈的冲击与挑战,过去的真的已经过去了!同时,新的平衡尚未及时有效地建立起来,独立个体不能真正以社会公民或主人翁的姿态进入公共生活,个人主体作为"旁观者"、"围观者"置身度外,"神马都是浮云"、"我是打酱油的"等网络流行语便是这种状态的真实写照。娱乐化、游戏化、快餐化、媚俗化、甚至麻木化的生活方式渐成时尚,甚嚣尘上,获得了大众化的认同和追捧。

这样一种强烈的社会信号,脱离道德责任、义务、意志、情感、良知、快乐以及智慧的世俗生活,正在不断地侵蚀年轻一代的心灵,麻痹他们的精神世界,同时也在干预他们成长的方向。西塞罗说过:"教育的目的是让学生们摆脱现实的奴役,而现在的年轻人正竭力作相反的努力——为了适应现实而改变自己。"而赫胥黎在《美丽新世界》中告诉我们:"人们感到痛苦的不是他们用笑声代替了思考,而是他们不知道自己为什么笑以及为什么不再思考。"[1]

长期以来,由于受社会价值取向标准化、刻板化和学校德育符号化、文本化的影响,学生在日常的家庭、学校和社会生活中,仅仅作为道德生活的"旁观者"或"局外人"而存在,他们并未真正融入现实的、具体的道德生活中去,没有同即时的、真实的、冲突化的道德情景和道德事件"相遇",常常是隔岸观火、隔靴搔痒和纸上谈兵,由此导致他们在道德生活或社会习得方面的虚拟化、幼稚化、脆弱化,以及在学会生存、学会关心、学会共同生活、学会责任担当等方面的残缺和无力。

美国现代哲学家、教育家杜威指出:"学校中道德教育最重要的问题是关于知识和行为的关系。一切能发展有效地参与社会生活的能力的教育,都是道德的教育。"[2]他曾批评过去学校的修身课或公民课,一味向学生灌输道德格言和训诫,强迫学生记诵

深奥莫测的道德术语。这种从行为中抽象出来而孤立讲述的道德学科,就像离开肉体的骷髅,也好似不要学生跳入水池而光给他讲游泳术一样迂阔可笑。对此,他提出学校要布置活生生的社会环境,叫学生生活其间,从而理解人与人相处之道,形成善良的习惯和态度。就是说,他们从自己实行做一个好公民中,学习公民学。[3]

学校是社会的"影子",社会变革是学校的"晴雨表"。今日之学校早已不再是"世外桃源"或者"社会的孤岛"。当今社会生活的各个角落、各个领域、各个层面所发生的事件以及与之相关联的价值信息,都可以快捷地进入到学校和学生的日常生活当中。这就决定了学校德育重建的价值前提,必然是现实的、真实的、开放的、动态的。

当代社会转型性变革和价值取向多元化时代的到来,从根本上打破了学校德育的封闭、自为状态。当今学校德育愈来愈呈现出开放性、弱控制性、多向度、冲突化等一系列新的特征。这些特征及其表现一方面给学校德育带来了前所未有的冲击和挑战,同时对于改变学校德育的封闭、单调、非生活化的局面带来了新的机遇。

在这个充满无限生机与活力的时代,"外面的世界"打破了校园平静的生活,牵动着孩子们的心理世界。今日之学校很难抵御各种价值尤其是非主流价值对学生"辐射式"、"爆炸式"的影响,传统学校德育的自为性、权威性、可控性、单向性、分割性等显著特征已经被瓦解,学校在价值选择和价值控制方面的优势日渐式微。

多样化、多向度、多情境的价值判断与选择,使学生心灵和行为上的道德困惑与冲突日渐加剧。传统教育习以为常的二元价值判断与选择,在道德思想和行为上的"向左走"还是"向右走"的难题,在当今显得尤为突出和紧迫。而更加可能的一个走向是,在日益强大的日常生活环境的影响下,年轻一代会受到价值相对主义和价值虚无主义的强势干扰,从而导致学校育人功能的弱化或虚化。

在这种前所未有的社会发展的形势和背景之下,我国教育伦理实践活动包括学校德育工作,不能漠视现实生活中的价值环境对学生自发、无序以及消极的影响,而应通过道德教育目标、内容、机制和方法的创新,通过积极有效的育人环境的变革,引导学生在价值传递中寻求价值协商,在价值多元中寻求价值共识,在价值冲突中寻求价值和谐,在价值规约中寻求价值自觉,以真正促进人的道德主体性的不断建构、发展与完善,培养道德生活的当事人、局内人和责任人。

二、反思学校道德教育中的两种典型倾向

事实上,学校德育工作中长期存在着两种需要深刻反省的典型倾向:一是"虚无主义"倾向。这主要是指学校虽然口头上重视德育,但实际上是以家长评价和社会舆论导向为指南,以学生的考试成绩和升学业绩为教育工作的出发点和归属,注重学校教育的"升学价值",轻视其"育人价值",在"教育迅速地从旨在使每一个人的内在禀赋在一套核心价值观的指引下得到充分发展的过程蜕变为一个旨在赋予每一个人最适合于社会竞争的外在特征的过程"[4]之中,学校扮演着十分重要的角色。

"虚无主义"倾向忽视了学校作为道德教育专业场所的内在逻辑和首要责任,放弃了学校固有的育人价值和责任担当。更有甚者,视学校为学生参与社会竞争的竞技场、知识场、名利场,将学生引向单向度的和片面发展的知识人、名利人、工具人。"虚无主义"行"功利主义"、"实用主义"之实,它所"虚"掉的恰恰是价值教育和素质教育,是学生作为道德生活当事人、道德实践主体的真实成长。

多年以来,尽管广大中小学校一直都在强调德育工作的重要性,提出了"德育为本"、"德育为首"、"德育为先"等响亮的口号,但许多学校实际上还是学生在知识方面获得成长的场所,追求学生在知识和技能数量上的累积,以及在知识和技能层次上的提升,几乎被看成是学校承担的教育职责和社会职能。学校教育活动片面强调"知识育人"(实际上是以应试、分数为中心的知识育人),极大地漠视了学生精神生命的发育与生长,忽视了学生道德成长中的情感性、意志性、多样性和整体性,阻碍了学生主体道德生命的自我构建和自觉完善。

二是"包办主义"倾向。这主要是指学校常常以"布道者"、"规训者"、"权威者"的角色扮演,以简单、机械、教条化的知识传递方式,不断向学生灌输各种道德信条、规则,包办学生在学习做人或社会习得过程中的一切事务,无视学生真实、具体、紧迫的道德发展需要,从而忽视了学生作为道德生活当事人的主体人格和地位,以及人的德性是在与环境不断交互影响的过程中养成的客观事实。

道德知识传承的"课程化"、"课堂化"、"包装化"和"形式化"倾向,是学校德育工作的一大特点。提起学校德育或思想政治教育,我们自然地想起小学的"思想品德课"、中学的"思想政治课"和大学的"政治理论课"。这些课程不仅有专门的教师、固定的学时和学分,而且有与语文、历史、数学、物理、化学等学科相同的课程体系、教学计划和

教授方法。中小学德育教材的内容大体上是"孔融让梨"、"路不拾遗"、"大公无私"、"舍生取义"等传统美德故事。

在通常的情况下,学校道德教育中价值知识的供给以及价值信念的形成,是立足于完美的道德价值和人格标准的,它所传递的价值信息和教育旨趣,是努力规劝受教育者学习做一名道德上的"完人"。这种"理想化"、"高标准"、"严要求"的道德认知、价值引领和行动诱导方式,直接导致了学生对道德知识的接纳与自身人格的养成之间的鸿沟,乃至出现了严重道德人格的分裂,知道"应该做好人好事"是一回事,"是不是去做好人好事"则是另一回事。

针对学校道德教育知识化现象,南京师范大学鲁洁教授曾一针见血地指出:"知识化的道德教育却从根本上遗忘了它的卑微(humble)起源和它对日常经验许多方面未加解释的起源,德育忘了本,忘记了它原本来自生活,又与生活不可须臾相离的'卑微'身份。"而"道德的特征是它的情境性,在具体时空条件下,呈现不同的道德现象、道德问题,道德的这种情境性本然地否定普遍化知识的追求。"[5]

"包办主义"无视学生作为道德教育主体的内在逻辑,将学生作为客体人、局外人、无知者,使本应在道德上不断自主成长、自由发展,不断进入道德冲突与调适状态、道德体验与反思之中的青少年,在道德成长方面长期处于被动的、停滞的"婴幼儿状态"。"包办主义"只见知识不见人,注重规训而忽视教化,无视受教育者作为道德生活主体的正当性,因而它是另一种样式的"虚无主义"。

需要深刻反省的一个问题是,学校为什么没有切实有效地对学生的道德发展负起责任?或者说,为什么学校教育工作者的良苦用心和不懈努力,并没有换来学生的道德进步呢?对此,丹尼尔·科顿姆在《教育为何是无用的》一书的序言中展开了富有价值的批评。他指出:教育无用,因为它打破了我们的常识。对于普通人而言,他们主要靠常识和经验生活,而教育通常并不提供常识和经验;教育无用,因为它让我们脱离了实用性。教育降低了人们应对日常生活的能力;教育无用,因为它让我们沦为知识的奴仆;教育无用,因为它让我们置身于现实生活之外。[6]科顿姆的批评给予我们的启示是,学生如若不能成为道德生活的当事人,便不能算作在道德上真正受过教育的人。

由于长期受应试教育的影响,我国学校德育走的是一条"知性化"、"虚拟化"的路线,教师本着尽"道德告知"义务的心态,满足于道德知识的传授,在一种虚拟的道德教育情境中进行道德教育。对此,有研究者指出:"长期以来,造成我国道德教育实效差的原因虽是多方面的,但普遍利用虚拟的道德教育情境进行道德教育,而不能引发学生真实的道德冲突是最重要的原因。充分利用真实的道德冲突对学生道德成长的作用,应该是道德教育取得良好实效的重要途径。"[7]

三、学校是培养道德生活当事人的责任主体

针对上述两种倾向,需要对学校德育目标和育人环境进行相应地调整、改造。一方面引导学校正视德育工作的正当性、专门性和实践性,自觉地担当起道德教育的重要责任,让道德教育真正成为学校教育的一个有机组成部分。另一方面,引导学校正视学生作为道德当事人、责任人的实际需要,积极促进学生道德实践主体性的发展,引导他们在学习道德知识时操练道德,在认识道德义务时履行义务,在体验道德责任时担当责任。正如涂尔干所指出的:"要学会热爱集体生活,我们就得过集体生活,不仅在我们的内心和想象中过集体生活,而且在现实中过集体生活。"[8]

有学者从生活德育的应用研究出发,提出"德化的生活"要引导学生"过有自知的生活,做一个有自知之明的人。过负责任的生活,做一个有责任心的人。过有羞耻感的生活,做一个有羞耻心的人。过有爱心的生活,做一个有爱心的人。过随和大度的生活,做一个宽容的人。过诚信的生活,做一个诚实的人。过合作的生活,做一个善于与人合作的人。过理智的生活,做一个是非分明的人。过有意志的生活,做一个意志坚强的人。过独立自主的生活,做一个有独立人格的人"。[9]这些德性生活如何转化成学生的生活经历和人生经验,是一个需要深入、具体研究的课题。

当代社会价值多元化对学校德育环境的冲击,并非都是有负面的。直面这样一种社会现实,探索在新的形势下促进人的良好发展的多种可能性,应是基于时代的明智选择。"现代的孩子出生在一个能在有限的范围内体验生活的各种可能性的社会中——当然这些可能性对于所有孩子来说是不一样的。甚至那些生长在充斥着贫困、青年失业、酗酒、吸毒、娼妓、暴力、犯罪以及其他种种现代生活的危险环境中的儿童也同样能够体验到生活中一定的开放性选择和可能性。"[10]

在这种形势下,学校致力于培养学生在复杂环境中的道德自主、自决能力显得格外重要。因为道德自主是学生形成道德自我意识和道德主体能力的重要基础,是他们在道德上"成为一个怎样的人"、"怎样成为这样的人"的自我规划和期待,也是个体在

家庭、学校和社会生活中成为道德当事人、道德责任主体,履行道德责任和义务的重要条件之一。应该充分认识到,受教育者不仅是环境影响的客体,更是变革、改造环境的主体。未成年人的道德成长是在其主动地适应、选择、创生环境的过程中完成的。

不论何时何地,学校始终是以文化和道德培育人格的重要机构,学校的整个文化和心理气氛应该是引导人积极向善、追求正义的。学校教育事业是一种道德事业,学校日常生活是一种美善生活。那种认为社会价值出现了多元化、离散化、冲突化,因而无需或者不可能行之有效地开展学校德育工作的观点,如极端相对主义、虚无主义等,不仅是错误的,而且是十分有害的。"学校是一种组织化的环境,而且,是一种根据培养人的目的而建构起来的组织环境。也正是由于这样,学校组织环境的差异,以及对于学校组织环境建设的不同,将直接影响学校的教育效果和人才培养质量。"[11]

学校育人环境是学生德性人格成长的"生态园",是学生社会习得的"操练场",是学校实现良好教育目标的"软实力"。学校是放大了的家庭和浓缩了的社会。对家庭而言,学校是孩子们"出场"的必经之处;对社会而言,学校是孩子们演习未来生活的场所。学校不仅是"知识场",而且是"价值场";不仅是"规训场",而且是"体验场"。学校教育中有意义的道德学习,是教育者对儿童日常生活经验的选择和改造。这种选择和改造有利于儿童在道德上保持连续性和一贯性。当前我们应当正视的一个严重问题是,儿童和青少年在道德发展上的非一致性,甚至出现了"伪善"、"两面派"、"阳奉阴违"等问题。

学生良好的德性人格和责任能力决不是机械训练出来的,而是在开放的育人环境的教化影响之下,由学生(道德成长的当事人、责任人)自觉自主地修炼、磨砺出来的。因而,学校德育的着力点决不应是按照某些固有价值以产品制造的方式去塑造或改造学生,诱使他们成为被标签化的"好孩子"、"好榜样",而是积极营造适宜学生德性修炼的育人环境,以诱发、引导、激励、调节学生的主体道德知觉、识见和修为。

应该认识到,学生在道德成长中是具有主体性的人,任何强制的价值灌输不仅是无效的,而且是不道德的。道德说教不仅失去了思想基础和现实条件,而且容易激发学生的逆反心理,导致与教育者的愿望相背离。学校必须营造一种民主、平等、协商的氛围,尊重每一位学生的道德主体性,通过对话、交流、沟通等方式来解决价值冲突和价值缺席,让学生同具有不同价值观念的人进行建设性交流和对话,达成价值共识以及"同理心",学会与他人共同创建有道德、讲责任、敢担当、善行动的价值生活。

学校道德教育的要旨在于唤醒道德成长主体的内在自觉。学生不仅作为学习者在学校生活，他们还是道德生活的主人。他们不仅应对自我道德行为负责，还要对社会公德承担起一定的责任，成长为有道德敏感性、道德自觉性和道德责任感的当代公民。当代学校不仅需要让学生"懂道德"，更要引导他们"行道德"，他们作为道德生活的权利主体和责任个体，需要通过学校生活养成一定的道德决策能力和行为能力，以便在当下和未来的生活中，成为日常道德生活的参与者、监督者和促进者。

在当代社会价值取向多元化的背景之下，更为重要的问题不是要不要创设具有公共道德取向和集体道德信念的育人环境（当然，这一点也是必不可少的），而是如何基于当前社会环境影响与人的发展之间多维的、错位的、复杂的关联，基于人的发展与环境影响之间的有效互动和相互促进，探寻学校德育环境建设的有效目标、机制、路径和策略，促进学生与环境友好交往当中的道德完善。

相比知识而言，经验更能融入并转化为个体的心智模式和行为方式，成为个体生命的有机组成部分，尤其是在道德人格养成方面。从此意义上讲，生活的本质在于人生经验，人生经验的意义在于不断地去面对和解决生活中各种各样的问题。而学校同人的生活、经验、活动之间的严重分裂，教育的原生活意义的丧失，或许是自近代以来教育所面临的最为严峻的问题。事实上，学生在未来生活中并非要循规蹈矩、亦步亦趋，而是要在不同的价值观念、复杂的社会情境中自主地做出道德判断和选择。

道德行动的前提，是有采取行动的能力。一个人的道德成长所逐步显现出来的环境能力，大致上可分为环境判断能力，环境选择/决断能力和环境行动能力。道德教育的关键，在于培养和提高学生的环境行动能力。基于这种考虑，纽曼强调社会行动模式重点在于培养学生的环境能力，特别是培养他们的公民行动能力。他指出："环境能力（environmental competence）是对环境造成特定后果的行动能力，包括物质能力、人际能力和公民能力。"[12]从道德层面上讲，环境能力是人在道德意义上与环境影响的同存共在、友好相处，是人基于环境影响下的道德主体性的发挥和道德生活的自由和自觉。

总之，学校德育的根本任务不在于督促学生学习和笃行外在的价值观念和行为规范，而是要引导他们直面和解决与自己密切相关的价值冲突和道德困惑，不断提高自身的道德认知力、感受力、判断力、选择力和执行力，即提高自身的价值自觉或价值自决能力。当前学校需要创设更加合理、更加开放、更加行之有效的育人环境，通过价值冲突、价值干预、价值协商和价值引领,促进学生自觉地掌握具有公共契约价值的道德标准,具备道德当事人的基本素养。从根本上讲,学校道德教育是一种培养人的主体性生活经验和能力,提高人的社会生活本领和生命意义的活动。培养道德生活的当事人、责任人,意味着"化德性为人格,化德性为力量"。

参考文献:

[1] [英]尼尔·波兹曼.娱乐至死[M].章艳,译.桂林:广西师范大学出版社,2010:125、138.

[2][3] [美]约翰·杜威.民主主义与教育[M].王承绪,译.北京:人民教育出版社,2001:378—379、30.

[4] 汪丁丁.教育的问题[J].读书,2007(11).

[5] 鲁洁.边缘化、外在化、知识化——道德教育的现代综合症[J].教育研究,2005(12).

[6] [美]丹尼尔·科顿姆.教育为何是无用的[M].仇蓓玲等,译.南京:江苏人民出版社,2005:1—19.

[7] 傅维利.真实的道德冲突与学生的道德成长[J].教育研究,2005(3).

[8] [法]爱弥尔·涂尔干.道德教育[M].陈光金等,译.上海:上海人民出版社,2001:221.

[9] 汪凤炎等.德化的生活——生活德育模式的理论探索与应用研究[M].北京:人民出版社,2005:309—449.

[10] [加]范梅南.教学机智——教育智慧的意蕴[M].李树英,译.北京:教育科学出版社,2001:3.

[11] 谢维和.教育活动的社会学分析:一种教育社会学的研究[M].北京:教育科学出版社,2000:192.

[12] 黄向阳.德育原理[M].上海:华东师范大学出版社,2000:261.

教育伦理学科发展研究

教育伦理学:新问题与新领域

王本陆　汪　明
(北京师范大学课程与教学研究院)

　　积极关注并认真探讨时代发展所提出的重大教育伦理问题,这是教育伦理学所承载的学术使命,也是学科发展的核心机制。当前,随着我国教育事业的快速发展和改革开放的不断推进,一些具有鲜明时代特征的教育伦理问题正在突显出来。为了促进我国教育事业健康发展,有必要认真对待和深入研究这些教育伦理问题。此外,探讨这些问题,将丰富教育伦理学的内容体系,开辟出教育伦理学研究的新领域。鉴于此,本文拟对教育国际化伦理问题、教育信息化伦理问题以及教育改革伦理问题进行探讨。当然,现实中教育伦理学问题远不止本文所提及的这三方面,还有很多亟待关注与思考。本文旨在提供驱动力和方向感,以期引发大家对此的进一步关注与思考。

项目资助:教育部人文社会科学重点研究基地重大项目"教学伦理学研究"(12JJD880013)阶段性研究成果。

作者简介:王本陆,教育学博士,北京师范大学课程与教学研究院院长、研究员;汪明,北京师范大学课程与教学研究院博士生。

E-mail:wangbl67@sina.com

一、教育国际化伦理研究

我国自 2000 年加入 WTO 以来，教育作为服务贸易的重要组成部分对外开放，教育国际化便成为无法逆转的大趋势。十多年来，我国教育国际化的步伐非常迅速，教育国际合作的形式不断翻新。从教育阶段看，从幼儿教育到研究生教育，都在不遗余力地开展形式多样的国际合作；从合作领域看，国际合作办学、联合授予学位、联合培养，举办国际部（留学预备学校）、国际班，引进国际课程、国外教材，组织学生国际游学，组织学校干部、教师国际培训，聘请外籍教师到国内授课，等等，可谓行情火爆、方兴未艾。此外，在理论上，也提出了教育国际化的问题，强调中国教育必须与国际教育接轨。可以说，国际化已经成为当今中国教育发展所无法回避的议题。

如何看待日新月异的教育国际化呢？很显然，这是仁者见仁、智者见智的事情。不同的学科、不同的主体必然会有各自的立场和观点。重要的是，在这种重大问题上，教育伦理学不能缺席，要发出自己的声音、亮出自己的观点。教育伦理学如何建立一个分析教育国际化问题的学理框架呢？这是需要认真研究的问题。我们的初浅想法是：从 WTO 的本意看，教育国际化的实质就是在全球教育市场中教育资源的自由流动。因而，分析教育国际化问题的关键概念是全球教育市场。全球教育市场是一个多层级、多类别市场主体构成的复杂系统，其中，主权国家和政府、教育机构（大中小学）、教育服务商（教育资源提供者如出版社、仪器设备公司、教育服务中介公司）、受教育者（学生）是最基本的市场主体。教育国际化的伦理问题，就是处理各层级、各类别以及不同层级、类别市场主体之间利益竞合关系的价值立场、规则和策略问题。例如，在主权国家层面，教育输出国和教育输入国之间存在着国家利益的竞争与合作问题，包括教育主权、文化安全、国民素质与人才战略等等；在教育机构层面，则存在合作共赢、利益分配、责任担当等诸多问题；在受教育者和教育机构、教育服务商之间，存在着诚信与欺诈、成本与收益、选择与控制等诸多矛盾。如何处理这些矛盾，建立教育国际化的基本伦理准则，这是当前教育伦理学需要深入讨论的重大问题。

教育国际化伦理问题的研究，需要区分宏观问题和微观问题。宏观问题主要涉及全球教育市场的价值取向和伦理准则，即如何确保全球教育市场成为世界和平、稳定、发展和进步的促进力量，成为造福全人类的积极力量。微观问题主要涉及具体教育机构、服务商和受教育者之间的利益关系的处理原则和行为准则，即确保各种教育国际合作交流行为的正当性。

当前,在宏观层面,需要重点探讨的问题有:(1)教育国际化与国家主权问题。教育国际化意味着不同国家之间教育力量的互相竞争。由于各国综合实力不对称、教育发展水平差距大,如果完全放任市场自由竞争,就会出现教育沙文主义。那么,弱小国家的教育系统可能被强大国家的教育系统彻底打垮,从而导致这个国家失去教育主权。这是教育国际化必须警惕的一个问题。(2)教育国际化与文化多样性问题。我们知道,"在文化的全球化过程中,存在着从经济和文化强势的国家向弱势国家流动的趋势,文化的交流也异变成了文化的渗透和入侵。"[1]返观教育,长期以来,由于西方发达国家教育整体处于国际领先水平,教育国际化在某种意义上等同于教育西方化,即西方发达国家的教育理念、教育内容与教育模式向世界其他地区的推广应用。这种单向的教育输出,造成西方文化殖民的客观现实,不利于各国本土文化的传承,也不利于世界文化的多样性。如果教育国际化成为消灭文化多样性的过程,这对人类长远来讲是最大的文化生态灾难。(3)教育国际化与教育公益性问题。当前,教育国际化的推动力主要源自市场。然而,"一个必然而自发产生的服务于公共福祉的'市场'是不存在的。在世界各地,市场确实曾给许多社会部门带来快速的发展,但它也常常造成许多出乎意料的后果和不尽人意的影响。"[2]教育事业就其本性而言是一种社会公共利益,即促进人类文化传承、个体身心发展的社会事业。如何使教育国际化成为人类团结、进步和个体发展的发动机而不是商家谋财逐利的大市场,这需要大智慧、大勇气。为了更好地解决这些问题,需要在教育伦理学层面提出教育国际化的基本价值立场:尊重教育主权、保护文化多样性、体现教育公益精神。

在微观层面,结合当前我国教育国际化的实际,关键是要建立一个公开、有序、诚信和公平的教育服务市场,从而确保学生、教育机构和中介机构之间形成良性秩序。在全球教育市场中,学生(及其家长)是最终的消费者。同时,又是相对的弱势群体。而教育机构和中介机构作为教育服务提供者,具有内在的专业优势和强大的网络优势,处于强势地位。这种消费者和服务提供者地位和力量的不对称格局,很容易在微观层面导致教育国际化的各种伦理问题。例如欺诈、垄断和歧视等等,从而给受教育者造成伤害。基于教育伦理准则构建教育服务的消费者和提供者之间的互利共赢关系,这是教育国际化良性发展的重要基石,需要认真加以探讨。具体说,需要重点关注如下问题:(1)教育服务的质量问题。对于家长和学生来说,无论攻读国际部、国际班、还是参加国际游学、联合培养,抑或申请和攻读海外学位,这些教育服务都是非常昂贵的。家长和学生之所以愿意支付昂贵的费用,是因为他们希望或被宣传可以获得高质量的教育服务。但是,在教育国际化中,教育机构和中介机构提供的各种教育资源真的都是优质资源吗?这需要慎重评估。(2)教育服务的诚信问题。在教育国际化中,诚信问题值得关注。大多数受教育者对国外教育机构、教育法规等具体信息不甚了了。同时,又求学心切,于是,一些不良教育机构或中介机构往往利用这种心理,发布虚假信息或隐瞒不利信息,许诺各种不可能实现的承诺,引诱消费者上当受骗。杜绝各种弄虚作假的行为,树立教育机构和中介机构的诚信品质,这是迫切需要解决的现实问题。(3)教育公平问题。在教育国际化过程中,我们不得不提出一个问题:究竟谁是教育国际化的受益者,谁是潜在的受害者?从受教育者群体看,高收入家庭和特权阶层无疑是教育国际化的得益者;从区域来看,发达地区比落后地区更多享受了教育国际化的好处。这样,教育国际化在很大程度上是加剧了阶层之间、区域之间的教育不平衡局面。另外,在我国就业市场上,又存在严重的文凭歧视现象,即国内文凭贬值而海外文凭升值。这样,就进一步把教育不公转化成了社会不公,使普通百姓子女在就业上处于非常不利的局面。需要认真对待和努力化解教育国际化导致的教育不公问题。

总之,如何认识和规范教育国际化问题,这是 21 世纪教育伦理学发展遇到的新挑战。关于教育国际化问题的教育伦理学思考,意味着在更广阔的空间内(即全球教育市场中)探讨教育伦理关系和规范。这需要教育伦理学视野的超越,需要理论的创新。

二、教育信息化伦理研究

教育信息化的迅速推进,是 21 世纪以来教育事业发展的突出特征。当前,随着移动智能技术的广泛使用,教育信息化更是大步前行,远程教育、空中学校、云课程、网络教学、虚拟研修,这些基于信息技术的教育形态与活动形式,已经成为现实教育的重要组成部分。可以说,信息技术已经全面融入今日之教育,正在改变教育的形态和生态,其影响广泛而深远。观察、研究当今教育改革发展,教育信息化是无法回避的话题。教育信息化导致了教育系统的结构性变革,即不断改变着教育的形态,使教育生态发生重大变化。如何认识教育信息化的影响,如何管控教育信息化的进程,这是当今教育学研究需要研究和解决的时代性课题。从教育伦理学角度去认识和管控教育信息化,是一项时不我待的工作,需要认真规划、积极行动。下面简单提出几个问题来讨论:

第一,教育信息化的伦理属性问题。在学术界,关于教育信息化的认识与定性历来众说纷纭、莫衷一是,概括起来主要有乐观和悲观两大类观点。在教育信息化乐观主义者看来,教育信息化是教育进步的根本推动力,似乎新技术的应用会消解各种教育矛盾,提高教育水平和质量;反之,教育信息化悲观主义者则对教育信息化持警惕态度,认为教育信息化不仅没有给教育带来真正实惠,反而制造了许多新问题。恰如有研究者指出的那样:"随着教育信息化进程的加快,教育信息化中的信息污染和信息安全问题日益突出,已严重影响了青少年学生的学习、生活和身心健康,成为亟须认真研究解决的重大问题。"[3]我们认为,教育信息化并非天赋向善,也非生来就有原罪,它更多提供了一种人们解决问题的工具。工具本身没有善恶之分,但为何、如何使用工具,则有善恶分野。也就是说,人们推进教育信息化的动机、过程和实际影响,会赋予教育信息化以特定的伦理属性。例如,借助教育信息化促进文化共享,无疑是善的。而借助教育信息化中饱私囊、牟取暴利,则是恶的;通过教育信息化解放和武装教师,促进教师专业成长,无疑是善的。而通过教育信息化故意制造人与机器的竞争,使教师成为机器的附庸,则是恶的;如此等等。

第二,教育信息化的指导思想问题。为何要大力推进教育信息化?这是需要认真讨论的问题。从全球范围来看,教育信息化的推动力量主要来自三个方面:企业、政府和学界。企业家推动教育信息化的主要动机是制造商机,获取利润。美国的教育信息化的主导力量就是一些财力雄厚的科技公司;政府官员推动教育信息化的主要动机是国家利益或国家战略,但也难免掺杂自我升迁、政绩亮点乃至权力寻租的私心;学者主张教育信息化的动机可能是学术良知,也可能是出名或谋利。可见,各方推动教育信息化的动机,是非常复杂的。在学校层面,追求教育信息化的实际动力也千姿百态,有的是为了提升教育水平和质量,给学生、教师创造更好的教育环境和工作条件;也有的是为了赶时髦、攀比、炫耀,别人有什么自己就要有什么,什么东西新就要什么东西。究竟基于何种指导思想来做教育信息化,是教育伦理学需要关切的一个现实问题。我们认为,教育信息化必须树立明确的价值观念:服务于学生全面发展,服务于教育综合能力的提升。教育信息化本身不是目的,它的价值在于创造有利的教育环境,提供有力的教育工具,从而帮助克服学生发展和教师工作中的种种障碍,提高师生活动的质量和效能。在宏观层面看,为学生全面发展创造条件,为教育综合能力提升创造条件,恰恰是教育信息化的国家利益诉求。当然,在实现教育价值和国家利益的过程中,教育信息化也会给企业创造大量商机。这样,就可以达成各方利益的共赢。相反,如果不从教育需要出发而是从商业利益、个人政绩出发来推进教育信息化,其结果很可能是损公肥私,给教育事业发展带来巨大损失。

第三,教育虚拟空间的伦理规则问题。教育信息化对教育系统的一个重大影响,就是制造了一个全新的教育虚拟空间。例如,在远程教育、网络学校、云课程系统中,教师和学生均在实际生活中的时空存在之外,获得了一种虚拟的身份、一个虚拟的活动空间。教育虚拟空间的主要特点就是打破时空唯一的局限,使人在信息世界获得了潜在的无限空间,以及在不同空间中的同时存在。教育虚拟空间可以容纳和链接广泛的可供共享的教育资源,可以创造丰富的学习机会和交往机会。从教育机会的供给和学习的便利角度看,教育虚拟空间具有巨大的优势和广泛的前景。但是,教育虚拟空间应该如何建构,又如何管理呢?个人如何使用教育虚拟空间呢?这是教育伦理学需要思考的事情。例如,如何在教育虚拟空间"以一种合乎道德的方式进行交往"[4]?再比如,远程教育系统的建构与管理,是为了让更多人来注册学习,追求规模效应;还是确实提供高质量的教育服务,促进受教育者成长?又比如,各种网络教育资源,是免费使用,还是群体共享,抑或有偿服务?在教育虚拟空间中,如何既保护知识产权,又促进文化共享和自由交流?如何筛选有价值的教育资源?等等。这些问题,需要系统考虑,需要建立一套规范教育虚拟空间的教育伦理准则,例如在教育虚拟空间交往方面,我们可以建立诸如"真诚可信原则、宽容原则、保持自我与尊重他人相结合原则、有序性原则"[5],从而使教育虚拟空间真正成为有教育价值的文明空间。

第四,教育信息化鸿沟问题。教育信息化总体来说属于"烧钱"的事情,无论信息化设施的购置、开发、利用和维护,都是耗费很高的。没有良好的经济条件支持,没有充足的教育经费,就很难整体实现教育信息化,或全面享受教育信息化的实惠。在国际上,越是经济发达国家,教育信息化越领先;而经济落后国家和地区,教育信息化的水平就差一大截。在国内,经济发达地区和经济落后地区,富裕家庭和贫寒家庭,在支持和使用教育信息化方面也有巨大差距。在现实中,不难看到,"城市的校园变成一个个信息化、智能化的校园,拥有全新的学习环境,拥有掌握现代教育技术的教师,拥有优质的学习资源。而落后地区受教学条件的限制,学生只能是'E'缺乏或者跟'E'无缘。教学只能停留在传统教育模式里,缺少信息素养的关怀,成为'技术盲'"[6]。这样,基于经济条件的贫富差异,就划出了一条教育信息化鸿沟。富有的一方在信息化的海洋中徜徉,而贫寒的一方则隔离在信息世界之外。如何打破教育信息化鸿沟,使教育信息化惠及各个地区、各个阶层的每一个人?这是需要探讨的新的教育公平问题,是教育均衡发展应该关注的重要维度。不可能也不应该限制发达地区和富裕阶层追求教育信息化的努力,重点是要切实帮助和支持教育信息化不利群体改善处境,缩小教育信息化的差距。解决问题的关键之点,就是要加强教育公共信息资源建设和免费供给,并努力提高信息不利人群的信息化能力。

第五,教育信息化的效用问题。一个多世纪以来,人们不断把各种新技术运用于教育系统,希望通过新技术改变教育面貌,提高人才培养的水平和质量。教育信息化是这种持续努力的新形式。但令人遗憾的是,"教育信息化投入巨大却没有获得期望的效益"[7]。于是,人们不免会问:花巨资搞教育信息化,值得么?这就是教育信息化的效用评估问题。这种评估可以是教育经济学角度的,也可以是教育伦理学角度的。需要树立教育伦理学的效用观,即强调人是目的,促进最大多数人的福祉,对弱势群体的关怀和帮助。在关于教育信息化的效用评估中,首先需要关注教育信息化对学生身心健康的影响作用。教育信息化设施的使用,能否避免伤害个人身体健康(如电磁辐射、光污染与近视)[8]?能否避免学生网络成瘾和社交障碍?如果教育信息化无法解决学生身体受伤害、心理障碍增加等问题,那么,它就不是以人为本的,就有悖于伦理学、教育学强调的人是目的的理念。其次,要关注教育信息化究竟是解放教师,还是压迫教师?例如,教育信息化是增进教师的职业乐趣、成就感,还是增加职业压力、挫折感?是减轻教师工作负担,还是加重工作负担?是提高教师的经济与社会地位,还是降低教师的经济与社会地位?是增加教师专业发展机会,还是压制教师专业发展机会?等等。如果教育信息化不能支持和促进教师专业发展,那么,它也不是以人为本的。此外,还要关注教育信息化对教育生态的影响。例如,是促进区域合作与均衡发展,还是加剧教育竞争、制造新的两极分化?是促进学校管理民主化,还是强化监控手段?是鼓励创新探索、自我超越,还是不思进取、懒汉主义?等等。教育信息化只有朝着合作、民主、创新的方向发展,才能真正促进大多数人的福祉。

总之,如何认识和规范教育信息化问题,已经成为21世纪教育伦理学的基本问题。教育信息化意味着21世纪的教育拥有了全新的技术基础,新的技术基础将导致教育系统运行模式与生态结构的重大变化。教育伦理学需要缜密思索教育信息化问题,从而引导教育信息化的价值方向,纠正和反省教育信息化的价值偏差。

三、教育改革伦理研究

"当前,教育改革已经成为世界性的事实存在,我国的教育改革也是如火如荼。"[9]可以毫不夸张地说,在当今时代,几乎每天都有教育改革的新闻见诸报端,我们每天都在和教育改革打交道。教育改革已经成为现代教育的基本活动。教育改革的实质是对现有的教育体制、教育宗旨、教育理念、教育内容、教育方法和教育管理的变更,即推陈出新。这是一种人为制造的教育变化。为何改变,改变什么,如何改变,变得怎样?这些教育改革的基本问题,既是科学问题,又是伦理问题。关于教育改革的动机、目的、内容、手段和效果,都需要认真进行教育伦理学评估,这是确保教育改革健康推进的重要基础。

第一,关于教育改革的伦理属性问题。人们习惯于认定教育改革就是除弊兴利,似乎教育改革天然具有道义上的优越性。从主观设想来讲,也许大多数教育改革的确抱着一种善良心愿,是想做些好事的。毕竟,"凡改革,必然在头脑中预先有一个除'恶'扬'善'、扬'长'去'短'的价值取向和这样一个价值判断、价值选择的过程;凡改革,其初衷都是希望改革能够解决现实中的种种问题,促进事物向良好的方向发展的。我们善良地相信,现实中没有谁希望改革会改得越来越坏、越来越糟。"[10]然而,从客观现实看,教育改革就未必真是除弊兴利、造福于民了。正如有研究者指出的那样,"中国教育改革中的一个已经让人见多不怪的现象是:不论是在教育改革的参与者和支持者中,还是在旁观者和抵制者中,都有相当一部分人习惯于用冠冕堂皇的理由论证自己项庄舞剑的主张,或用华丽煽情的辞藻包装自己色厉内荏的观点。"[11]因而,不能笼统地认定教育改革具有先天的道德正当性,而应对具体教育改革的伦理属性加以辨析鉴定。这就需要讨论一个问题:评估教育改革善恶的标准是什么?是基于改革者设定的目标和原则,还是基于教育伦理的一般要求?是重点关注动机,还是重点关注效果?是功利原则优先,还是道义原则优先?等等。明确教育改革的善恶评价标准,对于教育改革的健康有序推进具有重要意义。

第二,关于教育改革的利益分配原则。教育改革是一个广泛的利益调整过程。在教育改革中,利益相关人群大致可以区分为如下几类:既得利益者,直接受益者,间接受益者,直接受损者,间接受损者,利益不变者。其中,教育改革的发动者往往是直接受益者,他们可以获得政绩、名声、经济回报和社会地位等诸多利益;而既得利益者是改革前的获利者,改革可能进一步增进他们的利益,也可能剥夺他们原来的利益;其他参与者或卷入者因利益调整机制而失去或获得利益,可能是受益者,也可能是受损者。在教育改革中,需要特别反思两种现象:一种是教育改革发动者成为唯一受益者;另一种是越改革既得利益者获利越多。这两种现象,都是教育改革中的腐败现象,即权力寻租和强化特权。人民是无法从这样的教育改革中获得"改革红利"的。合理协调教育改革中的利益关系,使教育改革成为惠及全民的事业,使弱势群体得到应有的关怀,这是教育改革应坚持的基本准则。

第三,关于教育改革的代价分担原则。教育改革需要付出大量资金、人力和物力成本,谁来分担这些成本?教育改革需承担一定的风险,既可能成功,也可能失败,一旦失败则会造成很大的损失。谁来管控风险,谁将承受教育损失?这些问题需要严肃思考。在思考教育改革的代价和风险的时候,始终要坚守的底线是:教育改革无论如何不能以妨碍或损害学生身心全面发展为代价。教育改革始终要坚守对学生无害的原则。教育活动效果具有滞后性、长期性和整体性,教育改革的一些负面影响可能要延后很长时间才会显现出来。因而教育改革很难根据实际效果及时纠偏。教育改革需要风险控制前置,即在设计阶段多考虑各种潜在的风险并做好预防措施,尤其要广开言路,尊重科学规律和客观实际,缜密决策。为此,教育改革的发动者要有高度的责任感和风险意识,切不可鲁莽、轻率行事。但令人遗憾的是,教育改革的诸多方案,恰恰是草率推出的,缺乏充分的民意基础和科学依据。一些手握大权的人,往往风险意识淡薄,自我感觉良好,在教育改革决策中先入为主、一意孤行。这就会使一些教育改革变成瞎折腾,给教育事业造成了消极影响。需要有效建立教育改革的问责机制,使不负责任的改革者承担轻率决策和鲁莽行动的风险和代价。

第四,教育改革的民主参与原则。教育是社会公共事业,牵涉千家万户的切身利益,关涉国家的长治久安。因而,教育改什么,如何改,什么时候改,这些问题的决策都需要社会各界的广泛参与,应基于民意共识来开展改革。这可以称为民主化改革逻辑。但是,在现实中,却存在着一种与民主化改革逻辑相反的强权化改革逻辑,就是少数官员、学者扮演着救世主的角色,似乎他们掌握着拯救教育的良方,而普罗大众则视为被改造的对象,他们需要通过改变自己的旧观念和旧行为而获得救赎。这种强权化改革逻辑,是一种由外到内、由上到下的改革逻辑,本质上是排斥大众参与和社会监督的。从世界范围的教育改革实践看,基于强权化改革逻辑的教育改革,大多以失败而告终。如何避免教育改革为强权所左右,如何增强教育改革中民主参与的空间,这是重要的教育改革伦理问题。合乎道义的教育改革,必然充分体现民众的教育诉求,尊重民众的知情权、参与权、监督权和评议权。

总之,教育改革是主动变革教育的探索和努力,但是,这种变革是化解矛盾冲突,还是加剧、制造矛盾冲突呢?这是教育伦理学需要密切关注的问题。把教育改革引导到扬善去恶的方向,使教育改革成为教育进步的力量,这就是教育伦理学努力的方向。

参考文献:

[1] 吕振合.文化全球化与先进文化建设[J].内蒙古大学学报(人文社会科学版),2005,37(3).

[2] 弗兰克·纽曼,莱拉·科特瑞亚,杰米·斯葛瑞著.李沁译.高等教育的未来:浮言、现实与市场风险[M].北京:北京大学出版社,2012:4.

[3] 蒋笃运,张豪锋,王萍等编著.教育信息化若干重大问题研究[M].北京:科学出版社,2008:284.

[4] 谢娟.教育虚拟社区交往之伦理审视[J].中国电化教育,2012(7).

[5] 胡凡刚,张红艳,赵莎莎,齐香香.教育虚拟社区交往的规律与原则[J].中国电化教育,2007(7).

[6] 刘磊.城乡教育公平化与计算机网络技术[J].教育信息化,2005(8).

[7] 郭莉,许遂.教育信息化成本效益研究框架与领域[J].中国电化教育,2006(6).

[8] 李芒,蒋科蔚.教育信息化与"现代化风险"[J].现代远程教育研究,2012(2).

[9] 马健生.教育改革论[M].合肥:安徽教育出版社,2007:26.

[10] 戴双翔.以善致善:基础教育改革道德研究[M].汕头:汕头大学出版社,2009:7.

[11] 吴康宁.中国教育改革为什么会这么难[J].华东师范大学学报(教育科学版),2010,28(4).

教育伦理学发展对师德建设的影响力研究

刘东菊

(天津职业技术师范大学世界技能大赛中国研究中心)

  从传统意义上说,师德建设关系着教师职业道德规范的落实,既包含对教师个人品质的要求,也包含对教师教学道德行为的要求内容。长期以来,人们认为教师的职责,就是既要具有传道授业解惑的能力,也要起到人师楷模的示范作用。研究师德,建立教师职业道德标准也主要是围绕上述内容来对教师行为进行规范和约束。然而,要求教师遵照教师职业道德标准去践行师德行为,却呈现出一些不执行规范要求的现象,一方面,很少有教师能确切地了解教师职业道德的详细内容,另一方面,教师在对学生教育上往往更善于发挥施展权威的作用。随着对教师专业道德建设研究内容的逐步深入,教师伦理问题所揭示的内容对推动师德建设更具有实质性的影响力。为此,在教育伦理学研究背景下探讨师德建设并对推动这项工作的有效落实,具有着重要的理论与现实意义。

基金项目:天津市教育科学"十二五"规划课题"加强高校教师师德建设的研究"(HE3008)阶段性研究成果之一。

作者简介:刘东菊,天津职业技术师范大学世界技能大赛中国研究中心研究员。
E-mail:jkyldj1963@126.com

一、教师专业伦理问题的提出

教育伦理学作为应用伦理学或教育科学的一个重要分支,其研究在中国始于20世纪80年代,来自教育理论界的学者们主要通过对伦理道德的反思,来探讨教育伦理学发展中所关注的诸多问题。教育伦理学研究所涉及的内容,应与伦理学所研究的"以道德现象为研究对象,包括道德意识现象(道德情感)、道德活动现象(道德行为)以及道德规范现象等"内容相对应,以探讨教育领域中的道德现象。所以,教育论理学究其学科性质,就是"伦理学在教育领域得到研究和应用的学科",包括"一切与教育有关的人和事,教育中的一切人和事,都在教育论理学的视野中"。[1]

教育论理学研究对于教师专业伦理内容的探讨,是伴随教师专业化发展而逐渐深入的。关于教师专业化,最早可追溯到20世纪30年代国际教育大会的建议书中。该建议书渗透了教师专业发展思想。但是,实践中教师专业化的真正兴起却是在20世纪70年代。"1966年国际劳工组织和联合国教科文组织在《关于教师地位的建议》中首次提出"应把教育工作视为专门的职业,这种职业要求教师经过严格的、持续的学习,获得并保持专门职业的知识和特别的技术",1972年英国的《师范教育和师资培训调查委员会的报告》(鲁姆斯报告)更是将教师专业发展及教师职业专业化推进到一个新的高度"[2],直接促进了教师职业开始向专业化迈进。1975年,美国正式颁布《教师伦理规范》,其中渗透了教师专业化思潮,"使得美国的教师职业伦理在指导思想上发生了一些实质性的变化,将教师的专业自主、专业伦理等教师专业特质纳入其中"[2],凸显了对教师职业道德行为从行为规范层面上升为特殊专业人员层面的一种专业伦理思考。

教师职业伦理研究作为教育伦理学研究的核心内容,主要体现了理念内涵的更新与进步,对于"教师道德要求不再仅仅限于行为约束层面的职业道德规范,转而关注教师作为特殊专业人员的专业责任和专业精神等内在的伦理品质"[2]。为此,我国有学者从教师专业化与教师伦理的关系角度提出,教师职业伦理就是调节教师与学生及社会利益关系的一套规范与价值体系。它产生于教师与学生及他人利益互动之中,是教师职业活动开展的需要,也是教师专业化的必然要求,更是引导教师朝向专业化迈进的一个核心机制。[3]

二、师德建设向教师专业道德转化需要解决的现实问题

1. 引导教师正确树立教师专业道德提升的观念

西方发达国家对教师专业伦理的价值和功能定位,充分体现出"为了教师的发展和提高",弱化了对教师的约束性色彩,凸显对教师的激励与引导作用的发挥,将教师的职业道德视为教师专业化发展和专业精神提升的一种需要,并使教师同时拥有较高的自觉遵守意愿与认同度。相比较,我国对教师职业道德的制定标准,尚未提升到专业伦理的高度,只是依据我国传统伦理思想对教师职能的价值定位,确立了教师在教育教学活动中必须履行的行为规范,用以规约教师在执行行为中对受教育者的态度和行为。有学者提出,我国制定的中小学教师职业道德标准,只是反映了其作为教师职业的必要条件,是将一般的职业道德标准用于教师职业的体现,从本质上缺少对教师职业的特殊性的认识。[2]

面对世界范围内兴起的教师专业化运动,有学者提出,我国教师的职业道德已经在向专业道德转换,但制定的教师职业道德规范,对教师工作的专业特性反映不够全面、具体。认为面对教师职业道德规范制定中的问题,其出路只能是首先在观念上实现由一般的教师职业道德向教师专业道德的观念转移,在承认专业道德的前提下开展教师道德规范的制定工作。只有从教师专业生活质量提高和教师专业化发展的角度去理解师德建设,才能专业性地推进教师职业道德建设。只有对师德规范与教师个体和专业团体之间的福祉一致关系保持敏感和确认,才能摆脱师德建设低效的局面。[4]

师德建设作为我国教师队伍素质建设的核心内容,因其直接关系着教育质量的提升,在不同的建设时期都被放在教育发展的重要地位加以强调与重视。作为国家公职人员的教师,自觉遵守教育主管部门制定的教师职业道德规范是其履行职责的必然要求。教师对学生的影响力来自于教师权威、专业素养以及人格力量。但是,随着时代的变迁,现代社会已然进入一个价值多元的时代,教师所拥有的知识意义在很大程度上消解了道德的地位,教师的身教已经不能解决一切问题。因为单一的规范体系已经不可能适应当前这个时代。例如,有的教师出于对学生成绩提升的关心,在"爱学生、发展学生"的信念指导下,认为只要是对学生的发展有益,采取何种手段和方式,产生何种结果都可以接受,不可能意识到"强迫学生学习"的手段和方式是不道德的,也不

可能承担"强迫学生学习"带来的后果。[5]

教师的专业水平受到前所未有的重视,其形成原因也来自于家长和社会对教师职业提出不同于以往的要求。家长希望子女在学校既受到良好的文化知识教育,又在人格、心理和德性提升上获得良好的发展。与此同时,看到学生过重的学习负担,导致身心俱疲,因而对学校的教学质量发出质疑,认为教学既应确保质量,也要有效实现减负,同时学生在学校的安全也要得到有效的保障。教师专业水平和道德素养的自觉提升成为人们对教师职业的新期望。这就促使专业化水平、教育职责义务与道德养成成为教师履行职责的关键要素。这一内容亦反映出,新时期教师与学生之间、与其他教育利益相关者之间形成了新的伦理关系,体现为教师专业伦理建设的内容。与此同时,适应教育领域的发展形势,国家出台了教师资格准入制度,在中小学和职技院校建立教师正教授职称评审制度以及制定教师工资待遇等同于公务员待遇制度,公布幼儿园、小学和中学教师专业标准(试行)等,进一步表明了,提升教师的专业化水平成为一种必然的趋势。这种专业化蕴含着教师要以丰富的专业知识,以自觉的道德觉悟,运用科学的教育方法和教育技术,对学生的知识学习、技能培养进行教育和引领。需要懂得教育科学方法,使具有创新理念的研究型人才(硕士、博士)进入基础教育、职业教育领域,实现教师的专业化发展。而理念转变需要制度先行、制度保障。师德建设向教师专业伦理转变具有了制度基础,只是对这一系列制度形成的背景尚未被广大中小学教师、职技院校教师所理解和认可。因此,观念转变对推动教师专业化发展具有重要的影响力,也是关系师德建设向教师专业道德转化的重要因素。

2. 教师道德诉求催生教师专业伦理道德的建设与发展

教师伦理工作的开展基于存在的一系列复杂的道德问题,其中,包括教师道德诉求催生教师专业伦理道德的建设与发展。

在全球积极致力于教师专业化发展的现代时期,教育伦理学的发展,要求对师德建设的研究必须提升到专业伦理的高度,以凸现专业道德对解决师德现实问题的理论作用。

师德建设一直强调教师服从职业道德规范,并在执行这些行为规范过程中,要有自觉性和主动性。只有主动、自觉的自律行为,才意味着教师的个体权利被赋予职业

(专业)要求,在专业领域个体权利才表现为专业权利,专业权利才被赋予自然义务。

个体权利等同于自然权利,与专业权利构成对应关系。社会成员在其社会内部不依赖于社会制度的具体安排与个体的社会地位而独立享有的权利,是社会内部成员普遍享有的权利,也是个体其他社会权利的基础。专业权力是强调权利来源于个体的身份,它是专业制度赋予个人的特殊权利。自然权利是专业权利的基础。

自然义务的要义为,一项权利的拥有至少包含两种义务要求,一是他人有不得干涉权利人在其权利范围内的行为选择自由的义务,二是权利人有尊重他人同样权利的义务。每个个体,既享有自然权利,就内含着个体的尊重自己和他人权利的要求。个体权利的内容对应个体的义务内容,即不得伤害他人,要珍视每个人的生命,平等地考虑每个人的人身安全;不能随意地限制他人的言论,要主动为他人提供表达意见的机会;不能剥夺个体对社会生活的各种参与权利;不得冒犯他人的宗教信仰;不得随意地出入他人的私生活领域,要尊重他人的隐私;不能限制他人追求幸福的权利等等。

以权力为基础的推理方式,打破了传统上从教师职责义务出发的思考模式。通常,人们首先考虑的是教师需要承担哪些职责义务,之后才是赋予教师履行义务过程中的相应权利,权利依附于义务。范伯格提出:"权利并不是由爱心和同情心激发的纯粹的赠品和恩赏,因为如果是恩赏,对它的适当反应则只能感恩戴德。权利是人们能够用来维护自己的东西。当人们所拥有的权利得不到时,所做出的适当反应是义愤;当权力及时被赋予时,也无需因此而感恩,因为这不过是人们自己的东西,或他所应得到的东西。"显然,从义务中推导出权利,权利就成为一种奖赏或赠予,相反,从权利中推导出义务,就会视拥有的权利为正常的事情,无需为此庆幸,只需履行自己的权利所带来的义务即可。[6]如此推导,我国制定的教师职业道德规范内容明显没有体现对教师个体权利的尊重与考虑。

我国教师职业道德规范明确教师要树立为学生尽义务的思想,因而教师就要充分发挥教育服务的职能作用,树立权威,也便成为教师服务教育主体的一项专业权利,主宰着师生关系,也导致了师生之间的权利与义务界限的不清晰。加之,受儒家伦理思想中偏重以义务为主的文化价值导向的长期影响,以及我国教师长期接受行政权力的管制,明显缺少权利意识。此外,我国制定的教师职业道德规范强化服从,弱化教师的个人权利,甚至把教师私人权力也纳入了职业道德规范内容中,使得教师的人身权利与政治权利远远落后于其经济权利意识的发展,在整个社会权利意识都不高的情况下,教师的权利意识更显微弱。教师权利意识的落后,不仅造成教师权利与学生及其他教育利益相关者权利的失衡,也会造成教师对自身专业服务职能意识的混乱,导致教师执行职业道德意识淡漠、专业精神不振、治学不严、业务不精、创新能力不强、教学质量不高、权利意识淡漠、责任心缺乏、行为放纵、滥施权威等一系列不良师德行为与表现,从而颠覆了教师在公众眼里的传统形象。特别是教师在高收费办补习班的同时,制造了课上不讲课下补的事端,凸显教师个人道德的功利化倾向,以及家长为了学生能得到教师的青睐,采取各种方式来行贿教师,进一步加重了对教师群体形象的损害。当前,加强师德建设,纠正不良的师德师风,重塑教师道德形象,既成为教师基本的伦理诉求,也成为社会对教师专业素质提升的必然要求。

有研究者提出,教师专业伦理的研究是指向教师、为了教师、提升教师的教育生活。认为教师伦理规范的制定不仅要关注教师基本的伦理诉求,更要有一种境界——关注并尊重教师之为人的需要、尊严和自由,以及关注并尊重教师之为人的人生意义的彰显和生命价值的体现。教师伦理规范的制定应"以人为本",给教师以人文关怀。首要的问题就是要把教师当"人"来理解,把着眼点放在教师的身上而不是外在的东西。[7]

加强教师专业伦理建设,需要实现教师专业义务向专业权利的变更,以权利来推动义务。研究揭示,"教师专业权利是教师专业义务存在的基础,教师很难承担没有专业权利支持的专业义务"。因为"教师的专业权利是教师的自然权利在教育活动中的延伸,没有充分享受到自然权利的教师,其专业权力也难有保障";"没有充分享有自然权利的教师也没有办法很好地履行专业义务";"教师的自然义务源于教师的自然权利,没有自然权利可言的教师自然也不负有自然义务,难以与他人建立起平等互动的关系。这自然会影响到教师专业义务的履行"。[5]只有教师专业权利得到保障,才会有助于教师自觉履行专业义务,师德建设才会取得应有成效。

三、 师德建设要立足于教师专业伦理工作的推动

1. 教师专业化发展对加速师德建设转变的意义

我们的社会已步入专家社会,社会中的许多职业都需要从业者接受相应的训练,并按照一定的标准来完成任务。教师这项古老的职业,在经历漫长的非专业和半专业的发展历程之后,在现代社会跨入了专业之列。教学作为一种公众服务的形态,需要教师具有专业知识及特殊技能,同时需要对受教育者的教育及其福祉,产生一种个人的以及团体的责任感。教学被视为一种专业,教师便被视为专业人员。教师所从事的工作对于社会成员个体以及社会整体都有着非同寻常的意义,甚至在某种程度上对个体的命运与社会发展产生决定性影响。社会应努力保障教师的社会地位,赋予教师自主权。正是在此共识的作用下,世界上以美国为代表的许多国家便开展起声势浩大的教师专业化运动,以确认和维护教师的专业地位,保障教师的专业自主,并不断推进教师的专业化发展。

教师专业化是教师为学生的学习和社会公众提供专业化的服务。在进行服务的过程中,教师的专业伦理可以为教师提供行为参照标准,塑造教师的道德品质,并唤起教师的专业精神,从而提升教育服务质量。有研究揭示,教育伦理的本质就是使"教育的主客体在和谐的教育中走向人性的光辉"[1]。

任何一个专业领域专业人员的成长都会经历由一个专业发展的初期到成熟的阶段,才能走向真正的专业化。对教师职业的专业化要求,也必然会经历这样一个过程。但是基于教师职业与其他专业所具有的不同的特殊性,教师职业的专业化要求,必然将其德行品质作为入职标准,纳入教师资格规定。教师资格规定对于提升教育专业品质有极大的帮助。一方面,它可以限制不合格人员进入教育行列,防止其损害教育声誉;另一方面,它可以激励教师不断地提升自身的专业能力,以免降低到资格规定以下。同时,资格本身的不断提高可以有效地提高教师准入的门槛,带动整个教师队伍水平的提高,提升教育群体在社会中的形象与地位。这也是为什么在世界范围内,制定和使用专业标准已成为非常重要的保证教育专业品质的手段,所使用的标准包括教师的资格规定、教师教育机构的资格规定、教师教育课程的设置标准等。

目前,我们国家的现行教师资格制度,一方面不能体现各级各类教师的专业性要求,造成资格认证不能有效地反应教师的专业特性,另一方面不能反映入职教师的专业水准。特别是在就业竞争压力下,选择教师职业对于更多的人是出于就业需要而非对教师职业的热爱。而教师职业除了要求具有专业特性外,因其职业的特殊性,更需要入职的人对这一职业有着热爱以及良好的道德品质才能更好地符合其职业特性。所以,我国应从教师职业入职资格制度的制定上,明确教师职业的专业性与特殊性要求,以增加热爱这一职业的人的入职机会。其次,对于刚进入这一专业领域的新任教师,国家还需要制定拥有教师职业的资格标准,规定新入职的教师几年内以助教为主,只有取得专业教学研究资格后,才能获得终身教师资格。这样既能让年轻人了解教学的过程,提高专业水平,并在逐渐掌握科学教育研究方法的基础上,进一步提升专业精神,才能以专业化的教师身份和能力开展教学工作,真正行驶教育专业权利,自觉履行专业义务。这样,师德建设才能在实现教师专业化的过程中,秉承专业伦理要求,实现学生能力的提升。

2. 教师专业伦理对师德建设的引领作用

"教师专业伦理是教师与学生及社会公众之间的契约关系,也是一种社会制度安排,它分配着教师与其他教育相关者的权利与义务。对这项社会制度来说,正义应该是其所追求的首要价值……在符合正义要求的前提下,教师专业伦理还应特别突出关怀的价值导向。""教师专业伦理既要规范和提升教师的专业服务质量,又要给予教师专业自主的空间。""在教师专业伦理中,教师的专业权力与专业义务一定要同时并重。专业权力告诉教师可以做什么或不做什么,告诉学生及社会公众不可以对教师做什么;专业义务则告诉教师必须做什么以及一定不能做什么,告诉学生及社会公众可以要求教师做什么。""权利与义务的相等是公正的根本原则"。"教师行驶一项专业权力,就要同时承担着一项或若干项专业义务;教师履行一项专业义务就要同时享有一项或若干项专业权利。"总之,"教师专业伦理以正义为首要价值原则,应包含专业权利与专业义务两方面的内容,并且教师专业权利与专业义务之间要保持基本均衡"。[8]

教师专业伦理的核心要义是,教师作为专业人员,应拥有社会制度分配给自身的专业权利与义务。专业权利表明教师拥有教育学生的自主空间,对学生履行教书育人义务是教师应尽和完成的职责,不再是一种规约,而是融入其专业精神中所特有的专业品质,教师教学水平的起点就应达到专业水准。

教育活动与其他专业活动的区别就是本身具有道德属性。教师的专业特性必然要反映出以道德要求为基础的以人化人的功能。因为教师面对的是正处于发展中的学生,其教育工作的目的也是促进学生的发展。教师在教育活动中所表现出来的处理利益关系的伦理方式,必将影响到学生对于其他利益关系的处理,并最终影响到学生的道德观念。因此,教师专业伦理不仅是教育活动开展的外部保障,也是内在构成教育活动的一部分,更是教育专业特性的第一要义与保障。师德建设是建立在提升教师道德素质基础上,正确而有效地推行道德行为规范的一系列要求,教师专业伦理便是将师德行为规范转化为自觉的专业行为。所以,师德建设立足于教师专业伦理工作的推动,更会成效显著。

参考文献：

[1] 糜海波.教育伦理:价值及其依据[J].教育导刊(上半月),2005(7).

[2] 郅庭瑾,曹丽.美国教师伦理与职业道德教育的发展及启示[J].全球教育展望,2009(5).

[3] 冯婉桢.教师专业伦理的边界—以权利为基础[M].北京:教育科学出版社,2012:53.

[4] 冯婉桢.教师专业伦理的边界—以权利为基础[M].北京:教育科学出版社,2012:6.

[5] 王峰,胡锋吉.略论教师职后专业伦理教育的转向[J].黑龙江高教研究,2013(6).

[6] 冯婉桢.教师专业伦理的边界—以权利为基础[M].北京:教育科学出版社,2012:49.

[7] 刘万海,孔美美.论当代教师专业伦理的重建[J].教师发展研究,2013(4).

[8] 冯婉桢.教师专业伦理的边界—以权利为基础[J].北京:教育科学出版社,2012:121.

学科制度视野下的教育伦理学

王 珺

(华中师范大学教育学院)

一、问题提出

在教育伦理学的研究中,教育伦理学作为一门学科的问题应该受到关注。在目前中国高等教育的研究与教学体系中,教育伦理学是归属于"哲学——伦理学——教育伦理学"学科系列,还是"教育学——教育哲学——教育伦理学"学科系列一直见仁见智。事实上,这还不是问题的关键,问题在于,相比较于"教育学""教育哲学"与"哲学""伦理学"学科门类下的其他较成熟和繁荣的二级或三级学科(研究方向),梳理国内高校中教育学、哲学门类下的硕士点、博士点,无论是在学术研究、课程设置、人才培养、机制建设等方面,教育伦理学都不免显得些许寥落,也许正是缺乏必要的学术共识,特别是真正意义上的跨学科学术合作,才影响到了这门学问在大学组织中的合法建制及深入研究。

从目前情况来看,教育学一级学科门类下有诸多建制的二级学科、三级学科,但却鲜有教育伦理学的位置。例如,国家学科代码中就没有列出"教育伦理学"目录,各级

作者简介:王珺,教育学博士,华中师范大学教育学院教授。
E-mail:ccnuwangjun@126.com。

课题及相关项目的申报指南中也难见"教育伦理学"的名目,相关的研究大都被纳入"学校德育"、"公民教育"、"教师教育"、"教育哲学"等研究门类之中。在哲学、伦理学学科门类下,虽然出现了哲学——伦理学——教育伦理学的序列,但它并没有获得制度化的建制,只是一个灵活的研究方向而已,其组织建制等方面也显得较为薄弱。是什么原因造成了这种状况,教育伦理学应该如何定位,其学科发展应该走什么样的路径?如何进行真正的跨学科合作?这诸多问题都需要思考与研究。

二、理论阐释:关于学科

"学科"(discipline)是一个西方词汇,从词源学的角度看,它源自一印欧词根。在古拉丁文中 discipline 一词兼有知识和权力之意。乔塞(Chaucer)时代英文中的 discipline 单指各门知识,尤其是医学、法律和神学这些新兴大学里的"高深学问"。《牛津英语词典》对 discipline 的解释是,为门徒和学者所有,基于普遍接受的方法和真理。在法国,discipline 最初指用来进行自我鞭策和自我约束的小鞭子(unpetit fouet),在这种含义逐渐消失之后,学科变成了鞭策那些在思想领域进行探索的人的工具,再后来,学科被视为科学领域的一个组成部分。衍沿至今,学科概念越来越多义,而且在不同的领域,人们对它的理解也不尽相同。尽管如此,无论是英文、法文(discipline)中的"学科",还是德文(disziplin)以及拉丁文(disciplina)中的"学科"都强调其两个最基本的涵义:一是指知识的类别和学习的科目;二是指对人进行培育(并且尤其侧重于指带有强力性质的规范和塑造),引申为制度、建制、规训之意。在汉语的语言中,我们很难找到与 discipline 相对应的词汇,把其译为"学科"其实很难从字面上与"制度、规训"的含义相联系,所以,对于学科内涵中透视出的制度属性,长期以来,并不受到中国学术界和教育界的关注,这也是导致国内学者经常对学科、专业、课程等相关概念模糊处理的重要原因。根据国内学者孔寒冰的界说,学科内涵应包括三个方面的意思:从传递知识、教育教学的角度,学科的涵义是"教学的科目"(subjects of instruction),即"教"的科目或"学"的科目;从生产知识、学术研究的角度,学科的涵义则是"学问的分支"(branches of knowledges),即科学的分支或知识的分门别类;从大学教学与研究组织的角度,学科又可作为"学术的组织单位"(units of institution),即从事教学与研究的机构。[1]这三个方面的界说较全面地概括了学科的学术属性并被国内学界广泛引用。

近些年来,受到西方学术思潮的影响,国内学界也开始从学科的制度属性这一层面关注学科的发展。"称一个研究范围为一门'学科'即是说它并非只是依赖教条而立,其权威性并非源自一人或一派,而是基于普遍接受的方法或真理。"[2] "称一门知识为学科,即有严格和具有认受性的蕴义。"[3] 在这种意义上,学科的形成也就在于它成功地界定了自身的研究边界,并规定了本学科研究者的学术规范,即所谓的"学科构成了话语生产的一个控制体系,它通过同一性的作用来设置其边界。而在这种同一性中,规则被永久性地恢复了活动"[4]。正是基于对学科作这种最基本的认识,19世纪形成的社会科学发展到今天,就无形中成了学科的经典,成了其他新兴学科进行学科建设的典范。尽管从20世纪50、60年代开始,国际范围内许多学者开始不断地"否思"(unthinking)社会科学,开始重新思考学科的"迷思",但是,作为19世纪的一项伟大遗产——学科制度化依然是论证新兴学科合法存在的重要依据和基础。

根据学科制度化的历史经验,一门学科能否被冠之以"学科"的尊称,主要是看其学科制度和学科建制两个层面,缺少任何一方面,都不能称之为真正的学科。[5] 在这里,所谓学科制度(也称学科内在制度),主要指学科规范的理论体系的建立,如特有的研究对象,完整的理论体系(特别是特有的概念体系),公认的专门术语和方法论,代表性的人物和经典著作等等。学科内在制度的建立是确立学科学理(学术)合法性的关键[6]。与之对应,学科建制(也称学科外在制度)主要指大学内部机构层面的东西,如组织机构、行政编制、资金资助等。费孝通先生曾概括了一门学科的社会建制应包含的五个方面:"一是学会,这是群众性组织,不仅包括专业人员,还要包括支持这门学科的人员;二是专业的研究机构,它应在这门学科中起带头、协调、交流的作用;三是各大学的学系,这是培养这门学科人才的场所,为了实现教学与研究的结合,不仅要在大学里建立专业和学系,而且要设立与之相联系的研究机构;四是图书资料中心,为教学研究工作服务,收集、储藏、流通学科的研究成果、有关的书籍、报刊及其他资料;五是学科的专门出版机构,包括专业刊物、丛书、教材和通俗读物"[7]。与之类似,吴国盛教授也认为,"一个学科……社会建制和社会运作层面上的范式建构,目的在于形成一个学术共同体(academic community)它包括学者的职业化、固定教席和培养计划的设置、学术组织和学术会议制度的建立、专业期刊的创办等。"[8] 学科建制(学科外在制度)对学科的发展十分重要,它是确立该学科社会合法性、行政合法性的基础。因为任何一门学科的发展都必须以特定的社会建制为基础,许多知识门类与研究领域往往就是因为

"留心论述、逻辑和理念,多于物质性和建制上的东西,"[9]而未能实现学科的独立和发展。

通过对学科原生含义以及学科制度化的历史经验的解析,可以看出,一门学科要确立自己的学科合法地位及开展学科建设,就不得不从学科制度与学科建制两方面来规范该学科的发展。作为一门学科合法性的建立,主要通过以下两个途径来实现:一是通过学科内在制度建立起该学科的学理合法性,使"总学科圈"中其他学术共同体和学科同行们对其学科地位予以认可;二是通过学科外在建制建立起该学科的社会合法性、行政合法性以及法律合法性,使得该学科被当今的教育体制所接纳并受到制度性的承认与资助。

三、作为"学科"的教育伦理学

目前,作为制度化学科的教育伦理学探讨并没有成为重要的研究关怀,无论是"伦理学"研究者,还是"教育学"研究者关注教育伦理问题,基本上都是以"理论建构"或"具体问题"为主要导向展开研究,少有从学科制度,特别是"学科建制"的视角来探究。

从"学科制度"(内在制度)来审视中国目前教育伦理学的发展,我们可以发现:从1980年代开始,伴随着职业道德教育的广泛开展和起步,系统的教育伦理理论研究也开始了,王正平主编的《教育伦理学》(1988)被视为新中国建立后的第一本教育伦理学教材;而后较重要的著作有施修华、严缘华主编的《教育伦理学》(1989);陈旭光主编的《教育伦理学》(1990);李春秋主编的《教育伦理学概论》(1993);钱焕琦、刘云林主编的《当代教育伦理学》(1995),《中国教育伦理学》(2000),《学校教育伦理》(2005);钱焕琦主编的《教育伦理学》(2009);王本陆的《教育善恶论》(2001);孙彩平的《教育的伦理精神》(2004);周建平的《追寻教学道德》(2006)等,这些著作从不同的视角对教育伦理学的学科定位、价值目标定位;教育伦理学规范体系的建构;教育伦理学的精神内涵;教育伦理学的实践机制等方面进行了较深入系统的研究。但从严格意义上来讲,无论是在特有的研究对象,完整的理论体系(特别是特有的概念体系),还是公认的专门术语和方法论,代表性的人物和经典著作等方面都还有待进一步发展,也就是说,从学理层面而言,教育伦理学作为一门"学科"的学理研究还有待进一步深入、系统和完善。事实上也正是"学术合法性才是一门学科进行学科合法化的真正基础"。[10]

我们知道,从研究问题、研究领域,发展到相对独立、成熟的学科必须经有一个学科制度化的过程,即使学科制度化结束了也并不意味着学科的完全成熟。事实上,任何一门学科也不可能完全成熟,学科一直处于一个过程之中,即使在学科制度化之后,学科的学理探究也将是学科发展中永恒的主题。由于学科理论体系的建构(学科内在制度的建设)和教育伦理学知识的积累并非一朝一夕之事,教育伦理学理论体系的建构,研究视阈的拓展,研究问题的深化等都还有很长的路要走,它应该成为每一个教育伦理学研究者基本的学术追求。

从"学科建制"(外在制度)来审视教育伦理学的发展,则有更多现实问题需要关注。钱焕琦教授在其主编的普通高等教育"十一五"国家级规划教材"教育伦理学"一书中就提出了教育伦理学三个实践中的问题:师资培训课程中,教育伦理学没有成为必修科目,教师资格证不考;研究人才缺乏;研究机构缺乏等[11],这都是属于学科建制的问题。

笔者以为,教育伦理学的学理完善与组织建制的困境实际上都与"教育伦理学"学科内在属性中的"跨学科性"有较大的关系:即为了学科的可持续发展,教育伦理学需要制度化,找到自己的研究边界和明确的学科归属;而学术研究上,它又需要突破学科知识的壁垒,进行跨学科的融合,而不能被"学科化"。

在当代的许多研究者看来,学科在制度化进程中,它不仅遵循着知识的内在逻辑,成为学术共同体成员开展知识游戏的舞台,而且还"通过统一性的作用来设置其边界"[12],使学科成为外在于学术共同体的社会各种利益集团角逐的竞技场,也就是说,学科制度包含着一整套知识的权力形成系统,它实际上是"隐含着知识霸权的制度"和深厚的意识形态根源。

学科是人为建构起来的,一旦确立就圈定了某种精神领地,并通过学科规训指导学生和约束学者,学科本身也就逐渐稳固和成熟,其中一个重要标志就是进入高深知识的殿堂——大学的课堂和课程体系以及人才培养体系。伯顿·克拉克将传统学术界描述为学术部落和学术领域所构成的一个庞大的体系,极端的无中心,特别的多样化,"在现代体制中,校园里或系中没有一门学科能够获得统治其他学科的地位。学术系统与其说是从一种观点看世界的专业人员紧密结合起来的群体,不如说是许多类型专业人员的松散结合"[13]。大学组织呈现的"有组织的无政府状态",学科间长期保留下来的专业壁垒,实际上都阻碍了学者间的相互合作与交流,也使得学生被禁锢在被隔离的课程体系中,难以建立全面的知识体系。其中高校中学院增多、学系升级、组织教研活动的教研室解散等等,都导致大学里缺少有效组织学习、深入研究、广泛交流的工作机制。虽然知识的发展使得跨学科合作非常必要,但要使教师研究的个体行为、专业隔离状态转化为学习共同体的伙伴关系,需要学校提供合作与交流的平台、提供团队学习和研究的契机和制度环境,但中国大学中目前基于跨学科发展的平台和团队建设则非常不够。

虽然就目前而言,由于多学科、跨学科、科际整合思潮的兴起以及区域研究、文化研究等新范式的出现,19世纪兴起的学科制度化思潮的影响已经有所减弱,学科不再是知识生产、传播的唯一范式,也不再是大学组织建制的唯一合法性基础。特别是以"研究中心"、"研究所"的名义进行的多学科研究、跨学科研究组织,丰富了大学的组织形式,使得作为学科组织的高等教育系统更加多样。但是研究所与研究中心作为一类学术组织存在的合法性在其研究的多学科性或者说学科的兼容性。观察和研究我国大学目前存在的诸多建制的研究所、研究中心,并没有突破旧有的学科专业制度的局限,从而使研究中心或研究所严重学系化,没有达到相关学科进行"跨学科"学术的诉求,这一情形实际上也制约了教育伦理学的学术发展。

作为一门较典型的"跨学科"学术,教育伦理学的研究及人才培养如果没有真正意义上的跨学科知识整合,就很难在学术上有大的创新与突破。作为研究跨学科的资深专家,朱丽·汤普森·克莱恩在《跨学科:历史、理论与方法中》一书中是这样界定跨学科概念的:在本世纪初,跨学科被定义成是一种方法论、一个概念、一个过程,一种哲学以及是一种反思的意识形态……在通常情况下,我交替使用跨学科的和综合的这两个形容词来表达融合不同观点的努力与愿望。在相关论述中,克莱恩还特别说明了跨学科(Interdisciplinary)不同于多学科(mulitidiscilplinary)的性质,多学科是来自不同学科背景的学者的合作,而很少是融合,跨学科不是一个学科借用另一个学科的简单事情,而是领域之间或方法之间的融合形成一个新的更丰富的知识范畴,是在多学科融合的基础上构建起来的一种新的认识论,它通过重建主要的知识结构,创造新领域的概念和方法,形成自身独特的、规范性的知识系统[14]。评价一个领域是否是真正新的"跨学科"时,就一定要问它是否以共同的词汇创造了一个新的思想连贯的实体,并且这个实体需要包括对不同学科认识论和方法论的理解。从跨学科的上述特点来看,我们不难发现,现在许多在"跨学科"概念下讨论的事情可能并不是真正意义上的"跨学科"理念与实践,最多只是一个"多学科领域"合作的问题,因此,无论是作为"跨学科"学术研究的教育伦理学,还是作为组织建制的教育伦理学都还有很多工作要做。

四、教育伦理学的学科化前景

我国对教育伦理学的系统研究始于1980年代,30年来,中国教育伦理学(大陆)经过积极的本土探索以及与国际学界的交流、对话和合作已取得了令人瞩目的成绩。但是我们应该清醒地认识到,它离成熟的教育伦理学学科发展还有一定的距离。在这种情况下,中国教育伦理学学科化的前景如何?

笔者认为,在中国虽然立足实践,探讨教育伦理问题,建构和完善教育伦理学的理论体系是非常必要的,但是从策略上讲,教育伦理学要想得到长足发展,对其学科化的追求特别是学科建制的努力则显得更为重要也更为迫切。从西方国家的具体情况来看(以美国为代表),其学术研究以问题为导向的居多,虽然学科与大学直接相关,但大学建制的基础不仅仅是学科建制。就教育伦理研究的议题而言,它涉及的领域相当宽泛,分属于不同的学科,课程的开设也不局限在某学科/专业,更无需成为一个明确规范、主管部门认定、核准的二级、三级学科门类,只要问题存在,有研究者愿意做,就可以开展相关领域的研究,并培养学生。

在中国,情况则不同,由于受特殊的学科、专业制度的影响,教育伦理学要想在国内存在并获得发展,寻求一个较明确的学科归属,并取得相应的学科和专业的地位,进而在高等教育体系内获得建制是必然的取向,全国"教育伦理学"学会的成立,对该学科的社会建制来说具有着里程碑式的意义。在国家公布的学科代码中可见哲学——伦理学——教育伦理学的设置序列,也可以说,教育伦理学已获得了某种行政合法性;在教育学学科序列下,也有少数学校在"教育基本理论""教师教育""德育原理""教育哲学"等硕士点、博士点中开设了教育伦理学的研究方向。不过,仅仅作为一个研究方向,它具有太大的灵活性,与学者个人研究旨趣高度相关,一旦出现人事变动等原因,研究方面很可能就自然不存在了,很难保证研究和人才培养的持续性。所以,目前"教育伦理学"无论在哲学门类下,还是在教育学门类下作为建制的基础并不充分。因为"学科规训的核心是要在知识和权力、私利之间建立某种固定的、内在的联系。渲染知识的客观性,在分层社会其目的就在于维护既定的统治秩序,以便'客观知识'为名兜售'行政真理'。在这里,实际上是由行政真理做了客观知识的度量器。所谓'行政真理'是指用以确立它们所炮制的东西的当前价值的那些意识形态或法令"。[15]在中国,不是所有的研究都被允许进入高校的课程体系,更不是所有的研究领域都可能得到国家财政经费的资助与人事编制的许可。事实上,在中国,一级、二级学科的设置基本上可以被视为一种行政行为,它与学科自身的合法性(特别是学理合法性)关系并不高度相关,正是这种体制使学科设置或设置学科成为在高等教育中增加相应建制的合法性基础。也就是说,一个学科要在大学里获得建制,要生存发展,就必须诉诸行政性的学科设置、课题立项、机构建设等,才有可能在大学里获得人员编制、资金资助等学科发展的必要条件。

在中国特殊的学科专业制度下,作为一项较典型的跨学科学术,教育伦理学的学科定位非常重要,如果坚持它的"跨学科性",很有可能被学术界坚固的学科特性所挫败,教育伦理学领域与其他学科领域边界越来越模糊,同时它的研究也将会越来越支离破碎。基于此,笔者以为,教育伦理学要想在中国高等教育体制内得到长足的和可持续性的发展,它既要从学术上坚持知识上的跨学科性,又要从学科建制上廓清自己的研究边界,并与相似的"学校道德教育""公民教师""教师教育"等相区隔,以合法的身份存在并进行专业人才培养,从事实上获得二级学科建制,进而使教育伦理学的各级学会、研究机构、专业刊物以及人才培养等获得合法化建制。基于此,笔者认为中国教育伦理学的学科建设应从以下三个层面展开:研究、课程和机制。这其中没有一个先后顺序的问题,但我认为目前学科建制更为迫切,如果教育伦理学能通过学科建设使其取得社会层面的种种建制,这将对教育伦理学的学术发展、课程设置、人才培养等起着不可估量的作用。

参考文献:

[1] 胡建雄.学科组织创新[M].杭州:杭州大学出版社,2001:243—244.

[2] 华勒斯坦.学科·知识·权力[M].北京:三联书店,1999:13.

[3] 华勒斯坦.学科·知识·权力[M].北京:三联书店,1999:14.

[4] 华勒斯坦.开放社会科学——重建社会科学报告[M].北京:三联书店,1997:35.

[5] 陈振明.当代西方社会科学发展的整体化趋势:成就、问题与启示[J].学术月刊,1999(11).

[6] 王建华.高等教育作为一门学科[J].高等教育研究,2004(1):69—74.

[7] 费孝通.略谈中国的社会学[J].高等教育研究,1993(4):5.

[8] 吴国盛.学科制度的内在建设[J].中国社会科学,2002(3):81.

[9] 华勒斯坦.学科·知识·权力[M].北京:三联书店,1999:34.

[10] 孙龙,邓敏.从韦伯到哈贝马斯:合法性问题在社会学视野上的变迁[J].社会,2002(2).

[11] 钱焕琦.教育伦理学[M].南京:南京师范大学出版社,2009:64.

[12] 同[4]

[13] 伯顿·克拉克.高等教育系统——学术组织的跨国研究[M].王承绪、徐辉等译.杭州:杭州大学出版社,1994:40.

[14] Julie Thompson Klein. 1990b Interdisciplinary：Histories，Theories，and Methords. Detroit：Wayne State University Press.

[15] 康永久.教育制度的生成与变革:新制度教育学论纲[M].北京:教育科学出版社,2003:321.

学习伦理论纲

李廷宪
(安徽师范大学政治学院)

一、何谓学习伦理

学习既有学习方式的革命,也有学习行为的伦理。学习方式的革命已日益引起注意,而学习行为之伦理人们似不大关注。学习者与助学者的学习共同体存在的学习组织形式从杜威起进入了我们的视野,20世纪90年代学习共同体概念形成。迈耶斯(Myers)和辛普森(Simpsom)在1998年将学习共同体定义为:"每个人都是一个完整的个体,每个参与者都为学习和共同受益而负责。"[1](P5) 这表明,学习共同体不仅是一种自在的学习组织,更是一种自为的学习组织。学习共同体成员都对这个组织的其他成员以及学习共同体组织负有某种责任。

这种责任体现在学习行为上就是学习伦理的要求。伦理作为人存在的理想状态,作为人的生存之理,由学习者以及助学者共同构成了特定的学习共同体,共同体成员在共同体内彼此间沟通、交流,分享各种学习资源,共同完成一定的学习任务,为了学习共同体目标的达成、学习效率的提高,必然对其成员有人伦关系存在状态与个人行

作者简介:李廷宪,安徽师范大学政治学院教授。
E-mail:ahwhltx@163.com

为准则的要求。学习伦理是学习共同体的所有成员在学习过程中分别遵守的人伦之道、行为准则。在学习伦理的规范与要求下,共同体成员形成积极学习态度,自觉担当学习责任,追求学习效果并切实维护学习共同体各种人际关系等。

关于学习伦理,目前有两种界定,一是将学习伦理定义为"学之道",即:学生学习行为伦理;二是将学习伦理定义为教育伦理,认为教育伦理即学习伦理。

前者以《学记》为代表。《学记》在提出为师之德后,又提出"从学之道","从学之道"即学习伦理,其要求是:尊敬师长、为学务本、勤学善学。[2]钱焕琦等在《学校教育伦理》一书中谈及学习活动中的伦理思想时,虽然没有定义学习伦理,但是把学生学习活动伦理归为学习伦理。李廷宪明确提出学习伦理,指出:学习伦理是"学生学习中应有的伦理要求"。它包括:尊师、好学、求实、合作。[3](P135)

后者以摩罗为代表。摩罗认为:可以用学习代替教育这个词,因为学习既可以表现传承,也可以表示创造。用学习这个词,可以消除教育者与被教育者的对立地位。为新一代学习者创造新的精神文化提供词义上的可能空间。因为教育是对已有资源的接收和消费,每一代受教育者都只能在传统精神文化所具有的空间里转圈。学习则是一个开放的概念,每一代新人都可以通过学习行为开拓出新的精神文化空间。用学习伦理的平等精神和创造态度取代教育伦理。[4]

显然,学习伦理既不单纯为学生学习行为伦理,也不等同于教育伦理,而是学习共同体中的所有成员的行为伦理,是学习共同体每个成员对学习共同体负责,对自己的学习行为以及助学行为负责的行为伦理。

二、学习伦理之于教育伦理

学习是学校教育的真正目的。学与教是所有学校的技术核心。[5](P37)中国古代甚至一直很少使用"教育"一词,而更多使用的是"学"这个词,教育场所称之为学校、学堂。体现教育思想的著作是《学记》,教育制度被称之为"学制",不同年级的教育称之"小学"、"中学"、"大学",教育事业被称之为"学务",负责教育管理的部门曾经是"学部"。由此可见,学习在教育中的核心地位。

这种地位还反映在教育的性质上。有人把教育定义为:"成功地学习知识、技能与正确态度过程。这里所学的应是值得学习者为之花费精力与时间。"[6](P121) 美利坚百科全书《教育》条中这样定义:"从最广泛的意义说,教育就是个人获得知识或见解的过程,就是个人的观点或技艺得到提高的过程。"[7](P1) 从上述定义可以看出,教育的性质乃是帮助并指导学习。学与教的关系应是学主教从。教的全部意义是在学的前提下才能实现。学习的主体是学生,教师是学生学习的支持者、促进者,学既是教的出发点,也是教的归宿。经德国教育家赫尔巴特考证,教师在希腊语中是"教仆"(pedagogue)的意思,该词是由"儿童"(ped)和"指导者"(agogue)合成而来的。

学习在教育中的核心地位决定了学习伦理在教育伦理中的中心地位。显然学习伦理在教育伦理中的核心地位并没有得到应有的重视。我们的教育伦理目前主要的还是围绕师德建设内容在进行。目前的教育伦理与师德建设确实存在诸多问题,教育主管部门在着手解决这些问题。教育部2008年颁布了加以修订的《中小学教师职业道德规范》,2012年又颁布了《高校教师职业道德规范》,使得大中小学教师职业道德均有规可循。然而,大中小学教师的职业道德状况并没有明显地好转。这其中的原因很多,一个重要的原因是:师德建设不是从学习共同体着手,围绕着学习这个中心环节,而是孤立地规定教师规范,结果在多元化的社会背景下,遵守规范的人没有自豪感与责任感,违反规范的也没有耻辱感与良心的不安。

以当年范美忠事件为例,范美忠自己不成想为一个他人的工具,他要保全自己的生命,如果他的学生是已经成年的大学生,他这样做无可非议。问题是他的学习共同体成员均是未成年的少年,作为教师在地震这样的危急关头,有责任指导懵懂少年脱离险境,这是一场没有教材的现场人身安全教学。范美忠在这场教学中表现确实不合格,如果我们有学习共同体的共识,想必范美忠事后也不会为自己辩解了。

后现代文化背景下教育伦理中三大突出问题是:"生不学,谁之过"?"学不好,谁之过"?"学得不快乐,谁之过"? 这都是围绕学习展开的。当前的"师"与"生"都不愿作为一个教育的工具性存在,既不愿意有人把自己设定为他人道德的设计者、仲裁者,也不愿意有人以道德优越者、高位者的姿态把自身价值观的道德图景加之自己。但是,对于学习共同体的伦理关系他们是认可的。师生都迫切希望改善学习共同体中"师"与"生"的生存状态与精神状态,缓解紧张的师生关系、师师关系、生生关系。因此,以学习为中心事件,以学习共同体为抓手,服务学习、升华学习,理顺师与生、师与师、生与生在学习共同体之间的关系,明确各自的学习责任,追求学习的效率,让学习成为人生的乐趣,体现自己作为人的存在,就成为我国教育伦理学研究的主要任务,这正是学习伦理所要解决的问题。

学习伦理的倡导与实践,师生在和谐关系中的快乐体验,必将减少师生在学习中的矛盾而导致的敌对,以及课堂中竞争而导致的对同学成就的嫉妒和对同伴学业失败的幸灾乐祸。师生在学习共同体的关系理顺了,师德问题也基本解决了。学习伦理是教育伦理深入研究的切入点。当前推进我国教育伦理学研究的主要任务和重点应该是学习伦理的构建。

三、学习伦理的基本规范框架

学校的学习共同体是教师与学生以共同学习共同成长为愿景的学习组织。学习共同体的可持续,充满活力的存在,共同体成员有尊严的存在,共同分享资源、技术、经验、价值观等学习成果,需要学习伦理提供下列基本规范框架:

1. 平等。平等的伦理关系是师生及生生群体间在共同学习过程中的核心基础伦理,是每个共同体成员对自己内在尊严的维护。学习共同体中师生之间存在着年龄、地位与学识的差异,师师之间在学科背景及价值观上的差异,生生之间则存在着家庭、能力与文化上的差异。在一个学习共同体中肯定存在学业成绩优良者、学业成绩居中者与学业成绩滞后者。如果学业成绩优良者得到教师的重点关注,学业成绩滞后者受到教师的冷视甚至嘲讽,而学业成绩居中者则属于最不受关注的群体,那么这样不平等待遇的学习共同体的离心力就很强。

只有成员之间的平等,在学习过程中的互动与对话才有意义,才可能建立以倾听和对话为基础的学习共同体。克林伯格认为:在所有的教学中,进行着最广义的对话。教师与学生不懂得独白,不管哪一种教学方式占支配地位,这种相互作用的对话是优秀教学的一种本质的标识。只有建立在平等对话的基础上,教学关系的双方才能够真正地相互敞开和接纳,才能互相尊重、互相理解、共享知识、共享智慧、共享人生的价值和意义。[8](P256)平等才可能培育相互倾听,达到相互理解,从而共同成长。除此之外,别无他法。平等并不影响教师在教学中的主导作用发挥。

2. 公正。《美国百科全书》解释:"公正是一个社会的全体成员相互间恰当关系的最高概念。"公正是学习共同体成员之间关系恰当的基本要求。这里的恰当关系是在学习过程中所产生的权利义务关系,共同体成员均有该享受的权利与遵守的义务。公正是共同体成员得到其该得到的资源,得不到其不该得到的资源。公正是对人格的最大尊重,公正创造了共同体良好的生存环境,可以使共同体成员最大限度地释放自己的能量。

只有在公正的语境下才能真正做到尊师爱生。教师职业道德强调爱生,学生道德强调尊师。尊师爱生有没有条件？抽象的尊师爱生没有任何附加条件,具体的尊师爱生须有公正的附加条件。一个不公正的教师怎么可能得到学生的尊重,同样,一个不公正的学生也得不到老师的喜爱。当前,学生公正问题仍是一个盲区,学生评教的不公正没有得到人们的关注。

3. 好学。学习是学习共同体的第一任务,好学就成了学习共同体成员的首要要求。好学是一种学而不厌、知之为知之、不知为不知的学习态度。好学也是一种学习责任的承担。作为教师以自己的好学去示范学生,所谓好学不厌的先生带出好学不厌的学生。作为学生,一方面,以自己的好学担当民族的复兴、家庭的希望与自身的全面发展;另一方面,以自己的好学去影响周围的学友,使人人都称为好学之人。好学不只是为了分数与考试,"本来是用训练有素的方法来处理广泛的学习资料,现在变成了空洞无聊义务而已;本来学生的学习是求取最佳发展,现在却变成了虚荣心,只是为了求得他人的看重和考试的成绩;本来是渐渐进入富有内涵的整体,现在变成了仅仅是学习一些可能有用的事物而已;本来是理想的陶冶,现在却只是为了通过考试学一些很快就被遗忘的知识"。[9](P45)

好学不仅是态度也是方法,好学既是乐学、勤学,也是善学。善学首先是善问。好学好问,好学而不勤问好问,非真好学。问自己、问老师、问学友,向一切懂得的人去请教,"三人行,必有我师"。善学其次是善思,好学好思,古人云"学而不思则罔",带着问题去思考,去阅读。敢于质疑前人的观点与结论。善学再次是笃行。纸上得来终觉浅,要知此事须躬行。到实践中去检验知识、创新知识。

4. 合作。合作既是学习的手段、学习的方法,也是学习共同体成员学习的内容,更是一种伦理的要求。学习共同体通过合作,互相交流,彼此争论,互教互学,形成强大的群体智慧与群体动力,互补各个个体之间的差异,实现该学习系统自组织的运作,从而达到组织成员共同的目标愿景,而且,合作还可以给每个成员带来温情与友爱,并在帮助别人中满足了自己归属感的需要、自我实现感的需要。这表明,合作不仅能克服学习障碍,带来学习效率,还能带来学习乐趣,导致人际和谐。

合作作为学习伦理的规范要求,首先强调的是在学习共同体中要不要合作,或愿不愿合作的问题,即合作的态度如何;其次才是合作的主动性与合作程度及范围问题;最后才是合作的质量问题,即在合作中的融合:差异下的协调,和而不同,合作下的竞争。当前突出的便是合作态度影响合作程度与合作质量,因此,我们要从合作的伦理要求,试图使学习共同体成员的合作态度积极起来,进而共同探讨如何深入合作问题。

参考文献:

[1] Sylvia,M. Robert,Eunice. Pruit.学习型学校的专业发展——合作活动的策略[M].赵丽,刘冷馨译.北京,中国轻工业出版社,2004.

[2] 乐爱国,冯兵.《礼记·学记》的教育伦理思想及其现代启示[J].西南民族大学学报,2009(8).

[3] 李廷宪.教育伦理学的体系与案例[M].合肥:安徽人民出版社,2009.

[4] 摩罗.教育伦理与学习伦理[J].社会科学论坛,2002(10).

[5] 韦恩·K·霍伊,塞西尔·G·米斯克尔.教育管理学:理论·研究·实践[M].范国睿主译.北京:教育科学出版社,2007.

[6] 英汉教育词典[M].赵宝恒等译.北京:教育科学出版社,1992.

[7] 世界教育概览[M].吕千飞,张曼真等译.北京:知识出版社,1980.

[8] 钟启泉.学科教学论基础[M].北京:教育科学出版社,2001.

[9] 雅斯贝尔斯.什么是教育[M].邹进译.北京:生活·读书·新知三联书店,1991.

简论教学内容设计的伦理原则

李 湘

(北京师范大学课程与教学研究院)

教学内容设计是教学设计的主体部分和关键环节,它是指教师通过对课程标准的领会把握,认真分析教材,动用自己的个人经验和专业技能,合理选择和组织教学内容以及合理安排教学内容的表达或呈现的过程,其质量高低直接影响教学活动的成败。[1]现有的比较成熟的教学设计模式如加涅和布里格斯的系统分析模式、迪克和科瑞的目标模式都为教师设计教学内容提供了科学的模型,使其能够更快、更好地组织教学信息并用有效的方法传递给学生。但是教学内容设计并不单纯是一项技术性的事务操作,它涉及教师的价值判断、选择和取舍,其中富含伦理矛盾和伦理冲突,而教学内容设计的这一伦理维度,却经常为广大教师和教育工作者所忽视。笔者认为,教学内容设计不仅应当关注知识的高效选择、组织和呈现,更应跳出目标,从更广阔的视野来思考,促进学生的全面发展。教学自身具有促发展性这一基本属性,包括教学内容设计在内的所有教学环节都要为这个总的目的服务。只有关注教学内容设计中的伦理问题,以恰当的伦理原则指导教学内容设计中的伦理冲突,才能使教学内容设计成为合目的性与合道德性相统一的活动,从而真正促进学生的全面发展。本文欲通过案例揭示和分析教学内容设计中的伦理矛盾和冲突,提出解决冲突的伦理原则。

作者简介:李湘,北京师范大学课程与教学研究院2011级教学论硕士研究生。
E-mail: xiangxiang0329@163.com

一、教学内容设计中的伦理矛盾和伦理冲突

王策三先生指出,教学原则的实质,就是在教学实践经验的基础上发现和认识其中的基本矛盾关系,根据我们的教学目的提出正确处理的要求。[2](P162) 笔者体会,"矛盾"问题是理解教学原则最为关键的一个点,因为教学原则通俗地说就是对教学中各种矛盾的认识、把握及指导实践解决矛盾的一种表述。要讨论教学内容设计的伦理原则,有必要先对教学内容设计过程中的伦理矛盾和伦理冲突进行揭示和分析,据此提出的伦理原则才具有坚实的理论基础。

教学内容设计实际是教师人为地在课标、教材和学生之间搭建一道桥梁,根据学生的身心发展水平及一定时期的学习状况,把课标要求和教材内容转化为课堂教学的具体内容、活动。因此,一定时期内的学生身心发展水平和学习状况、教材和课标是影响教学内容设计的客观因素;而教师对学生的认识把握以及教师的课程价值观是影响教学内容设计的主观因素。教学内容设计是多种主客观因素相互作用的矛盾斗争过程,这一矛盾斗争会产生大量的伦理问题。具体来说,教学内容设计中存在如下基本的伦理矛盾关系:

1. 教学内容和学生之间的矛盾

这一矛盾关系主要表现为两点:第一,教学内容的统一性与学生的多元性之间的矛盾;第二,教学内容的预设性与学生的兴趣、需要之间的矛盾。

首先,由于课堂教学的共时性以及学生整体发展水平和学习状况等条件因素的限定,教师设计出的每堂课的教学内容是一定的、统一的,然而授课班的学生情况却是参差不齐的。这就存在一个伦理矛盾,如果教师设计的教学内容属于中等水平或者较为简单,那么成绩好的学生就会出现"吃不饱"的情况。如若教师想要照顾学习好的学生,提高教学内容的难度水平,学习中等或偏下的学生可能就会跟不上,这对他们来说也是不公平的。如果教师缺乏一定的伦理敏感度或者教学经验,可能会忽视这其中的伦理问题,但也有教师能够很好地处理这其中的矛盾关系,化解冲突。如某教师在教学反思日志中写道:"一次,我正在布置作业:'每个生字写 5 遍。'就听有个同学小声说:'都会写了,还让写!'我没说话就下课了,但这件事引起了我的反思。在班会上,我

提出了'教师怎样留作业?'的问题。经过商讨,同学们一致同意:常规性的作业应该写,但可以根据自己对知识的掌握程度决定多写或少写,其他时间可以做自己更感兴趣的事。经过一段时间的尝试,绝大多数学生都在不同方面取得了不同程度的进步。写作业成为他们自己愿意做的一件乐事,再也不是苦差事了。"[3]

另外,教学内容与学生之间的矛盾还表现在教学内容的预设性与学生的兴趣、需求之间的矛盾。教学内容设计具有预设性,教师总是根据课标、教材以及学生情况事先设计好相应的教学内容,但是这种预设的内容可能与学生的兴趣、需求存在一定差异。或者由于课程实施中的某些突发状况,学生的兴趣和注意会发生转移。在这些情况下,教师若是不能根据实际情况及时调整预设的教学内容,可能会压制学生的兴趣和学习热情,这不仅不利于教学目标的完成,更会抑制学生的主体性发挥。如一位教师在教学日志中写道:"为了让班会开得更成功,我为我们班选了一篇课文改写成了剧本。第二天,我把我的计划和大家说了说,全班同学都很高兴,这时我听到一段小声的议论:'老师怎么选这篇课文,又长又不好演。''你管呢,让你演什么你就演什么呗。''我可不想演。'听到这儿,我的心一沉,原来是王渺。下课,我把她叫到办公室请她谈谈自己对演课本剧的想法。她说:'老师,我觉得您选的课文不好,而且您每次都是写好了剧本让我们演,您应该让我们自己来试一试。'她的话让我突然意识到他们并不希望老师什么都'包办代替'。于是,我把导演的任务交给了王渺同学,她高兴地接受了任务,开始和同学们商量演哪一课。然后找我做参谋,帮我做道具。课本剧表演得非常成功,我和孩子们一同品尝了成功的喜悦。"[3]有研究表明,真正的学习发生在学习者与所学内容产生共鸣的时刻。让学生参与到教学内容的设计过程中来,主动选择他们感兴趣的问题,这能够极大地激发学生的学习热情,发挥学生的主体性。

再看一个案例,一个班的A老师正在上《为你打开一扇门》一课,突然,从窗外传来一阵急促的"的嘟——的嘟——"声,这声音犹如一块巨石落入平静的水面,教室里顿时喧闹起来。紧接着,像有谁下了一道命令:"向左看齐",所有学生都向左边看去。还没等老师喊出话来,坐在窗边的学生已经站起来了,趴在窗台上向外张望,其他同学更是着急,他们有的站在椅子上,有的一蹦一跳,脖子伸得老长,平时就坐不住的索性冲出座位,涌到窗前。他们争先恐后地向外张望——原来是两辆红色的消防车由南向北从窗前驶过……教室里恢复平静后,A老师灵机一动,放弃了原来的教学内容,让同学们把刚才所见、所闻、所想说出来,写下来。结果,同学们个个情绪高涨,说得头头是道,写得也很精彩,乐得老师满脸堆笑。二班的B老师面对以上情境板起面孔,维持纪律,让学生回到座位上,继续原来的教学。而学生却余兴未了,沉浸在刚才的氛围中。[4]课堂教学具有生成性,预设的教学内容并不能满足学生多变的注意和兴趣。如案例中B老师牺牲学生兴趣,僵硬地完成预设内容的做法,不仅最后达不到原有的教学目标,更会让学生觉得枯燥乏味。课堂不是充满生机,而是"学生心灵的屠宰场"。

2. 教师自身所持的不同课程价值观之间的矛盾

教学内容设计是教师对教材及其他教学资料的选择和再加工。在实践中,教师总是在一定的观念指导下进行这种内容的甄选和组织,而这种观念就是教师的课程价值观。目前影响较大的课程价值观主要有人本主义课程价值观、功利主义课程价值观以及实用主义课程价值观。人本主义的课程价值观从教育促进人性发展的角度出发,主张人文知识的重要性,强调教育内容在人格、情感、审美和意志培养等方面的作用。[5]具体到教学内容设计来说,这种课程价值观对教师的影响在语文、音乐、美术等科目中比较明显。受这种课程价值观左右的教师往往倾向于更多地选取教材中能引发学生情感共鸣的东西,挖掘其中对学生的品格、态度、意志和情感起作用的东西,以培养学生人格、人性的发展。功利主义的课程价值观注重实际效果,主张根据社会政治、经济和科技的发展来调整课程内容,以帮助受教育者将来更好地适应社会。功利主义课程价值观在教学内容设计中一种极端而常见的表现是"考什么,教什么;考什么,学什么"。教师在设计教学内容时的宗旨是完成课标要求和教学任务,以应试为最重要的目标。对教学内容的评判标准是是否穷尽考点并对其进行透彻分析,学生学完这些内容能否考出好成绩。一堂课中教师往往不会安排或很少安排考点以外的知识,并且知识的呈现方式也多是确定性的。实用主义课程价值观强调学生的现实生活和兴趣需要,受到这种观念的影响,教师在设计教学内容时往往会关注和联系学生的现实生活和兴趣。如某教师在爱国主义题材的单元中,不仅仅选择一些爱国英雄,还在教案中写下了刘翔、李娜等体育明星甚至一些爱岗敬业的普通劳动者的名字。在内容的呈现方面,教师可能会更多地采用探究以及活动等方式而非简单的知识讲授。

不同的课程价值观使教师在设计教学内容时有不同的倾向,然而教师往往不止受一种单一的课程价值观影响,这就会使教师在实践中陷入一种矛盾困境。在课时的限制及强大的应试压力下,功利主义课程价值观可能会压制人本主义和实用主义的课程价值观,成为影响教师设计教学内容的主流指导思想。由此设计出的教学内容可能符合课程标准和应试要求,但往往缺乏"人情味"和不确定性,从而影响学生人格、情感及创造性、主体性的发展。创造性的培养不是一蹴而就的,个体在学生时代就要接触到一些不确定的信息,在把握一部分确定知识的同时,形成一种问题意识和自主分析问题的欲望。[6]美国后现代主义课程理论代表多尔也提出,课程应具有适量的不确定性、异常性、模糊性、不平衡性、耗散性与生动性。[7](P250—261)教师在教学内容设计时应该选择确定的知识、公理,但如果所有内容都是确定的,缺乏开放的、模糊的知识,就会抑制学生的创造性和探究能力的发展。面对知识,学生不敢也不能质疑,丧失了学习的主体性。这有违教学"善"的伦理要求,也有违教学培养全面发展的人的宗旨。

二、教学内容设计的伦理原则

矛盾并不可怕,关键的是要正视矛盾,化解冲突,使教学最大限度地促进学生的全面发展。为了正确处理教学内容设计中可能出现的伦理矛盾,笔者提出两条原则:人道主义原则和尊重原则。

1. 人道主义

人道主义是以人为本、关心人、爱护人,以全人类的福祉为最高追求的伦理原则和伦理精神。人道主义最早在西塞罗那里,是指一种能够促使个人才能得到最大限度发展的、具有人道精神的教育制度。在教育教学当中,笔者认为人道主义主要是指关心和爱护学生,促进学生的全面发展。教学内容的设计要促进学生的全面发展,这一宗旨用伦理术语表达出来,就是教学内容设计的人道主义原则。促进人的全面发展是教学的终极目标,也是教学内容设计最为重要的一条伦理原则。这条原则旨在指导那些在教学内容设计的实践中,由于自身所持的不同的课程价值观相互矛盾而陷入困境的教师。在任何情况下,学生都不应被视作"知识的容器"、"考试的机器"。在选择和组织教学内容时,需要遵循课程标准,完成教学目标,把握考试方向,但同时也要关注学生品格、情感、意志的发展及创造性和问题解决能力的培养。协调教学内容中确定性知识和开放性知识、人文知识和科学知识以及讲授性知识和探究性、活动性知识的比例,最大限度地促进学生的全面发展。

2. 尊重

首先是尊重学生的兴趣和需求。教师在设计教学内容时,应更多地贴近学生的现实生活,关照学生的兴趣。在当代,许多非主流文化、流行文化在学生生活中占据着一席之地,教师应本着尊重学生的态度,深入学生当中,多多了解学生的兴趣和需求,并将所得反映和融入所设计的教学内容当中。如有的教师在语文的爱国主义教学单元中,将学生熟悉而喜爱的周杰伦的《蜗牛》也列在了爱国主义歌曲之列,[8]受到了学生的一致赞同,取得了良好的教学效果。另外,在遇到课堂突发状况后,教师不能僵硬地固守预设的教学内容,而应根据学生的兴趣和注意的转移及时进行调整。

其次,教师在进行教学内容的选择和组织时,还要尊重学生的身心发展水平和看待问题的视角。多变换角度进行思考,想想这个问题学生可能会怎么看。如某位家长向教师反映,自己的孩子把鱼缸里的金鱼拿出来放在太阳下暴晒。家长十分气愤,认为学校对孩子教育不当,使孩子变得如此残忍,缺乏同情心和人性。教师也大感不解,并批评了这个孩子。孩子委屈地问道:"老师,人和金鱼是不同的,对吗?"教师回答:"当然啦,你怎么会这么问呢?"孩子说:"因为人晒太阳可以补钙,而金鱼晒太阳会死。"教师恍然大悟,原来问题出在一节自然课上,教师向大家讲解钙对人体的好处,并提到晒太阳可以帮助人体补钙。[9]原本在家长和教师看来不可理喻的缺乏同情心的表现恰恰是出于孩子的纯真善良和同情心。试想如果这个时候教师不是批评,而是把问题分析清楚并教给孩子一些正确的动物保护方法,这会是一堂多么生动的伦理教育课。

最后是尊重学生的差异性。教学内容的设计要关照不同学生的个性特点、家庭背景和学习状况,保证教学内容有一定弹性,能够因材施教。例如目前的教材中有的内容是针对城市学生设计的,那么农村或偏远地区的教师就应该针对自己地区的实际情况,调整素材,选取一些学生能够理解的内容。又如,班里如果有家庭条件不好无法在家上网的学生,教师在设计教学内容时,就应该适当地多补充一些背景资料,弥补由于课前的信息鸿沟所造成的学生理解和掌握上的差距。再如,针对男生女生在不同科目上的性别优势,教师可以为男生女生设计不同的任务,或者对同一问题设计不同的难度档次。总之,面对学生的差异性,教师首先应正视和尊重这种差异,在设计教学内容时把其列入考虑范围。在矛盾面前,应坚持尽量让大多数学生获得全面发展的原则,并辅之以各种措施,保护和帮助其他学生。

参考文献:

[1] 全国十二所重点师范大学联合编写.教育学基础[M].北京:教育科学出版社,2008.

[2] 王策三.教学论稿[M].北京:人民教育出版社,2005.

[3] 金坛市滨河小学.48篇教育教学案例评析[EB/OL].(2010-03-01)[2013-07-28] http://www.jthbxx.com/teacher/ShowArticle.asp?ArticleID=1295.

[4] 学科网.教育教学案例分析集锦[EB/OL].(2011-01-17)[2013-07-28]http://www.zxxk.com/Article/1101/124050_P2.html.

[5] 王本陆,王永红.简论中小学教育内容选择的价值基础[J].华南师范大学学报(社会科学版),2001(5).

[6] 但武钢.课程内容:不确定性、未竟性和非常态性[J].课程·教材·教法,2003(10).

[7] 小威廉姆斯·E·多尔.后现代课程观[M].王红宇译.北京:教育科学出版社,2000.

[8] 刘朝锋.课程内容选择的反思——新课改背景下的一个案例分析[J].河南职业技术师范学院学报(职业教育版),2009(1).

[9] 百度文库.经典教育案例集锦[EB/OL].(2011-04-28)[2013-07-28]http://wenku.baidu.com/view/57cb6a6a011ca300a6c390fe.html.

教师道德建设实践研究

论师德建设的层级结构

李清雁

(北华大学教育科学学院)

教师道德是教师职业要求的首位,师德建设是对教师道德从理论到实践全方位工作的统称。学术研究将教师道德归属于教育伦理中的教师伦理,教育实践将教师道德归属于教师发展中的专业情意,师德建设是把教师从自然人变成职业人上升到专业人的必然和必要途径。现实中师德建设遭遇了太多的困境和尴尬,教师中还存在着僭越规范、毋修德性、抵触制度等失德现象,严重的则莫过于对教师道德的漠视和无求,这其中有师德建设实践层面的问题,也有师德建设理论层面问题,而师德建设中的实践问题终归是理论问题在实际工作中的反映,解决师德建设中的问题关键是在理论上对师德建设有一个清晰的认识和把握。目前师德建设存在着概念模糊不清、内涵结构不明、实践导向不足等理论与实践的瓶颈,对师德建设的界定和认识不深刻,必然带来相应工作的混乱和指导不力,因此需要对师德建设的内涵和层级结构进行澄清与研讨,无论是对教师伦理的学术建构还是教师道德的职场实践都是有益的探寻,本文作者试从规范、德性和制度3个层面对师德建设进行内涵和结构的分析。

作者简介:李清雁,北华大学教育科学学院副教授。

E-mail:jilinrene@sina.com

一、规范：师德建设的群体认同

教师职业道德规范反映了师德建设的核心精神。道德是人对生活世界的整体性把握，教师道德是教师对职业生活世界的整体性把握，这种对职业性生活世界的整体把握包含着"道"和"德"两个层面。"道"是指在一定的职业伦理基础上形成的道德法则和道德律，是教师群体须共同遵守的要约，是师德建设价值维度的体现；"德"是得"道"，指个体德性，是师德建设的直接指向，在实践意义上说师德建设就是要培养教师的德性；如何在教师的职业生活中让"道"入"德"和让"德"体"道"，还需要对教师职业生活进行监督和管理，这就是师德建设的第三个层面"治"，涉及教师道德的管理与运行的制度保障。

师德建设中的职业道德规范是"道"的层面，遵循规范伦理的逻辑关系。师德建设需要用规范来过滤和落实教师道德的教育价值和教育目的，教师职业道德规范的建设就是对教师职业的伦理关系与伦理结构的认知与把握的过程，也是建立教师道德的伦理原理和行为规范体系形成的过程。规范伦理要解决的是应然和实然的问题，应然是一种理想状态，实然是指一种事实状态，体现在教师职业道德规范上就是要解决教师在教育活动中的理想追求和目标，教师在教育活动中所要遵循的原则以及具体行为的操作规则。对比中美两国的教师伦理规范，《美国全国教育协会教育职业道德规范》更注重原则和规则的阐释，从不能触碰的底线来规范教师的行为和教育活动，对教师有强烈的约束力；我国《中小学教师职业道德规范》更注重理想的追求，从具有榜样作用的示范伦理来要求教师的行为和教育活动，比较空泛和高大，给了教师更多的自由裁量权，容易出现教师越轨事件而对事件解读有争议的现象，对教师的约束力相对较弱。伦理规范既要给人以向上引导，也要给人以做事遵循，还要对行为有约束，较好地反映道德理想、原则、规则，从这个方面来看，我国教师伦理规范的建设远没有完成，师德建设在这个方面还要继续着力。

教师道德规范是对教师职业关系的和谐调整和整体把握，应反映教师与社会、工作、学生和同侪的4种关系。教师是受社会委托来从事培养人的教育活动，教师对社会负有培育年轻一代人成长的义务，这是教师首要的基本要求，也是教师职业存在的前提；其次教师以怎样的状态来对待社会所托付的这份责任和义务，是对教师的工作要求；再次教师在工作中的对象是年轻一代人，面对的是鲜活的生命个体，是有着无限发展潜能的未成熟的社会成员,师生伦理关系是师德规范的核心要义;教师的工作具有个体性,但是教育工作不是由教师一个人来完成的,而是由有着相同理想和信念有着共通的价值和追求的人一起来进行的,这就涉及每个教师和教师群体的关系,涉及教师一起共事的同侪关系。然而由于工作对象和工作性质的不同,教师伦理规范对从事不同教育阶段的教师是否具有普遍的适用性?如果是共通的,那这样的教师伦理规范该如何?或者说教师伦理规范在理想层面是共通的,而在原则和规则层面教师伦理规范又该如何有针对性?当前我国有中小学教师职业道德规范,而针对学前教师和大学教师则没有明确的针对性的规范要求。中小学教师职业道德规范也是宏观不具体,是一种高标准要求的示范性伦理规范,具有追求的意义,缺乏对教师的底线要求,在教师的教育教学实践中操作性指导意义不强,人为解读的空间很大,反而成了悬在教师头上的一纸条文,教师人人都知道甚至会背诵,但是具体怎么做不仅在认识上模糊,在具体操作上也感到迷茫。[1]教师道德规范是教师群体应该认同和遵守的。教师伦理规范既是标定教师群体的资格,也是与其他群体的边界划分,为教师在认同的方向上提供了一个总的框架。教师个体在对群体认同时会将这个群体的伦理规范作为规范自己的行为准则,以使自己和群体保持同一性。教师作为一种职业共同体,教师职业道德规范应体现教师群体的共同意志,反映教师共同体的精神面貌,教师道德规范的制定应有广大教师的参与和讨论,理应是一种教师群体的契约,达成契约的过程也是教师对其伦理规范进行判断、价值选择和逐步认同的过程,这样形成的伦理规范才能获得教师群体认同,才能深化到教师的个体,由内向外自觉地履行教师的伦理义务,保证教师行为在共同意志的职业道德规范的尺度下进行。

二、德性:师德建设的个体实践

师德建设中的教师德性养成是"德"的层面,关乎教师个体道德的形成和发展。德性在希腊语中原指事物的特性、品格、特长、功能,亦即一事物成为该事物的本性;在当代德性是个中性词,指主体在长期的、一系列的道德行为中表现出来的综合的、稳定的、特征的状态。麦金太尔将德性看作是个人品格和道德能力,德性意味着人对卓越的追求。人都有追求内在卓越的渴望,即"我们应该成为什么样的人",这是人能够成为人的自觉表现。德性是人自身的一种品质,表现为一定的德目,如仁爱、诚实、宽容、勇敢、公正、平等、自由、正义等。德性具有实践的品性，是自我努力完成的实践过程，是实践的产物。教师德性是一种职业品性，不是先赋的而是一个生成过程，是教师自我职业人生的道德追求，是在后天的教育活动中，经过师德教化、道德实践和教师个人的德性修炼逐渐养成的，是教师个人德性与职业德性要求相结合的内在品质。教师德性的内容包括对职业的爱、责任、良心、公正、义务、幸福、人格等[2]，德性的修炼和养成在教师的职业生涯中占据极其重要的地位，是教师职业生涯的不懈追求，既能塑造教师自身内在的教育人格，还能作为一种道德力量在教育活动中释放，成为一种特殊的教育资源。

师德建设要引领教师德性的养成。教师德性的养成既是师德建设的出发点也是师德建设的归宿，是师德建设的最终目的，这是因为所有的教育活动都是由教师参与完成的，教师在教育活动中的表现都带有一定的价值取向，不仅如此，教师在教育活动中还要扮演多种角色，担负教育责任，这些活动都能受到来自教师德性的影响。教师在满足职业体面生活的前提下，如何加强精神性的追求和理想的追求，做一名怎样的教师以及如何做一个有德性的教师，需要师德建设给出一个明确的价值引导和回答，给教师指出需要努力的方向。师德建设引领教师德性的养成可以通过制定相关政策、确立师德榜样和媒体宣传来进行，政策历来具有导向和指引的作用，作为人们的行动指南，提出行为要奔向明确的目标，我国已在多个教育政策中提出了对教师的德性要求；师德榜样的树立为全体教师提供了学习的楷模，直接为教师德性养成起到示范作用；现代社会是一个媒体发达的网络社会，信息传播具有快速、高效和覆盖面宽的特点，运用媒介宣扬教师应有的德性是师德建设不可缺失的手段。

师德建设要为教师德性修炼提供实践平台。教师德性以个体的德性为底色，教师德性的养成需要经历一个有不成熟到成熟的过程，在这样一个动态的过程中，教师德性修炼既是教师德性的一个内在品性，也是教师德性养成的一个重要手段。教师德性修炼离不开教师工作的具体情境，离不开教师的教育教学活动，是在教师的教育实践中完成的，教育本身就是一项道德性实践，具有内在的道德规定性，教师的教育实践承载着特定的社会价值，具有明确的意图性，置于一定的道德框架之内，这样才能达成教育目标释放教育功能，因此教师德性修炼不具有外显特征，是内隐于教师的教育实践中的，是在教育行动中的领悟、反思和提升。教师德性修炼的实践性决定了师德建设不能脱离常规的教育教学工作，常规的教育实践为教师德性的养成打下了良好的基础;同时师德建设要为教师德性修炼提供由专家和教师共同参与的研修实践工作坊,为教师德性修炼提供讲解、答疑和策略上的支持;组织成立基于伙伴关系的德性修炼共同体,由家长、教师、管理者和相关人士参加共同组成的德性修炼共同体,在共同体内学习和分享德性修炼的体验和感悟,共同承担教师道德发展的责任;还要为教师成立德性修炼的网络互动平台,供教师发表德性修炼过程中的经验、反思总结和修炼成果,促进教师德性的生成和完善。

三、制度:师德建设的管理保障

师德建设的第三个层面是"治",涉及对教师道德形成的体系构建和运行管理的保障措施等,是一个系统化的机制工程,与教师身份的获得和教师专业化进程相辅相成的。从发生学的角度看,教师道德的前提是道德主体确立自身的教师身份,而教师作为现代社会中的一种职业身份,是后天自致的,是通过一系列的程序获得的。教师的培养经历了职前教育获取教师资格和入职后的培训再教育两个阶段,职前教育中的身份主要是学生,是教师身份的预备,不等于获取了教师身份,而道德作为一种关系性的存在,它只能在实存的关系中才能发生和发展,教师身份的获得是教师道德的前提,职前教育中对教师道德的培养是从应然的角度来进行的,职后教育中对教师道德的培养则从实然的角度来进行。师德建设对教师道德的培养和管理也相应遵循这个进程,师德建设的重点是已经获取了教师身份的入职教师,教师身份的获得使得个体内对教师观念、态度和情感有了心理体验,并借此凭据般的身份特征来发展教师的知识、技能和道德。

师德建设要让教师"知德"和"行德"。苏格拉底提出了"美德即知识",知识是美德的基础,没有道德是因为没有道德的知识,无知的人不会有真正的美德,人的行为善恶主要取决于他是否具有关于什么是善恶的知识,由此得出"德行可教"的主张。同理,既然教师道德不是出自天性,是职业所致,那么关于教师道德的知识也是需要学习的,没有关于职业道德的知识,教师道德的形成也就少了重要的根基,让教师学习和了解职业道德知识则是师德建设的必由路径。教师职前教育的师德课程、入职时的岗前培训、入职后的继续教育都有师德教育的相关课程,正在全国铺开的"国培计划"也将师德教育内容作为必开课程。知识能改变人们的观念,改变对事物的认识,增加人们的智慧,但是懂得道德知识的人不一定就是有道德的人,一个人掌握了关于道德的知识,他既可能自觉地实践道德,成为一个有德性的人,也可能不去实践道德,不能成为一个有德性的人。因此师德建设仅仅让教师能"知德"是不够的,还必须能够"行德",立德的目的是行德,教师以教书育人为使命,以德为行是教师立教的根本。行德一方面是教师自觉地从内在出发的行为,自行践履教师道德,一方面是外在环境的约束,要求教师必须履行道德义务,前者需要通过师德建设完成教师德性的养成,后者需要师德建设在纪律、制度等方面对教师提出明确要求,或者用奖惩、淘汰、退出等方式来规约教师,自律和他律都是教师行德的必要保障。

师德建设应能让教师"养德"和"育德"。师德建设是"使教师向善",以使教师成为有德性的教师为宗旨,以德养德和以德育德是道德形成和发展的必然规律,师德建设本身是否善,是否道德,则成为师德建设中不能回避的问题,如果师德建设自身的做法都不具有道德性,如何能涵养教师的道德。师德建设的方式方法和内容都带着自身的伦理性,师德建设是个系统工程,既有指向教师道德的内容、制度、实施和评价等系列手段,也有师德建设自身的理念、方式和途径等条目,师德建设和教师道德之间是双向共存的,虽然各自主体不同,但双方共同处于一个框架下活动,这种活动是一种动态生成性的,结构具有开放性,以综合渗透的方式循序而成,那种不以教师为本的精神暴力式、不切合实际的走形式过场、不以教师发展为目的所谓师德建设都不能说是符合道德性的。要使师德建设具有道德性,就要探寻师德建设的内在规律,形成师德建设的内在良性机制,提高师德建设决策的科学性以及师德建设人员的自身修养和素质,只有具备道德性的师德建设才能真正达成对教师道德的养育,才是真正的师德建设。

总而言之,"道""德""治"这三个层级共同构建起师德建设整体的系统工程,道是根本,德是实践,治是保障。教师道德是指作为职业活动行为主体的教师在个体一般道德基础上,发自内心对职业生活各种要求的认同,是教师所秉持的职业道德认识、职业情感以及在从业活动中所表现出来的职业行为,对职业伦理规范的自觉遵守并践履以德性的面貌展示出来的一种品质,是对教师职业生活的一种整体把握。[3]教师道德包含了职业规范伦理和职业德性伦理,师德建设就是要让教师都能成为有德性的教育工作者,要对教师的职业道德规范和教师德性的养成以及保证教师伦理的正当有序进行统整。教师道德是教师素质优质合理的根本,优质教师是教育活动高质量的根本,高质量教育是人力资源的根本,人力资源是国家发展的根本,教师道德不是一蹴而就的,需要修炼而成,师德建设是一项长期而艰巨的任务。

参考文献:

[1] 李清雁.教师是谁—身份认同与教师道德发展[D].重庆:西南大学,2009.
[2] 檀传宝.教师伦理学专题—教育伦理范畴研究[M].北京:北京师范大学出版社,2003.
[3] 李清雁.教师道德释义对师德建设的启示[J].教育学术月刊,2009(7).

师德建设片论

贾新奇

(北京师范大学哲学学院)

师德建设问题林林总总,且复杂难解。我在这里只就其中的几点谈谈自己的粗浅理解,故名"片论"。

一、如何制定师德规范的内容?

师德是一种职业道德,而凡是职业道德都具有与一般社会道德不同的内容,这是职业道德之特殊性的一个重要表现。任何社会都会提出一些道德要求,这些要求被认为是该社会中所有正常的社会成员,无论社会地位的高低,也不管从事何种职业,都应该做到的。例如古希腊社会的"四主德"(正义、智慧、勇敢、节制),古代中国的"五常"(仁、义、礼、智、信),现阶段我国社会的爱国主义、集体主义、为人民服务、诚实守信等,就是这样的道德要求。这些道德要求由于适用于一个社会中的所有成员,可叫做一般社会道德。我们通常把那些能达到一般道德要求或者说具备一般社会道德的人叫做好人,但好人还未必就是好的从业者,因为好的从业者还必须具备特殊的职业道德。就教育职业而言也是如此。好人还未必就是良师,一个良师除一般社会道德之外,还

作者简介:贾新奇,北京师范大学哲学与社会学学院副教授。

E-mail:jiaxinq123@sohu.com

必须具备师德。

由此就产生了一个问题:就内涵而言,师德与一般社会道德的关系是怎样的？或者说,如何规定师德的内容？

我认为,对这个问题的回答包含两层意思。首先,一般社会道德是师德的重要基础,但并非直接就是师德,所以,当我们确立师德规范时,不应把一般社会道德照搬过来。既然是一般社会道德,那就意味着每个人必须具备那些道德素质,这是一个人做一个好人、一个好公民的起码条件。如果一个人连好人、好公民都做不到,就根本不可能是一个好教师,甚至可以说,根本不可能成为任何一个职业领域的好的从业者。师德规范是为业已具备一般社会道德的、已经或准备进入到教师队伍的人制定的,因此,这种规范不应再重复针对好人、好公民而确定的一般社会道德。

以我国2008年版《中小学教师职业道德规范》为例。该规定第一条里说:"爱国守法。热爱祖国,热爱人民,拥护中国共产党领导,拥护社会主义。……不得有违背党和国家方针政策的言行。"爱国守法是任何公民都应该做到的,因此它们只能被视为一般社会道德。师德规范告诉人的是如何成为一个良师,而不是如何成为一个好人、好公民,后者应该由一般社会道德来解决。所以,爱国守法这样的条款不应该在师德规范中重申。

其次,如以一般社会道德为参照物,师德应该是一般社会道德的具体化与补充。第一,具体化。如果我们把师德规范理解为好教育对教师道德提出的要求,好教育是好社会对教育这一特定领域的要求,而一般社会道德又是好社会的道德反映,那么,我们就会承认师德规范很大程度是一般社会道德的具体化。比如,爱人、尊重人是一般社会道德,具体到教师职业,就是爱学生、尊重学生。不过,在此要强调的是,在制定师德规范时,并不是所有的一般社会道德都需要加以具体化。之所以要以明确的形式把师德要求规定下来,只是为了使教师有章可循。在一般社会道德足以给教师提供行为指导的方面,就没有必要再将一般社会道德加以具体化。仍以爱人、尊重人为例。对任何教师来说,只要真正具备爱人、尊重人的德性,自然认可学生、尊重学生的规定。凭借常识,从爱人、尊重人到爱学生、尊重学生的过渡不存在任何困难。所以,对于这样的内容也没有必要在师德规范中加以规定。需要具体化的,只是一般社会道德中那些依靠常识无法很好落实的部分。

第二,补充。由于教师职业有自身的特殊性,一般社会道德无法提供师德的全部内容,因此,当我们以一般社会道德为基础来制定师德规范时,还必须在一般社会道德之外有所补充。这里要强调的是,这种补充应该建立在对教师职业特点的深入研究和准确把握的基础上,否则难以做到切中肯綮。举例来说,2008年版《中小学教师职业道德规范》有一条"为人师表",解释是"坚守高尚情操,知荣明耻,严于律己,以身作则。……"具备一定的道德观念并且身体力行,这可以说是一项一般社会道德规范。能够看出,规定试图反映教师职业的特点,所以强调教师要"严于律己,以身作则"。其实,这一处理没有恰当地反映教师职业的特点,因而"严于律己,以身作则"也算不上对一般社会道德的有效补充。原则上,任何成年人都有义务使未成年人受到好的道德影响,至少有义务使之免受坏的道德影响,而影响的产生无非来自言语和行为。在这方面,教师职业的特殊性在哪里?教师职业的特殊性在于他们既在"说"又在"做",即他们必须同时通过言语和行为来履行道德教育的职责,而其他人却不一定这样做。比如,我们可以强调家长要以身作则,因为家长可以做而不说;我们可以强调媒体要传播积极健康的信息,因为媒体可以说而不做。但教师的职业决定了他们必须向学生介绍、讲解、宣传社会的主流道德观念,同时又不得不把自己的所作所为展现在学生面前。这种既说又做的职业特点决定了教师必须言行一致,否则不可能对学生产生好的道德影响。因此,对于教师而言,重要的不只是说什么,也不只是做什么,而是言行一致。只有"言行一致",才可以说是从教师职业特点出发,对一般社会道德的补充。

二、 如何确定师德的标准?

确定恰当的标准,是师德建设的另一个关键问题。所谓恰当,就是既不低也不高。标准过低,师德要求就起不到足够的道德约束与引导的作用,而要求过高,则超出教育事业发展的实际需要和师德发展所能达到的实际水平。这两种情况都不利于师德建设,最终损害教育事业的发展。就我们当前的情况而言,在确定师德标准时努力避免后一种偏差,使我们的师德合乎实际、切实可行,仍然是一个重点。

较长一段时期以来,无论公众还是教育伦理学者对于师德形成了一个非常强势的看法,即教师的道德水准应该高于一般公众的道德水准。这种师德要求背后是对教师职业的某些理解。比如,很久以来流行着一种说法,把教师说成是"太阳底下最光荣的职业"。既然教师职业是最光荣的职业,那么教师一定要具备高于一般水准的道德素质,否则是配不上他们所从事的职业的。但问题是这个前提究竟成立不成立。说教师职业最光荣,一个主要的理由是认为这一职业对人类非常重要。教师职业的确重要,但它不是唯一重要的,甚至不是最重要的。大概没有人会认为经济生产的重要性低于教育,可难以理解的是,我们很少听人说农民、商人是最光荣的职业。经常被提及的另一个理由是,教师职业是具有奉献性的职业,也就是说,教师为社会付出的多、得到的少。但教师职业真的是这样吗?至少不是一直如此。总之,我们对教师职业的某些固有观念未必经得起推敲。

总体上看,为某一职业确定高于一般社会公众的道德标准,基于这样几个理由:第一,这一职业或从事该职业的群体具有不同寻常的社会重要性,即肩负着事关整个社会兴衰的特殊使命。第二,由于某种原因,该职业、该群体从社会所获得的回报经常少于他们为社会作出的贡献,因此,这一职业带有一定程度的自我牺牲的性质。第三,由于某种原因,该群体的确能够养成、维持高于一般社会公众的道德素质。众所周知,这样的职业是存在的,最明显的就是传统社会里从事行政管理和教育的职业,也就是官员和教师(在一些社会还有神职人员)。

在这里我们要追问的是,在现代社会里,是否还需要为某一职业确定高于一般社会公众的道德标准呢?很多人给出了肯定的回答。他们认为,一些群体是特殊的,这些人应该具备更高的道德素质,不能把自己混同于一般公众。这样的职业通常认为包括官员、媒体人士和教师。但在我看来,这种观点虽然根深蒂固、流传广泛,却值得检讨。说到底,它是传统观念的遗留或反映,而与现代社会不相符合。只有在传统社会里,职业有高低主次之分,人群有贵贱贫富之别,所以像官员、教师这样的职业、群体被认为担负着特殊的社会使命,他们享有的经济与受教育的资源也使得他们能够在道德上达到其他人无法企及的高度。而本质上,现代社会是平等的社会,任何职业、群体不应拥有左右整个社会命运的力量,因此被赋予特殊的社会使命;也没有哪个职业、哪个群体有权利拥有特殊的社会资源,因此被认为在德性发展上有独特的优越地位。简单地说,就现代社会的本质而论,既无必要也无可能把某个职业、群体推到特殊的道德位置上。

如同我们对待官员一样,我们最好把教师视为一种普通的职业。无论现实如何,但为了建立一个真正的现代社会,他们不应该被视为拥有特殊社会地位、承担特殊社会责任的特殊群体,反映到职业道德上,没有必要为这个群体确定与众不同的道德标准，或对他们所能达到的道德水准抱有特别的期望。

对此有人会质疑说，教师职业教书育人的特点决定了这一职业必须具有高于一般公众的道德标准，否则教师就不可能完成对年轻人进行道德教育的职责。这个质疑也不能成立。我们要清楚，现代教育的培养目标不是圣徒，而是普通公民。让学生培养起普通公民所需要的道德品质，就教师来讲并不需要超出普通公民的道德素质。我不否认，即便是现代社会，也需要少量道德品质出类拔萃的人物，但是，他们不是学校教育的德育目标，实际上也不是学校教育所能完成的任务。

回顾几十年来我国师德建设的历史，就会发现，我们对师德标准的把握总体上越来越科学和实事求是。还是以 2008 年版《中小学教师职业道德规范》为例，它所确立的师德标准基本上就是有职业特色的普通公民道德。不过，个别内容还没有完全扭转过来。如"志存高远"、"甘为人梯，乐于奉献"。就拿奉献来说，它可以是向少数人发出的倡导，但对多数人而言，更合适的要求毋宁是诚实劳动。一个教师，只要尽职尽责，使自己的劳动配得上自己的所得，就算是一个好老师。从师德的实际状况来看，达到这一要求并不容易。如果撇开这个基本要求，而把重点放在对奉献的倡导上，既不符合现代社会的道德精神，实际效果也是得不偿失的。

三、如何改善我国的师德状况？

我国教师队伍数量庞大，师德水平参差不齐，不同地区的各种条件千差万别，因此，从总体上改善师德状况是一个复杂的系统工程，不可能三言两语说清楚。不过，在一些宏观的方面澄清我们的认识，也许仍然是有益的。

在这里，我只谈两点。

第一，应该高度重视道德素质在入职资格中的地位，大大强化道德考察这一环节。虽然我们历来也是这样说的，但并没有真正贯彻执行。究其原因，主要在于在思想上还存在模糊认识。我们要知道，一个人是在成年之后才进入到教师职业中来，这意味着在他成为教师之初，就已经具备了或高或低的道德素质。师德的确与一般社会道德不同，但我们不能夸大二者之间的差异，尤其不能割断两者之间的联系。师德的很大一部分内容不过是一般社会道德在教师职业中的具体化，从这个意义上说，一般社会道德素质是师德的基础，一个人的师德是从这个基础上生长、发育起来的。如果一个人缺少一般社会道德的素养，连一个好人、好公民都算不上，我们不可能指望他会养成良好的师德，成为一个良师。比如，一个人不懂得爱人、尊重人的一般道理，就不可能做到爱学生、尊重学生，因为正如前文指出的，爱学生、尊重学生不过是爱人、尊重人的具体体现而已。所以可以这样说，一个好人、好公民未必就会自然形成良好的师德，但一个按照一般社会道德来衡量的坏人、坏公民一定不会养成良好的师德。

重视一般社会道德这一基础，除了它与师德的密切联系之外，还有一个原因，即：作为成人，其道德素质很大程度上业已确定，进一步改造的空间是有限的。我并不是说成年人的道德素质一成不变，实际情况不是这样，人的道德素质终其一生都在变化之中。但问题在于，就绝大多数环境中的绝大多数人而言，成年之前才是其道德素质形成的关键时期，他一生能够达到怎样的道德境界，大致在这个时期就已确定下来；至于成年之后的改变——无论是向好的方向还是向坏的方向——当然是可能的，但这种改变的发生将需要非常强有力的外部因素的影响和较长时间的熏染。

现在，我们的教师通常是在二十几岁时进入到这个职业中的。一个二十几岁的人，大到世界观、人生观，小到兴趣爱好、作风习惯，都已经基本定型。由此，他将来具有怎样的师德水平，很大程度上也已经确定下来。以此推论，教师队伍的总体道德状况也早在教师们进入到这个职业中来的时候就已大致确定下来。

基于以上认识，我认为师德建设的首要环节就是抬高入职者的道德素质上的"门槛"。随着我国教育事业的发展，以及道德素质考察方式方法的进步，这样做也是可行的。一旦我们抓住了这个环节，师德建设就拥有了一个好的基础，而失去这个基础，其他工作都将是事倍而功半。

第二，在岗前和在职的师德教育这个环节上，应该目的明确、有的放矢。近年来，我们越来越重视对教师开展岗前和在职的师德教育，这是一个好的发展趋势；不过，迄今为止，总体效果并不尽如人意。究其根源，一方面，如上文所揭示的，由于在入职环节上把关不严，使一些道德素质有明显瑕疵的人进入到教师队伍，对于这部分人，岗前与在职的师德教育很难达到预期效果，另一方面，则是因为我们没有做到目的明确、有的放矢。

那么，师德的岗前与在职教育应该确立怎样的目标？毫无疑问，在这个环节上，再重申一个好人、好公民所需具备的一般社会道德，既无必要，也不会有显著成效。说它没有必要，是因为这个任务应该在入职环节来完成；说它没有显著成效，是因为相对简单的、通常以培训的方式来进行的师德教育,不可能使人的道德素质发生彻底改变,易言之,不可能使道德败坏的人变成一个好人、好公民。可是,众所周知,我们的师德教育却往往把重点放在这里。在我看来,岗前与在职的师德教育,本质上是通过提高教师的认识水平,从而使他们所具备的一般社会道德具体化为教师职业道德的过程。也就是说,这个过程与教师的一般道德素质的改造没有多大关系,而是将他们现有的一般道德素质与教师职业的特点相结合,转化为具有教师职业特色的道德观念、道德情感。因此,这里的关键不是一般社会道德的养成,而是一般社会道德的转化。而要实现这种转化,教师必须全面而深入地认识教师职业活动的特点。

只要我们仔细考察违背师德的实际案例,就会发现,就其性质而言,它们无非有两种情况:一种是真正意义上的道德败坏,另一种则是由于认识的偏差造成的失误。比如,一个教师为了自己的私欲故意伤害学生,这就是真正意义上的道德败坏;而一个教师虽然具备一般社会道德素质,真诚地希望通过自己的工作来帮助学生,却由于认识上的局限,反倒给学生造成伤害,这显然属于失误。毋庸讳言,在违背师德的所有案例中,有许多属于前者,但更多的却属于后者。对于前一种问题,我们不应抱有幻想,以为通过岗前和在职的师德教育就能足够有效地解决;这种问题的解决,只能主要依靠入职的道德考察和法律威慑。而后一种问题,恰恰是师德教育应着力解决的。师德教育的重心,就是让教师懂得教师职业的特点,懂得如何把业已具备的一般社会道德素质落实到教育教学活动中去,也就是说,实现从一个好人、好公民向良师的转化。

高校教师师德自律与教师团队

卫荣凡
(广西教育学院)

提高高等教育教育教学质量和人才培养质量,提升高等教育的内涵发展,必须要加强高校教师队伍建设,提升高校教师的综合素质和能力,尤其是升华教师师德境界。可以说,师德是教师自身发展、忠实履行教书育人职责、献身高等教育事业的灵魂,而教师师德自律在教师师德中处于重中之重的地位和具有重要的作用。高校教师如何形成师德自律和不断升华师德自律的境界,其影响因素是多方面的,其中在教学、科研、社会服务中的教师团队具有重要作用。

一、高校教师师德自律、教师团队的内涵及教师团队的类型

1. 高校教师师德自律的内涵

高校教师师德自律,指的是高校教师在师德外在动力与内在动力的相互作用下,主动、自觉、创造性地把师德的必然性要求内化为师心自律和外化为师行自律,两者交互升华并且达到了和谐统一的师德境界。[1](P23—24)具体来说,其一,高校教师师德自律的形成是师德外在动力与内在动力相互作用的过程。师德外在动力是师德的外在教

作者简介:卫荣凡,广西教育学院教授。
E-mail:Wrf5656@sina.com

育、外在制约、外在制度、外在调控、外在保障、外在环境等,是师德自律的一种外在的推动力量,亦是一种外在动力。师德内在动力是师德自律主体的需要,主要是高校教师对教师职业的本质利益关系的深刻认识,对大学精神的守望,对师德具有自我发展的动力价值的认同,对自身全面发展和人格升华的追求,特别是自觉地遵守和履行师德规范必然性要求的强烈渴求与自觉精神。[1](P137)师德外在动力与内在动力的相互联系、相互作用、相互促进的过程亦是师德自律形成的过程。其二,高校教师师德自律是其自觉、主动、创造性自我追求及修炼的过程。其主体性得到最大限度的张扬,体现了人的能动精神和实践品格。其三,高校教师师德自律是把师德的必然性要求内化为师心自律和外化为师行自律相统一的师德境界。师心自律是对师德必然性要求的真诚认同,并形成相应的师德自律意识、情感、意志、信念、良心及荣辱观念。师行自律是教师在师心自律的导向下自觉自主自愿地做出符合高校教师师德必然性要求的行为。师德自律是师心自律与师行自律相互渗透、相互依存、交互作用、不断升华的阶段性与持续性相统一的过程,体现着师德规范的自由和师德境界。

2. 高校教师团队的内涵

团队这一概念,不同学科的学者从不同的角度给予解释,但所论述的内涵离不开团队有共同目标、成员相互协作及相互承担责任的共性内容。所谓高校教师团队,指的是高校教师为教育教学改革、科学研究、社会服务等方面共同目标的实现,成员间互补性强和既有分工又相互协作、相互承担责任的所组建的工作群体。其特征有:其一,具有共同的工作目标。教育教学改革、科学研究、社会服务等方面的某一共同目标是组建高校教师团队的前提和基础,是激励教师团队成员的动力源泉。其二,具有专业素质、能力及技能的互补性。其团队成员具有合理的结构,一方面它体现团队成员的专业素质、能力及技能的各自优势;另一方面它体现各自的优势互补性强,具有多样性的和谐统一性。其三,具有成员间的互动性。团队成员之间,包括团队带头人与团队成员之间,既有各自的分工与职责,又有相互协作、相互帮助、相互合作的义务,在这一互动过程中形成了相互信任、相互平等、相互尊重、相互团结、相互宽容、相互和谐、相互合作的团队精神和文化。

3. 高校教师团队的类型

近几年来,各行各业比较注重团队建设。组建高校教师团队已成为教育行政管理部门和高校关注的重点。2003年教育部启动了"长江学者和创新团队计划"。2007年教育部、财政部下发了《关于实施高等学校本科教学质量与教学改革工程的意见》,把高校教师教学团队建设作为提高高等教育教育教学质量工程的重要举措。在这一背景下,各高校先后加大力度推进教师团队建设,并取得了应有的丰硕成果。就高校教师团队成员互动的类型来说,各高校组建的团队其具体名称不尽相同,从团队的性质来看,一般分为教育教学改革团队、科学研究团队、社会服务团队等。其一,教育教学改革团队。这类团队中有新世纪教改课题团队、学科专业建设团队、课程改革团队、精品课程建设团队等。这种类型的教育教学团队,具有明确的教育教学改革和建设的目标,如,提高教育教学质量,优化人才培养模式和提高人才培养质量,着力教育的内涵发展等。其二,科研创新团队。在当今时代,新科技革命飞速发展,知识和科技创新在经济社会发展中的作用日益显现。高校科技创新团队的建立与发展,是高校科学发展和强校建设的重要战略。三是社会服务团队。这种类型的团队,面向社会经济生产的第一线,服务于社会,服务于经济,主要目的是将科技创新成果转化为直接的生产力。这三种类型的高校团队,尽管各自的目标、组织形式等不尽相同,但有一个客观存在的共性,那就是与提升教师队伍的自身素质,建设高水平的教师队伍相关联。

二、高校教师团队对高校教师师德自律的作用

如上所述,三种类型的高校教师团队,其共性有团队成员间互动的自觉性、团队运行的规范性和工作的协调性。这三种特性分别有利于高校教师形成师德自律的内在动力、外在动力和内在动力与外在动力的良性互动。

1. 高校教师团队成员的自觉性有利于形成教师师德自律的内在动力

高校教师团队成员的自觉性,主要表现在以下方面:一是高校教师参与教师团队的心态是自觉的。在一般情形下,目前高校组建的各种教师团队,不是强制性的,而是自愿性的,其成员往往以自愿自觉的心态加入教师团队。表现为自主性、能动性、自觉

性。二是教师团队成员履行职责的行为是自觉的。各成员承担着团队的相应职责和任务，一般都能自觉履行团队职责和任务，体现了行为的自觉性。三是教师团队成员具有实现团队目标的自觉性。为实现团队的目标，他们自愿自觉走到一起，并且自愿自觉一起努力和拼搏。只有这种高度的自觉性，才有可能使团队的目标得以实现。

可以说，高校教师师德自律的形成、师德自律的实践、师德自律境界的升华都离不开教师团队成员这种互动的自觉性。因为，师德自律不是孤立存在的，而是与高校教师从事的教育教学、科研创新和社会服务紧密相联的。高校教师师德自律的本质就是教师的自觉性，这种自觉性表现为自主性、能动性和自强性，自觉性是教师主体的内在需要。这种内在需要，在特定意义上，它就是教师师德自律的内在动力。由此，教师团队成员互动的自觉性，是教师团队存在、发展和发挥作用的决定性因素，同时，也是一个教师能否形成师德自律、自觉实践师德自律和师德自律境界不断升华的关键性因素，它十分有利于形成教师师德自律的内在动力。

2. 高校教师团队运行的规范性有利于形成教师师德自律的外在动力

团队运行的规范性的内容是多方面的，在这里，主要讲团队职责分工的规范性，共同合作的规范性，奖与惩的规范性。一个高校教师团队能够卓有成效地运行，应当有以人为本的管理制度，这些制度应当具有管理内容的规范性、操作的规范性，才能够为教师团队的良性运行提供保障。一是团队成员职责分工的规范性。根据团队成员的学科背景、能力及技能的优势特点等因素，合理地在团队成员中进行合理的职责分工，使这种职责分工具有可操作规范性，而不是随意的、主观的。这样，就有可能使团队成员在内心感到职责分工的合理性和公平性，使其积极主动自觉地投入到团队的各项工作中。二是共同合作的规范性。作为一个教师团队，既有分工，更有共同合作。其实，团队的成果就是团队成员共同合作的结晶。这种共同合作要具有应有的或尽可能大的成效，应该有共同合作的规范性。这种规范性，就在于职责分工是为团队的目标共同合作，共同合作有明确的任务、明确的要求、明确的规定，使共同合作相互配合、相互协助、有序进行。三是奖与惩的规范性。高校教师团队通过奖与惩，尤其是通过激励措施积聚正能量，这正是教师团队的能量 $1+1>2$ 的因素所在。在团队成员之间，什么样的业绩给予什么样的奖励，什么样的过失给予什么样的批评或什么样的处罚，事先都应该有明确的标准和明确的界限。这种奖与惩,不仅要得到团队成员的通过和认同,而且,奖与惩的程序及方式应具有规范性。这样,就能够使奖与惩在积聚团队的正能量中发挥作用。

高校教师师德自律的外在动力,就其表现形式来说,它是对高校教师师德自律的外在要求、外在制度、外在规范、外在管理、外在奖惩等;就其本质作用来看,它是师德自律外在的促进力。相对于教师师德自律的内在动力而言,它是外在动力。高校教师团队职责分工的规范性,共同合作的规范性,奖与惩的规范性,这些都应该归结为外在的要求、外在的规范、外在的管理、外在的奖惩,亦即是外在的动力。既是教师团队良性运行的外在动力,也是教师师德自律的外在动力。这里的问题是如何使这些外在的动力起到真正的作用,关键是要坚持以人为本的理念,坚持义务与权利的统一,坚持保障他们权益的实现,坚持有说服力的思想沟通,使他们把外在的要求转化为主体自身的内在需要,转化为主体的积极性、自觉性和能动性。这样,才能够真正发挥这种外在动力的最大作用。

3. 高校教师团队工作的协调性有利于形成师德自律的内在动力与外在动力的良性互动

高校教师团队要持续地推动各方面的工作,就要切实加强团队工作的协调性。只有加强教师团队工作进展的协调,团队内部人员关系的协调,团队内部协调与团队外部协调的工作,才能更有效地开展团队的各项工作。一是教师团队工作进展的协调。教师团队的工作任务各有不同,但团队工作的进展、团队成员之间工作的进展,往往是不平衡的,只有加强团队的工作协调,才有可能使团队的工作持续有序平衡地推进。这种协调,有利于教师团队成员形成全局观念与个体的能动观念。二是教师团队内部人员关系的协调。作为一个教师团队,要构建和谐的人际关系,除了原有的良好基础之外,在教师团队运行的过程中仍需要有针对性地进行人际关系的协调,解决其产生的人际关系矛盾,使教师团队保持持续的、和谐的人际关系,使教师团队成员之间的团结协作不断跃上新的平台。三是教师团队外部关系的协调相结合。教师团队的运行,不仅有教师团队内部关系的协调,而且还有教师团队外部关系的协调。因为,教师团队的运行,时常与教师团队的外部单位及个体发生关系,这些关系有时还可能产生矛盾,这方面协调,对于营造良好的教师团队的外部关系极为重要。

高校教师师德自律的内在动力与外在动力的良性互动,对于高校教师师德自律的形成和师德自律境界的升华是极其关键的环节。高校教师团队工作的协调性,一方面,有利于激发和调动其成员工作的主动性、积极性、能动性和创造性,即激发教师的内在需要——教师师德自律的内在动力;另一方面,有利于形成教师团队良好的外部环境和氛围,这无疑也是构建有益于教师师德自律的外部环境和氛围——师德自律的外在动力。特别应该指出的是,这种协调性持续运作,可以促进高校教师师德自律的内在动力与外在动力的良性互动、相互作用、相互促进、相得益彰。

三、加强有利于高校教师师德自律的教师团队建设

高校教师团队建设涉及方方面面,在此,重点探讨与高校教师师德自律相关联的教师团队建设的几个问题。

1. 加强高校教师团队精神的培育

所谓高校教师团队精神,指的是其团队成员对团队的目标、理念的认同,充分发挥个体的主动性、自觉性、能动性和创造性与团队成员团结协作相统一的意识。

加强高校教师团队的精神建设包括:一是教师团队精神的内容,应该是围绕实现教师团队目标的精神动力方面来概括。为此,教师团队精神的内容,应该是如何对待团队的工作目标、团队的工作岗位、团队的工作创新、团队成员的合作及团队成员应具备的自主自律精神等相关联的内容。具体说来,教师团队精神应该有:爱岗敬业精神、自觉能动精神、高度负责精神、团结协作精神、追求卓越精神、勇于创新精神、自主自律精神等。高校教师的教育教学改革团队、科学研究团队和社会服务团队,尽管其各自的团队目标不尽相同,但实现团队目标的精神动力应具有统一性,当然,不同的教师团队应根据自身团队的特点,制定和概括具有团队自身特色的团队精神,这才更具有针对性和实效性。二是教师团队精神的道德认同问题。教师团队精神能不能发挥它应有的作用,关键的是教师团队成员对其道德认同的问题。只有这种道德认同,才能够把教师团队精神转化为自身内在的意识、情感、意志、信念及外化为实践,才能够充分

发挥教师团队精神在实现其目标的行为过程中的精神动力作用。为此,教师团队成员应该在平等、民主、讨论、协商的基础上,对团队精神形成统一的道德认同,在自身心灵深处产生的对这种团队精神的自主、自愿、自觉的服膺,并且在实践中自觉能动地培养这种团队精神,自觉地把团队精神作为从事团队工作的精神动力。三是教师团队精神的培育,应根据各自团队的特点,探讨有针对性的有成效的方式方法。其中,最为重要的是应该采用激励培育法和实践培育法。激励培育法,就是及时发现和表扬团队成员中的先进人物、先进事迹,树立榜样,形成学习先进的风气。实践培育法,在实践中培养团队成员的团队精神,提出实践团队精神的要求,总结、评价和反思实践团队精神的成效,使团队成员自身在实践中受到教育,得到体验,获得团队精神境界的升华。

2. 加强高校教师团队的管理制度建设

对于高校教师团队来说,管理制度对其成员的团队工作具有导向、规范和激励等方面的作用。换句话说,建立科学的有实效性的管理制度,以形成教师团队的外在动力。当然,管理制度对教师团队能否真正起到正效应的作用,主要有三个方面的问题。一是管理制度的科学性、针对性、可行性和实效性。高校教师团队管理制度的出台,既要有合理性、科学性,又要有较强的针对性、可操作性和时效性,使这几方面形成一个有机整体,缺一不可。二是管理制度的道德认同,这极其重要。作为高校教师团队,它具有团队成员自愿性的一面,只有团队成员道德认同的管理制度,才有可能充分发挥其作用。为此,其团队的管理制度,必须经过团队成员的平等协商、民主讨论,充分发表意见,集中大家的智慧,才能形成具有团队成员道德认同的、统一意志的、有利于实现团队目标的团队管理制度。三是管理制度的执行力。增强其团队管理制度的执行力,主要依靠团队的舆论导向、团队成员的民主监督、团队的奖与惩,尤其是团队成员的忠于职守和高度自觉性。可见,应该结合其团队的各项工作的进程和实际,切实加强其团队管理制度的宣传和导向,加强团队成员的民主监督,加强团队成员权利与义务的保障,加强团队的奖与惩,以激励为主,形成团队的正气,使团队成员形成自觉遵守团队管理制度的境界。

3. 加强高校教师团队的师德文化建设

加强高校教师团队的师德文化建设,这不仅是高校教师团队工作的支撑,而且是其成员形成师德自律的重要支撑。师德文化,主要是指高校师德价值观念、师德心理、师德宣传和师德环境等的总和。加强师德文化建设的内容是十分丰富的。一是弘扬大学精神。大学精神是大学的教职员工和学生经长期的实践积淀而成的共同理想、信念和追求。如,学术自由精神、科学精神、人文精神、平等民主精神、开拓创新精神、理性批判精神、对社会的责任与关爱精神等,并且把这些精神与教师团队的实际相结合,落实到其团队的教育教学改革、科学研究和社会服务的工作中。二是弘扬师德传统。既要弘扬历史传承的师德传统,又要弘扬各高校自身的师德传统。一方面,挖掘历史上师德传统的精华,结合当代师德文化建设的实际,使它发扬光大;另一方面,积极探索弘扬师德传统的有效载体,使它更好地融入高校师德文化建设中。三是加强高校师德文化建设路径的探讨。在高校教师团队中,注重师德文化观念、师德价值观念、师德心理的培育;注重在教学、科研、社会服务活动中培育师德文化,这是师德文化培育的主要途径;注重高校大师来引领师德文化建设,充分发挥师德文化与名师的共生作用;注重师德宣传和师德环境氛围的营造,利用各种宣传媒介和相关资源培育师德文化。

总之,加强高校教师团队精神的培育,在于激发高校教师师德自律的内在动力;加强高校教师团队的管理制度建设,在于激活高校教师师德自律的外在动力;加强高校教师团队的师德文化建设,在于创造条件,使高校教师师德自律的内在动力与外在动力相互促进和相互作用,使高校师德教育取得尽可能大的成效,以推动高校高素质教师队伍建设、高等教育的科学发展和人才培养质量的提高。

参考文献:

[1] 卫荣凡.高校教师师德自律论[M].北京:中国社会科学出版社,2008.

高校职业道德与社会风气

余玉花

(华东师范大学)

一、高校教师职业道德与高校学风

1. 高校学风的构成

"学风"在《现代汉语词典》中的解释是:"学校的、学术界的或一般学习方面的风气。"[1]结合现实,学风一般指个体或者群体在学术研究和知识学习中的精神风尚和思想态度,包括治学精神、治学态度、治学风气、治学原则等。

高校学风是大学内从事教学科研、教育管理以及接受教育等不同主体在校园活动中表现出来的思想风貌和学习工作态度风貌的总称。具体说来,学风是由教师、学生的个人修养作风共同创造的氛围环境。学风是一种历史的传承和积淀,是学校全体上下前辈今人共同创造的文化结晶,是衡量一个大学软文化程度的标志。东北师范大学党委书记盛连喜曾说理想的大学,要有被学生与社会敬仰的大师和教育家,大学本身要有历史文化的积淀,大学要有适合教师和学生发展的空间,要有可以代表学校的毕业生。校风就是这些所有的精神的构成。

作者简介:余玉花,华东师范大学教授。
E-mail:yyhecnu@163.com

2. 教师职业道德对学风的意义

教师职业道德对学风起到了引导鼓励的作用。学风是一种治学精神、治学态度。教师职业道德也正是教师精神和态度的体现。在高校中,由于师生之间的关系地位不同,教师的职业道德引领着学风的发展方向。虽然学生在高校中人数最多,但是,教与学的形式决定了学生的道德影响力远远不及教师。教师往往具有较高的学术权威,也使教师在高校内各个领域都具有较高的权威,所以也具有引领作用。

高校教师个人治学与为人道德的表率作用,引领着高校内的校风。在教学、生活过程中,教师通过知识、文化的传播传递学风,每一位教师与不同的学生的接触交流可以形成以点传面的效果。在现代高校中,优秀的教师拥有广泛影响力,通过此传递道德影响。教师的职业道德引领着周围人的道德素养,从而引领了整个学校的校风。应当重视高校教师个人职业道德对于高校教风学风的作用,促进良好校风的形成。北京大学校长蔡元培是北京大学的革新人物,他开创了"学术"、"自由"之风,带头践行民主治校,他的德行影响了一代北大人。也正是在蔡元培校长的身体力行之下,通过北京大学所有教授、教师和学生的努力,北大自由民主的校风一直持续至今。

除了引领高校内学风、校风,教师本身的职业道德还具有稳固学风的作用。在高校中,学生人数占了绝对优势,但是学生是流动更新的,当然学生对于校风也是有贡献的。相对于学生的变化,教师则相对稳定。教师一旦入职,会在学校中教学较长一段时间甚至终身在一所学校从教。因此从时间上看,教师的职业道德对高校学风的贡献更为重要。

不仅在时间上,高校教师职业道德对于学风的影响是润物细无声而长久的。高校教师已经形成的较为稳固的道德观念,通过教学科研影响学生,惠及学生正确人生观、世界观、道德观的养成,又丰厚了学校的道德风气。所以学生在高校的学风中受到熏陶,教师则以良好的职业素质保持、稳定着学校的校风。

二、高校教师职业道德与社会风气

1. 高校与社会的关系

高校属于教育事业,具有公共属性。美国高校职业道德规范中提到,社会让渡权利给高校,因此,高校对于社会承担不可推卸的服务责任。中国的高校的设立是国家与社会发展的需要,高校是公共事业单位,不以营利为目的,高校经费来自国家拨款和社会投资,更应当注重高校反馈社会的责任。

武汉大学樱花节收门票费的事件曾引起了广泛的关注与讨论。2013年3月11日武汉大学有关部门透露,自13日起,进武汉大学赏樱要收取门票费,每张门票20元。信息发出后,引起了各种评论,有的批评武汉大学的铜臭气,认为武汉大学收取欣赏樱花门票的做法,背离了现代大学的公益和公开属性。当然,也有网友力挺武汉大学,认为其做法只是应对超大人流的无奈之举。然而,争论的焦点其实还在于武汉大学是否有收费的权利。作为服务社会的高校,为何能够占用社会资源而又向社会收费?有人认为,中国的教育投资逐年上涨,正是社会的投资保障了高校的运行和发展,社会有权利要求高校对资源进行合理的利用并回报社会。

高校服务社会的职责之一是向社会提供科研成果,包括科学技术与社会科学的智慧成果。高校科研服务社会的形式很多。科学技术对城市与企业提供技术支持,有的是以项目的形式服务社会。如2010年上海世博会的所有场馆的灯光设计是由上海同济大学科研团队承担的。有的深入工厂企业直接把送技术到生产第一线。社会科学的教师则在法律服务、投资服务、市场服务、企业发展、社区工作等多方面为社会服务,做出应有的贡献。

高校还承担培养社会人才的任务。随着中国现代化的发展,社会对人才的需求量大质高,并随着中国经济进入产业结构调整、全面进入全球竞争的环境下,社会对人才的要求也发生着巨大的改变,这就对高等教育提出了新的要求。社会对于国际化、复合型人才的需求大大提高,这促进了高校进行现代转型和学科专业的合理化调整,适应现代社会对人才培养的要求,向社会输出更为优质的服务和人才,以满足社会发展的需要。

高校除了培养社会精英,还承担了文化社会普及的任务,教育社会大众,也加强了社会与高校之间的联系。国际上,耶鲁、哈佛、麻省理工等知名学府纷纷提供了网络公开课程供社会大众学习。比尔·盖茨就曾大赞美国麻省理工的网络公开课 Open Course Ware 起到了文化普及的作用。中国高校的学者也在面向社会的网络、各种大众媒体奉献自己的智慧。例如,上海面向市民的东方大讲堂、东方论坛,不仅在电视节目中传播优秀文化知识和观念,而且深入农村、社区、企业、部队进行文化传播和交流。

《百家讲坛》中产生的明星易中天、于丹等也都是高校教师,他们在完成高校的教学与科研任务之余,将自己的专业知识通过央视向社会大众普及中国历史知识和文化,宣讲内容涉及人文、艺术、生物、医学、经济等各个方面的知识;他们深厚的知识功底、诙谐有趣的表达方式和富有感染力的语言,给社会大众奉献了一道道丰盛的文化大餐,他们的节目深受大众的欢迎。

2. 教师职业道德对社会风气的影响

(1)直接影响。高校教师职业道德对社会风气的直接影响主要是指,高校教师通过自身与社会接触的直接行为造成影响。社会是由每个人组成的,高校教师也是社会的组成人物之一,也在社会中担任了一定的角色,具有一定的社会地位。高校教师作为一名教师,因其职业的特殊性,则具有了更高的影响力,社会也对其有更高的要求。教师道德是衡量社会风气的标杆,教师的职业道德具有社会示范性和感染性作用,积极的教师职业道德具有引人向上的力量。

(2)间接影响。主要是指高校教师通过向身边的人辐射道德价值观对社会风气产生的影响。如通过影响自己的学生来影响社会风气。在教师的生活中,除了家人,接触时间最多的应该是学生。学生对于教师的敬重,使其模仿学习教师的思想与行为。教师的行为和道德影响着学生,并通过学生影响着社会大众,影响了社会的风气。又如教师通过自己的合作者影响社会风气。在共同合作的团队之中,群体中的道德观念会渗透到每一个人的心中。再如教师的道德行为可以通过影响家人及所在社区,影响社会风气。与影响自己的学生和同事不同,高校教师通过影响自己所生活的社区影响社会风气,更多的是通过教师的个人修养与生活作风,但事实上教师的职业道德素养就是个人修养的一部分,只是表现的场所与形式不同而已。

参考文献:

[1] 中国社会科学院语言研究所词典编辑室.现代汉语词典[M].北京:商务印书馆,2007.

论高校内部的道德治理

黄富峰

(聊城大学)

我国高等教育迅速完成了向大众化的转型后,正在走向以提高质量为核心的内涵式发展道路,而高校在发展过程中出现的行政化、功利化、市场化、学术浮躁和腐败、建筑豪华而大学精神萎缩等不良现象,其本质往往体现为伦理上的困难,这些问题已成为制约高校实现内涵发展、提升质量的障碍。因此,作为适应现代社会管理方式的转变而兴起的道德治理,理应成为高校实现内部治理的一种重要方式。

一、高校组织的特点与道德治理

大学作为一个复杂的社会组织,其内部纵横交织着诸多矛盾,其中,最为核心的是行政权力和学术权力的矛盾。大学起源于欧洲中世纪,本来是由教师和学生组成的学术行会组织,自由传授知识,没有专门的管理人员,基本由学生实行自我管理。随着组织规模的扩大和其社会地位的上升,才有了专门的管理服务人员,再加上教会和政府权力的渗入,大学的内部组织日益复杂,至今已成为一个庞杂的社会组织。因此,有效

山东省社会科学规划项目"我国高等教育发展的伦理问题及对策研究"(13CJYJ01)的研究成果。
作者简介:黄富峰,聊城大学教授、博士。
E-mail: hff@lcu.edu.cn

的行政管理是实现高校正常运行的必然要求。与此同时,大学的功能和责任不断增加,由最初的人才培养,到科学研究,再到服务社会和文化传承与创新。虽然如此,大学的本质并没有改变,即实现高深知识的传承与创新。因为无论是科学研究中的知识创新、服务社会中的知识应用、文化传承与创新中的知识传递,都是为人才培养服务的,其核心都是为了知识的传授和创新。高深知识的创新和传授作为一项极其复杂的劳动,有着自身的运行规律,需要自由、独立和中立作为其保障条件。行政管理产生了行政权力,学术运行产生了学术权力,两者并行于大学组织之中,均有其合法性。但在大学实际的运行过程中,时常有行政权力对学术权力的僭越,尤其在我国目前的高校管理中,这种情况十分严重,以至于产生了"去行政化"的强烈呼吁。那么,大学如何才能实现以高深知识的创新和传授为组织目标,其一系列制度及其运行又如何能保证知识创新和传授活动的自由和独立?道德治理能够适合高校组织运行特点,协调学术权力和行政权力的冲突,实现高校内部的有效治理。

道德治理强调人是目的,突出以人为本。基于对人性本质的假设,社会管理模式也在不断发生变化,在"政治人"假设中注重的是权力的作用,在"经济人"假设中强调的是重物质利益的诱导,"文化人"是对知识经济时代人性本质的一个基本假设,在管理中则要求实现人文管理:"'人文管理'主张以人为本,把一切对象加以'人化',注意满足人的情感要求,突出情感的逻辑。"[1]如今的知识经济时代,高校已从社会和经济的边缘走向社会发展的中心,聚集着大批知识分子从事高深知识的传授与创新,他们当是现代社会中文化人的代表性群体,更需要实行人文管理。高深知识的传授与创新作为一项十分复杂的高端智力劳动,不仅需要高校教师的内在主动性和积极性,更需要一种自由和安静的环境,这里需要耐得住寂寞,拒绝浮躁和浮华,权力的压制和物质利益的诱导不利于知识的传授与创新。道德的根本目的在于人的全面发展与提升,把人作为最高目的,正如康德所言:"你需要这样行为,做到无论是你自己或别的什么人,你始终把人当作目的,而不是把他当作工具。"[2]道德治理要求使一切对象加以人化,始终把人当作目的,将目的寓于手段之中,它符合人文管理的内在要求,突出了对高校教师的尊重,给予高校教师的劳动以最大独立和自由,符合高深知识传授和创新的逻辑。如今,行政的过度干预、物质利益的过度诱惑是许多高校管理中的常态,以致遭到教师的抵制和社会的批评,其中的重要原因就是把人当作了实现特殊目的的工具,没有真正实现以人为本。

道德治理通过社会舆论实现软调控,注重民主和协商。高校作为知识分子聚集的特殊社会组织,需要更为柔性的管理。高校的管理有两种模式并行,一是行政管理,目的是为知识的传授和创新提供充分的保障,一般采用科层制,注重管理的效率,二是学术管理,目的是实现高深知识的传播与增值,在管理中虽然也有组织和职务,但主要依靠专家的学术人格和学术能力来实现,注重管理的效益。这两种管理模式同在却并不平行,时刻交叉和相互作用,这时就要努力避免用行政管理的理念和手段服务于学术管理,同时也要避免将学术管理的思维渗透于行政管理。对于前一点,大家都认识到了其危害性,对于后一点,也要引起我们的警惕。"在大学工作,最大的好处就是有主意,最大的难处是主意太多。难怪有人说,在大学中唯一经常过剩的产品就是'主意'。"[3]如何达到两个方面的同时"避免"?正确的方式是通过自觉的、广泛的、多层次的协商,围绕促进学校的教学和学术发展进步聚集正能量,实现两种管理模式的融合。"道德调节与政治、法律等其他社会调控力量和方式有着显著不同。它属于社会'软调控'范畴,具有经常性和广泛性、多层次性和递进性、正面性和自觉性等特点。"[4]道德调控不仅为两种管理模式提供共同的价值追求,即尊重教师的独立、自由和创造,促进知识的传授和创新,还为两种管理模式提供了相互作用的途径,即民主和协商,有效避免了两种模式的冲突。同时,道德调控的经常性和广泛性也使高校管理中包容性、及时性得以强化,促使一些问题在社会舆论层面得以化解和解决。

道德治理着力凝聚多元主体的道德价值共识,形成正确的道德价值导向。高校的主体是教师和学生,其根本任务是高深知识的传授和创新,这一过程是行政管理者难以参与和过问的,行政管理者更多地是为知识传授和创新的顺利实现提供保障条件,所以高校的治理要求更多的民主、平等和协商,与政府和企事业治理有着重要区别。在高校管理中,不仅有行政权力和学术权力的交织,还有在此基础上产生的其他多种利益诉求,多元利益主体的存在迫切需要在求同存异的基础上形成统一的价值取向,才能达成一致的目标追求,凝聚人心。道德哲学作为处理人与人最一般关系的学说,其根据就是使人人都成其为人,要求充分尊重人、理解人、关心人,在此基础上结合组织的目标,通过平等协商,形成价值共识,成为特定组织的道德价值导向,并通过组织内外的舆论作用,渗透到组织管理的方方面面,影响整体的组织制度设计和制度安排。高校中的道德价值导向以发挥其四大职能为核心,不仅为高校制定和实施各项制度措施及各利益主体的行为提供价值定位,还对实施过程起到监督作用,对实施结果进行道德评价。高校通过道德价值导向的宣传,推进高校的办校理念、各项政策制度的实施和落实。因此,突出道德治理的作用,对高校出台的各项政策制度进行道德设计和道德审查极为必要,这样就能够使高校发展符合道德要求,凝聚正能量,更好地承担起应有职能。

道德治理致力于提升行政管理人员和教师职业道德修养,化解治理风险。制度靠人来执行,再完备的制度,如果缺乏执行者的自觉和积极性,也只能大打折扣。因此,职业道德建设在各行各业的管理中都备受重视。高校相对其他行业而言,其重要性更为突出。对于高校的管理者而言,承担着为师生的教学、科研和学习提供服务保障的作用,好好服务就成为其根本的职业道德要求,要做到服务到位而不能越位并不容易。20世纪三四十年代,清华大学老校长梅贻琦留下了日后广为流传的名言:"校长是给教授搬椅子的。"而今天山东大学校长徐显明说:"如果只有一把椅子,校长不能坐,处长也不能坐,只要老师来了,这把椅子只能是给老师坐,校长和处长要站起来,把椅子让出来。"[5]对于高校教师而言,承担着追求真理、创新知识、传播真理的根本职责,教书育人本是其天职,但也有不少有点作为的学者,官员气派、商人气派、明星气派十足,频繁出没于各种社交场合、国际论坛,或做演讲嘉宾或做评委,发言被加工成论文高规格发表,唯独丧失了对做真学问精神的修炼。[6]行政管理人员做到诚心诚意地将椅子让给老师不容易,教师做到为人师表、精心教书育人更不容易。所以,强化高校的职业道德建设,就成为实现高校道德治理的重要方式。通过道德治理,强化高校行政管理人员和教师的职业道德教育,增强其自觉自律意识,使其各安其位、各尽其责,从而有效解决制度执行中的形式主义和不到位情况,有效调和两种权力之间的矛盾和冲突,化解治理风险。

二、高校内部道德治理的主要内容

能否处理好各种内部利益关系的纠缠制约着高校的治理水平。"学问、特别是大学里的学问,不论是研究还是教学,都与文明的形成有关,并且有巨大的力量。如果它被错误地引向受权力支配的方向,显然会带来重大的影响。"[7]高校的道德治理就是通过解决高校发展中的一系列道德难题,以此促进其他相关问题的解决。因此,高校中的道德治理不仅关乎高校办学质量的提升,还关乎高校能否成为受人尊重的大学。

在高校内部的道德治理中,所关注的核心问题有二:首先是正确分析高校的教育教学活动事实如何与高校行为应该如何的关系,确立高校所追求的最高价值,以此作为高校一切活动的最终目的。目前,是为社会的高等教育还是为高等教育的社会?是功利的高等教育还是促进人全面发展的高等教育?学生在高校的教育教学活动中是主体还是客体、是目的还是手段?等等。高校深陷其中左右为难、摇摆不定,在这些问题的纠缠和模糊认识从根本上制约着高校对自身发展方向的价值判定。其次是高校应从高深知识的传授与创新这一特殊性出发,确立其内部各要素之间的道德关系,而后思考如何使自身所承担的各种关系符合道德规定,并将道德规定落实到具体的教育教学活动。

　　因此,高校道德治理的主要任务就是通过总结制约高校发展的道德难题,分析形成的原因,确定高校教育教学活动的事实如何与应该如何之间的关系,确立高等教育最高价值,探索高校道德关系的形成、制定与实现,使高校的发展更加符合道德要求,树立其良好道德形象,让高校成为更加受人尊重的大学,真正肩负起立德树人的重任。围绕以上任务,高校内部道德治理主要包括以下六个方面的内容。

　　对高校教育教学目的的进行道德审查。不断进步的科学技术为人们掌握世界和改造世界提供了信心和动力,社会的开放性、虚拟性、多元性、消费性增强使人的身心经常处于焦虑状态,出现了情感退化、道德冷漠、物质主义至上等不正常现象,人的自主意识不断增强,平等民主精神迅速增长,这些情况对高校何去何从提出了新的挑战和机遇。为此,需要从道德的视角进一步分析高校应该何为,提出育人根本预期,确立高等教育最高价值,以此作为调整高校教育教学活动的出发点和归宿点。

　　对高校教育教学内容进行道德反思。现代社会发展中的弊病已引起人们的广泛批评,物质至上精神萎缩绝不是真正文明,人类社会的和谐发展需要真善美的支撑。高校不仅是现代社会发展的核心推动力,也是社会正确发展方向的引领者。为此,就要对高校的教育教学内容进行道德反思,反思这些内容是否有利于人的全面发展和能否创造出新价值,是否有利于引导社会发展的正确方向。只有这样,高校才能承担起其应有的社会道德责任。

　　对高校教育教学功能进行道德定位。高等教育在现代社会发展中的核心作用日益凸显,人们对高校的教育教学功能的定位也就经常出现偏差,例如社会的某些利益集团将高等教育看作实现自身利益的工具,某些个人则把高校看作是获得较高社会地位、获取物质利益和荣誉的阶梯等,这些因素时刻影响着高校的内部运行及其功能的发挥。高校如何更好地发挥其在人才培养、科学研究、服务社会、文化传承与创新上的作用,需要对其教育教学功能进行道德定位,以此作为进行内部治理的基础。

对高校教育教学方法进行道德校正。高校师生关系在一些方面陷入误区的重要原因是忽视了高校教育教学活动的特殊性,高等教育的对象是充满主动性和创造性的具有无限发展潜质的高级人才,与其他职业活动的对象存在着本质区别。因此,需要在此基础上提出关于高校师生关系的本质要求,注重精神交融和人格平等,确立正确的教育教学方法,才能实现教师不仅好好教还能教好,学生不仅好好学还能学好,取得良好的教育教学效果。

对高校内部制度进行道德设计。内部制度的公正、公平程度反映了一个组织的文明状态,作为引领社会发展方向的高校能否形成一套公正、公平制度体系,不仅影响到自身运行中的和谐与效率,还是其能否以其公正、公平的道德价值引领社会发展方向的关键性制约因素。为此,高校应正确理解高等教育的目的和功能,以公正与公平为着力点,设计内部的制度体系和运行机制,培育良好的道德舆论环境,克服运行中的道德困境,提升内部治理的效益。

促进高校整体德性的形成。高校的"产品"是各级各类高级人才,其所培养人才的质量如何,需要在学生参加工作后经过较长时间才能显现出来,这种评价的滞后性会使一些高校的管理者和教师缺乏危机意识,容易产生懈怠心理,放松职业道德修养,缺乏承担相关道德责任的意识、能力,从而制约了高校整体德性的形成。因此,行政管理人员、教师等如何积极进行职业道德修养,诸要素如何有效整合才能保证高校获得良好社会声誉也是道德治理的重要内容。在此基础上,高校还要根据高等教育大众化发展的新特点、新要求提出促进和保证高校德性形成有效思路、方式和方法,推进制约高校德性形成的各个层面的治理,树立高校良好社会道德形象。

三、高校内部道德治理应注意的几个问题

高校内部行政权力和学术权力纵横交织,由此衍生出一系列矛盾和冲突,由于矛盾和冲突涉及更多价值观层面的沟通和协调,高校的内部治理尤其依赖于道德治理,道德治理在高校发展中占据更加重要地位。正是由于高校运行的特殊性,我们在高校

内部的道德整理中应特别注意以下四个方面的问题。

高校内部的道德治理应发挥多元主体的积极性。道德治理的主体问题是回答谁在治理的问题。高校由教师、学生、行政管理人员等组成,在教育教学过程中,学生是主体、教师是主导、行政管理人员提供服务等。但在实际的操作过程中,由于各自承担着不同的职责和任务,其利益追求、道德价值标准也不尽一致,呈现出多层次性,甚至还有可能存在某种道德隔阂。所以,在道德治理过程中,如何发挥各主体的积极性就成为制约治理成效的一个关键性问题。对教师而言,就是要给予最充分的尊重。"对教授的管理,与其说是'管',不如说是'理'。'理'就是要看得起他们、尊重他们,以礼相待,以情感人,以理服人。"[3]对学生而言也是如此,大学生思维活跃,主动性、创造性强,具有无限发展潜力,更值得重视,是办学的根本。高校的治理主要依靠行政管理人员来执行,行政管理人员如何摆正自己的位置就显得十分重要,不仅自己要主导学校治理,还要在治理中把教师和学生当成真正的主体。"搬椅子"理论就成为破解这一问题的一个捷径,其核心就是行政管理人员真心真意为教师、为学生服务,只有这样,才能使各种道德诉求相互借鉴和相互吸收,求同存异,在一些观念上彼此融合,消除差异,使各利益主体顺利进入学校公共道德空间,增加道德共识,达成道德价值观上的一致,形成有利于教书育人和知识创新的浓厚道德舆论氛围。

高校内部的道德治理应重德更理事。道德治理能够实现以人为中心的公共利益最大化与组织的和谐,是手段和目的的有机统一。高校道德治理的目的不仅在于社会良好道德形象的树立,更在于把为人类的文明和进步培育人才与创新知识这一善的追求贯彻到具体的办学理念、制度和所有人员的行动中。现代大学制度建设要求实现教授治学、民主管理,其根本要求与道德治理的目的相一致,并且道德治理是实现现代大学制度建设不可缺少的重要手段。需要注意的是,在高校道德治理中,要注重事务的治理和理顺。因为高校聚集着大批知识精英,对民主和平等有着强烈追求,对社会变化反应较为敏感,经常存在各种道德争论,在道德治理中容易陷入仅就道德而进行道德建设的误区,务虚而不务实。高校内部的道德治理固然要紧盯大学失德难题,解决它过分功利与世俗化而失去人们的尊重问题,在实际操作过程中,只有把失德的原因与实际工作结合起来,把道德建设寓于学校建设的各项具体工作之中,通过协调其中的道德关系促进各项事业的发展,不断提升办学质量,才能真正树立自身良好社会道德形象。如高校内部的执行力提升问题,不仅在于对所担当工作任务的道德价值观上的认同和干事创业浓厚道德舆论氛围的形成,更要在此基础上鼓励大家的实干精神,踏踏实实完成本职工作,否则就会陷入空谈误校的境地,道德治理也会凌虚蹈空,失去其应有的现实基础。

高校内部的道德治理应提升专业化水平。高校以高深知识的传授和创新为组织核心,行政管理为此提供保障。但高深知识的传授与创新往往具有很强的专业性,相应地,高校的道德治理就要提升其专业化水平。这就意味着在高校的道德治理中,不仅要发展行政管理人员、教师和学生等群体共同的道德知识,也需要在道德理论和道德实践中结合各自专业化的知识,找到适应各自职责的道德治理方法。就高校教师而言,其所从事的专业研究,一般人很难做出恰如其分的分析评价,这就要求其具有更高的专业自觉和道德自律。"学术伦理标准从治学的对象即高深的学问中取得其特性,由于高深的学问处于社会公众的视野之外,公众很难评判学者是否诚恳地对待公众的利益,因此高校教师的职业道德应具有更高的自律性。"[8]因此,教师应与自己的学科专业相结合,突出自身的学科专业特点,以更高的自律性强化自身的职业道德修养。就学生而言,要与自身的专业相结合,从课程中汲取道德滋养,形成具有专业特色的道德追求和行为模式。就行政管理人员而言,应加强对各学科、各专业理解的同时,注重管理学知识的学习,强化管理道德修养,将管理道德与各学科、各专业的特殊要求相结合。只有这样,才能增强行政管理人员服务的针对性,最大限度地提升自身的职业道德水平,加深彼此的理解和沟通,与教师和学生的道德需求相适应,增强道德治理的有效性。

高校内部的道德治理应突出学术道德建设。一些高校教师学术精神的萎靡和学术道德的丧失已成为社会对高校批评的焦点,因此,高校的道德治理应该特别突出学术道德建设。当然,学术道德建设不仅包括教师,还包括研究生和本科生。高深知识的传授和创新是高校区别于其他社会组织的显著特点,需要较高的学术道德作为保证。学术研究是在一定社会中进行的,需要处理方方面面的利益关系,包括如何对待名利、荣誉、地位等。一般而言,笃爱学术职业、勇于创新、实事求是、团结协作、提倡学术批评是处理好这些关系必须遵守的道德要求。教师只有树立了高尚的学术道德,拥有正确的研究目的和崇高的学术追求,才能在潜心于学术研究,有效避免功利化,杜绝学术浮躁和学术腐败,保证自身独立的学者人格,促进自身学术的不断进步,培养出德才兼备的学生。高校教师和学生的学术精神和学术道德是一所高校德性的核心组成部分,标志着一所高校的道德高度,需要通过道德治理不断加以强化。

参考文献:

[1] 黎红雷.人类管理之道[M].北京:商务印书馆,2000:278.

[2] 康德.道德形而上学原理[M].上海:上海人民出版社,1986:43.

[3] 任彦申.从清华园到未名湖[M].南京:江苏人民出版社,2009:69,71.

[4] 唐凯麟.伦理学教程[M].长沙:湖南师范大学出版社,1992:66.

[5] 吉祥.山东大学大部制改革:看似结束了,其实刚开始[N].齐鲁晚报,2013-1-14.

[6] 熊丙奇.教育熊视:中国教育民间观察[M].上海:东方出版中心,2008:194.

[7] 池田大作,松下幸之助.人生问答[M].北京:中国文联出版社,2000:341.

[8] 约翰·S·布鲁贝克.高等教育哲学[M].杭州:浙江教育出版社,1987:120.

师德的实质与教师的人格建构

邵龙宝

(同济大学马克思主义学院)

中国古代社会最重官员、教师、医生的道德,认为这三种人是社会道德的引领者。要想真正理解中国社会的历史、文化、道德、政治的变迁,就必须要了解政治道德的遗产——官德;要想使人成为人,学会做人,懂得天伦与人伦、仁民爱物、尊老孝亲,就必须重视教化,孔子的教育思想尤其珍贵;现代教育不仅把"人"作为教育对象,而且将"人"当作教育的核心,一切从"人"出发,一切为了"人"的发展,都告诉我们重视师德的必要性和重要性。至于医德,中国古代有预防疾病、治病救人,造福人类的习医目的和工、巧、圣、神的医术,古希腊医生希波克拉底的誓言乃是医学生的座右铭:"……我之唯一目的,为病家谋幸福,并检点吾身,不作各种害人及恶劣行为……"这三种人的职业道德的重要性不言而喻,三者可以相互依存,共同营造和谐、秩序的社会环境。本文着重探求教育伦理视域中的教师德性人格建构问题。有人说,师德是一个国家和民族的唯一希望,此话虽过激,颇有道理。

作者简介:邵龙宝,同济大学马克思主义学院教授,博士生导师。
E-mail:shao_longbao@126.com

一、师德的实质

中国有句俗话,"经师好遇,人师难求"。从教育伦理的视域来区分"经师"与"人师"的差异主要在于:其一,"经师"只重知识论、认识论层面的知识和理论的传授,"人师"不仅注重知识论、认识论,更重视价值论和伦理学,看重将二者有机地统一,尤重将认识论转化为价值论、伦理学,在教育实践中致力于化理论为知识,化理论为德性,化理论为人格。中国教育传统看重德性的卓越,西方教育看重理智的超凡,中西文化都关心人格的成长,都反对教育中传授死的知识和没有活力的概念,都认为教育的中心是活化知识,防止知识的僵化,且把知识和理论内化为人格,这是衡量高水平教师即"人师"的一个重要标准。其二,"经师"只重学问之"器","人师"重视学问之"道",与"器"相关的是工具理性和技术理性,与"道"相关的是目的理性、价值理性与人文理性。"经师"偏重前者,"人师"善将二者有机统一。当下整个世界都出现了知识观的分裂、价值观的倒错和成功观的迷惘,究其因则是"器"与"道"的错位,只看到知识中的工具理性和技术理性"器"的功利性价值,看不到或有意无意忽视"道"的价值和意义。由这样的认识论导向的价值论无疑是重"器"轻"道"的倒错的价值观和异化了生命本质的成功观。其三,"经师"不仅轻忽"道"的存在,更不去践履道,认为这是在做无用功的事情,因为它不会给人带来当下的利益和需要的满足。"人师"则努力去体悟道、证悟道、践行道,他是一种超越性的生命的存在,从心底里赞美生成宇宙万物、孕生万物、演化万物的"道",他相信"道"的强大的力量,它是孕生万物的总根源。"人师"深知遵行宇宙、自然、社会和人生的总的规律是"道",他要引导学生一起去认识这种运行的法则和规律,包括人自身的身和心、人与人、人与社会、人与自然的法则,人只有顺应这种规律,才能在此基础上改造自然和社会,创造和超越自己。"道"又是表征真善美的精神实体,"人师"的教育使命就是让学生和自己一起去追寻这个精神实体的道。"道"还是指导社会人生的原则和规范,"人师"是遵行这种原则和规范的楷模,这种身教远胜于言教的教化,使学生懂得自由与法纪、权利与义务统一的重要性。"道"又是"道者反之动"的辩证法,它揭示了任何事物盛极必衰、物极必反的规律。"人师"要与学生一起去体征"道"在动态中向相反方向转化的辩证运行的规律。其四,"经师"缺乏对师道的敬畏,"人师"敬畏师道,敬畏教育对象,敬畏三尺讲坛,敬畏教育的岗位。敬畏"师道"可以具体化为对教师这一职业的敬业、勤业和精业。学、会、工、巧、精、通、化、生、圣、神有十个层次,"经师"停留在前几个层次,有些老师在充满唯科技主义、唯物质主义、唯功利主义和拜金主义的时代,基本上不读书,他们钻营于获利或争权争名的勾当,仅仅在十分狭窄的知识范围中应付大致的"学"和"会"的程度,应付教书匠的差事,至于"工"和"巧"再往后的境界在他们的心目中根本挂不上号。他们甚至认为这十个层次即使全部达到了又有什么意义和价值呢?还不就是一个可怜兮兮的穷书生吗?!"人师"可不这样想,他认为这是自己一生追求的目标,因而则有可能不断向后面更高的境界跃升。

二、当下师德存在的问题和成因

从总体上看,广大教师,包括大中小学教师,95%以上都比较敬业,人品也比较端正,存在的问题主要是不适应现代社会的快节奏和信息化、网络化的后喻文化时代的要求,心理承受力超负荷,如竞争上岗、聘任、职称评定、来自学校和社会的教育质量的指标、加班加点等多重压力。由于考评教师的指标体系倾向于学术论文,导致一些教师工作职责失衡、重科研轻教学等现象。分析教师职业道德存在的问题主要有以下几点:

其一,过于追求功利和浮躁。市场经济的趋利性使得高校已经不是远离社会现实的象牙塔,教师们待价而沽的意识越来越强烈,越来越多的教师关注自己的经济利益,利用自己的一技之长谋取自身的好处,无暇顾及学生的品德和人格的成长。

其二,缺乏对教师职业的敬畏。中国传统社会崇奉"天地君亲师",教师的地位无比崇高,有的教师甚至可以成为"帝王师"。师者,乃是人之模范,他应该厚乎德行、辩乎言谈、博乎道术,深信资之深,则取之左右逢其源;认为"志不强者智不达"。教师必定信奉道德和人格力量,恪守"言必信,行必果",使言行之合,犹合符节也,无言而不行,由此方能做到"因材施教,不叩必鸣;以名举实,察责明故;务本约末,量力所至;言行一致,舍其志功;防其未然,力主诽非",这样的师者方为"人师"。"人师"者大多为严师也,"凡学之道,严师为难。师严,然后道尊;道尊,然后民知敬学"(《礼记·学记》)。中国古代讲"五教"也就是"五伦",指针对五种主要的社会人际关系即父子、君臣、夫妇、兄弟、朋友,构成社会最重要的五种人际关系,这是依据人的天性,又是自然的规律来建构社会伦理关系,遵循自然规律来建构社会道德标准,这是几千年宗法专制主义社会的核心教育思想和理念,在此基础上才能讲格物、致知、诚意、正心、修身、齐家、治国、平天下,以促进社会的和谐。问题是现在已经不是宗法专制主义社会,现在已经不再讲"君臣"关系,其他四伦也更讲求平等而不是依附和依存关系,教育的目的不再是为围绕"五伦"而展开,而是要培养德才兼备具有独立人格的富有创新精神的社会主义建设者和接班人。这样,现代社会的教育就不再强调"师道尊严",也不再强调"做人的教育",相反突出的是"知识传授"的教育,"能力培养"的教育和"智力开发"的教育,加上西方现代性危机的蔓延,古代做人的教育理念进一步弱化,导致教育者对教育者职业态度也越来越淡化"敬"的内心体验和要求。古人说"圣贤进德修业,不离一敬",自身先要做好人,然后以天下为己任,兼爱他人、学而不厌、诲人不倦。现在师道也不再尊严,"敬"便成了"肆",即随意、放任、不负责任,教师对自己的职业失去了神圣感、敬业的虔诚,"学高为师,身正为范"成了可望不可及的目标,聪明而仁的教师职业道德标准被不"敬"的职业心理弱化又弱化,以至于有的教师连"经师"也不想当,甚至成为"白天是教授,晚上成了禽兽"的异类。

其三,师心师德的异化。教师乃是"人类灵魂的工程师"。在今天这样一个金融文明的时代,许多人分不清资本和金融文明的两重性,只看到资本扩张给社会生产力带来的推动,看不到资本扩张中每一个细胞都滴着血的负面效应,只看到金融文明给企业和每个人盘活资金带来的好处,看不到金融文明以文明的面貌出现在背后隐藏着更加残酷的剥削与压迫。金融文明使许多人丢失了灵魂,包括作为教育者自身的灵魂,所以,在这样一个金融文明的时代,教师成为"人师"的难度就更大了,他所肩负的使命也就更神圣了。著名教育家经亨颐(1877—1938)曾经说,愿意牺牲自己个人利益的人才具有教育者之人格,能为教师;不愿吃亏者,想要争名于朝、争利于市者,千万不要当教师。尤其在今天这样一个金融文明的时代更是如此。还有一个原因必须阐明,中国古代的"人师"的教育资源主要来自儒家的教育思想,儒家思想自从五四新文化运动以来就失去了神圣的地位,沦为"封建思想"的残余,在我们的教育体制内,儒家的教育思想越来越被淡出正统的教育思想,"敬"这个作为儒家的重要概念和今日中国教育的实际越来越远,年轻的教师们已经难以理解所谓儒家"敬"的含义,这不能不说是教师职业道德难以上升到堪为"人师"的高度的重要原因。

其四,时代的变迁对教师提出的挑战。传统师道注重个人的道德修养,现代社会强调专业化、个性化,不仅要求教师"学高"、"德高",还要求更高的教育教学技能和水准。教师在现代社会只是一种职业,也要为生存、"稻粱谋"而奔波,孔子尚且有"待价而沽"的理念,现代的一些教师在潜意识中自然产生了"出售知识"和"商品交换"的心理,哪里能获得最大利益就到哪里去走穴,也是天经地义的。传统社会的"天地君亲师"的地位早就转变为现代社会"以学生为中心"的服务意识,教师头上没有了神圣的光环,极易自降人格和"师道"、"学高";师道尊严已经为"一切为了学生"和"为了学生的一切"的观念所取代。传统的教师中心地位转化为一切为了学生的服务意识,容易导致师生之间的紧张关系,以致出现职业伦理失范现象。

其五,学术异化导致的师道失控。学术的目的是为了实现人生的价值,归根结底是为了获得幸福的生活,但在资本主义和自由主义共谋下今天的学术已经成为市场经济逻辑主导下的生产与消费体系的"共谋者"和"附属品",学术被经济化了,一些教师及时行乐、浮躁,自己的人生观也出了问题,唯物质主义、唯功利主义和唯享乐主义把学术庸俗化了。长期以来,我们的学术界出现了学术不端的无规则和严重失范现象。学术不端是指那些为谋求个人或集体利益而有意识地违背学术规范的学术行为,包括学术活动中的各种欺诈和渎职行为。比学术不端更严重的是学术腐败。学术腐败指损害学术纯洁性的非学术行为,如履历和成果造假、权力寻租、行贿受贿等。目前学界存在的不道德行为有学术造假、伪造成果、篡改数据、剽窃、"搭车"署名等。分析原因:官本位侵蚀学术。各界领导干部领衔重大项目,担任学术兼职。学术腐败像官场腐败一样毁坏世道人心、腐蚀学者人格、败坏师德师风,导致精神文化堕落,损害学术品格,瓦解学术研究。学术腐败甚至严重到在院士评审中也出现腐败现象。师德之坏必然给学生带来负面影响,高校学生作业抄袭成风,比例竟高达 40%~60%。学术论著中充斥大而无当的空洞议论、大量的低水平重复,它们使人文社会科学出版物的学术含量日益减少。低水平的重复令人触目惊心。"师道"如此,"学道"又会怎样呢?! 师德在这种背景和环境中应当如何建设呢?

三、教师(师德)的人格建构

加强师德,环境营造和制度创新固然重要,但更需要一种合力,必须加以综合治理。这里只是从教师的人格如何建构的角度谈一点浅见。"学高为师,身正为范"是为"人师"。孔子毫无疑义是中国历史上"人师"的典范。作为殷商亡国的"小人儒"一般是指"经师"。孔子将"小人儒"跃升为"君子儒",不仅仅在于孔子是怎么描述儒者的风范和德行的,关键在于孔子自身的高山仰止的人格操守和上下求索的政治实践的行迹。[1]他有"博施于民而能济众"、"朝闻道夕死可矣"的理想,有自强不息、厚德载物的精神,有"知其不可而为之"的对崇高理想追求的执着,有"无求生以害仁,有杀身以成仁"的超越精神,有"三军可夺帅,匹夫不可夺志"的节操。孔子把"小人儒"(柔儒)提升为"君子儒"时没有消解"柔儒"的美德,而是继承了"柔儒"的美德,如他要求君子儒应注意违礼的警示,"恭而无礼则劳,慎而无礼则葸,勇而无礼则乱,直而无礼则绞"(《论语·泰伯》)。孟子夸奖孔子"自生民以来,未有孔子也"。孔子一生最不愿意做挂在墙上的葫芦,摆摆样子,中看不中用,总是想要为国为民做点事情,直到他意识到自己老了,发出的感叹也是那样的感人肺腑:"甚矣吾衰也!久矣吾不见周公!"孔子的愿望并非当一个单纯的学问家、读书人或理论家,他的志向是要成为大思想家、政治家和教育家。他未能成为实际政治生活中成功的政治家,却成了中国历史上最伟大的教育家和思想家、伦理大师。作为"人师"的教育实践是与他的政治实践紧密联系在一起的。他向往在他有生之年通过他的努力能救民于水火,实现大同社会的理想,他在政治上的失落使得他更加向往在教育上把希望寄托在自己的学生身上。他用忠恕之道引导学生,他要求学生理论联系实际,要求学生"学而时习之,温故而知新",要求学生"博学而笃志,切问而近思",告诫学生"学而不思则罔,思而不学则殆",引导学生见贤思齐焉,见不贤如探汤。他与学生坦诚相见,像一位父亲和兄长一样关心和爱护他们,他并不要求学生一定要忠实于他,而要学生忠实于自己的经验。他一生同时尽"为士之道"和"为圣之道"两项使命,最关心的是传授给学生"道"。孔子认为真正的君子"不患无威患所以立","三军可夺帅匹夫不可夺志";他认为"邦有道则现,邦无道则隐"、"邦有道,贫且贱焉,耻也;邦无道,富且贵焉,耻也"、"穷则独善其身,达则兼济天下"。真正的君子应该做到"在上位,不陵下;在下位,不援上;正己而不求诸于人。上不怨人,下不尤人,故君子居易以俟命,小人行险以侥幸"。他要求学生塑造智仁勇,养成中庸人格,"无求生以害仁,有杀身以成仁"。孔子是中国历史上真正的"人师",高山仰止,景行行止。

苏格拉底无疑也是古希腊历史上最伟大的"人师",他比孔子的命运更加悲惨,他是伟大的哲学家和教育家,他的诘问式的对话与孔子的一问一答的启发式对话不一样,但想以真善美来提升自己和塑造学生与孔子是一致的。让我们来欣赏他的名言吧。他是这样看待理想的:"世界上最快乐的事,就是为真理而奋斗。为理想而奋斗的人,必能获得这种快乐,因为理想的本质就含有道德的价值。"他这样看待教育的功能和作用:"禀赋最优良的、精力最旺盛的、最可能有所成就的人,如果经过教育学会了他们应当怎样做人的话,就能成为最优良、最有用的人,因为他们能够做出极多、极大的业绩来;但如果没有受过教育而不学无术的话,那他们就会成为最不好、最有害的人,因为由于不知应该选择做什么,就往往会插手于一些罪恶的事情,而且由于狂傲激烈,禀性倔强,难受约束,就会做出很多很大的坏事来。"他如此分析自己:"我比别人知道得多的,不过是我知道自己的无知。"他认为:"谦逊是藏于土中甜美的根,所有崇高的美德由此发芽滋长。"他这样看待习惯的重要性:"好习惯是一个人在社交场中所能穿着的最佳服饰。"他认为生活的意义在工作中:"不懂得工作真义的人,视工作为苦役。坏人活着是为了吃与喝,而好人却是为了活着才吃与喝。"苏格拉底的话远不如他的行为更加崇高和伟大,他为了让雅典的公民认识到自己的问题,倾其所有,直至牺牲自己的生命去拯救城邦和民众,最后他安详坦荡地喝下了毒鸩。学习孔子和苏格拉底,建构作为教师的人格是我们一生的誓愿,成为"人师"则是一个无止境的追求理想的目标和过程。

"引入西方的公平正义理论必须要将其浸润到本民族文化传统的土壤之中。惟有深切了解和把握中国传统的公正理念,才能有针对性地发掘自己民族文化传统的资源宝库并加以创造性转化。"[2]建构教师师德人格必须要从传统人格理论中吸取营养。

在今天,建构教师的人格,我想应该从以下七个方面入手:

其一,要确立现代法权人格,教师自己必须成为自尊自爱自信自强、在行为中充分体现权利与义务统一的人。中国社会由于两千多年宗法专制主义的遗存,人的独立性和法权人格远未能真正确立起来。马克思早就说过,"人类历史无非是人性的不断改造而已",在人性改造中成为自尊自爱自信自强的人和在行为举止上真正贯彻权利与义务相统一的现代人是问题的实质。

其二,要确立起自己的信仰。它是人格的灵魂,现在有许多人崇拜GDP、崇拜金钱和权力,使得学生也追求学分GDP而丢失了灵魂。作为教育者一定要理解什么是马克思主义的"人的自由全面发展"的终极关怀,否则我们天天在喊为建设中国特色社会主义事业而奋斗,其远景的目标是什么,是马克思主义的终极关怀;我们没法给学生讲信仰。其次,教育者自身要确立起做人的信仰,这是中国传统文化的基本精神,儒释道文化都围绕这一命题而展开,倘若我们自己不能做一个"仰不愧于天,俯不怍于人"的人,我们如何引导学生成为这样的人呢?有了这两个方面的信仰,对共同理想的理解和践履就不会有什么难处。对于宗教信仰应当持开放、包容的心态,历史唯物和辩证地加以引导,因为任何一种宗教都讲道德戒律,都对社会有整合效应,当然要警惕西方敌对势力的渗透和利用宗教进行反华活动。关于信仰的问题是安顿灵魂的问题,是追求意义世界的问题。每个活着的人都不能忍受存在的虚无,不能忍受自我的失落和彻底的空白。教师自己首先成为有灵魂的人,才能教化学生成为有灵魂的人,要成为中国人做人的信仰的执着的觉悟者。

其三,教育者要想使自己的教育产生效果,自己的"身正"为范是第一位的,作为"经师"和"人师"的最主要区分就在这里。一个缺德的教师再有才干对教育不会有什么裨益,因为才干要借助德性才能得以发挥。德性是一个人得以站立起来的根基,这是人格的基石。德性常常不是靠说教传播给学生的,而是靠教育者的行为影响学生的。所以在今天的社会环境中教师尤其需要从自身做起,教育活动中讲仁爱、诚信、践履"慎独"。

其四,教师自身要确立科学正确的价值观,也是行为的动力或人格的取向,教育者应当深信德福一致符合人性和中国文化的"道"的运行规律,尽管现实生活中不乏相反的例证。价值观教育中最重要的是深信"人间正道是沧桑",坚决反对"宁可在宝马车里哭,也不要在自行车上笑"的价值取向,坚决反对湖南某中学校长对学生"你们好好读书才能做大官、娶美女"的错误引导的扭曲的信念。要教会学生成长到真正富有——精神上和人格上的真正富有。

其五,注重意志品格(人格的心理张力)的磨砺,在现代社会要经得起折腾(能经得起挫折和磨难的考验),一定要锻造自己的心志也就是意志品质。一个缺乏抗挫折能力的人难以在现代社会生存,他们不懂得和不能够适当调整自己的心态,调适自己失衡的心理和危机状态,弄不好就会导致精神病或结束自己的生命。他们不懂得人生的乐趣就在于迎接生命中的挑战,唯有在一次又一次的危机和挑战中,人们的精神才能越来越健全,生活越来越丰富多彩。

其六,培养自己创造的智慧(人格的魅力)。这是一种比智力智商更高的有深厚人文底蕴和以道德为基础的智慧。幸福是生存的平衡状态,但是人的生活的规律是从平衡到失衡、从失衡到平衡,始终是在平衡和失衡当中前行,怎样调节失衡呢?靠智慧去调节,因此可以说是智慧创造幸福,人性的不断改造也在于智慧的提升,智慧中一定要有道德作为底蕴,从这个意义上说,智慧高于德性,包含德性。一个真正有智慧的人不会伤害他人,不会做不利于社会的事情。教师的学习是没有止境的,否则,在后喻文化时代,教师一定会跟不上知识经济的步伐。教师永远也不能停留在"学会"的程度,一定要使自己的三尺讲坛的每一个四十五分钟沁润在长年累月所下工夫的基础之上,由此而达到"左右逢源",生出教书育人的各种巧慧来,在巧慧的基础上还要求精和通,在精和通的基础上还不停留,更要生出即创生出新的理念、新的思想、新的思路和新的方法,以达到圣的水准和出神入化的境界。这样的教师才是真正的"人师",这样的"人师"是理想的目标,也许可望不可及,但是每一位教师都应该向孔子学习"知其不可而为之",向孟子学习"得天下英才而教之",这是人生最大的快乐。

其七,培养审美的情趣(人格的境界)(脱离低级趣味建立在真善基础上的对美的追求欣赏的审美情趣)。真和善的东西才有可能是美的,讲情义、道义和正义的人是美的,崇尚自由、平等、博爱和法治的人是美的。我们的教育事业归根结底是要引导学生懂得美好的人生究竟是什么,美的事物是什么,美的人是什么,美的事是什么。一个追求美好的生活和人生的人是不会作恶,不会做出伤天害理的事情。历史上的所有思想家、科学家都为创造美好的社会即理想的社会和人生不竭地上下求索,都是为了一个美字。教育的实质也就在这里。唯有教师的人格是美的,学生才有可能成为人格美的公民;唯有教师的群体形象的美才能塑造出一代又一代懂得美、用自己的实践去创造美的,具有中国灵魂和世界眼光的社会主义的建设者和接班人。

参考文献:

[1] 邵龙宝.儒的源起与真意——"小人儒"如何跃升为"君子儒"[J].晋阳学刊,2012(2).

[2] 邵龙宝.中西比较视域中的儒学公平正义思想及其现代转化[J].中国人民大学报刊复印资料,2013(1).

再论师德的先进性
——以"宁选'范跑跑',不要'郭跳跳'"为例

李 玢
(闽南师范大学马克思主义学院)

一

教师的职业道德简称师德,它是教师的道德意识、道德关系和道德活动的总和。教育这一职业从一开始就赋予它以神圣性,因此,也赋予了教师的高尚性。

中华民族在几千年的教育实践中,形成了优良的师德,如:"当师之务,在于胜理,在于行义";"为人师表、教学相长";"学高为人师,身正为人范";"师者,所以传道、授业、解惑也"等等。然而,不同的社会、不同的历史时期,师德的内容是不同的。对于当代我国教师的师德问题,面对社会主义市场经济条件下的道德建设却显示出它的特殊性。

社会主义市场经济条件下的道德建设提倡先进性与广泛性相结合的原则。社会主义的基本道德要求,是大多数人都能做到的。由于我们处在社会主义初级阶段,经济发展水平还处在不发达阶段,人们思想道德素质还存在着差距,在全体社会成员中,

---

作者简介:李玢,闽南师范大学马克思主义学院硕士生导师,教授,德育研究所所长。
E-mail:Libin-1012@163.com

觉悟程度、认识水平参差不齐。因此,在道德要求上,既要考虑到先进分子的觉悟,又要考虑到大多数人民群众的道德水平。因此,道德作为社会对人们思想和行为的一种要求,它包含两个方面的内容,一方面是少数人能做到的高要求,另一方面是大多数人都能做到的一般要求。

道德的"先进性"反映着一个社会的政治理想、政治目标和政治纲领,反映着一个社会的道德理想及其人格追求,同时也反映着社会主义道德要求的最高境界,它能够启迪人们为一种崇高的境界努力奋斗。共产主义道德是对少数先进分子的要求,要求他们大公无私、毫不利己、专门利人、全心全意为人民服务。

对于教师来说,其道德关怀的对象是大中小学生。大学生是高智商、高文化的群体。他们对社会规范内化的程度远远高于中小学生。他们对师德的需求已不单纯是一般的师德、师爱。他们需求的是在开放的市场经济背景中,体现真正的公平、竞争、开放、开拓的精神,体现自我实现的主体精神。高校的道德教育既应有最基础的规范训练,同时又必须向大学生展示人生的最高境界、最高尚的人格榜样。必须使具体的道德规范践行同最崇高的人生追求相结合,赋予道德行为以价值感、神圣感,并引导大学生追求崇高人格。

对于中小学来说,教师的师德应重点体现在师爱。因此,师德突出"先进性"的要求应该是全心全意为祖国培养社会主义的建设者和接班人。然而,我国目前师德的现状不尽如人意。在社会主义市场经济的转轨过程中,教师队伍也出现了拜金主义、享乐主义和个人主义的思潮,使学校的师德建设受到了严重的冲击,师德方面的问题日渐增多,一些急功近利的目标常常淹没了理性精神的培养,导致了理想情操的缺失、实利物欲的上升、道德水准的下降。例如,在高等院校出现了一些不正之风,部分教师给"人情分",部分教育工作者在学生的"补课"、"考试"、"入党"、"提干"、"留校"、"选调"等问题上大做文章。少部分教师受到了拜金主义思想的侵蚀,荒废了辅导学生、教书育人的神圣职业而到处谋求自己盈利,把教师的基本操守丢到了一边。所以,当今社会竟然能把教师列在了"七匹狼"之中也就不言而喻了。

因此,师德的"先进性"要求教师必须适应新时代,形成新时代的新师德。它是对每一位教师提出的新要求,要求每一位教师重新塑造自己的师德品质,即师德认识、师德情感、师德意志、师德行为、师德信念、师德习惯。

二

教师的师德突出"先进性"应该是个不争的道德指令,但是,现实生活中对这一道德指令却出现了不小的争议。

范美忠,这位毕业于北京大学的人民教师,在 2008 年汶川大地震中以丢弃学生于不顾、率先逃脱而闻名——"范跑跑"。之后他在网上发表了自己的这样一番表白:"在这种生死抉择的瞬间,只有为了我的女儿我才可能考虑牺牲自我,其他的人,哪怕是我的母亲,在这种情况下我也不会管的。"在网上发表后掀起轩然大波。他之所以敢于在网络上公开自己的"自私"与真实想法,并与网友进行"交锋",其意是以"人性"挑战"先进性",是基于一种狭隘偏颇的"价值观",表现了作为人民教师的境界缺失。作为人民教师应该具备甚至于牺牲生命去保护学生安全的高尚道德境界,而在他看来,牺牲是选择而不是美德,没有必要冒着生命危险去展开义务层面的救助,独自逃生是自由和权利。因此,他没有任何道德负疚感,认为自己没有做错,甚至还试图将这种狭隘的生命观念传播给公共社会。

我们说,在突发性的重大公共灾难中,出现了生命自私,是能够被宽容的。但这并不意味着,我们要放弃无私的生命之美。非但不能放弃,还需要大张旗鼓地倡导和褒扬生命无私的道德精神。道理很简单,个体生命的无私必然会挽救众多更弱小的生命,从社会的角度来看,生命的无私性是积极而无价的,永远是人类生命追求道路上的文明旗帜,也是与生命共存的生命意识——对他人、对公共生命天然的人性关怀。

而在范美忠的"人性关怀"中,只有自救的"解释",没有了人性大爱的"阐述",这无疑是教师道德缺失的极端表现。然而,对于这样一个不争的事实,竟然出现了令人匪夷所思的怪异现象。2008 年 6 月 7 日,凤凰卫视《一虎一席谈》节目中,范美忠就自己"先跑事件"与节目嘉宾展开辩论,作为观点对立方的郭松民用"无耻"、"畜牲"、"杂种"之类的字眼对范美忠进行了辱骂,情绪异常激动,中途甚至一度愤怒离场,事后被网友冠以"郭跳跳"、"郭道德"之类的绰号。事后网民对"范跑跑"的支持超过了"郭跳跳",甚至出现了宁选"范跑跑",不要"郭跳跳"的呼声。

问题出在哪呢?

首先是郭松民道德理论的匮乏。郭松民以非理性的谩骂代替理性的辩论,在辩论中以"无耻"、"畜牲"、"杂种"等字眼对范进行恶毒的人身攻击,不管"郭跳跳"怎么以道德或正义的化身自命,都很难说这种行为是"道德"的或"正义"的。这完全是一种道德强加、道德绑架。有理不在言高,搞得脸红脖子粗或"气急败坏"地大声嚷嚷,并不表示道理就站在自己的一边——"郭跳跳"的"过激反应"除了暴露自身的修养有所欠缺之外,在一定程度也说明了他所宣扬的"道德"和"正义"本身就是不堪一击的"纸上谈兵"。

其次是范美忠说理的巧妙。范美忠毕竟是北大毕业的高材生,他并不怕别人骂,相反还每天上网去看网友是怎么骂他的。在辩论中他认为自己崇尚自由,选择自我牺牲做一个英雄,还是选择保存自己的生命,是每一个人的自由,不能强求,教师的职责是教书育人,而不是舍命救人。既然求生是本能,就不能说我错,我只是挑战了大众的传统道德观念,其实骂我的人面对地震也许跑得比我还快。正是他这些"自由"、"选择"、"本能"、"人性"的理论,通过他的娓娓道来,赢得相当一部分网民的支持。

然而,黑的就是黑的,绝不能把黑的说成白的。现实中有多少理性高尚的教师,以他们的高尚诠释着师德的"先进性"。

自从"5·12"大地震后,每一分每一秒都在上演一幕幕感天动地的故事:有的教师用身体顶住坍塌的天花板,他的身体下面护着四个学生,教师死了,学生得救了;有的教师冒着危险不停往返事故现场抢救学生,最后,献出了自己的生命;有的教师和学生一起被埋在废墟下,教师却把生的希望留给了学生……这些教师难道就不怕死?难道就不懂人性?在面对死亡的威胁时,他们首先想到的不是自身的安危,他们想到的是自己的学生,这才是人性的伟大,这就是高尚的教师职业道德。所以,"范跑跑"应该感到惭愧,如果他继续为自己的行为辩解,那么他就是无耻;同情"范跑跑"的人也应该感到惭愧,如果继续发表所谓的人性论,那么他们就更无耻,因为他们打着人性的幌子,欺骗普罗大众。

三

1. 坚持道德说理,不可道德绑架

作为教师这一职业,保护学生是在情理之中的,没有人不懂得这一道理。然而,在范美忠条条是道的人性理论面前,郭松民的道德辩论竟然显得苍白无力,输在不能以理服人,而是在进行道德绑架。他没有把教师应具备牺牲精神说清楚、说明白、说服人。道德绑架的实质是以道德为砝码,要挟个人或众人不得不做某些事情,结果一般是做了的也少有自豪感,不做的则会在一段时间内感到忐忑不安。这样的事情在我们的社会是经常发生的。比如半强迫性的捐款、本不该进行的道歉等等。道德绑架之所以容易得手,是因为在强调群体和统一价值观的社会中,舆论具有足以杀人的功能,因而就出现了不自愿的捐款和满含委屈的道歉。中国是一个道德社会,在我们的社会中,人们对道德力量的恐惧有时候甚于对法的力量的恐惧。应该说具有西方现代文化理念的人,与传统的道德社会是格格不入的。我们每一个人的确会经常遭遇并难以承受许多道德的绑架,然而,这也不是说道德社会就一无是处,如果你适应了,还会去依靠它。而具体到某一事件,比如范美忠事件,又不能说公众对他或对教师群体进行了道德绑架。在任何时候,教师保护学生的利益,都属于公众正常的期待,也属于相关法规的正常要求。如果以道德绑架的口吻要求听众,便会产生极强的逆反心理,这就是对郭松民的失败归因。

2. 坚持以德治教,不可淡化师德

"以德治教",重点是师德建设。教师是创新人才的培养者,是知识创新,推动科学技术成果向现实生产力转化的重要力量,是民族优秀文化与世界先进文明交流借鉴的纽带。只有不断加强师德建设,提高教师的素质,才能使之成为先进生产力和先进文化发展的弘扬者和推动者。教师是教学活动的直接组织者和实施者,中国梦的未来圆梦者最终要通过教师来培养。一个高素质的教师,除了要具备广博的知识,懂得教育教学的规律之外,更主要的是要具备高尚的思想道德素质。一个合格的教师应该是表里如一、言行一致、为人师表、堪为楷模的人,只有这样,才能给学生做出表率,才能对学生实施积极的、正面的教育。师德建设是学校德育工作的前提,教师若不能修德正己,焉能教人?所以,教师必须首先锻炼师德,然后才能推己及人,服务人、培育人,为社会培养出道德健全、人格高尚、全面发展的人才。

近日,网上出现了教师节手抄报的图片,选择部分内容如下:

没有天空的容纳,就没有鸟儿自由翱翔的身影,没有海洋的奉献,就没有鱼儿

来往驰骋的英姿;没有大地的给予,就没有大树"欲与天公试比高"的豪情;可以说没有教师的无私与辛勤,就没有学生充满希望的美好未来。

"十年树木,百年树人"。是您为祖国培养了一代又一代的栋梁之才,您捧着一颗心来,却不带半根草去。您甘心做大树,为我们遮风避雨。您甘心做火把,为黑暗之中迷失方向地我们照亮未来。您甘心做米兰,默默地把芳香洒满我们心田。

师恩是一盏灯,拨去我们心中的乌云,古往今来,尊师爱师的人数不胜数,像大雪之中等待教师醒来的杨时;功成名就之后,不忘感激教师的居里夫人;访美时,不忘去探望教师的江总书记……这些名人都知道感恩教师,我们又有什么理由不去感恩教师呢?

岁月虽磨去了您的青春美貌,可您是我们心中永远的爱神、美神;辛劳虽夺走了您美妙的歌喉,可您的每句话都是我们心中的金音绝韵。您给予我们激励,当我们碰到难题时,您给我们耐心讲解,教给我们做人的道理,教给我们科学文化知识,教给我们打开成功之门的钥匙。正如古人云:"一日为师,终生为父。"

听听学生们这发自肺腑的内心感怀,不正是对一个高尚者的评价与呼唤吗?

3. 坚持明章法理,不可推卸师责

范美忠的辩解中有一个重要的理由,就是他没有一定要牺牲自己的义务,教师法也没有这一条。这一理由不能不说是我们制度上的缺失。

我国现行中小学教师职业道德规范一共有六条:"爱国守法,爱岗敬业,关爱学生,教书育人,为人师表,终身学习。"这是新中国成立以来第三次修订的师德规范。它着重强调了师德境界和职业理想这两个高位目标,而对职业伦理和行为规范这两个低位目标却着墨不多,提法失之"大"和"空"。如果将其与我国其他行业或职业的道德规范作一比较,更凸显了这方面的不足。

当今世界,已进入职业丛林时代,各行各业的职业道德规范,均以职业伦理和行为指南作为主体内容,这两个方面也起到了区分本行本业与其他行业人伦关系的作用。以此而论,我国现行教师职业道德规范在这方面则存在明显的缺失。

以美国教师职业道德规范为例,全美教育协会(NEA)1975年制定的《教育专业伦理典章》指出:"因为相信每个人享有其价值和尊严,所以教师的第一天职即为求索真理,达至卓越,孕育民主。要达成这些目标,核心是确保学与教的自由,让每个人都享有平等的受教育权。为人师者的责任就是以最高的标准恪守这些伦理原则。"

典章

教师,应努力帮助每一位学生,挖掘其潜力,实现其理想,成长为有价值的公民。因此,教师工作就是要激发他们的质疑精神,提高其理解和获取知识的能力,精心设计出有价值的目标。对于学生,教师的义务是:

1. 不应毫无理由地限制学生的独立学习和探索;

2. 不能毫无理由地阻止学生获得不同的观点;

3. 不能蓄意歪曲或压制学科知识,影响学生的进步;

4. 保护学生的学习、健康和安全,免受不利因素的影响;

5. 不应故意羞辱或贬低学生;

6. 不应歧视学生,包括种族、肤色、宗教、性别、婚姻、政治或宗教信仰、家庭、社会和文化背景等;不得阻止任何学生上课;不得剥夺任何学生的权益;为学生提供任何便利条件。

7. 不应利用专业关系之便,谋取私利;

8. 不应泄漏学生的任何信息,除非这种公开,有充分的专业理由,或者为法律所许可。

可见,保护学生的安全是教师的一项义务。美国《教育专业伦理典章》对教师高位目标要求和低位目标要求都清晰可见。教师在这样的规范下对自己的职责不可推卸,这值得我们借鉴。

对我国教师职业道德现状的思考

潘文岚
(上海师范大学马克思主义学院)

几千年来,中国社会在孔子教育思想的影响下,尊师重教曾经一度深入人心。而随着时代的发展,社会的进步,尤其是我国改革开放30多年来,我国教育理念逐渐由"以教师为中心"向"以学生为中心"转变。传统的"师道尊严"逐渐被"师生平等"所替代。伴随着社会主义市场经济的建立与深入发展,我国的教育界和教师从业人员不同程度上受到了市场经济大环境的影响,甚至受到市场经济负面作用的影响,致使部分教师从业人员急功近利、揠苗助长、职业道德意识淡化;从事初等教育的学校以升学率为杠杆衡量教学效果,并将升学率与教师考核、考绩乃至升迁相挂靠;部分高等学校出现学术权力寻租乃至学术腐败等等,教育界一系列的负面事件频发,令人不禁要问:我们的教育怎么了? 我们的教师怎么了?

教师是社会教育的主要承担者,教师出现了问题意味着社会出现了问题。因此,通过对教师职业动机、职业理想和职业道德现状的思考,梳理问题的症结所在,并针对问题提出相应的对策,为净化教师队伍、提升教师的职业道德自觉而努力。

作者简介:潘文岚,上海师范大学马克思主义学院,副教授。
E-mail:wenlanpan@shnu.edu.cn

思考之一：教师的职业动机个性化、多元化、功利化

职业动机即职业选择的动力，也是实现一定的职业目标的内驱力，它推动着人们的职业选择并能够不断强化人们在职业活动中的积极性与创造性。因此，教师的职业动机对激发教师从业者工作的积极性、创造性影响深远。在主体性不断增强的今天，教师职业动机更呈现出多元化的倾向。无论是普教或是高教教师，其从业的动机具有个性化、多元化、功利化特征。

所谓个性化，是指教师的职业动机体现着各个教师独特的个性特性，体现出个体对教师职业的定位、评价和选择标准。虽然教师从业者的职业动机不是千篇一律的，但总体上教师的职业动机具有一定的普遍性。通常，教师的职业动机是针对教师职业状况而定的。比如：教师工作稳定、工作状态相对比较自由、工作环境良好、有寒暑假两个法定"带薪"假期、社会地位尚可等等，成为教师职业动机的一般内涵。而追求稳定始终是教师职业的首要选项。随着公务员入职的门槛日益"增高"之后，教师就成为"类公务员"的职业，并由此成为许多年轻人的职业首选。值得关注的是：在我国，公众也罢、女性也罢，大多自然而然地将教师职业定位为较适合女性的理想职业。不仅反映了社会长期以来对教师职业从业人员的刻板印象，而且也表明我国女性对自己的职业定位的单一性。事实上，教师职业不是女性专属的职业，相反，过多的女性从事教师职业对学生并非利好，这个在各国的教学过程中均有所反映。《中国中小学教师发展报告（2012）》指出：目前我国教师性别结构呈现"女性化"现象，不利于男生发展。中小学教师队伍愈加"女性化"。截至2009年，中小学专任教师队伍中，总体上女性教师所占比例已达52.93%。从小学到初中、高中阶段，女性教师占教师总体比例依次下降。许多学者认为教师队伍不合理的女性化，对男性学生自身性别意识的发展及学业表现可能带来不利影响。[①]

所谓多元化，是指教师的职业动机的多样性，折射着社会政治、经济、文化乃至全球化时代对教师职业动机产生的影响。今天，有秉赋"忠诚党的教育事业"，做"人类灵魂工程师"的教师；有真心喜爱学生并愿意成为其人生启蒙或人生导师的教师；有冲着较好的教师绩效工资做教师的教师；有通过教师职业转变身份并获得城市户口的教师；有厌倦市场竞争重新回归学校这个象牙塔的教师；有以教师职业为跳板，但等获得相应的身份之后再转行的教师……林林总总反映出市场经济、人才竞争对教师职业动机的影响和作用。

所谓功利化是指教师职业动机具有明显的功利主义倾向。一言以蔽之,即教师职业动机往往缺乏崇高职业使命感和责任感,缺乏牺牲与献身精神,而是充满着个人主义、功利主义、实用主义的盘算,这一切是导致教师队伍良莠不齐,问题重重的主要或重要原因。在市场经济的作用下,个体与团体都存在追求利益的热切欲望,人们行动的积极性被"利益"充分地激发出来。使人更多地关注个人的功利而不是国家的、民族的、大众的利益,从而使个体"功利化"凸显。

事实上,教师职业动机直接影响到教师的职业行为和职业道德。因此,在强化教师准入制度的今天,有必要加强教师职业动机的考察、培训。帮助教师从业者确立正确乃至崇高的职业动机以防止功利主义价值观对教师的影响。近年来,功利主义不仅对我国的教师职业道德有所影响,同时对我国学术研究和高等教育也影响深刻,功利主义甚至与拜金主义、实用主义沆瀣一气并由媒体推波助澜,流毒甚广,玷污着学术的殿堂,也损害着教师的声誉。康德指出:非功利性是一切终极价值的条件,大学和学者不能以功利性的态度来从事学术研究。在康德看来,学术的"非功利性",体现在学术要"为真理而真理",而"求真"是学术的核心,故要反对"为功用而学术"的功利主义,更要反对急功近利的"实用主义"。康德的这种"非功利性"论断,为教师职业道德奠定了重要的学理基础,同时也为教师职业动机的培养提供了通用的准则。

动机和效果是行为构成中最重要的两个因素。任何人的行为都是由一定动机引起的,又都表现为一定的行为过程、影响和结果;一定的行为过程、影响和结果又总是直接、间接地反映着一定的动机。因此,职业动机正确与否直接关系到其工作效果,考察教师的职业动机,应该从教师遴选过程开始,从源头把好关,将真正热爱教育、具备良好的教师身心素质,愿意投身于教育的人纳入教师队伍之中,而不是持有教师资格证的人都可以成为教师。今天,教师准入制日趋严格,但什么样的人才能够从事教师工作仍然值得我们深入研究与讨论。

思考之二:教师的职业理想碎片化、淡漠化、庸俗化

职业理想是人们在职业上依据社会要求和个人条件,借想象而确立的奋斗目标,即个人渴望达到的职业境界。是人们对职业活动和职业成就的超前反映,与人的价值观、世界观、人生观密切相关。职业理想是个体实现个人生活理想、社会理想乃至道德理想的手段,并受制于社会理想的制约。教师的职业理想不仅应该高于其他职业的职业理想,而且应该具备崇高的社会使命感与对教育的信念,体现出高度自觉的职业使命感和职业责任感。然而,今天的教师队伍中,我们可以发现:教师职业理想碎片化、淡漠化乃至庸俗化。

所谓"碎片化",源于英文Fragmentation,原意为完整的东西破成诸多零块。曾经,教师职业理想是一元化的、完整的、具有崇高感并对职业心存敬畏的。而今,教师的职业理想呈现出一种碎片化——零散而无序又各自为政。与信息碎片化时代相一致的教师职业理想碎片化,直接影响到教师的职业素质和职业水准。作为承担社会文化传递者、社会价值观的传播者的教师,应该与现实社会保持一定的距离,以审慎理智的态度对待世俗化社会,用崇高的职业理想来要求自己,防止将职业理想"碎片化"。

所谓淡漠化,是指一些教师的职业理想淡漠、不清晰乃至漠然。部分教师不仅没有明确的教师职业理想,更没有职业信念,甚至混同于其他职业的从业人员。导致部分教师对自己的工作缺乏热情更妄谈工作有激情,不能从工作中获得存在感与自豪感,有时甚至充满怨怼与不满情绪,并将这种不良情绪宣泄在教育对象——学生身上,造成种种令人难以接受甚至令人发指的不良后果。众所周知,教师职业的特殊性,要求"教师无细节,处处是楷模",要求教师"学高为师,身正为范"。因此,教师的职业理想不仅感染着学生,而且塑造着学生,甚至能够影响一批又一批学生的理想建构和信念的确立,从而影响社会整体的理想信念的构建——星星之火可以燎原。因此,社会普遍存在的理想的缺失,往往是由理想教育的缺失引发的,而教育的主导者教师是否具有恒定的、颠扑不破的、崇高的职业理想是问题的关键所在。

所谓庸俗化,是指一些教师不追求教育的理想而追逐名利,不信奉崇高而喜欢低俗,不崇尚奋斗而贪图安逸,表现为政治意识淡漠,价值取向急功近利。由于庸俗化的表现形式比较"温和",容易使人们失去觉察,从而产生麻痹心理或认同心态。事实上,庸俗化、媚俗化乃至低俗化在社会上有一定的市场,甚至被少数人当作时髦或"非主流"来炫耀,这种不良的社会风气不可避免地也会渗透到教师队伍之中。一些教师热衷于为了一己的私利迎来送往、请客送礼、吹吹拍拍、拉拉关系乃至行贿受贿,沉迷于人情圈子,非但不认为庸俗,反而视作有能耐的表现。邓小平曾严肃指出:"如果说要变质,那么思想的庸俗化就是一个危险的起点。"庸俗化是一种"病毒",会腐蚀人的灵魂,职业理想的庸俗化,将直接导致职业行为的庸俗化,甚至使人同流合污,蜕化变质。事实证明:职业理想庸俗化是一些教师蜕化变质犯错犯法的根源所在,应该引起社会的高度重视。而教师队伍中存在的忽视理论学习,忽视终生学习,缺乏自我反省和自我觉察则是产生庸俗化的根源。不少教师缺乏"教育者首先必须接受教育"的意识,淹没在日复一日的繁重的教学工作之中,懈怠了自身的进修与提高,放松了对自己的要求,最终混同于一般职业从业人员,而缺乏教师自觉就是从缺乏崇高的教师职业理想开始的,坚定教师职业理想,不断提升教师的职业信念是关键。

思考之三:教师的职业道德准则迷失、缺失、丧失

职业道德是同人们的职业活动紧密相关的、符合职业特点的道德准则、道德情操与道德品质的总和,它既是对本职人员在职业活动中的行为标准和要求,同时又是职业对社会所负的道德责任与义务。教师职业道德是指教师在职业生活中应遵循的基本道德,是教师职业品德、职业纪律、专业胜任能力及职业责任等的总和。在我国,教师职业道德准则始终存在于教科书上、宣传栏上、教委有关文件上,是否真正融入从业教师的头脑?而层出不穷的教育事件令人深思。事实上,当下教师的职业道德准则存在着迷失、缺失乃至丧失的状况。

教师职业道德迷失,是指一些教师在弄不清其职业理想的前提下,产生职业目标和发展方向迷失,甚至忘却或背离了教师的职业道德——不以教师职业道德自律,不进行道德自省,甚至认为教师职业道德是对教师人身自由的束缚,是对教师人性的扭曲。当广东一所学校要求女教师不得穿着暴露时,不少人群起而攻之,甚至有教师认为这是对其人身自由的干涉而未觉察到教师职业的示范效应和引领作用;当有人倡议将禁止师生恋纳入教师职业准则之中时,仍有人认为这是对自由恋爱的限制,却未意识到师生恋违反了教育公平原则;当"范跑跑"为其"跑跑"舌战群儒之后,仍然混迹于教师队伍之中时,教师职业道德底线几乎不保……这一切都引发人们的思考与担忧。事实上,教师职业的特殊性,使得世界各国在对教师职业严格准入制同时,还加大了教师职业道德准则的贯彻力度,目的在于使教师职业道德深入人心并自觉遵从。

教师职业道德缺失,是指学校和社会普遍关注、重视教师的教学水平、业务能力和科研水准,相对忽视教师的职业道德水准,忽视对教师职业道德的强调、培养和检查监督,饱受诟病的中国教育"重智不重德"的根源,就在于教育者本身缺乏职业道德修养,而"己不正焉能正人"?! 当教师一再向学生进行道德教育之时,是否也应该经常反省自己的道德品质与道德修养?

教师职业道德丧失是教师职业道德迷失、缺失的直接后果,也是当今社会一系列教师违纪、违规、违法的重要原因所在,屡见不鲜的普教领域个别教师对学生的性侵、体罚以及一系列侵犯学生权益的违法违纪行为,高教领域个别师生的"桃色交易"、学术剽窃与学术腐败、教师利用手中权力进行"寻租"等现象,均是个别教师职业道德丧失的明证。而道德是不成文的法,法是最低限度的道德。若为人师表的教师都不能自觉依"外在于人,内在于心"的道德进行自律,并听从"绝对命令"去实现其"善良意志",那么社会良知何在?!

可见,教师的职业动机、职业理想和职业道德不仅仅关系到教师本身的职业行为,而且关系到整个教师队伍的道德风范和职业素质,关系到下一代的灵魂塑造,关系到全社会道德素质的构建与提升。反观当今中国的教育,功利主义、实用主义日趋凸显且大有蔓延之势——教育的目标以"实用理性"为核心,重视教学内容的"使用价值"而非科学的"价值",过分地把科学工具化、功利化。将"科学"与"技术"这两个原本不同性质的东西笼统地合称为"科技",从而过于偏重应用性研究,对基础性研究不够重视,已然形成重自然科学、工程技术的发展,轻哲学、社会科学的建设等等,这一切自然对教师的世界观、人生观、价值观产生重要的导向作用,也对教师的职业道德产生一定的影响。我们不能以一句"人是环境的产物"来遮蔽教师自身的问题,因为道德存在的基础是人类精神的自律,道德的直接体现是人类利益的自我让渡,更是人类自觉的道德选择。一句话,人可以超越环境和一定的社会的道德关系,自由地选择一定的道德行为,而道德行为选择是人的自由意志的体现。教师职业的特殊性,决定了教师从业者必须是经过专门的培训、遴选、考察方可胜任的,而这种培训、遴选和考察必须建立在教师职业道德基础上,必须首先"以德为先"而无他。

面对个人理想很丰满,社会理想很骨感,道德理想很无奈的社会现实,有人认为要求我们教师秉承高尚的职业道德是不现实或"超现实"的。但是,一个充满"工具理性"的社会,正需要用超功利的道德引领迷失的灵魂,用理性的力量唤醒内在的良知,而道德是人类最高的良知,也是人类灵魂工程师——教师必须坚持、坚守并身体力行、率先垂范并努力传播的。

国家教育部认为：教师队伍出现的一系列问题，虽不是主流，但必须高度重视，并要采取切实措施加以解决。因此，2008年9月1日中国教育部和中国教科文卫体工会全国委员会联合发文颁布了中国《中小学教师职业道德规范》（以下简称《师德规范》）（2008修订版），这是我国中小学教师现行的《师德规范》，《师德规范》先后历经了4次修订，每次修订均以"适应性"为目标，力图使规范具有代表性。2012年1月9日，教育部又向各省、自治区、直辖市教育厅（教委）、教科文卫体（教育）工会，新疆生产建设兵团教育局、教育工会，有关部门（单位）教育司（局），教育部直属各高等学校印发了《高等学校教师职业道德规范》的通知，旨在加强教师职业理想和职业道德建设，增强广大教师教书育人的责任感和使命感。然而，纵观上述两个"规范"内容，我们发现：规范的内容较为笼统且形式大于内容，而过于空洞的规范就失去具体的约束力，其结果可能会导致底线道德无法得以执行。我国之所以师德规范中比较强调教师的义务与责任，是因为我国没有成立专门的教师行会或是教育专业协会，而有关教育学、教育伦理学学会属于纯粹的学术机构，不足以承担教师行业协会的作用。对此有学者建议：我国的师德规范应当从伦理的高标转向低标，在规则层面对所禁止的道德实践行为作出具体而明确的规定；在语言表述层面，特别是在用词上也应当由抽象转向具体，模糊转向清晰，宏观转向微观，笼统转向精准，以便于增强伦理规范的可操作性。比较美国的NEA准则，中国师德规范的确具有形式化和空洞化的倾向，致使我国的教师职业道德规范不免流于形式。这是由于我国现行的《中小学教师职业道德规范》、《高等学校教师职业道德规范》其制定权、颁布权、解释权、监督权以及修订的权利几乎都属于国家机关组织，而严格说来，国家行政部门并不能规定行业内部的规范标准，它仅能够规定行业的外部条件，而教师行业内部的规范标准应该由教师群体进行自我约定。而对于非教师职业的外行说来，不仅难以针对教育专业人员的专业行为作出准确公正的评判，而且难以对教育专业人员的专业活动进行合理有效的干预，同时，教师专业伦理本身所具有的自觉性决定了不能将伦理规范的主体排除在规范制定与实施环节之外。要解决我国教师职业道德规范的空洞性与缺乏可操作性问题，关键在于能否出台切实有效的教师行业准则。因此，我国应该成立专门的教师行会或是教育专业协会组织，以行业的标准来制定、规范教师的职业道德、职业素质、职业技能和一切与教师行业相关的专业标准和考核标准，并由此维护教师的权益、建立教师准入制标准、规定教师职业道德准则、体现教师的自律和尊严。我们固然不能将全球都在参考的美国NEA准则作为我们临摹的"蓝本",因为国情不同,文化不同,理念不同,核心价值观不同。但是,一个具有悠久"尊师重教"传统的文明古国,没有专门的教师行业协会来传承由孔子创立的教育理念和师德理想令人难以置信。我们呼吁:尽快筹建全国教师行业协会,以传承和研究并在新的历史发展时期发扬光大孔子的教育思想为宗旨,以弘扬社会主义核心价值观为目的来构建我国教师行业准则和职业道德规范,体现教师群体的自律精神和社会责任感与使命感,为提高教师队伍道德素质、专业素质、学术素养而尽力。同时,加强道德自律,纯洁教师队伍,优化教师从业环境,在提高教师专业水准的同时,考察教师职业动机,树立教师职业理想,监督教师职业道德执行情况,为打造我国优秀专业教师队伍而不懈努力。

注释:

① 京华时报:2012年7月16日,http://news.sina.com.cn/c/2012-07-16/021924778971.shtml

师德关系与师德规范研究

师德失范与道德敬畏感缺失

李春玲

(首都师范大学)

当前教育领域中存在的教师职业道德问题,引发了越来越多的社会关注与思考。无论是个别教师缺少对学生的热爱、体罚、打骂,甚至虐待学生,还是一些教师对教育工作极不负责,为了自己的物质私欲,损害大多数学生的利益,都值得我们进行深入思考:为什么会出现这样的问题?出现师德问题的因素很多,就个人而言,有思想因素、心理因素、道德因素、法律因素、经验因素、偶发因素,等等。但最根本的原因是一些教师或教育工作者对教师道德缺少敬畏之感。本文仅从道德敬畏感对教师道德成长的意义及其培养的视角做一分析,以寻找师德失范的内在因素。

一、敬畏与道德敬畏感

人在社会中生活,要处理各种关系,必须实现对道德要求从他律到自律的转化,而要真正做到自律,乃至自觉自愿,一定是有所敬畏。何为敬畏?《现代汉语词典》是这样解释的:又敬重又畏惧。畏惧就是害怕。为什么怕?因为敬重某种事物,这个事物在他心中是非常有分量的;怕什么?不是害怕受到惩罚,而是怕做得不好,玷污了它。

作者简介:李春玲,首都师范大学马克思主义教育学院副教授。
E-mail:lcl166564@sohu.com

换言之，它是因为信仰神圣与崇高而发自内心的对某种事物所具有的虔诚与敬重。所以，敬是畏的前提，有敬才有畏。也就是说，敬畏不能与人类早期由于不能正确认识大自然而产生的恐惧心理画等号。正如古人所论述的那样，"善怕者，必身有所正，言有所规，行有所止，偶有逾矩，亦不出大格"；"有所畏者，其家必齐，无所畏者，必怠其睽"；"畏则不敢肆而德以成，无畏则从其所欲而及于祸"。[1]王明阳也认为，敬畏和一般的恐惧不同，它是为"立德"（"敬义立"）、"达道"（"天道达"）所应持有的一种谨慎小心的心态。[2]

周国平先生在《有所敬畏》一文中也谈道：一个人可以不信神，但不可以不相信神圣。倘若不相信人世间有任何神圣价值，百无禁忌，为所欲为，这样的人就与禽兽无异了。相信神圣的人有所敬畏，在他的心目中，总有一些东西属于做人的根本，是亵渎不得的。他并不是害怕受到惩罚，而是不肯丧失基本的人格。不论他对人生怎样充满欲求，他始终明白，一旦人格扫地，他在自己面前也失去了做人的自信和尊严，那么，一切欲求的满足都不能挽救他的人生的彻底失败。可见，"畏在这里不单纯是指一种害怕、顺从，而是指一种为了实现人生理想、信念而对自己行为的主动限制、反省，是一种道德自律，表达了一种有所不为的精神"。[3]

如前所述，有敬才有畏，畏由敬而产生。因此，敬的对象不是一般的事物，它应该是崇高或神圣的事物，是不可冒犯的事物。正如康德所说，"有两种东西，我们愈时常、愈反复加以思维，它们就给人心灌注了时时在翻新、有加无已的赞叹和敬畏：头上的星空和内心的道德法则"。[4]换言之，作为现代人，之所以对这些事物心存敬畏，已经不是非理性的盲目推崇，而是建立在理性基础上的一种自觉认识。因此，这种敬畏是发自人的内心需要，是人与人、人与社会、人与自然和谐相处的需要。是现代人必须建立的一种意识。

与教师职业关系最为密切的就是教师或教育工作者的道德敬畏。所谓道德敬畏是指："人们对道德法则，对善的事物及其社会价值与根源的强烈的崇敬和畏惧的道德情感体验。"[5]也有学者这样界定道德敬畏："道德敬畏是一种道德情感，是社会个体在对道德产生崇敬和畏怯的基础之上，面对社会生活中形成的道德规范和伦理标准而建立的'人心秩序'。"[6]可见，道德敬畏与人的情感世界关系密切。而情感的产生又离不开人对事物的认识。教师为什么对道德会产生敬畏之感？这离不开教师对教育职业、对教书育人工作、对学生成长规律的深刻而自觉的认识，并且，在其中寄托着自己的情感。当教师真正意识到自己的工作对于社会的发展、国家的未来、学生的前途有着不可替代的作用,尤其是自己的人格、修养对学生人格的塑造具有不容忽视的影响的时候,在内心深处就会对自己所从事的职业,乃至事业产生一种敬畏感。为了完成教育的使命,为了促进学生的健康成长,自己必须要做到"仰不愧于天,俯不怍于人"[7](孟子语)。这既是一种道德要求,也是教师的人生追求,最重要的是它关乎学生的全面成长,尤其是他们的道德成长、价值取向、理想信念。一旦教师对自己的道德价值真正产生了认同感,那么,教师对道德的敬畏感就会随之产生,表现在道德意识上,就是由外在的"要求我做",升华为"我要做"、"我必须做"、"我必须做好"的职业责任感;表现在行为上,就是十分重视自己的一言一行,一举一动,尽自己的最大努力修养好自己,不辱使命。同时,为学生树立一个可资效仿的学习榜样、做人楷模。不仅如此,"真正的敬畏感作为一种内化的、人格化的情感品质,决定了个体稳定而持久的行为方式和生活方式,能始终对人们的内心和行动有所规约,且具有脱离情境性,具有恒久性和稳定性的特点"[8]。无数教育实践证明,有无道德敬畏感,对于教师能否忠于职守、做好工作,特别是面对社会上的各种诱惑,能否坚持自己的道德信仰,在功利主义、拜金主义、享乐主义、极端个人主义的影响下不动摇,十分重要。

二、道德敬畏感对于教师个人的作用

1. 道德敬畏感有助于教师在道德上的"自我立法"

教师道德,可以简称为师德。它是教师的行为准则,其作用的发挥,不是依靠外在的强制性,在很大程度上它所依靠的是教师的自律、自觉和自愿,也就是教师的"自我立法"。而作为教师,要能够积极主动地为自己"立法",也需要一个过程,即往往需要经过由他律到自律、自觉,乃至自愿的过程。在这个不断提高的过程中,教师所具有的道德敬畏感起着不容低估、不可替代的作用。换言之,由于道德敬畏感是教师为了实现自身的价值与职业追求,自觉地约束自己、反省自己、完善自己的一种道德情感,它虽然也受道德认识的影响,但它一旦形成,又会对教师的道德认知产生推动作用。具体表现在,有了道德敬畏感,教师的"自我立法",不是被动无奈的,而是主动自觉、心甘情愿的,而且,按照"自我立法"去行为,即使遇到一些困难,牺牲一些个人利益,也是值得的,而不会有失落感。不具有道德敬畏,并不影响师德是教师的"自我立法"这一论点的成立。但师德对教师来说,仅仅是外部的一系列要求,是名义上的自我立法,因为它缺少情感上的支持,并且很难成为教师的内在需要。因此,当这些规范的践行与教师的个人利益产生矛盾的时候,当社会的价值取向或评判标准发生变化,个人的职业理想受到社会现实的猛烈撞击时,师德在一些教师心目中的价值就会发生动摇。而价值感的失落,对师德的敬畏也就无从谈起。在这种情况下,各种师德失范也就成为了必然。因此,从教师个人角度来说,只有对师德怀有敬畏之感,对它的价值从内心予以认同,才能在行为中守住自己的良心,不做违背师德的事情。

教师的道德修养包含很多方面,但最基础的,也是最关键的,同时,也是能够长时间产生作用的,就是要培养自己的道德敬畏感。人在生活中,要有所敬畏,教师更要有所敬畏。

2. 道德敬畏感有助于教师在教育实践中自觉地进行反省与反思

如前所述,人们对崇高、神圣的事物之所以有畏惧之感,不是怕做不好受到惩罚,而是怕做不好而玷污了它们。其根源在于这个"敬"字。有了道德敬畏感,"人心秩序"就不会混乱,更不会偏离。它引导人们在内心世界始终坚守和追求高尚的道德,并且,不断地审视和反思自我,以提高自己的精神境界。作为教师,如果内心深处对师德有一种敬畏之感,不愿意因为自己的不良行为,甚至是疏忽的行为而亵渎了师德,那么,师德就会真正成为教师行为的一把尺子,而不是一种外在的束缚。它会时时提醒教师,要把握住自己的本心,不为外物所动,自己的言行要对得起教师这一称号。当个人行为出现某种失误的时候,即便这一失误不为人知且没有造成不良影响,教师也会产生深深的自责,并且及时进行反省与反思。这种反省与反思,没有外在的监督,完全是一种自觉自愿的行为。通过向内发问、反求诸己、三省吾身等方法,认识自己的过失,找到失误的原因和解决的方法,以免今后再出现同类问题。

在教育实践中,有的教师之所以忘记了自己的教育责任,利用自身职业的优势,做着损害学生利益、影响学生成长的事情;部分教师之所以敢于收受家长的钱财;个别教师之所以置法律于不顾,做出违法乱纪的丑事,究其内在原因,在很大程度上是缺少道德敬畏感,师德在他们心中早已没有了价值,它充其量只是文章中的一些词汇、句子而已。教师缺少敬畏感,其行为就缺少了道德底线的约束,甚至已有的正确的道德观、价值观在利益面前变得不堪一击、一钱不值。在这种情形下,舆论的监督或指责,已经失去作用、毫无意义。因为随着敬畏感的消失,内疚与羞愧已没有了存在基础。当然,更谈不到对自己不良或失误行为的反省与反思。没有反省与反思,在师德修养上就不会有进步,更不会对自己的言行产生警示作用。

3. 道德敬畏感有助于教师全面地完善自己,成为一个师德高尚的优秀教师

道德敬畏感不仅使教师在履行职责时谨慎从事、认真负责,而且,它还对教师有一种激励作用。既然"畏"的前提是"敬",说明敬畏对象在敬畏者心中有着较高的位置。而这又源于敬畏者对其价值的真心认同。对于教师来说,道德敬畏感在很大程度上就体现于对师德的认同与敬畏。因此,具有道德敬畏感的教师,不仅要用自己的言行维护敬畏对象的尊严,而且要通过自己的言行体现敬畏对象的价值。这表明道德敬畏感对教师既有警示作用,又具有激励作用。热爱学生是师德规范对教师的一项最重要的道德要求。具有道德敬畏感的教师,因为在思想上、认识上、实践中体悟到了这一规范的重要价值,坚信它在学生成长中的作用是很多影响源所替代不了的。尤其是在今天的社会环境下,它对学生成长的影响是深刻而持久的。从某种意义上甚至可以说优秀教师对学生的这种影响,对于降低社会的不良影响具有一定的作用。这种对师爱的坚信,能够转化为对教师的一种激励,即激励教师,为了学生的健康成长,自己要自我成长、发展与完善,不懈追求,努力成为师德高尚、具有人格魅力和学识魅力的优秀教师。只有自己发展好了,学生从心里认同你了,你才能发挥出个人魅力,对学生的成长产生深刻而久远的影响。也就是说,得到了学生的认同,教师对学生的爱才能落到实处,才能体现它的正价值。否则,仅仅有爱生的愿望,却因缺少爱生的条件或不懂得怎样爱生而适得其反,进而影响了师爱价值的发挥。一个有道德敬畏感的教师,不仅会得到学生的尊敬和爱戴,而且,在教育实践中,会有一种职业幸福感和职业尊严感。这对于减缓教师的职业压力,以积极的心态面对在教育中出现的各种问题,保持心理健康,会有很重要的作用。

三、帮助教师提高道德敬畏感

1. 引导教师确立正确的价值取向

价值取向是指人们把某种价值作为行动的准则和追求的目标。它是个体的活动或意识中所渗透的价值指向,是人们实际生活中追求价值的方向。也可以说,它是一定主体基于自己的价值观,在面对或处理各种矛盾、冲突、关系时所持的基本价值立场、价值态度以及所表现出来的基本价值倾向。它的突出作用是决定、支配人在生活中的价值选择。人的价值取向直接影响着人对事物或人的判断、决策与行动。作为教师,要提高自己的道德敬畏感,首先就要有正确的价值取向。要对道德、职业道德、师德的价值能够做出正确的判断,进而使它们在自己的内心世界占有不可替代的重要位置,而且是恒久不迁,不为外物所动。只有这样,无论是在日常的教育工作中,还是在面临权力、财富、职位等涉及个人利益的各种选择中,才能做到自觉地坚守自己的道德信仰,不做有辱教师人格与教师称号的事情。在这个过程中,即使自己的利益受到一些影响,甚至受到一些损失,也无怨无悔。如果没有这一正确的价值取向,处处以个人利益为价值指向,那么,为了个人的需要,可以把教师的道德、学生的成长完全抛在脑后,甚至可以无所顾忌,即使有犯罪的可能也要铤而走险。这连道德的底线都无法守住,还何谈对道德的敬畏?因此,作为教师,只有确立了正确的价值取向,并在此基础上,不断地实践、磨炼、提高,逐步确立了道德信念,乃至道德信仰,才可能具有真正意义上的道德敬畏感。

2. 引导教师增强正确的耻感意识

从客观上看,一个人的道德敬畏感与耻感意识有着内在的联系。所谓耻感"是行为主体依据内心所拥有的善的标准,对特定行为、现象所做出的否定性评价而形成的主观感受。这是行为主体对这种不合乎善的行为、现象的自觉把握"。[9]换言之,耻感是建立在一定的是非观、善恶观和荣辱观基础上的,并且根植于良心,受制于良心的一种知荣求荣与知耻免辱的道德意识。从一定意义上说,这是人所以被称为人,所以高于动物的可贵之处。它也是做人的一个底线,具有重要的基础性地位。因此,孟子说:"人不可以无耻,无耻之耻,无耻矣";[10]"无羞恶之心,非人也"。[11]不仅如此,耻感还具有对人的道德激励作用。正如有的学者指出的那样,"耻感的发生,在于个体道德世界中存在一个'理想我',因而在本质上是达至'理想我'的一种道德激励的力量"。[12]可见,耻感的形成有助于道德敬畏感的形成。可以设想,如果一个人是非不分、善恶不辨、荣辱不知,甚至荣辱颠倒,以荣为耻、以耻为荣,怎么可能做到"有耻且格"[13](孔子语),有所为而有所不为,更不可能产生由于自己的过失引起的惭愧、内疚等羞耻感。耻感不在,何来敬畏?何来对善的、美好、高尚、神圣的事物的崇尚、追求与信仰。教师同样如此。如果由于自己的言行不慎,对学生造成了伤害,给教育教学工作带来了不良影响,教师不感到羞愧,反而不以为然,这样的教师连做人最基本的耻感和良知都不具备,怎么可能对道德、师德产生敬畏感呢?因此,正确的耻感意识是具有道德敬畏感的基础。

3. 引导教师以德为基础,提升职业尊严感

每个教师都希望过一种有尊严的生活。而教师有无尊严感,主要取决于两个方面,一是社会对于教师职业的重视程度;教师的社会地位;教师生存与发展的各种权利能否得到实现;二是教师自身能否用自己的人格魅力与学识魅力赢得学生、家长、社会的尊重与信任。前者是一个复杂的社会问题,其中一些方面是教师自身无法左右的。而后者则是教师自己可以把握的。也就是说,教师的尊严在很大程度上是靠自己的努力获得的。一个教师能够做到对教育事业不懈追求,对自己的学生满腔热情,对教育教学工作全身心投入,对教师集体乐于奉献;严于律己、淡泊名利、品德高尚,就是一个具有魅力和威信的教师。他在学生、家长乃至社会面前,就会有地位、有尊严。这一切的获得,不是靠教师的经济实力,也不是靠教师的关系,而是靠教师为学生、为社会所做出的贡献。教师之所以能够做出这种贡献,之所以获得人们的尊重,又有赖于他们崇高的道德境界。如果一个教师的所作所为,在亵渎道德,被人们所不齿,也就谈不到获得学生、家长及社会的尊重。因此,国家在不断提高教师的社会地位的同时,也需要学校引导教师努力做一个师德高尚的人,从而获得职业的尊严感。这也是提升道德敬畏感的一个重要方面。

总而言之,道德敬畏感是教师提高道德修养、养成道德人格、提升道德境界的前提和基础。作为教师,如果没有发自内心地对道德、师德怀有敬畏之感,仅仅是因为外在

的压力而遵守道德和师德,那么,师德的失范是很难避免的,尤其是在个人利益与集体利益发生矛盾的时候,更是如此。因此,提高教师的道德敬畏感是解决师德问题的一个重要基础。

参考文献:

[1] 王长国.精神窄门的焦虑—论敬畏之心[J].探索与争鸣,2008(11).

[2] 温克勤.说"敬畏"[A].天津学术文库(上)[Z].

[3] 王晓丽.中国语境中的"敬畏感"[J].道德与文明,2009(4).

[4] 康德.实践理性批判[M].关文运译.北京:商务印书馆,1960.

[5] 龙静云,熊富标.论道德敬畏及其在个体道德生成中的作用[J].道德与文明,2008(6).

[6] 周营军.道德敬畏:个体道德养成的心理机制[J].河南师范大学学报(哲学社会科学版),2010(4).

[7] 孟子·尽心上[Z].

[8] 苗贵云.论敬畏感的缺失及培养[J].河南科技学院学报,2011(11).

[9] 王锋.耻感:个体自律的道德心理机制[J].天津社会科学,2010(1).

[10] 孟子·公孙丑上[Z].

[11] 樊浩.耻感与道德体系[J].道德与文明,2007(2).

[12] 论语·为政[Z].

重建"师道尊严"

韩跃红　李浙昆

(昆明理工大学社会科学学院、机械电子工程学院)

在西方,"尊严"(dignity)一般只与人、生命、上帝、国家、民族等具有很高价值的事物相配,但在中国文化背景中,"尊严"还与教师职业道德相配,那就是"师道尊严"。"师道尊严"是中国特有的文化传统。在中国近代史上,每一次"打倒孔家店",都不同程度地冲击了"师道尊严"。随着中国的日益强盛,中华民族的文化自信也在增强。今天,重提"师道尊严",不会被怀疑怀旧、复古,反倒会引发人们心中的共鸣,这是为什么呢? 是因为现实中,一些教师的所思所言、所作所为与人们心目中的"师道"大相径庭,令全社会感到不满。人们担心"师道尊严"正在流失,中华民族自古赋予教师群体、教师职业的道德光环正在变得暗淡。我们重提"师道尊严",提出重建"师道尊严",决不是表达一种对传统文化的盲目自信,而是表达一种活生生的社会诉求。如果我们的社会失去中华民族传统中对教师群体抱有的特殊信任和特殊敬重,教育要想"让人民满意",可谓空中楼阁、水中之月。

一、"师道尊严"解读

从字面解读,"师道尊严"是指为师之道的尊贵和庄严。许多人认为,"师道尊严"

作者简介:韩跃红,昆明理工大学社会科学学院,教授;李浙昆,机械电子工程学院教师。
E-mail:hyuehon@163.com

的主要出处是《礼记·学记》,取自其中的"凡学之道,严师为难。师严然后道尊,道尊然后民知敬学。"[1]意思是说,大凡为学之道,以尊敬教师最难做到。教师受到尊敬,真理才会受到尊重;真理受到尊重,然后民众才懂得敬重学业、认真学习。一言以蔽之,"师道尊严"最原始的含义是通过提倡"尊师",以使民众"重道"和"敬学"。

"重道"、"敬学"何以如此重要呢?在我国古代,老师向学生传授的"道"并非今天理解的知识及各种职业技能,而主要是做人的道理、治国的方略以及六艺(礼、乐、射、御、书、数)。前者为"伦",其后为"政",再其后为"艺"。人伦、政道、六艺是维系中国传统社会的基本秩序、基本制度和基本的精神文化生活,因而历来受到统治阶级的高度重视。但是,由于"玉不琢,不成器;人不学,不知道"[1]"君子如欲化民成俗,其必由学乎!"[1]所以,君王必须借助教师群体来教化民众,使之明辨是非,知书达理,循规蹈矩,遵守纲常。正是由于这个原因,自古为王者都"建国君民,教学为先"。可见,尊师、师严的原因在于重教,重教的原因又在于重道。道统是传统社会的命脉,因此,"道"以及传道的"师"自然获得了一种极高的价值地位,足与天、地、君、亲相配,成为民众顶礼膜拜的对象。

历史长河流变至今,"师道尊严"的内涵早已发生变化。我们今天,往往不再把师、道、尊、严分别作为四个词义加以理解,而是将本来各自独立的四个字联为一体,将"师道尊严"理解为:为师之道的尊贵和庄严。什么是为师之道呢?广义上理解,是指教师执业的行为规范、知识技能和方法技巧等的总称;狭义上理解,就是为师之道德,即师德。本着古为今用的态度,结合现实需求,我们在此将"师道"作狭义的理解,把"师道尊严"解读为教师职业道德、职业操守的尊贵和庄严,提出当下"师道尊严"受到挑战的社会问题,倡导重建"师道尊严"的历史任务。

二、"师道尊严"的挑战

中国拥有全球最为庞大的一支教师队伍。中国的教师群体,在传统社会受到特别尊重,固然有统治阶级为我所用的动机使然,但民众之中,也在延绵数千年的历史积淀中,逐渐养成了尊师重教的优良传统。当中国踏上近现代化的历史道路后,尊师重教与实业救国、科教兴国紧紧联在了一起,教育的内容和功能发生了质的嬗变,"师道尊严"也应被赋予新时代的内涵和意义。今天提及"师道尊严",人们不会认同那种老师高高在上,俨然不可侵犯;学生唯唯诺诺,只等耳提面命的旧时代关系,而是会自然而然地追问:为师之道为何尊贵和庄严?然后,自然而然地回答:因为教师自身的品德高尚、博学多才、诲人不倦、爱生如子,从而赢得学生和全社会的尊重和敬爱,使之显示出尊贵和庄严的特性。因此,"师道尊严"虽为古语,却在今天成为人民群众对教师职业道德的理想刻画,寄托着人民群众对教师群体道德素质的厚望。

然而,"师道尊严"的应然图景在社会转型中受到严峻挑战。社会对教师群体的不满表现在很多方面,涉及面最广的恐怕是在应试教育体制中,教师扮演了为追求高升学率而置学生身心健康和幸福于不顾的灰色角色。应试教育的弊端早有共识,为何积重难返、久治不效?个中缘由固然是体制当先,但不可否认的是,教师因循于陈旧观念、惰于改革、追随与自身利益挂钩的激励目标等,也是应试教育坚冰难破的原因。天下父母都希望自己的孩子快乐学习、幸福成长,但他们又不得不将自己的孩子送往应试教育体制中去备受"折磨",无奈地用"苦尽甘来"聊以自慰。结果,教师,特别是基础教育的教师群体,直接面对孩子,成了他们灰色童年中难以抹去的灰色记忆,学生、家长和社会由此生出诸多对教师的不满。第二,教师队伍中出现一些严重伤害学生的害群之马。令学生"刮脸"至伤,把学生耳朵撕裂,用电熨斗烫伤学生稚嫩的小脸,利用职务之便性侵少不更事的学生……一桩桩难以令人置信的新闻事件,无不引起社会强烈反响,令人们置疑师道之尊如今何在。第三,一些教师的偏常行为,引发社会热议,诸如生死关头弃生而逃的"范跑跑"事件,被举报存在学术不端的高校教师,因贪念色财被学生网络曝光的博士生导师等等。在这些轰动全国的丑闻中,尽管当事人不足以构成违法犯罪,但却使中国教师的道德形象、整体声誉大遭贬损。为师不德在先,对师不尊必在其后。作为中华传统的"师道尊严"正在面临新时代的挑战。

"师道尊严"的当代流失,不是一个孤立现象,而是社会转型中"失范"与"失衡"现象的一个侧影。在旧的道德体系难以为继、新的道德体系尚未成为社会主流规范的历史过程中,剧烈的社会变迁往往伴随着道德滑坡。尤其是近几年来,由于党风政风中的诸多问题,对整个社会风气造成了很坏的影响,使得各行各业上行下效,各种职业道德也都表现出一些人民不满意或不太满意的方面。相对而言,人民群众总是对那些与其生活、利益直接相关行业(如医疗、教育等)的道德水平保持高度敏感。医患冲突、暴力伤医事件频发,反映出医患关系已经紧张到古今中外罕见的地步。师生关系虽未到剑拔弩张的程度,但时有发生的学生伤师事件,也足以向我们敲响警钟,令为师者反思师德滑坡的其他因素。除了社会转型的大背景,应该说,教育体制存在的弊端,特别是基础教育的公益性、均等化、保障性不足;整个教育体制没有完全体现以人为本、以生为本的教育宗旨;非基础教育的功利性目标过重等问题,应是师德滑坡的体制机制方面的因素。教师的整体素质不高,尤其是农村边远地区的教师素质偏低,应是教师主观方面的原因。此外,优质教育资源和艰苦环境中的教师任务繁重,身心疲惫,心理健康方面存在问题;县级以下学校教师的实际待遇、实际享有的尊严远不及公务员等社会群体,恐怕也是高素质教师流失、师德滑坡的一些隐性原因。

三、"师道尊严"的重建

正视"师道尊严"的当代流失,是重建"师道尊严"的起点。没有对现存问题的自我反思,就难免被"怀旧"心理所左右,追求从形式上回归传统社会的"师道尊严"。一些学校组织学生行拜师礼,背《三字经》,颂《弟子规》,丝毫无助于改变人们对师德现状的不满。因此,重建"师道尊严",不能从形式上做文章,而是应当借党和国家严厉整肃党风政风的大好时机,以新时代社会治理的理念和举措,进一步提高教师的整体素质,加强对教师行为的他律约束,唤醒教师内在的道德力量,弘扬教师队伍中的正能量,最终,以为师之德取信于民,以为师之尊赢得社会对"师道尊严"的重新认同。

第一,重建"师道尊严",须在中华新文明道德建设中加以推进。如前所述,伴随社会转型的道德滑坡波及社会的方方面面。为师不尊与为官不正、无商不奸、为民不淳等不良风气有着共同的社会根源,必须同病同治,这正是新时代社会治理的重要方面。中国在经济腾飞、文化繁荣、政治昌明的今天,全面治理社会道德风气的时机已经到来。党的十八大、十八届三中全会吹响了整肃党风政风的冲锋号。短短一年,整肃效果有目共睹,让全国人民看到了党和国家正风先正己的决心,也看到了官德对于医德、师德、警德、民德的龙头作用。全国人民之所以对十八大以后的未来充满信心,是中央一系列反腐重拳,使大家可以对一个公平正义、诚信友善、和谐有序的社会道德风气抱有良好预期。把师德建设置于社会道德治理的大背景之下不断推进,古老的"师道尊严"才可实质性地回归中华大地,并被赋予新时代的内涵。

第二,重建"师道尊严",须以加强制度和法律约束为重点。讲到道德必以教育为先,良心为重,在笔者看来,这是对当代伦理的最大误解。法治社会之所以比人治社会优越,就在于它把人们遵守道德、信守规矩的最后保障寄托于制度约束,而非人的道德自律、慎独境界。这不是说法治社会不再需要道德,而是说,只有制度和法律的约束才使道德践行获得可靠保障。伦理道德在法治社会仍然大有用武之地,那就是对制度、法律本身的伦理考量。时下的师德问题主要不是源于教育不够,教师良心泯灭,而是在很大程度上根源于制度约束不足、法律监管缺失或不到位。许多行为越轨的教师,相信还不是蔑视法律、挑战制度,而是因屡犯小错,却屡屡得手,相安无事,结果终于铸成令人震惊的恶行。以严密的制度、法律和规章规范和约束教师行为,貌似重他律、轻自律,但实际上走的是将他律内化为自律的科学道路。只有制度和法规持久、公正地发挥作用,才可在潜移默化之中,把外在约束逐渐转化为内在的道德习惯。一旦教师都养成敬畏道德、爱岗敬业的良好习惯,整个教师群体的道德素质有望得到提升。

第三,重建"师道尊严",须与教师整体素质提升工程相结合。从许多教师违法犯罪及败德案例看,当事人以低素质人员居多。这说明教师的科学文化素质、思想道德素质以及心理素质之间存在一定的联系,也说明教师队伍的准入门槛应当重新设置,以制度选拔优秀人才进入教师队伍,以制度坚决淘汰那些品行不端、以教谋利、误人子弟、心理扭曲的不合格教师,已成当务之急。尤其是直接面对未成年人的学前教育和基础教育的教师,应该提高他们的待遇,改善他们的工作条件,且在发展机会等方面积极推进均等化,特别是城乡一体化的教育改革。只有严格的准入制度、监察制度、淘汰制度,并辅以教师社会地位的提高,才能使提高教师整体素质不成为一句空话。

第四,重建"师道尊严",仍然需要继续加强师德师风建设。从古到今,中华文化积淀了丰富的师德规范和师德理论,新的教育实践和对外开放又使师德体系增添了许多时代性、世界性的新鲜内容。新老师德规范,并无深奥道理需要反复讲解,关键还是在于践行,在于制度化。把师德转化为教育制度,把教育制度融入师德内容,是师德师风建设的枢纽工程。师德师风建设只有在一个有效的、合乎伦理的制度环境之中才能真正奏效。

师德表现在如何对待学生、学术、同行三个方面。不同学段的教师侧重面有所不同。学前教育和基础教育阶段,最重要的师德就是对学生的爱心。未成年人是弱势群体,他们的老师既是启蒙者,更是"保护神"。爱心应当占据未成年人教师考评的首要位置。在高等教育阶段,教师面对的是自主学习的成年人。在这一阶段的师德规范中,学术道德又占据十分重要的位置。教师对己、对生是否能够坚持学术标准,直接关系到教师自身的学风、教风以及对待学生的公平性。在学术标准同长官意志、钱色利益、教师功名相抵牾时,也只有坚定不移地坚持学术标准,才能自觉抵制教师行业中的不正之风甚至于教育腐败,重新赢得社会对高校教师的尊重。

参考文献:

[1] 礼记·学记[M].

在女校中营造良好师生关系
——以上海市第三女子中学为例

徐永初　把　伟

(上海市第三女子中学)

教育伦理的研究对象很多,从学校课堂教学和校园文化建设来看,最重要的就是师生伦理关系,学生和教师的关系是整个教育过程中最为复杂的一对关系,同时也是对教育教学效果最容易产生影响的关系。

良好师生关系一般被界定为:以学生为主体,平等沟通、关爱学生。以公平公正为基础,学生与教师在教育教学活动中彼此尊重,相互关心信任,从而不断完善彼此,使学生在学习中不断进步,同时也提升教师的思想素养。

一、良好师生关系的作用

良好师生关系的作用表现如下:

1. 有助于挖掘师生关系的潜在教育价值。师生关系是教育教学活动中的一个重要环节,而良好的师生关系对于产生好的教育教学效果的影响有显著意义。在传统的

作者简介:徐永初,上海市第三女子中学校长,特级教师。把伟,上海市第三女子中学高级教师,科研室主任。

E-mail:yongchu@263.net

教育活动中,主要以教师为主,学生为辅。但是教育改革的今天,无论是课堂教学,还是课堂外的教育活动都需要学生的积极主动参与。

2. 有助于改善师生的学校生活状态。良好的师生关系对于学校的生活状态也会产生影响。教师的职责不仅仅是传授学生文化知识,更是教会学生如何做人。好的学习效果也需要好的学习文化氛围,教师与学生之间建立的良好关系,能缓解严肃压抑的学习环境,增强师生彼此间的交流和沟通,显著提高学习效果。

3. 有助于师生道德人格的健康发展。良好的学习氛围营造良好的学习环境,良好的学习环境有助于对师生的人格塑造。只有在公正、公平、互助互爱的前提条件下,师生关系才能有进一步的改善,这样教师在教育教学过程中体现自身的师德,从而达到言传身教的效果,这样就能给予学生一个良好的学习模范典型,促进师生间道德人格的健康发展。

4. 有助于师生追寻崭新的生命意义。师生关系的关键在于沟通理解为基础,在学习过程中不断探索生命的意义。教师所具有的好的职业道德伦理,也会对学生未来的生活发展的价值取向产生影响。有了良好的师生关系,师生在学习过程中不断完善自我,发展自我,超越自我,在学习中找到未来的努力方向,寻找崭新的生命意义。

二、深厚的女校历史文化传承优良的师生关系

上海市第三女子中学前身是圣玛利亚女中和中西女中两所教会学校,创办于1892年。1952年两校由上海市人民政府接管,合并命名为"上海市第三女子中学"。至今已有121年的办学历史。悠久的历史孕育出丰厚的学校文化,而学校文化对教师师德和师生关系的传承有着深远的影响。主要表现在三方面:

1. 教师教育理念新。学习西方最新的科学文化知识和道德理念,女校着重传输西方文明,学校的学制、课程设置、教学方法、学校管理均效仿西方。中西女中的校训是"积中发外,智圆行方",强调道德行为上的规范,强调自身内在涵养的积累。

学校前身的两所教会女校,创办时均按美国教会办学宗旨和教育内容进行,培养亦中亦西的"通才",学习西方的科学文化知识和道德,特别注重西方上层社会淑女生活方式及不同场合各种礼仪的传授。学制12年,开设中文、英语、算学、格致、圣道、音乐、家政等课,尤重英语和琴课。1936年后,课程有国文、英文、数学、宗教、历史、地

理、物理、化学、生物、音乐、体育和美术。还有三门艺术（朗诵、戏剧、舞蹈）选修课和家政课。艺术选修课教授西方艺术,学成后另发文凭,并举行毕业典礼。家政课高中为必修课,初三为选修课,内容为刺绣、烹饪、礼仪、美容、择偶及家庭组织和美化等。

2. 学校办学民主化。学校注重课外活动及能力培养,养成集体生活习惯,树立踏实与友爱精神,提倡健身运动,使学生的精神面貌、智能结构、生活方式及社会联系诸方面得到全面发展,均与当时中国的旧学大相径庭。以"Live、Love、Grow"（活泼、友爱、成长）的育人目标教导学生,这些特点在教师身上也有体现,师生关系融洽成为一大特色,一直延续至今。

历经百余年的曲折发展,学校始终强调以清晰的办学思想来指导实践,尊重教育规律,尊重女性个性发展,不断形成了适合女性发展的教育理念。早期,学校十分注重涵养性情,改善品质的教育;50年代,学校重视学生社会价值观的实践教育。80年代,学校注重女子成才的探索,对女生实施"自尊、自信、自立、自强"的教育;90年代初,学校提出了针对女生身心特点,发挥女生个性特长的办学思路,提出了"国际化、信息化,有特色的一流女子中学"的办学目标。

3. 师生责任意识强。虽然是教会学校,但每个历史时期都有参加革命的师生。抗日战争期间,师生爱国热情高涨,参加抗日救亡的宣传募捐活动。抗战胜利后,学校的进步民主气氛日渐浓厚,开展大量社会活动迎接全国解放。涌现许多政治家、外交家、女将军、企业家,如宋庆龄、宋美龄、龚澎、陈依弥、吴舜文等。

抗日战争期间,学生爱国热情高涨,参加抗日救亡的宣传募捐活动。抗战胜利后,学校的进步民主气氛日渐浓厚,学生中已有中共党员。上海解放前夕,中共党的外围组织新民主主义青年社及中共党小组相继建立,组织救护、宣传、物资保管三个队,进行护校斗争。1949年底,中西女中建立新民主主义青年团总支委员会,数十名学生响应中共号召,参加西南服务团、北上文工团、公安部门和抗美援朝军事干校,积极投身于外事、新闻、国防、科技、文艺、教卫等战线,成为建国初期国家建设的骨干,其足迹遍布全国各地。

市三女中成立后,贯彻德、智、体全面发展的教育方针,向广大劳动人民子女开门办学,加强革命传统教育、共产主义道德教育、劳动教育等。开展"学雷锋"、"争三好"活动。同时,学校继续探索女子教育规律,坚持女子教育特色,继承外语教学和课余文艺活动的优良传统,以培养优秀女子人才为办学宗旨,重视基础教学,针对女学生实际,进行思想政治和品德行为教育,注重学生个性特长的培养,成为一所沪上闻名的女子完全中学,为高一级学校输送一大批优秀学生,为国家培养一大批人才。

恢复女子中学建制后,学校以探索女子教育规律,提供优异的成才环境和培养优秀女子人才为办学宗旨,启迪女子成才意识,挖掘女子内在潜力,发挥女子个性特长,注重素质、修养方面的培养和熏陶,坚持理论与实践结合,把中华民族的传统美德和社会主义时代精神相融合,使学生成为德才兼备、娴静高雅、秀外慧中、锐意进取、不让须眉的自尊、自信、自强的女子英才。

三、 不断探索如何优化师生关系

作为女校,市三女中在培养男女平等意识的同时,在教育方法上则一贯强调"因性施教"的理念,也就是在能力培养目标上要求女生全面发展的同时,在经验方式上则要照顾到女生的心理特点。因此学校特别要求全体教师都要掌握针对女生的特殊的教育方法,建立具有女校特点的师生关系。

学校要求教师根据女生的情感特点学会以特殊的方法去对待她们。女孩子比较敏感,在教育上既要严格要求,又要理解她们的感受、尊重她们的人格。我们要求全体教师,尤其是班主任,要学点心理学,特别是性别差异心理学,懂得根据女孩子的心理来进行教育。如女孩子比男孩子更容易引起内部注意,多愁善感,交际圈较小,感情色彩较浓,在人际交往中容易出现矛盾,产生较大情绪波动,甚至还会影响到学习,教师就应在人际交往方面多给予关注和指导。再如,女孩子心理感受性较高,易产生心境变化,持续时间长,情感的倾向性强,常为细微的事件所动,教师在对她们进行批评时就应采用比较间接缓和的方式。还有女孩子移情能力强,易受他人暗示,产生从众行为,群体风气对个体的影响相当明显,教师也应巧妙利用这一特点来抓好班级风气。

为了使教育方式更适应女生的特点和时代的要求,教育方式研究成为每个教师的必修课,学校多次进行全校《教育叙事》评比,每一份叙事都记录了一个学生的成长故事和教师的反思总结,体现了教师们在教育方面的新探索和新收获。

许多教师在教育过程中也尝试着用学生的心灵去感受,去体验,尤其是我们的女教师,在与学生的交流中很好地发挥了女性移情能力强的特点,做到将心比心去对待学生,使学生对她们的接受程度大大提高。一位年轻的班主任曾以《如果我是"学生"》

为题写下一篇从学生角度抒发体验的教育随笔,给周围同事以很好的启发。

  如果我是"学生",我希望老师能够尊重我。在女中初来乍到的我,作为一名新班主任,在熟悉了班级情况后,发现班里"贫富悬殊",一部分同桌两人成绩都出类拔萃,又有一部分两人成绩都不理想,为了阻止同学们提出反对意见,在没有事先告知她们的情况下提出换座位。原以为天性比较"乖巧温顺"的女孩子们会默默地接受,事情却恰恰相反,出乎意料。有哭哭啼啼的,有横眉怒视的,有怨声载道的,使我完全处于了被动的局面。当时的我可以有两个选择:一是坚持换座位,二是答应同学们考虑一下。如果选择方法一,势必难使一部分同学心服口服;如果选择二,说不定会有更好的方法解决这个问题。于是我做了第二种选择。一夜思考后,我决定换回座位。一方面使同学获得了尊重,另一方面则与同学进行约法三章,互相关心,共同进步。一段时间试行后,起到了与换座位同等的效果。

  如果我是"学生",我希望老师采纳我的建议。新学期开始,每班都要制定自己的行为规范准则。以往的做法是:班主任找班干部们开会,每个班干部负责写一到两方面的准则,然后由班长管理,第二天在全班同学前宣布一下,就算通过了,然后张贴于墙上,让同学们自觉遵守。这样做的结果只有一种:《班级公约》成为废纸一张,同学们依然我行我素。既然学生是班级的主人,为什么不让他们来提提建议呢?因此打破以往的常规,让同学们积极地参与而不是被动地接受。利用班会课,让她们各抒己见,班干部们也不再绞尽脑汁,而是各司其职进行分类归纳工作。当班长向同学们宣布《班级公约》时,不是迫使她们接受,而是再次征求她们的建议。此时我不禁想起了陶行知先生在半个多世纪前就提出的教育主张:"解放孩子的嘴巴,使孩子得到言论自由,才能充分发挥他的创造力。"

  如果我是"学生",我希望老师能与我倾心交谈,要了解同学们的所思所想,谈话确实为一种好方法。但如果谈话技巧应用不当,反而会使问题恶化。关键在于找准时机,打有准备之"仗"。班主任要做个有心人:细心观察,深思熟虑,而不是一发现问题就找同学谈话。如班中的邱和徐两位同学,既是同桌又是好朋友,但是进入高二后,关系不如从前,甚至产生矛盾要求换座位。从班中其他同学处得知,邱的学习在高二退步明显,认为是受到徐的影响,而徐则认为是邱讨厌自己了,吵着也要换座位。得知这一情况后,我加强了对她们两人的观察,直到期中考试成绩公布后,分析了两位同学的情况:邱成绩退步,而徐的退步更为明显。这时我才把她们两人同时找来,与邱分析成绩不理想的原因,有多种多样,包括心理和客观环境等因素,外界影响只起到一小部分作用,关键在于心态的平和。同时向徐指出了在学习态度上存在的问题,不仅影响了自己的学习成绩,也给别人带来了不好的影响。一对好朋友就此冰释前嫌。

如果我是"学生",我希望老师有幽默感,与我们距离很近。幽默有时确有一种令人无法抗拒力量。

如果我是"学生",我希望老师不仅仅是老师。确实教师还应是学生的"益友",有时是班级活动的参与者和策划者;有时是解决学生困难的帮助者;有时又是一个导游,让学生自己去领略学海中的无限风光。

女校的学生们正是在这样一种特别的情感关怀下成长起来的,三年学习生活中她们既得到了情感上的照顾,也学会了如何去调节自己容易波动的心态。走出校门之后,她们都拥有着一份良好的心态,看待周围的事物,处理身边问题也变得越来越冷静、越来越客观,在她们的成长过程中,逐渐显现出了一种独特的气质。

教师们通过培训、通过校本研修活动深入探讨如何建立良好的师生关系,从而提高教育教学的实际效果,在教师的师德案例、师德论文征文活动中,这些自我反思的内容,这些不断探索的过程都有呈现。

神话中的天使,是一群长着翅膀会飞的娃娃,他们原本就是天上的。而我们的学生,却并非生来就是天使。她们要经过蝶化的过程。在她们还是蛹或者毛毛虫的时候,正是需要人们万般呵护的时候。教师的职业特点就是要求我们善于透过平凡女孩的表象,看到她们身上非同寻常的潜力,以及未来的美丽。你用天使的眼光看待学生,对待学生,她们就有可能成为天使。丑小鸭变成白天鹅,教师的成就感就在于此啊!

记得有人说过这样的话:爱是夜的花香,是闪着微光的蓝色宝石,是静穆的夜空下闪烁的星星。没有爱就没有幸福的人生,没有爱就没有教育。对于花季少女而言,尤其需要关爱和鼓励。她们就像稚嫩的秧苗,需要精心呵护,才能健康成长。值得一提的是,教师付出的这种爱是能传递的。长大后,她们会把这种关爱的种子再播撒到孩子的心田。这才是真正的有价值有意义的教育。

今天的市三女中教师,传承着优秀的学校文化传统,他们从老师身上学习到如何真正去热爱学生,如何真正走进学生的心田。无论外人对市三女中是如何的揣测,在芸芸众生中,'市三人'却是如此容易辨认。她们独特,她们忠于自我,她们勇往直前,她们坚持尊重与被尊重,她们满腔热情投入工作,她们优雅、善良而正直。

四、有效的制度保障良好师生关系的建立

市三女中曾经开展"内修素养,外树形象"市三教师素质形象要求的讨论和实施活动,并以此作为学校深化师德教育、加强队伍建设的抓手。经过讨论、实施、反思等几个阶段,将学校教师的考评、先进班组的评选以及对党员教师的要求与这项活动相结合,富有实效,使这项活动成为我校队伍建设中的一个亮点。我们还将师德要求融入考核,分自我评价、学生评价、学校评价三个部分。这些制度与要求有效地促进了教师师德在原有基础上的进一步提升。

在常规课的教学过程中,我们要求教师进行校本化教学处理,为女生进行一些内容上的调整和补充,如社会课上我们增加了女性维权的内容,语文课上增加了女性生命教育的内容,数学课强调挖掘美感因素来激发女生学习兴趣,外语课通过增加读报活动来引导女生关注时事政治和科技发展,科学课针对女生形象思维强的特点,进行"实验先行"的尝试。这些做法对激发女生学习兴趣,拓宽她们的知识面起到了较好的作用。

为形成鲜明的办学特色,学校在师资队伍建设上下大工夫。近年来,我们通过班组研修的形式为教师搭建专业化发展的平台,整体提高教师的教学素养。通过集体研究各学科教学中的瓶颈问题,提高教学的有效性,从而整体促进教师的发展。项目研修切入点小,贴近教师在教学中遇到的实际问题,更有利于教师教学水平的提高,更有利于青年教师的快速成长。班组项目研修特别突出教学的有效性研究,为进一步优化教学实践提供了研究方向,成为教师专业化发展的有效途径之一。在确定研修主题的过程中,我们要求每个教研组的研修主题要具有女校特点,尽量围绕女校特色课程的建设,针对女生的教学内容安排和教学方法设计。这些研修主题立足于对教材的拓展,研究女子教育的方法,体现女子教育的特色。女生通过有针对性的教学设计增强了课堂学习的积极性和主动性,学习能力有明显提高。

学校还每年举行市三园丁奖的评选,由全体学生参与,评选出她们心中的好老师,获奖教师的事迹则通过橱窗、午会、学校电视台进行宣传,让所有的教师都来对照学习、借鉴。

以上这些措施,从制度上保证了学校教师的专业水平提高、师德素养提升,同时对建立新型良好的师生关系也提供了保障。

五、新课程改革需要良好的师生关系

新课程改革对师德建设提出了新的要求,这次改革的文化、伦理使命集中体现在"为了每个学生的可持续发展,为了中华民族的伟大复兴"的宗旨上,使人性和文化得到充分彰显。新课程改革强调如下新的理念:在人才培养目标上,充分体现时代的要求,倡导全面和谐发展的教育,突出人的民主、法治意识和创新精神、实践能力的培养;在学习方式的变革上,要求每个学生的学习全面向自主式、探究式、合作式和学习信息化转变;另外,在课程内容、结构及其实施、评价等方面也充分体现了现代化、民主化、科学性、适应性的要求。正是在这个意义上说,有人说本次课程改革是一次新人文主义为指导理念的改革,体现了深厚的人文精神和伦理关怀。这样一些教育教学方式的改变,也对师生关系提出了新的要求。

市三女中在设计和实施新课程的过程中,摸索出许多新的经验,逐渐形成推进学校文化发展,提高教师师德素养,建立良好师生关系的一些有效策略,概括起来主要表现在以下三个方面。

1. 更新观念,回归教育本源

我们在开发新课程的过程中,全体教师都经历了教育观念上的一次次更新。新课程必须具有学校的特色,必须与学生的社会生活密切结合,必须符合学生发展的内在需求,这些观念已经深入人心。以《教育剧场》课程为例,从学校历史发展来看有这方面的基础,如重视艺术教育对人的熏陶,注重营造愉快的学习氛围,强调学生人格的发展和培养等。同时这门课又紧密结合了学生的日常生活,其表现内容都是校内外的生活事件,学生通过不同角色的体验,融入各种知识元素的创作,充分发挥创意和智慧,

增加学科综合学习的经验,发展跨学科的知识理解和运用能力,极大满足了学生自我探索、自主创新的需求。

2. 开展研究,实现教师转型

学校人力资源开发的有效途径是倡导教师全员参与教育研究,实施全员校本研修,引导教师在行动中研究,在研究中行动。只有持续不断进行校本研修,学校才能办出特色,办出风格,积淀出教师文化。只有在研究状态下工作,将行动与研究相结合,教师才能成为"学习型、研究型、创新型"教师。

教师依靠过去单干的方式,已无法适应新课程下的教学方式、学习方式、评价方式变革的要求。我们通过班组项目研修、同主题听课、不同层次团队主题式研修、教师大培训等方式使教师之间形成经验分享、团队合作、相互欣赏的局面。

我们这一系列互动式校本研修有助于教师认识到自己的优缺点,激发自觉发展的动力;有助于教师解决个人无法解决的教育问题,提高问题解决的质量与效益;有助于教师克服个人常有的偏见,作出适合的专业判断或决策;更有助于教师获得专业发展上的支持。每位教师在研修中找到自己的最近发展区域,对自己有比较明确的目标定位和发展途径设计。

3. 师生互动,共构新型课程

新课程开发,有助于学校形成支持和激励性的氛围,形成渠道通畅的校内外交流,从而成为对教师具有吸引力的工作场所,校长和教师将真正成为学校的主人。同样,这些特点有助于教师的专业成长与发展,有助于教师专业地位和专业自主意识的提高,使现有课程材料得到更加有效的利用,教学质量得到改善。学生在此过程中会感受到学习更加贴近他们的需要,因为他们的意见有更多的机会作为重要的组成部分纳入学校的课程计划。

新课程对教师的专业发展有着很高的要求,如跨学科的知识结构,多元化的能力表现,同时在新课程学习中学生也有很大变化,他们经常会反过来质疑教师,追问教师,这些都需要教师改变以往的教学设计思路。新课程的理念之一就是体现学生的主动性,使每门课程成为一个探究式学习的过程,在教学内容选择、形式选择上体现师生共构的特点。这些要求不是靠教师单打独斗可以达到的,必须借助团队合作的力量,还有和学生之间的交流沟通,因此团队合作是重要的保障。

例如,《教育剧场》课程作为一门强调学生亲身感受和情感表达的创新型课程,它着力激活师生在课堂上合作模式的创新。《教育剧场》课程中的师生合作模式突破了传统课程中教师传授、学生被动接受的传统合作模式。在《教育剧场》课程中,教师更多扮演的是一个引导者和观察者的角色,学生在教师的引导下完成相关主题呈现,同时教师也在积极观察学生对活动主题的表现,不断激发和引导学生对所呈现内容进行深入的思考和分析,从而完成二度呈现。

论教师职业道德发展中的自主责任意识

车丽娜
(山东师范大学基础教育课程研究中心)

教师职业道德建设对学生成长和国民素质的重要性越来越受到社会的关注。教师职业道德规范屡次修订,内容日臻完善,对教师职业的规约力和引领作用日益凸现。在新的历史时期,学习和贯彻教师职业道德规范,对于推进教师职业道德建设的制度化、规范化、科学化和教师事业心及责任心的提升具有重大的现实意义。但是,教师职业道德的建设,不能仅仅停留在规范的宣传与学习上,而是要思考怎样引导广大教师把崇高的师德要求转化为自觉的价值追求和行为取向。尤其是在当前社会转型时期,我们面临着社会环境日益复杂、多元价值冲击等现实问题,由此带来各种浮躁思想在一些教师头脑中滋生和蔓延。在当前的社会文化环境下,如何克服教师消极倦怠、随波逐流的倾向,注重优良价值观和人生观的锻造,保持教师作为知识分子应有的风骨和品位,是我们在推进教师职业道德规范建设的同时应该进一步深入思考的问题。

作者简介:车丽娜,山东师范大学基础教育课程研究中心副教授,教育学博士,硕士生导师。
E-mail:chelina@sdnu.edu.cn

一、教师职业责任意识的发展过程

教师职业道德是教师专业发展的重要组成部分,从影响学生精神与人格发展的层面来说,它是教师教育力量的最重要来源。教师职业道德的发展具有鲜明的主体性特征,它需要在具备特定的责任意识的情况下,以主观认识引导外在行为而实现。尽管在应激状态,个体付诸道德行为的一瞬间存在着"不假思索"、"头脑空白"的意识状态,但是从个体道德发展水平的角度来说,这种瞬间爆发的道德行为也是在潜在的责任意识的指引下出现的。如果主体的责任意识没有发展到特定的水平,那相应的道德行为也将绝迹于此。

古今中外,为师者大都被尊奉为圣者贤人,他们的责任意识远远超越一般社会道德的水准,由此引发相应的道德行为:他们或者文以载道,以著书立说的方式阐发自身对教师职业及其教育实践的理解和感悟;或者以身立教,以实际行动的方式表明为人师表的真实内涵与价值。历代社会对教师职业的尊崇也频繁地强化着他们对教师职业的价值体认。就教师个体而言,他们的职业道德发展大都要经历不同的阶段,表现出不同的责任意识和行为水平。

传统的观点将教师职业道德的发展分为三个阶段:自发阶段、自觉阶段和自由阶段。这是一般职业道德发展的基本路径,任何社会行业的职业道德发展都不过如此。但由于教师职业作用及其责任意识的不同,教师职业道德的发展又具有其本身特定的发展规律和阶段,在教师个体职业生涯的不同时期,随着教师主体作用的发挥而表现出不同的特点。

入职初期的教师一般较多地关注班级经营、教学内容和教学技能等问题,他们倾向于在"教书"的基本任务范围内拓展自己的生存空间。由于陌生的环境和紧张的教学任务的压力,很少新手型教师能把注意力分配到培养学生良好品德、塑造学生健全人格等方面来,"育人"的观念在此时很难占据教师注意力的中心。此时的教师职业道德主要处于任务定向阶段。当然,随着教师入职时间的增长和职业适应能力的提升,大部分教师在工作一至三年以后都能顺利地超越对教学任务的单一关注,开始了解学生发展的复杂性并尝试解决学生发展中的各种问题,但是,由于本身经验的缺乏和学生问题的复杂性,教师很难找到特殊有效的手段和方式来深入学生的内心世界,解决学生复杂多变的人生问题。因此,对他们来说,最便捷有效的手段莫过于在制度和规则的范围内保守地解决问题,他们以遵章守制和维护相对稳定的教育秩序为基本义务,而不去追问制度和规则背后潜隐的深层价值观念,对各种问题的处理具有简单化倾向。此时的教师职业道德发展处于义务定向阶段。此后,伴随着教师教育经验的成熟,个体在教书育人的过程中越来越体验到自我价值实现的愉悦,对教师职业道德的认识开始摆脱了法定义务的羁绊,开始依据一定的道德认识,在自主责任感的驱使下,自觉地履行对学生和社会发展应尽的职责。此时的职业行为对他们来说并不仅仅表现为外在的"道德指令",而是他们在深刻认识了社会道德关系的基础上形成一定的道德信念和道德责任感,从而自觉承担的使命、职责和任务。这一时期的教师职业道德发展处于责任定向阶段。

把教书育人工作当作自己的职责所在是教师专业化的具体体现,但并不意味着教师职业道德的最高阶段。在社会道德观念和自我道德认知的基础上做出的"合规则"行为还是受外力规约的。教师职业道德的发展最终要超越外在的规约,以崇高的人格修养来引领自我达到"从心所欲"的阶段。此时,教师职业道德超越了一般的职业义务和责任,开始以普遍的伦理原则为定向,根据良心的指引作出一般决策。这种职业良心从行为本身的终极意义上对教师的行为进行检验、筛选和评判。柯尔伯格认为,"根据良心作出的决定就是正确的,而所谓根据良心作出的决定就是指根据自己选择的具有逻辑全面性、普遍性和融贯性的伦理原则作出的道德决定。这些原则是抽象的和伦理的(像"中庸之道"、"绝对命令"等)而不是一些具体的道德原则,如'摩西十诫'等等。实质上,这些原则就是普遍的公正原则、互惠原则、人权平等原则和尊重个人的人类尊严的原则"。[1](P22)职业良心是教师根据具有终极价值的伦理原则而生发的道德信念和使命感,无论外在的监督存在与否,教师都会一以贯之地在终极价值的指引下自觉地承担起对社会、对他人、尤其是对学生应尽的责任和义务,甚至于处于这一阶段的教师行为常常超越本职工作,在强烈的道德认识和道德情感的驱使下而无限制地扩展着自己的职能范围,对学生、对他人、对社会表现出更多的关爱和责任意识。教师职业道德的发展最终要接受职业良心的指引,落实到个体良知与自主责任意识的建设与坚守上来。

随着教师对自身职责与道德使命的主体认识的不同,教师职业道德的发展在总体趋势上表现出这样的由低到高的阶段性,但是,在教师个体身上各阶段之间并没有截然的分界,也不一定严格地遵从既定的秩序。在特定的主客观条件的刺激下,某些教师可能超越特定的职业道德发展阶段而直接进入下一阶段。但是,一般而言,随着教师教育经验的成熟和对教师职业的性质、任务的明晰,其职业道德的发展都遵循着由低到高的发展路径,并且,在教师职业道德的培养与建设过程中,各级教育行政部门和学校管理者也无不以教师自主责任意识的养成为最终目标。教师自主责任意识的形成是教师职业道德发展到高级阶段的最重要标志。此时,规则的存在以及他人的监督和约束都将变得可有可无,教师职业道德的发展将彻底地摆脱外来规约,发展到从心所欲而至明至善的最高阶段。

二、 制度化的教师职业道德建设路径

由于教师职业道德的形成和发展是道德认知、道德情感、道德意志和道德行动的和谐统一的过程,而认知、情感与意志等主体意识的发展和变化是难以客观测定的,各级教育行政部门和学校管理者虽然充分认识到教师职业道德建设的重要意义,却苦于在实践中找不到有效的手段促进教师职业道德的发展,因此,通过教师职业道德规范和制度等方面的建设,经由"他律"的途径建设教师职业道德便成为相对便捷的抓手。因此,在以往的教师职业道德建设过程中,人们过多地关注着制度和规范的建设,而对教师自主责任意识的培养重视不够。

现代社会对制度的尊崇越来越明朗化。现代制度建设的基本依据是:个人的理性行为能力是有缺陷的,受情感等非理性因素支配的个体缺乏对事件和问题的完备的应对能力,而通过科学规划和理性的计算所建立的行动方案与规范有利于增强人的行动和策略抉择的科学化。也就是说,通过制度的合理化设计能有效地保证人的行为的合理性。而事实上,仅仅通过制度的规约并不能激发教师敬业奉献和热爱学生的积极情感,也不能杜绝面临重大危险时教师独自逃跑的现象,因此,如何帮助教师真正认识到教育者特殊的价值和使命,并从内心深处生发自主责任意识,是今后师德建设的重点。

然而,由于教师职业道德的内隐性特征,我们很难通过客观的方式对教师职业道德的高低水准进行量化评定,也很难找到特殊有效的方式促进教师职业道德的显著性增长,于是,在面临着社会整体对教师的思想和行为百般苛求而我们又无计可施的情况下,最有效便捷的途径莫过于诉诸教师职业道德规范和制度的建设。规范和制度的建设能够不断地促进教师职业行为的合理化,但却不能保证教师职业行为价值的最大

化。也就是说,遵从规章制度只是对教师思想和行为的最低要求,这样的教师只能达到"称职"的基本标准,就好比一个医生在遵守规章制度、照章办事的意义上可以说是个合格的医生,而只有当他既有精湛的医术,又有"医者父母心",表现出较高的医德和高度的人道主义精神的时候,我们才称其为一个好医生。同理,对教师职业道德的评判仅仅停留在遵章守制的层面也是远远不够的,况且,对规则的认知和行动意愿并不具有内在的必然联系,"对目标的认知依赖于智力;来源于内在本质的行为依赖于意愿。当然,这两种作用同时存在于人的精神中,是人的精神中所固有的;而且无论怎样,它们之间都是有区别的,因为事实是,在善里面,知道目标是一回事,而使主体去影响它又是另一回事。在知识和行为之间,存在着一种心理空间,在这心里空间中,智力和意愿发挥着不同的作用"。[2](P7—8)也就是说,教师的道德行为是一种综合的价值判断过程,而不只是机械地运用内化了的规则。况且,人自愿受制于某种规则并不仅仅是因为规则的存在,遵守规则是因为规则根基于人的价值观和价值判断。道德行动不仅是一种"客观上正确"的行动,而且是一种"主观上正确"的行动,道德规则认知上的轻微变化并不能引起道德行为上的变化。因此,在教师职业道德规范和制度逐步完善,各级教育行政部门和中小学校高度重视并认真组织规范和制度的学习宣传和贯彻实施的同时,我们尤其需要关注教师的道德认知到道德行为的转化环节,注重教师的自主责任意识的生成与培养。

三、教师自主责任意识的培养

纯粹的制度规约是教师职业道德发展最常用的但却是最低效的手段,在教师职业道德发展的过程中,为了促进教师自主责任意识的生成与完善,教师教育机构需要重视教师职业道德课程的建设,学校领导需要建立人本化的教师管理机制,而教师自身也要在德性的养成与砥砺方面扎实地做好功课。

1. 建设教师职业道德课程

教师自主责任感的形成、发展和变化受个体一般道德发展水平的制约,两者之间存在着明显的相关性,因此,为了促进教师自主责任意识的生成,首先需要提升教师个体的一般道德水准,这应该是教师职前教育的重点之一。教师教育机构不仅要注重一般大学生思想品德的建设,更要针对教师的职业特点开设专门的专业道德课程,而且,在授课过程中要突破传统的理论宣讲与记忆的教学方法,注意让学生在特定的道德情境中认识和感受教师职业的崇高。

按照道德哲学家的观点,个体一般道德的发展是在特定道德环境中经由解决认知冲突而稳步实现的,因此,在教师自主责任感的培养过程中,我们需要的也是对道德发展的真实刺激,而不仅仅是一系列新的道德规则的陈述和记忆。因为,规则的陈述和记忆与教师的现实生活无关,它引导教师在无真实的情绪体验的情况下形成一种"口头的道德",相比之下,经历了真实的情感体验的"实践的道德"是卓有成效的道德思维,它引导教师形成和发展一种道德判断,这种道德判断在每一特殊情境中都将调控教师的言行。

道德行动乃是外部行动与内部道德判断相和谐一致的行动,而即便是调控人类行为的道德判断,也在不同的层次上发挥着作用。柯尔伯格认为,存在着构成道德行动的核心的既可区别又相联系的两种范式或类型的道德判断:第一种范式是道义判断,指的是对一个行动是正确的或义务的所做的判断,典型地取自于道德规则或原则;第二种范式是责任判断,包含"品德的"要素或"对道德上善的、恶的、应负责任的或应受责备的等的判断"。[1](P142)也就是说,道义判断是对行动的合规则性和正确性的世俗水平的判断,而责任判断是依据道义判断而行动的主体性意愿或选择性意志的确证。在个体采取有效的道德行动之前,其思想内部历经了围绕真实道德情景的两个判断阶段,首先是依据习俗或规则判断行为的正确性,其次是判断自我是否有责任执行正确的道德行为。在教师职业道德培养和建设过程中,我们的规约性制度建设和道德规则的强化使得教师道德判断的第一阶段具有了充分的价值依据,而第二阶段的教师自主责任意识的培养却有待于进一步强化。在教师自主责任意识的培养过程中,必须紧密结合教育实践,为准教师营造真实的教育实践情境,让他们在真实的教育情境中体验教师行为的自我关切性以及对学生乃至社会影响的深远性。

2. 建立人本化的教师管理机制

教师是具有自由意识与创造精神的职业群体,而等级森严的教育行政体制倾向于把教师作为科层制下的一分子进行规范化管理,而且现实的境况往往是行政权威对专业权力的压制与消解,造成了教师的专业自主权与制度管理之间的不可调和的矛盾。近年来,教育中实行的末位淘汰制、下岗制、教师聘任与落聘制、工资级别制,以及按绩取酬等竞争性的评价制度,给教师带来了持续不断的紧张感与压力感。"迈克尔·阿普尔(Michael Apple)的'劳动的堕落'(degradation of labor)这一概念表明:外在的力量已经控制了对教室里将要发生的情况的设计和评价。作为教师的我们正趋于慢慢地失去我们对工作拥有的本就微不足道的控制。"[3](P125) 各种各样的规约制度使教师如上了套的牛马般疲于奔命,任职初期原本具有的饱满的工作热情也在应付各种制度的过程中消磨殆尽。

只有当一种职业的从业者是自我管理的,并拥有对自己职责的最终控制权的时候,这种职业在总体上才是自主发展的,从业者才是具有主体精神的。而外行的过度控制限制了专业人员的工作权限并导致了系统的非理性化发展,成为专业发展的障碍。从教育活动本身来说,尤其要避免科层体制对专业权力的压制,应该给教师专业发展留出相应的制度空间。各级各类的教育教学管理人员,应该明确在教育的现实和未来发展中他们所扮演的角色,他们应该懂得,他们的作用和职能不是使教师和教学机械化和凝固化,而是要以服务性和保障性的策略促进教师的发展。行政权力与专业权力具有不同的运作机制,教师虽然在科层体制中处于底层,但在教育教学上却拥有不可让渡的专业权力,教师的专业决策权和专业发展权都是教育管理者应该予以尊重的。因为教育是促进人性与精神发展的事业,教师和学生都不是机器,对教育教学的管理不能按照科学管理的原则进行机械的规约和效率的核算。而且,管理者应该明确,对教师的赋权并不会带来管理的混乱,由于教师所拥有的专业知能与专业精神,他们倾向于把拥有的权力转化为责任,既有对专业发展的责任,也有对学生、学校乃至社会的责任。由此,教师自主责任意识的培养才不是外在的和形式化的。

3. 提高教师的自我修养

在现代社会,随着知识更新速度的加快以及人们获取知识途径的多样化,对教师的德性要求越来越超越纯粹的知性要求。教师的心性修养关系着学生的性格和精神的健康发展,并最终关系着社会伦理的发展水平。因此,教育者首要的责任就是照顾自己的灵魂,使自己的灵魂向善运动变化,使它尽可能善。在这样的基础上,才能从其内心生发出终极价值指引下的自主责任意识。尤其是在现当代社会知识更新速度加快的情况下,教师所给予青少年的"知识成就"也许会使其受用一时,而所达成的"道德成就"却会使其享用终身,而这样的境界最终依赖教师自身修养的提升。

自古至今,人的道德修养都不外乎两条路线:外铄或内养。当前各级教育行政部门都相对注重对教师职业责任的法律规约,重视教师职业道德规范的建立,各学校也有详细的关于教师职业道德方面的制度与规定。然而,由于教育情景的复杂性以及人的精神世界的微妙性,无论多么详尽的道德要求都不能覆盖教育生活的方方面面,更无法引发理想化和个性化的精神追求,从某种意义上来讲,个体可以在遵守道德规范的外在形式下进行违背道德精神的活动。外在的道德规约很难转化为教师的责任伦理和自主责任意识。因此,除了以制度的形式加强对教师德行的监督以外,重要的是要加强教师自我道德修养的功夫。

首先,我们应该强化教师在实现道德行为方面的内部动机。一般来说,促使人行使道德行为的动机不外乎外部动机和内部动机,而发源于自我价值体验的内部动机对于道德行为具有持久的维持作用。因此,在教师职业道德发展过程中,应该努力将自我价值的实现与终极价值判断联系起来,不是以一己私利去规划自己的职业和人生发展,而是从总体社会精神文明提升的立场出发,以一个知识分子的社会责任和使命去要求自己。康德认为:"只有作为一个道德的存在者来说,人才能是世界的最后目的。"[4](P110)而教师职业道德的发展对于整个社会来说具有更加重要的价值。因为教师职业的"培养人"的性质决定了教师的职域和责任超越了班级甚至是学校围墙的阻隔,对儿童的教育几乎不能不牵涉和影响到家庭和社会。具有自主责任意识的教师总是对学生施以全面的关爱,而不会出现只把教书当作职责范围,在学生面临重大困难或生命危险时对学生不管不问或消极应付的渎职现象。其次,我国古代的圣贤之师为现代教师提供了道德榜样,儒家的身心修养的方法也为我们提供了道德修养的典范。自孔孟至宋明时期的古代教育者,都重视内省与慎独的道德修养方法的阐释,并亲身践履,以涵养自身的"善端"。孔子讲"克己复礼"、"吾日三省吾身"、"见贤思齐,见不贤而自省";孟子曰"反求诸己"、"养心莫善于寡欲"。宋明理学的道德修养论也是从人的先验的道德本心(天理、天命、良知)出发,祛除物欲、私欲的蒙蔽,恢复人心的本善。儒学的"内圣"以及宋明理学"存天理,灭人欲"的道德修养的途径主要体现为向内用功,自存本心,也就是培养主体至善的道德理念,追求自觉的道德约束,最终成就一种高度的道德自律状态,也就是所谓的"慎独"。《中庸》有言:"道也者,不可须臾离也,可离非道也。是故君子戒慎乎其所不睹,恐惧乎其所不闻。莫见乎隐,莫显乎微。故君子慎其独也。"

在现代社会多元价值共存,人们的道德行为主要依靠制度规范和舆论监督,而与自我的良善之心无关的状况下,自主责任意识更多成为一种理想主义的道德期盼,而很少有人能在熙熙攘攘、物欲横流的世俗社会中坚守本心。现实生活中,规范道德下的常人的生活状态往往出现这种情况:与人共处时讲究卫生,而单独行动时就随地吐痰,乱扔杂物;有交通监管的情况下遵守交通规则,而没有监管的情况下就乱闯红灯。也就是说,大部分人都是基于规则的存在和舆论的监督,才规范自己的德行。而一旦独处时,便失去了道德规范的约束力量。由于教师从事的是一种精神性的活动,教师的人格修养关系到民族国家的道德发展水平,因此,教师更应该成为人类良知的守望者和代言人。作为自觉阐释并守护世界意义的知识分子,教师除了为一己的私利考虑之外,还要秉持良知及道德勇气,即使面对名利和权势,也要坚守原则,本着自己的良知,服务于道德和人格的力量。教师的行为甚至不应该是一种外部规约下的遵规行为,而是一种教育良心下的自我规约,即便在规则的漏洞乃至真空地带,也能达到"梨虽无主,我心有主"的道德自觉状态。也就是说,教师应该秉持一种更高程度的道德自觉和自律,即便在外界无人监管、无规则存在的情况下,也能坚守内在的道德律令,使自己的身心活动时时符合君子之道,不仅以合乎道德的方式引导学生的知识建构,而且以人格的力量对学生进行精神的陶冶。

参考文献:

[1] 柯尔伯格.道德教育的哲学[M].魏贤超,柯森等译.杭州:浙江教育出版社,2000.

[2] 丹瑞欧·康波斯塔著.道德哲学与社会伦理[M].李磊,刘玮译.哈尔滨:黑龙江人民出版,2004.

[3] C. Boomer, N. Lester, C. Onore, J. Cook. *Negotiating the Curriculum*: *Educating for the 21st Century* [M]. The Falmer Press Publishing, 1992.

[4] 康德.判断力批判[M].北京:商务印书馆,1964.

以专业伦理精神重构师德规范
——以"2008 版师德规范"为研究对象

杜时忠 张添翼

(华中师范大学教育学院)

在我国,由教育行政机关制定教师职业道德规范已成惯例。教育部与全国教育工会在 1984、1991、1997 和 2008 年 4 次颁布、修订《中小学教师职业道德规范》。问题是,这些师德规范是否合理、是否完善?特别是在教师专业化的背景之下,由谁来制定、如何制定师德规范更符合教师专业伦理精神?本文以 2008 年版《中小学教师职业道德规范》(下文简称"08 版师德规范")为例,谈点浅见。

一、08 版师德规范审视

2008 年,汶川地震发生,"面对突如其来的特大地震灾害,灾区广大教师始终把学生的生命安全放在首位,舍生忘死,奋不顾身,保护学生,用爱与责任,证明了人民教师

基金项目:教育部哲学社会科学研究重大课题攻关项目"全面加强学校德育体系建设研究"(12JZD002)

作者简介:杜时忠,华中师范大学教育学院教授,博士生导师;张添翼,华中师范大学教育学院博士研究生。

E-mail:szdu@mail.ccnu.edu.cn

的伟大师魂,在全社会赢得了高度赞誉,也引发了对教师职业精神和职业道德的深入思考和广泛讨论"。[1]在这样的时代背景下,教育部与中国教科文卫体全委会加快了修订1997版师德规范的进程。应该承认,"08版师德规范",相较于1997版而言有其进步之处:第一,重点提出"保护学生安全";第二,强调"教书育人",要求教师"实施素质教育……因材施教……不以分数作为评价学生的唯一标准";第三,要求"自觉抵制有偿家教";第四,提倡"终身学习"。此外,条目更加简练,由原来的8条精简为6条,将"团结协作"、"尊重家长"、"廉洁协作"等内容简化并入"为人师表",更加凸显教师活动的主要对象——学生。不过,也存在如下问题:

1. 教育行政机关作为制定主体并不合适

相比于法律的外在强制性,道德是内在柔性的,其"生成"场域在民间而非政府,其生成的过程漫长,需要讨论、协商而非依靠强力一蹴而就。从这个意义上说,师德规范不是可以由国家行政机构硬性规定的。一方面,由公权力机关为职业群体"制定"道德规范,公权力的使用不具正当性,往往徒劳无功,甚或适得其反。另一方面,由国家行政部门制定师德规范,导致师德规范原本的生成机制被阻碍或压制。"合道德的"的道德规范无法生成,"不合道德的"生成机制及其制定主体的权威则备受质疑。

2. 师德规范并不"道德"

"08版师德规范"正文共包括6条目、21条细则。深入分析不难发现,其内容存有诸多问题,主要有:

第一,混淆道德与非道德的概念,将非道德的内容列入其中,如"衣着得体,语言规范,举止文明","崇尚科学精神,树立终身学习理念,拓宽知识视野,更新知识结构"。

第二,混淆职业道德、国家道德的概念,把国家道德纳入到职业道德之中,如"热爱祖国,热爱人民,拥护中国共产党领导,拥护社会主义","不得有违背党和国家方针政策的言行"。

第三,专业性不突出,"停留在一般性、经验性的规范上,部分条目、细则只需把主题替换一下就可以变成其他职业的规范",[2]如"爱国守法"、"爱岗敬业"、"终身学习",以及细则"不得敷衍塞责"、"坚守高尚情操,知荣明耻,严于律己,以身作则"、"关心集体,团结协作,尊重同事"、"作风正派,廉洁奉公"。

第四,道德高标,不易于教师身体力行。"08 版师德规范"过于强调师德理想与师德原则,如"甘为人梯,乐于奉献"、"忠诚于人民教育事业,志存高远"、"对工作高度负责"等。

第五,师德规则既少也不明确。纵观全文,师德规则只有"不得有违背党和国家方针政策的言行"、"不得敷衍塞责"、"不讽刺、挖苦、歧视学生,不体罚或变相体罚学生"等条目。不过,何谓"不得有违……"?何谓"不得敷衍塞责"?并不明确、具体。

第六,忽视表达教师的意志。师德规范的制定主体与制定过程几乎排斥了教师群体意志,其精神背离了对教师权利的尊重。

如果上述分析合理的话,我们不得不问,一部不权威、不道德的师德规范,教师应不应该遵从?又何以遵从?

二、 教师专业伦理精神的意蕴

师德规范,应该立足于教师职业要求,表达教师专业伦理精神——如果我们认同教师不仅是一个职业,而且也是一种专业,尽管还是发展之中的专业的话。一般认为,教师专业伦理,是教师在从事教育教学这一专业工作时应该遵守的基本伦理规范和行为准则,目的是为了维护教师职业声誉,使教师更好履行职业责任,保证教师向社会提供更好的服务。然而,这种理解并未说明教师专业伦理的专业性何为,与一般的、传统的职业道德有何区别?这一问题不阐释清楚,仍无法准确理解教师专业伦理。

为了更好地理解专业伦理的专业性何为,可以以普遍认可的专业——医生为例。为了替病人治病,医生有权要求病人脱去衣服,裸露身体敏感部位,如有必要,还允许医患有身体接触。但是这一举动发生在其他职业领域或社会公共生活中,则有悖一般的职业道德、公共伦理。因此,我们认为,教师专业伦理,其关注点一方面应是教师作为专业性职业的伦理问题而非一般的职业伦理、公共伦理问题,如是否允许教师在工作时间之外进行有偿家教,是否允许教师与学生发生恋爱关系等问题涉及的是专业伦理,而非一般的职业伦理。另一方面,应是在专业关系中出现的伦理冲突而非教师个人道德问题。专业伦理与一般伦理有时会出现冲突,与个人道德也不一定能够完全明确地区分开,这就要求教师在处理专业伦理问题时,秉持专业伦理精神。教师专业伦理精神,是教师在专业活动中处理专业关系时所服从的核心价值理念。教师专业伦理精神内在地规定着教师专业伦理,根本上指引着教师的专业行为,促进教师专业发展。

教师专业伦理及专业伦理精神的提出,相对于传统师德规范,具有两方面的价值:理论方面,更加明晰了教师职业的专业性质,丰富、完善了教师专业化的理论,提升了对"教师"这一职业本质的揭示。实践方面,有助于区分教师专业伦理与一般职业道德,使教师在教育教学活动中更加明确自身的活动限域,在专业领域内更加有的放矢。同时,也提升公众对教师职业的认识,更好地维护教师、学生及其他群体的合法权益。

基于上述认识,可以从以下三个角度理解教师专业伦理及伦理精神:

1. 行业自律

在成熟的现代文明社会,行业自律是各行各业的普遍要求。教师行业因为拥有数量庞大、素质相对较高的从业人员,理所当然地具有较高的行业自律。行业自律,是指行业自治组织自觉、自愿对本行业成员的行为进行的自我约束和控制。一方面,它对外针对政府监管。教师行业自律,是教育工作者自愿让渡自己的部分权利给教师行业自治组织,由教师行业自治组织对全体教育工作者进行约束,而不是由政府机关如教育部对教师行业进行监管,制定道德规范。另一方面,它对内针对个体自律。教师行业自律,不是无组织的个体自律行为,是由教师一致认可、具有权威性的行业自治组织对教师个体进行约束、控制。相较于教师个体而言,带有一定的"他律"性质,但不同于政府监管,教师行业组织代表的是教育从业者自己,维护的是全体教育从业者的合法权益。

教师行业自律需要制定行业规范。有效的教师行业规范具有四个特征:其一,行业内部制定;其二,制定过程公开;其三,行业规范合理,即尊重所有教育从业人员的合理需求;其四,易于教师认同与遵从。

2. 教师自治

行业自律以教师自治为条件。所谓教师自治,不是指教师相对于其他职业的人们享受任何的特权,而是教师行业组织拥有专业自治权,自主制定专业内部契约。

首先,拥有专业自治权的教师专业组织,是教师自治的组织保障。教师专业组织规定教师的专业权利和义务,并为维护教师职业的声誉和地位实行专业自律。与此同时,通过自愿方式缔结约定加入教师专业组织的教师个体需要接受教师专业组织的规约与监督。对于违反专业伦理规范的教师,专业组织有权依规章制度惩处。

其次,拥有教师自主制定的"专业内部契约",是教师自治的制度保障。根据契约精神,行业内人员必须秉持专业精神,遵守专业准则,以维护专业声望、专业地位,并为劳动对象提供专业乃至人性化的服务。契约规定教师职业的准入标准,并对违反从业标准、未达准入标准的人员进行专业内的自我裁定,而不受内部行政力量、外部其他力量干涉的权力。

教师自治不同于区域自治。其一,教师自治属于行业自律的范畴,而区域自治属于政府监管下的行政自律;其二,教师自治组织属于民间团体,而区域自治组织隶属于政府架构下的行政机关;其三,教师自治组织成员由从业人员民主选举产生,对教师行业及其从业人员负责,而区域自治组织成员由官方行政任命;其四,"教师专业内部契约"属于行业规范,适应范围仅为该行业内从业人员,而区域自治的相关条例则属于法律法规,具有区域内普适的强制性、权威性。

参考其他国家(地区)的师德规范文本,不难看到教师专业自治的案例。美国《教育专业伦理准则》的制定,即由全美教育学会这一教师专业自治组织独立完成。《香港教育专业守则》的制定主体——教育工作者专业守则筹备委员会是由教育署召集63个教育团体的代表举行会议,并由各组别选出的25个团体代表组成。此后成立的教育人员专业操守议会具有非法定的性质,目的也是避免守则沦为一纸空文,以维护教师合法权益。

3. 专业伦理

目前对教师专业化的理解,强调教师的专业知识、专业能力,比较忽视教师的专业伦理,这与教师专业伦理的复杂性有关。大体来讲,它要求:

第一,师德理想与底线伦理相统一。专业伦理解决的是专业关系问题,应明确规定教师不可逾越的底线伦理,以避免不必要的专业关系冲突。在专业关系发生冲突或考察教师专业伦理表现时,明确的底线伦理也更具操作性。师德规范不仅仅是一部高不可攀、难以企及的道德理想宣言,它既包含拥有高尚人格与职业追求的教师不断追求的师德理想,同时又标示无论师德水平处于何种层次,都应该时刻遵循的最低的从业规则。"师德理想、师德原则、师德规则是规范中必不可少的基本成分。"[3]

第二,明确教师专业的社会责任。任何职业都承担一定的社会责任。教师,作为以培养"人"为目的的职业,其存在事实已然彰显了自身的根本的社会责任。一方面,"人"的培养从来不仅仅在学校围墙之内,不仅仅在课程教材之中。教育理论与教育实践需要更深入的结合,学校教育与家庭教育、社会教育也需要更深入的融合。结合/融合的过程,就是教师及其教育组织引导的过程,是教师及其教育组织有目的、有意识的集中所有环境的过程。另一方面,教师在专业领域内,利用专业知识、专业技能为各级教育行政部门及"教育决策者"提供符合教育发展规律的专业性理论、政策与实践支持,通过推动建构更为正义的教育环境、社会环境为学生的成"人"发展提供条件与保障。

第三,以公正的方式关爱学生。传统师德注重关爱伦理,教育理想色彩浓烈。对比与此,有学者认为教师专业伦理应凸显公正原则的优先性。从"关爱"与"公正"对立的角度而言,公正先于关爱,对于我国教师专业伦理的确认与提升确有合理之处。然而,我们不禁要问,关爱与公正是对立的吗?以何种方式关爱学生?对学生公正的本质与目的又是什么?不难发现,关爱与公正实则是师生相处的统一过程,是表现与本质的关系,方式与目的的关系。关爱学生,有爱抽象的"学生"与具体的"学生"之别。教师面对具体的学生,与"是否关爱学生"相比,更为关键、突出的问题实则为"关爱的分配问题",指向的是"关爱的公正性"。对学生群体的关爱是以公正的分配关爱为前提的,关爱分配不公,则易异化为偏爱。

第四,实践教师服务的独特性。教师提供服务的独特性,就是在学校这一"简化的社会"当中,以一种合乎道德的教育方式,有目的、有计划、系统的对学龄儿童传承人类文明精华,培育创新精神,并有效地形成道德的独立人格主体的过程。相比而言,家庭、社会所提供的教育内容更多是复杂的,教育方式更多是隐性的,教育目的更多是偶发的。当然,教师服务的独特性并不代表学校教育与家庭、社会教育的割裂,也不代表学校教育功能与目的的无限,更不代表现实学校教育方向与过程的正确、权威。有学者认为教师提供的服务不具有鲜明的独特性,"一些社会机构(如少年宫、少年管教所、孤儿院等)也在为青少年提供教育服务。学生也往往接受父母的教导,有的家长甚至认为他们在教育孩子上能比教师做得更好"。[4] 教师服务的"独特性"是相对而言,事实上,几乎没有哪门专业能够提供某种绝对独特的社会服务。在教师专业化的过程中,正是教师职业独特性的不足、专业性的不强敦促教师秉持、提升专业伦理精神,加强专业自律,改进服务质量。值得注意的是,教师服务的独特性体现教师职业的专业性,同时专业性也能更好地保证教师服务的独特性。

此外,坚守专业伦理优先于个人私德、公共伦理。从事教师职业的成员的属性,首先是具有基本人性的人,其次才是专业性的教师。基于此,在考量专业性的情境中,教师时常陷入自我冲突甚至完全屈从于人性中的自私基因。教师专业伦理的实现过程,某种意义上,就是超越个人私德的过程,就是实现有价值的自我的过程。另外,专业伦理与公共伦理也时有冲突,在专业活动中,秉持教师的专业精神,摒除世俗公共伦理的困扰,为社会提供优质服务,正是教师专业性的体现所在。

三、 重构师德规范

依据上述教师专业伦理精神,如何重构师德规范,从而克服"08版师德规范"之不足,这里提出如下思路:

1. 成立教师专业自治组织

我国教育体制中虽然有"教职工代表大会"、"教师工会"等教师组织,但观其性质,均为学校这一行政单位架构下的职工组织,在党委领导、校长负责制与科层体制下缺乏独立性,更谈不上专业性。联合国教科文组织在《关于教师地位之建议书》明确提出,"由于伦理或行为准则对教师合法之权益与其职业权责之行使有极大影响,这类准则应由教师组织加以制定"。[5]因此,重构师德规范,必须首先成立教师专业自治组织。

首先,成立、维护与发展教师专业自治组织是教师应享有的法定权利。《教师法》第七条规定,教师享有"从事科学研究、学术交流,参加专业的学术团体,在学术活动中充分发表意见"的权利。任何人无权剥夺教师的这一权利。教师专业自治组织是保障教师这一权利的合法机构,能够有效地促进教师专业发展。

其次,教师专业自治组织性质上属于民间组织下的社会团体,其管理规定应依据社会团体的相关法律法规。《社会团体登记管理条例》中规定,"社会团体是指中国公民自愿组成,为实现会员共同意愿,按照其章程开展活动的非营利性社会组织"。作为公民的教师成立、参与教师专业自治组织,均符合国家、社会以及作为公民的教师自身的利益。

再次,教师专业自治组织应该成为教师专业伦理的制定主体。教师专业自治组织作为教师行业的管理机构,而非教育行政机关的附属、托管部门,需要自主制定专业伦理,既维护教师专业自治组织的专业性、自治性、权威性,使其在管理、运作的过程中有章可循、有"理"可依,从而维护行业的发展、从业人员的权益;同时也使教师专业伦理内在的专业性、权威性得以体现。

2. 依据专业伦理精神完善师德规范

如上文所述,一部成熟的教师专业伦理,不仅仅是"道德理想宣言",同时应该包含师德原则、师德规则,体现专业伦理的系统性与可操作性。同时,在以生为本的理念之下,专业伦理要改变传统师德强调关爱为先的伦理精神,凸显公正的优先地位,对成绩不好的学生公正,对"无权无势的家长"公正,以公正的伦理精神实现无差等的爱。此外,要明确的是,在"道德滑坡"、教育公平备受质疑的时代背景下,专业伦理还应该体现教师的社会责任,凸显教师利用专业知识、专业技能为社会进步贡献力所能及的力量。

纵观"08版师德规范",在行文框架上,其表述是"条目+细则"的形式,师德理想、师德原则、师德规则三个层次不够清晰、明确,在重构中应使之明确。在内容表述上,原则性的要求居多,规则性的要求偏少,且不易教师专业自治组织监督考察,也不易教师"照章执行",在重构中应增加并明确规定规则性的要求。在关系维度上,重点规定了教师与职业、学生的要求,尚未明确教师的社会责任,重构中应使之凸显。

对此,目前可以考虑从两个层面来进行,一是师德理想层面,二是师德规则层面。

(1) 师德理想层面

第一,职业维度。努力维护职业的崇高形象;增加公众对于教育的认识;不断致力于专业发展,积极尝试各种有利于学生发展的方法;为所有学生提供高质量的教育,以加强公众对教育工作者的信心,以赢取他们对教师职业的尊敬。比如,《新西兰注册教师职业道德规范》强调,"应该通过负责任的、合乎操守的实践促进教师职业的利益";

"应该为合理教育政策的制定和实施贡献力量";"应该为营造一个开放、善于反思的职业文化贡献力量"。

第二,社会维度。以身作则维护社会公平正义,倡导良好社会风气;利用专业知识为家长、公众提供服务,发展与家长和公众平等合作、三位一体的伙伴关系;通过教育为社会服务,传递公平、民主、正义的价值观;积极支持有关促进人人机会平等的政策和计划,为教育机会的均等而斗争;保护儿童权利,为儿童成长拥有更美好的社会环境而努力。

(2) 师德规则层面

相较于我国大陆,世界许多国家和地区的教师专业伦理规范都规定了明晰、易于遵守的教师行为规则。美国《教育专业伦理准则》中规则层面共涉及16条目,均以行为禁令形式规范。香港《教育专业守则》明确规定了6类74条义务。台湾《教师自律公约》共分二大部分,其中"教师自律守则"的6条目内容全部是行为禁令形式。综合分析这些规则,可以认为,一部完善的师德规则包含如下四个维度:

第一,教师与职业维度。不得帮助不具备资格的人进入教师职业;不为谋取个人私利而做宣传;不接受可导致影响专业判断的酬金、礼物或其他利益;不从事有损专业形象的工作。

第二,教师与学生维度。禁止教师对学生性骚扰、恋爱和性行为;禁止教师建立任何以家庭背景、性别、学业成绩、外貌、民族、地域等基础上的歧视;禁止教师用消极思想、个人偏见去影响学生;禁止教师泄露学生个人资料和家庭资料;禁止公布或公开学生分数排名;禁止利用与学生的专业关系谋取私利;应避免使学生难堪或受到羞辱。

第三,教师与家长维度。禁止以不平等的态度对待家长;禁止接受家长的异常馈赠;禁止在家长不允许的情况下泄露家庭隐私。

第四,教师与同事维度。不在学生面前议论和批评其他教师;不恶意损害同事的专业信誉与事业前途;不故意使同事难堪、受辱等。

注释:

① 因1985年设立国家教育委员会,同时取代、撤销教育部,故"1991、1997版师德规范"的制定者为国家教育委员会、全国教育工会。1998年国家教育委员会更名为教育部,2002年全国教育工会扩建为中国教科文卫体工会,故"2008版师德规范"的制定者为教育部、中国教科

文卫体工会全国委员会。

参考文献：

[1]《中小学教师职业道德规范》征求意见[EB/OL].http://www.moe.gov.cn/publicfiles/business/htmlfiles/moe/moe_1668/200806/36301.html,2008-06-25.

[2] 檀传宝.论教师"职业道德"向"专业道德"的观念转移[J].教育研究,2005(1).

[3] 傅维利,朱宁波.试论我国教师职业道德规范的基本体系和内容[J].中国教育学刊,2003.

[4] 黄向阳.教育专业伦理规范导论[D].上海:华东师范大学,1997.

[5] 联合国教科文组织.关于教师地位之建议书[EB/OL].http://unesdoc.unesco.org/images/0016/001604/160495e.pdf,2013-07-01.

教育伦理比较研究

汲取《全国教师公约》精髓　建构教师伦理制度范式

沈　璿

（西安理工大学思政部哲学系）

当前随着对个别教师"虐童"行为的披露，有关建构教师伦理规范的议论又被提出。此前常有学者撰文探讨，更有教育界人大代表直言政府，呼吁"尽快制定并实施建立教师教育专业标准"。[1]一时间，以美国 NEA 条例为样板的，包括澳洲、英国、日本等国的教师伦理规范条例成为我们竞相参考的范本。其实，在教师伦理规范条例的制定及相关问题的研讨方面我国并不输于他国。早在1946年我国学者就参加了在美国纽约召开的世界教育专业会议，身为代表之一的常道直先生最先发表关于制定"世界教师专业道德规约"的提案，承担起《国际教师宪章》的起草任务，并于1939年草拟了《全国教师公约》。这篇仅1500余字的《公约》闪烁的伦理光辉在今天依然散发着学术魅力，为我们建构当代教师伦理规约提供了重要的参考价值。

一、《全国教师公约》体现的制度属性

常道直先生在《全国教师公约》中将"教育专业道德规约"（Ethical Code of the Teaching Profession），又称为"教师公约"，"乃是指示教师们在各种关系及活动中所常

作者简介：沈璿，西安理工大学思政部哲学系副教授，博士。
E-mail：shenxuanxuan@aliyun.com

信守之德义的和专业的原则。"这个定义包括以下几方面的涵义：

1. 教师公约的性质

常道直先生认为，作为教师道德律的教师公约是一种"原则"而非"法则"，两者在学理性质上有根本的不同："由行政官厅以法令形式所规定关于教师职务上一切行为之准则的"，是涉及法制的、属于教师法则的范畴；而"至于教师之观念、理想、态度、精神"等属于主观意志的东西，"对于被教育者之生活上具有最深切之影响者"，并"用资共同遵循之生活的信条"，属于一种原则，是教师伦理规范的内容。按照黑格尔在《法哲学原理》中的解释，作为法律的"法则"是一种自在地存在，是一种外在的设定，是将一种自在的东西设定在"它的客观定在中"，经过明确规定，进而有效地公布出来，"法因为被制定为法律而被知道了"；而道德规约则是一种自为存在，是一种主观意志，是自由意志在主观中的实现，这种意志所特有的主观性和特殊性不可能成为实定立法的对象而被设定，[2]只能以一种规约或公约的方式原则性地公布出来，这种方式就是伦理制度。只有伦理能够将主观的、内在的、自为的"道德善"和客观的、外在的、自在的"法律善"统一起来，也只有伦理可以使自由意志既通过外物又通过内心得以实现。

区别了法的规定性、道德的自由意志性及伦理对两者的统一性，是认识教师公约伦理性质的理论基础。

2. 教师公约的原则

在"教师公约"中包括"德义"原则与"专业"原则。所谓"德义"，是指教师职业所承担的义务是道德义务。比较而言，法律上的义务与权利相对应，是依法律规定而产生并靠外在的强制力而发生作用，如果拒绝履行法律义务，会受到相应的法律追究；而道德义务是从人们所处的社会关系中产生的对他人和社会所负有的使命和职责，是那种"为义务本身而尽的义务"，既包括康德所说的被外在立法强行注入的正义职责，更主要指那些源自内心的、靠自觉信念完成的伦理性道义职责；并且对道德义务后果的评判，是受外在的社会舆论的约束和自身的良心制约。赫尔巴特认为，没有"无教学的教育"，也没有"无教育的教学"，教师劳动本身所具备的教育性价值已经使得教育劳动先天具有道德属性,而且这种属性与教育活动不可剥离并蕴含在教师身份和教育活动中。这种教育价值的实现,依赖永久且伟大的教师意志的力量,这正是"德义"原则在教育过程中的体现。

所谓"专业"原则,是强调教育行业的特殊性。这是本于对教师在教育过程中扮演角色的重要性,以其对人类及社会发展贡献的了解而提出的。如果说其他行业的规范为"行规",那么教师规范则为"业规",以此强调教师规范的专业性原则。常先生关于对"教师专业性"的认识比现代"教师专业化"的提法整整早了70多年,而且他起草《教师公约》的做法本身足以体现他对教师专业化的重视。在当代学者讨论的教师的专业标准时也将伦理规范建设列入其中,归纳起来主要有这样几条原则:一是严格的资质标准;二是较高的职业道德规范;三是相对独立的专业组织;四是服务社会的不可替代性;五是长期持续的专门训练;六是高标准的知识和专业技术;七是专业服务的自主权等。由此看来,具有伦理性质的教师职业道德规范一直被当作教师专业性的表征之一。

3. 教师公约的作用

按照常道直先生的观点,"教师公约"有"条列教师对于国家、民族、儿童、家长、同工、行政人员,以及一般社会之关系"的作用。因为教师工作是复杂的,其复杂性体现在教师要应对和处理各种关系及活动中,这些社会关系将教师分为双重角色:一种作为社会成员的教师,需要面对的是国家、民族、家长及其他一般社会关系。"教育是年长的一代给未能适应社会生活的年轻一代所施加的影响,其目的在于发展其生理、智慧和道德三类品质,使其适应政治社会和具体环境对个人提出的要求。"[3]教师作为成人社会的代表在通过学校促进社会进化、有系统有目标地实现人的社会化过程中起重要作用,所以他们必须承担得起社会的期望和责任。另一种角色就是作为学校成员的教师,在其生存的小社会中要与学生、同事和其他行政人员发生关系,面对学生时的教师尊严、与同事相处的和谐友善以及与其他工作人员交往时的相互理解都对执教者的品性有许多特殊要求,需要教师在教学实践中不断按社会期望形成的隐性要求和职业道德规约具体化的显性规范来修正自己的言行,教师伦理规约正是指导其言行并予以参照的标准。

二、《全国教师公约》蕴含的伦理精神

无论是出于传统的师道并存的使命感,还是基于现代意义上的职业角色要求,任何旨在保证教师形象符合社会期待、实现个体精神追求的戒律,都需要一套合理的规则来表达和解释,因此教师公约产生的"必要性乃存在于教育事业之本质之中"。例如加拿大安大略省教师职业道德标准明确指出制定教师公约的目的是:激励教师维护和提升教师职业的荣耀与尊严,识别教师职业中的道德责任和义务,指导教师职业中的道德决定和行为,提升公众对教师职业的信任和信心等。这种伦理性规则的制定与实施所体现出的正是制度的权威。

1. 教师公约蕴含教师的责任心

对责任心的要求体现出伦理性规范所应具备的价值合理性。教师"受了国家托付,负有传递民族教化,陶冶未成熟分子之重任",所以"要求提高工作者之自尊心与责任心之最高度"。法律尽管与伦理规范有相同之处,也要求法则同时具有价值合理性与工具合理性,但法则要求的是凸显价值合理性之下的工具合理性;而伦理规范要求的是成就工具合理性之上的价值合理性,两者的侧重点是完全不同的。美国法学家富勒在《法律的道德性》一书中指出,道德可以分为愿望的道德和义务的道德,如果说社会的期许对教师而言是愿望的道德,法律和规范制定的是义务的道德,那么教师应有的责任心就是介于这两种道德所代表的至高点和最低点的活动的标尺:一方面基于责任心努力追求的责任与崇高,另一方面也是持守应尽的职责而不至于跌破底线。所以,需要借助教师伦理规范中的价值合理性来"提高教师们对于国家民族之责任心,以及对于教育力量之自信心"。这种责任心,在台湾慈济大学的教师伦理公约中被规定为"知识真理、自由自律、公正客观、诚信正直、和谐纯净、互敬合作、敬业精进、笃实服务"的职业信念。

2. 教师公约培养教师的专业意识

教师的专业意识(Professional Consciousness)在《联合国教科文组织之关于教师地位之建议书》中解释为:"教书应被视为一种专门职业:它是一种公众服务的形态,它

需要教师的专业知识以及特殊技能,这些都要经过持续的努力与研究,才能获得并维持。"教师的专业意识由内在的职业意识和外在的伦理规范共同构成,包括:教师的主体意识,即我是谁;教师的职业意识,即我的工作是什么;教师的责任意识,即我该如何工作。有别于基于角色意识和服务意识共同构成的教师职业意识,教师专业意识的本质"是一种自我'关系'的认识、确认与把握,它是教师在专业活动中通过自我关系的投射、反馈与回应机制的建立及其相互作用形成的,并由此衍生出一种对教师专业资质和专业发展进行独立反思的自主意识"。[4]由于教师的"观念、理想、态度、精神等等,对于被教育者之生活上具有最深切之影响者,则非课程标准,或服务规程之规定所能奏效"。故此,"需涵养一种崇高纯洁之专业意识",既需要教师对自身的地位、价值、素养和活动方式的认识、评价及态度等自觉能动性的提高,还要借助教师伦理性规范的培养。

3. 教师公约维护教师的共同利益

教师劳动的特点在于"他所提供的是劳务而不是产品,并且学生也是属于社会产品,是在许多位教师、长者、他人影响下和自身的努力下共同成长的产物"。[5]因此,教师个人的辛勤劳动及劳动成果经常都在理所应当之中湮没,在社会上教师是那种社会声望很高但社会待遇却没那么高的角色,大家已经习惯以圣贤的标准要求教师奉献而以淡然的态度面对教师应有的权益;并且教师职业本身也应当"与一般营求个人利得之职业大异其趣",这种不得营求个人利益且"要以为国家民族服务为最高鹄的"的职业就更需要国家和独立的专业组织保护。正如马克思所说:"人的个人生活和人类生活并不是各不相同的,尽管个人生活的存在方式必然是人类生活的较为特殊的或者较为普遍的方式,而类生活必然是较为特殊的或者较为普遍的个人生活。"[6]尽管现代社会的"现代性""不是把社会或共同体看成首要的东西……而是把社会理解为为达到某种目的而自愿地结合到一起的独立的个人的聚合体。"[7]也许这种趋势成就了具有相对独立性的个体的生成,但个体不可能离开社会和群体绝对独立;在个人、群体和人类的主体性之间,仍存在着相互渗透、相互结合的一致性;个体利益是从群体中获得的,群体利益是从社会中获得的。这几个层次只有在一种由"公约"这样的黏合剂连接起来的结构性依存和功能性依存中才能得以存续和发展。为此,教师群体的共同利益需要这个群体中的每一位教师都能凭借遵守"公约"来维护;或者说,既使每一位教师具有主体性存在的价值和意义,也使教师群体能够因公约而有序地维系并服务于社会。所以,"增进自身利益之合理的保障"方显伦理性规约的公平正义。建构规范、健全组织、制定"公约"的意义,不仅是为了约束教师群体及个体符合社会的要求,而且是为了维护这个群体及每一个个体的切身利益。

三、《全国教师公约》彰显的制度范式

自1962年美国科学家托马斯·库恩在其《科学革命的结构》(*The Structure of Scientific Revolutions*)一书中用"范式"系统地阐述了自然科学的结构之后,"范式"一词便成为科学研究中一个十分重要的概念。其中,库恩范式理论中有一个核心概念强调科学共同的形成问题,而这个科学共同体是由一些对某一学科或专业有共同信念的人组成的。这种共同信念规约着他们的研究方向、研究方法和研究范围,也为他们提供了共同的理论模式与解决问题的框架,从而形成一种共同的科学传统。我国著名学者陈世清也认为,"范式"是学说的坐标,是开展科学研究、建立科学体系、运用科学思想的坐标、参照系与基本方式。常道直先生提出的《教师公约》和诸多学者借鉴的美、日、港、台等国家和地区的教师伦理规约,实际上为我们提供了一种如同库恩所说的公认的范式或模式,即从教师制度伦理着手探讨教师专业道德规范问题。按照库恩的范式理论指引,教师作为共同体是由那些对教育学科或专业有共同信念的人组成的,这种共同信念规约着他们的价值方向、行为方法和影响范围,也为他们提供了共同的理论模式与解决问题的框架,从而形成一种共同的学科传统。而制度伦理作为一种范式,既可以体现出教师共同体的共同信念,也可成为开展教师伦理行为研究、建立伦理规范体系、运用制度伦理思想的坐标、参照系与基本方式。近几年,对建构教师伦理规范的研究已经突破和拓展了以往教师法的范畴,逐渐形成一种建立在伦理学基础上的衡量教师个人品性和行为的新的范式。如果说"德性是维持一个人充当某种角色的那些品质,表现在他的角色所要求的行为中",[8]那么对于这种内在善的信奉与追求还需要一套合理的科学的"教师公约"来解释和表达,这种表达就构成了升华教师道德伦理境界、规范教师个人行为的范式。教师个体职业生活就是在这种范式中找到自己的位置,同时自身又展示着这种范式的内容要求。

1. 制定教师伦理制度的理论依据和基本原则

20世纪八九十年代以来,我国教育学科进入了一个蓬勃发展期,"三十多年来教育学科不仅在分支数量上有大幅增加,而且呈现出'辩证'的观点:在领域上呈现出分化与整合的统一,在内容上呈现出'西学'与'中学'的汇通,在方法上呈现出定量与定性的互补"。[9]其中在伦理学方面,20世纪下半叶出现的应用伦理学意味着伦理学重新关注实践道德问题。教育伦理学作为教育学与伦理学的交叉学科侧重于用伦理原则分析教育教学活动中具体的道德问题。这些学术上的通融与发展,为探究我国教师伦理性规约提供了丰厚的理论依据。在厘定作为教师教育行为善恶最高标准的教师公约原则方面,已由常道直先生的"德义"原则和"专业"原则不断发展和细化,出现了台湾著名的慈济大学将教师伦理公约的原则明确为教学、学术、人际和社会四个方面,每一方面都有各自具体的原则:在教学伦理上,发挥"传道、授业、解惑"功能,信守"热诚"、"充实自我"及"专业"三大原则;在学术伦理上,奉行"敬业"、"严谨"、"诚信"及"公正"等四大原则;在人际伦理上,遵守"和谐"、"合作"、"纯净"及"身教"等四大原则;在社会伦理上,符合"服务"及"自律"之原则。台湾慈济大学将伦理原则划分为纵向和横向的分层交错形式,而其他国家和地区的规定就相对简单些。如澳大利亚塔斯马尼亚州教师注册委员会于2006年制定的教师专业伦理规范中要求教师遵守如下原则:尊严原则、尊重原则、正直原则、同情原则和公正原则等。可见,不论哪个国家制定"教师公约"的原则有何不同,教师伦理原则作为教师教育行为善恶的基本准则和专业行为的伦理承诺而被置于首要位置。

2. 制定教师伦理制度涉及的主要内容

常先生早先就注意到美国1929年专业道德委员会(Commits on Ethics of the Teaching Profession)报告中指出的教师伦理包括三部分内容:(1)对于学童之关系;(2)对于专业界之关系;(3)对于本业成员之关系。至今美国《教育专业伦理典章》(NEA条例)的体例依然堪称教师伦理规范的典范。该条例的"导言"部分阐述了教师应有的价值观念;"典章Ⅰ"的小序部分指出了教师应有的学生观念;"典章Ⅱ"的小序部分分析了教师应有的职业——专业观念;相应地在具体的规约中包括教师对学生的义务、教师对教育专业的义务等。这些内容不但明确了教育工作者的职责和使命,而且还以训诫的方式规定了教师不应该做的事情,其要求具体而明确。还有我国台湾省的"教师公约"包括教师专业公约和自律公约两部分,其内容简洁而明了。在《国际教育组织(EI)关于教师职业道德的宣言》中则将教师职业应有的职业道德限定在对职业的承诺、对学生的承诺、对教育界同事的承诺、对管理层的承诺、对家长的承诺和对教师的承诺上,更能显示出教师公约内容的全面性。其实,"立法者……不是在制造法律,不是在发明法律,而仅仅是在表述法律,他把精神关系的内在规律表现在有意识的现行法律之中",[10]马克思的这段话准确地阐明了道德立法内容的由来及其精义,可作为制定"教师公约"过程中涉及主要内容的指导思想。

3. 制定教师伦理制度的体例要求

制定教师伦理性规约的目的,就是将那种人们常常对教师带有"理想化"、"神圣化"的道德要求以及企盼教师成为"道德家"的愿望转化为具体可行的行动指南和准则。美国 NEA 条例那种凝聚精神价值追求的"序"和附加行为指导规范的"条义"所组成的体例形式,构成了教师伦理价值规范的体例雏形:第一,它能彰显美好德性,是愿望之道的具体刻画;第二,让接受规范的人知道怎样做才符合标准;第三,可以维持良好的工作秩序;第四,使犯错的人不能推卸自己的责任。常先生认为,规范应以"简明有力的词语,提示应付此种问题所应持之态度,与所当根据之理想"。为此,一个成功的规范必须满足以下三个条件:一是以第一人称的立场阐述行为者的道德论证,即职业群体对自己的要求。从一些国家和地区的教师职业道德规范的制定主体来看,均是由教师专业组织自行制定的。二是规范所涉及的应该做的事情必须是可能的,即行为者的行为(无论是应为的还是勿为的)都是可以得到确证和站得住脚的。三是有行为者自我同一性的意识,即行为者能清醒地认识到自己的职责以及对当为而不为或不当为而为之行为所应承担的处罚。所以,制定教师伦理规范的目的是推动教师由他律向自律的转变,其体例要能全面地体现这一目的;而当一个好的体例和内容相统一的"教师公约"形成之后,教师又能以强烈的责任心和使命感投身到自己的本职工作中,并自觉地履行教师职业道德规范,才能在实践中切实地执行规范,并由规范层次不断上升到理想层次,实现职业境界的提升。

4. 制定教师伦理制度的程序

(1) 自下而上推出

"教师公约"的制定程序与法律法规的制定程序有所不同：法律法规的制定是由权力机关自上而下进行的，而教师公约的制定"须为由下而上者，不可为自上而下的"（常道直语）。常先生认为，"所谓由下而上者，即是以教师们之最基层的组织，为草创、讨论及批判这种规约之单位"，"教师组织应被承认是一股对教育改进甚巨的力量，能协助教育政策的制定"。[11] 正是由于教师既是道德规范的立法者，又将是执行者和评判人，所以只有让他们明白并参与到制定规范的过程之中，所确定的规范"方不致流为具文"。这是因为"首先，他必须知道那种行为；其次，他必须是经过选择而那样做；他必须是出于一种确定了的、稳定的品质而那样选择的"。[12] 亚里士多德将一个人合乎德性的行为概括为并不因为这些行为"具有某种性质，并且还是出于某种状态"。

(2) 政府辅佐参与

政府辅佐参与制定"教师公约"，实际上明确了政府与教师团体在制定规范时的作用及关系。教师团体是自下而上制定教师伦理规范的基本环节，而政府则在厘定规范过程中起辅佐和统整作用。"全国性质之教育学术团体，在公约制定程序中，应居于辅佐与统整之地位，根据学理和实际的研究，提供一个教师公约草案，以利工作进行。"正如在《国家中长期教育改革与发展规划纲要（2010—2020 年）》提出的要"探索建立符合学校特点的管理制度和配套政策，逐步取消实际存在的行政级别和行政化管理模式"那样，不再实行一以贯之自上而下的领导，而是"将属于事关学校全局的大事，权利应当交由教职工大会来行使；属于学术和业务问题，权利应当交由学术和专业机构来行使；在学校的评估、教师的评价等方面，应当充分重视家长委员会等机构的作用"。这里，常先生虽然仅仅是就制定规范问题时梳理了政府与基层的关系，但他对两者彼此的地位及关系的论证对于当今制定"教师公约"的程序和步骤具有重要的启示意义。

(3) 体现集体意志

"容许每位教师对于教育业规之产出，均有直接参与之机会，不但可以使其对于逐条逐语得以深切了解，而且使之认识这种公约乃出于教师们之集体的意志。"（常道直语）常道直先生在对教师集体意志的解释中蕴含了现代教育哲学关于主体性的内容。由于教师是教育教学实践活动的直接参与者，他们的实践是检验教育活动客观认识的来源和标准,体现了教育活动主体性,即"人的人为性、自由性、选择性和自觉性"。[13] 教师虽然处在各种关系中不可能孤立地存在,但作为主体却必须具有自由的意志,能够以自身为依据进行自我决定,尤其在参与到规范的制定过程中体现出自身作为教育活动主体性的自主性、主动性、积极性和创造性。

5. 教师伦理制度的制裁规定

为了体现一整套教师伦理规范的完备性和实施过程的缜密性,还必须设定出相关的制裁建议和措施。"教师公约"的遵守是"预前"的,是一种规范要求,但又不能仅仅是"预前"的规范要求。对于那些违反了规约的行为,且"致侵害同行者之正当权益时,得由同行公议,予以相应惩罚";制裁的目的是"以维同业自治之纪律"、"保持公约之尊严性"(常道直语)。尽管在《教师公约》中常先生并没有制定出具体的制裁手段和举措,有关制裁也仅仅是一项提议,"至于评判背约事件之机关之组织,以及制裁之方式,则尚待全国教育界从长计议"。但这里仍有两个非常重要的方面值得考虑。

(1) 制裁的主体

伦理性的规约与行政立法的条例一个重要区别就是立法权与制裁权的主体不同。我国当前的教育法律制度可以分为中央和地方两级共5个层次,中央一级包括由全国人民代表大会制定的教育法、人大常委会制定的6个教育部门法以及教育行政法规,地方一级的包括地方法规和政府规章;由代表国家享有教育管理权力的机关行使立法权和制裁权,各级教育行政机关参与管理。这里不包括教师组织行使的管理权和制裁权。但在教师教育发达、教育伦理制度健全的一些国家和地区,教师组织所行使的管理权和制裁权可以弥补政府部门立法和管理的不足。所谓"教师组织"(teacher organizations),是指由教师或其他教育工作者所组成的长期性职业团体,也就是常先生所说的"合法之教师团体"。在美国、英国、法国、德国、日本及我国台湾地区都设立有类似的教师组织。具体诸如美国的全美教育协会、美国教师联盟;英国的全国教师联合会、教师专业协会、苏格兰教育协会;法国的国家教育联盟;德国的教育与学术工会、德国语文教师协会;日本的日本教职员组合、全日本教职员联盟;台湾地区的"中华民国全国教育会"、教师人权促进会、教师会等。此外,还有一个国际性的教师组织——国际教育组织。这些组织的共同目标是提升教育质量,为教师争取权益。这些教师组织对于致力教师专业水平的提升、导引政府制定或修订教育法令及改革报告书、争取教师福利、维护教师专业自主性等方面都有举足轻重的影响。他们的活动主要包括：以集体行动来协商各方面的关系，影响立法与条规的订定，在法律行动与不公平的压力上保护教师，设定专业事务的标准，为成员提供服务等。中国目前尚无这样的教师独立组织或机构，所以也就不能发挥上述组织应有的社会作用。在我国当前社会转型阶段，教育似乎也在遭遇一种自我确证的困境，有一种观点认为教育应划归到介于市场领域与政治领域而相对独立的"第三部门"，我们寄希望于对教育的这种重新定位能有助于教师组织独立机构的建立。

(2) 制裁的客体

所谓制裁的客体是指教师伦理规范透过制约行为所反映出的社会关系。对规范客体的界分也是辨析法则与规则不同的重要指标。教师的行为若真的属于违法犯罪之列，势必会被绳之以法。但不是所有的行为都被分为罪与非罪，还有一些是"错误的"或"不当的"行为，或者至少是"不应该的"，是违背了社会对教师期望的行为。如2007年的"贵阳六中案"，女老师因分别与班上的两名男生有暧昧关系，致使其中一人将另一人杀害，结果两名男生都为不伦之恋付出生命的代价。但是，这位女教师是否应负责任、应付怎样的责任，却没有一个明确的标准来制裁。还有"杨不管案"提示我们应明确教师管理学生的范畴界定，对学生的课下不良行为该积极地管理制止还是视而不见地不作为；更引起热议的就属"范跑跑"了，面对是自己的生命重要还是职业操守重要这样的两难选择，引发了几乎遍及全国关于现代师道的热议。由于法律只涉及属于法律范畴的行为，而伦理规范所针对的是"对于违背约章而未达到触犯国家法令之程度者"，是对法律体系的补充和完善，故"教师公约"的客体应是每一位身负教育使命却不当为而为之的过错行为所触及的，以教师专业行为为结点的社会关系。

参考文献：

[1] 周洪宇.关于加强教师队伍建设的议案[Z].

[2] 黑格尔.法哲学原理[M].范扬，张企泰译.北京：商务印书馆，2007：4—5、111—113、162—165.

[3] 涂尔干.教育与社会学[M].转引自百度百科"教育社会学".

[4] 岳刚德.教师职业意识和专业意识之比较[J].全球教育展望，2009(12).

［5］陈桂生.教书匠［A］.师道实话［M］.上海:华东师范大学出版社,2009:12.

［6］马克思恩格斯全集·第42卷［M］.北京:人民出版社,1979:123.

［7］大卫-雷·格里芬.后现代精神［M］.王成兵译.北京:中央编译出版社,1998:5.

［8］麦金太尔.德性之后［M］.龚群,戴扬毅,等译.北京:中国社会科学出版社,1997:154.

［9］二十世纪中国教育名著丛编·总序［M］.福州:福建教育出版社,2006.

［10］马克思恩格斯全集·第1卷［M］.北京:人民出版社, :182—183.

［11］联合国教科文组织之关于教师地位之建议书［Z］.

［12］亚里士多德.尼各马可伦理学［M］.廖申白译注.北京:商务印书馆,2008:42.

［13］郝文武.教育哲学［M］.北京:人民教育出版社,2006:113—115.

论金女大"厚生"校训的伦理意蕴及其对当代高等教育的启示

钱焕琦　蒋灵慧
（南京师范大学金陵女子学院；安徽省铜陵市第五中学）

　　金陵女子大学(下简称"金女大")是今南京师范大学的源头之一，金陵女子学院的前身。1913年由美国联合教会筹备，1915年正式成立了金陵女子大学，美国人德本康夫人任第一任校长。1919年培养出中国首批获得学士学位的女生。1928年—1951年吴贻芳博士任第二任校长，学校改名为私立金陵女子文理学院。在金女大办学的36年间共毕业学生近千人，构成了近代各领域杰出女性中的重要组成部分。金女大在中国的高等教育中引领风尚、独树一帜，并且以其独特的育人方式和高质量的育人成果享誉中外。金女大以"厚生"为校训，在教育教学、教师与学生的交往中一以贯之，要求学生在自我提高的基础上，走出校门、服务社会，以获得丰满的人生。在金女大师生的共同营造下，"厚生"校训成为所有金女大人的毕生信念和精神支柱。

　　关于"厚生"校训的内涵，在《金陵女子大学校史》中有这样的阐述："金女大定'厚生'(Abundant Life)为校训，它取材于《圣经·约翰福音》第十章第十节中'我来了，是要叫人得生命，并且得的更丰盛'。'我来不是要人服侍我，而是要服侍人的。'意为人生的目的不光是为了自己活着，而是要用自己的智慧和能力来帮助他人，造福社会，这

作者简介：钱焕琦，南京师范大学金陵女子学院原院长，教授，吴贻芳研究中心主任；蒋灵慧，铜陵市第五中学教师。
E-mail：13505173218@163.com

样不但有益于别人,自己的生命也因之而丰盛,即'施比受更为有福'的精神。德本康夫人曾对此进行过专门诠释:'厚生就是在各个方面得到至善至美的发展。在多项发展中,学生人格的塑造,基督生命的培育至为重要。获取丰盛生命的学生才懂得为人类社会多作贡献。'"[1](P73)

著名教育家、金女大的第二任校长吴贻芳在谈到学校的这一校训时,曾对其加以阐发:"当时学校用厚生作为校训,涵意为:人生的目的,不光是为了自己活着,而是要用自己的智慧和能力来帮助他人和社会,这样不但有益于别人,自己的生命也因之而丰满。学校用这个为目标来教导学生,并通过学校生活的各个方面以潜移默化的方式引导学生向这个方向努力。"[2](P111)厚生即丰满的人生,不仅自己的人生要丰满,同时也要使别人的人生丰满。这样做的前提是自己要有能力帮助别人,因此"自爱"是"给予"的前提,在自己能力提升的基础上,服务社会、帮助他人,才能实现真正的厚生。这就是"厚生"校训,是金女大的精神和灵魂。

一、"厚生"校训凝聚了中西方伦理精神的核心内涵——"爱"与"仁"

金女大作为一所教会大学,其创办的初衷是传播基督教的教义和福音,培养在传教方面的妇女领袖。1928年吴贻芳出任金女大校长,成为中国第一位女大学校长,逐渐将金女大的办学宗旨转向培养各方面的妇女领袖,淡化其传教色彩。即使在办学之初,金女大也没有漠视中国的传统文化。金女大第一任校长德本康夫人这样说道:"我们创校时的教育目标包含着许多西方文化理念。当时学习外国课程蔚为风尚,我们也提供了这方面的课程,因为有些称之为西学的思想受到广泛尊崇与追慕,人们认为中国需要西学。相比于中式教育所提供的旧的传统学问来说,有些课程是新式现代的。但让金陵引以为豪的是,我们从来不贬低中国的传统理念,这是学生来金陵求学前所固有的东西。尽管我们发现强调国学是很困难的,然而我们的理想是:国学科目一定要有高水平,中国的文化传统应该保留。大学(金女大)的建筑正反映了这一努力。坚持中国传统中的优良部分是今天金陵理想的一部分。"[1](P59)因此,虽然"厚生"校训来源于圣经,但它所内含的原生意义却也是根植于中国的传统土壤。尤其是经过吴贻芳校长的转化和融合,"厚生"校训凝聚了中西方伦理精神的核心内涵,那就是"爱"与"仁"。

1. "厚生"校训所体现的基督之"爱"

基督教是宣扬"爱"的宗教,人首先应该"爱神",其次是"爱人"。人类由于祖先亚当夏娃而偷尝禁果,而犯下了原罪,于是人一生下来就是有罪的。上帝为了人类的救赎而派自己的独子耶稣在人间历经苦难,因此,人应该是要爱神的,这是一切爱的基础。而神是遥不可见的,因此,人应该爱身边的亲人和大众、甚至是仇敌。只有对身边可见可近的人的爱,才谈得上对神的爱。基督教的教义即作如是说:"我赐给你们一条新命令,乃是叫你们彼此相爱:我怎样爱你们,你们也要怎样相爱。"(《约翰福音》)"你要尽心、尽性、尽意,爱主你的神。这是诫命中的第一,且是最大的。其次也相仿,就是爱人如己。这两条诫命是律法和先知一切道理的总纲。"(《马太福音》)因此基督教宣扬对人类无差等的爱。金女大作为一所教会大学,创校宗旨即是通过传教将基督教的福音和"爱人"理念广泛传播,培养人们的基督教人格。首任校长德本康夫人在总结自己十多年来的办校思想与实践总结时指出,"我们的目标是建立一所活跃着基督教精神、以基督教进行管理的女子大学。大学应该保持高水平的教育,提高社会效率,促进精神发展与最高人格'"。[1](P43)基督教人格即是以"爱神"为本位而"爱自己"、"爱人",以助人为快乐之本。

2. "厚生"校训所体现的儒家之"仁"

中国几千年的传统伦理思想以儒家学说为正统,而"仁"无疑是儒家文化的核心和最高原则。樊迟问仁,子曰:"爱人。"(《论语·颜渊》)孔子以"仁者爱人"最好地解释了什么是"仁",即是一种发自内心的对人的关爱。"仁"是各种道德的总和,包括个体修养、待人接物等方方面面,它不只着眼于"修己",而且还在于"安人"。孔子对实现"仁"的忠恕之道集中阐述于两句话中,一曰"夫仁者,己欲立而立人,己欲达而达人"(《论语·雍也》),意思是说"所谓仁,就是自己想要站立得住,也要使别人站立得住;自己想要前途通达,也要使别人前途通达"。一曰"己所不欲,勿施于人",意为自己不愿意遭受的事情就不要强加给别人。忠恕之道都是自己与他人关系的准则,是"爱人"的具体措施和行为守则。如此,才能达到"仁者不忧"(《论语·子罕》)的境界。在金女大的校歌中,有句歌词是"化民务成俗,立己更立人",即继承了儒家"修己安人"的仁爱思想。

3. "厚生"校训凝聚了基督之"爱"与儒家之"仁"

尽管中西方的核心价值理念有很大的区别,如基督之"爱"立足于"原罪论",儒家之"仁"立足于"性善论";前者为"神本主义",后者为"人本主义"。但同作为人类千年沉淀的核心伦理价值,两者的共通之处亦非常明显,金女大的"厚生"校训即融合了基督之"爱"与儒家之"仁"。其一,"爱"和"仁"都强调一种对他人的、无私的关爱。儒学和基督教都是非功利主义的,重视仁爱的义务性。[3]厚生校训即强调学生应该用自己的智慧和能力来帮助其他人丰富自己的人生。其二,"爱"和"仁"都是人突破自身局限、形成完善人格的必由之路。[3]在帮助其他人丰富人生的同时,自己的人生也得到了丰满,"厚生"校训即体现了这种"博爱"和"仁爱"的精神。其三,"爱"和"仁"都是让人身心愉悦、乐意而为的事情。基督教的"助人为快乐之本"与儒家的"仁者不忧"无疑有异曲同工之妙。"厚生"校训亦是教导学生乐于助人,不仅是义务,也是人生旨趣。作为本土化的教会学校,金女大的"厚生"校训所凝聚的中西方伦理精神的核心内涵,是其近一个世纪来激励当时在校的师生和如今毕业的校友的精神源泉。

二、"厚生"校训的核心在于"自爱"——发展学生的专业兴趣、关注学生的身心健康

"厚生"校训强调人生的目的不仅仅是为了自己,更要用自己的智慧和能力来帮助其他人,以有益于他人,同时也使自己的人生受益。因此,使自己拥有足够的智慧和能力,即为丰满自己人生和他人人生的前提。人只有先爱自己,才有可能和能力去爱他人。自爱是人的一种美德,自爱是一个人积极进取、自我完善的强大的内在动力,是推动道德进步的主体杠杆。"厚生"校训的核心即关注学生的智慧和能力的提高,促进学生身心的和谐发展,以"自爱"这一"爱人"的前提为本。在学校的日常教育教学活动中,发展学生的专业兴趣、关注学生的身心健康,将"自爱"贯彻于学生的学业和生活中。

1. 发展学生的专业兴趣

学生以学习为本,受高等教育的大学生的专业水平如何,直接关系到高等教育的

质量。金女大是在近代率先引进美国的先进的办学模式和教育理念的高等学府,促进学生专业水平的提高,完善智慧和能力,主要依靠的是发展学生的专业兴趣,并从学校教育教学的各个层面引领学生专业兴趣的发展。

专业设置层面:金女大是基督教会在中国创办的第一所设置完整大学课程的女子大学。金女大所设置的专业几乎包括了同时期欧美大学中的各个专业,其先后设置的专业有:中文、英文、历史、社会、经济、政治、哲学、宗教、音乐、体育、数理、数学、物理、化学、生物、地理、家政、医预科、护预科等等。广泛的专业设置,保证了学生可以根据自己的兴趣选择自己所要就读的专业,是发展学生专业兴趣的前提。

管理制度层面:1925年后,学校开始设施主修、辅修(也称副修)制,学生可根据自己的爱好和特长任选一个主修系,一个辅修系。主辅修制的实行,为学生提供了更多专业选择的机会,为学生专业兴趣的发挥提供了更广的平台。另外,金女大尊重学生的兴趣和选择,在教学管理中对转专业的条件非常宽松。学生在学习过程中如果发现自己并不适合所选修的系,或兴趣不在于此,都可以较自由地转系。1947级的校友甘克超的经历即是如此。"入学考试的时候,听说地理系的刘恩兰博士很了不起,是牛津的博士,就进了地理系了。念念觉得我的兴趣不在这儿就想转系,学校也允许,就转到化学系了。受好朋友的影响,说医护预科好……和学校说要转,一点没费事,又转成了。可我妈妈不同意我做护士,我转了又转,和学校商量,改家政。……我又转成了,成了营养专业的学生,一直到毕业。"[4](P256)事实证明,学校对学生专业选择和专业兴趣的尊重和宽容,成就了很多女界精英。比如金女大的校友、著名指挥家郑小瑛在金女大入学时就读的是生物专业,后来才转到音乐系。

教师教学层面:在金女大日常的教学活动中,教师特别注重点燃学生的兴趣,因为只有兴趣才是最好的激励。金女大的教学,多不是以教材为中心,而是以问题为中心,采用讨论式、参与式方法,这就要求教师必须善于调动学生,使其发挥主体作用。比如学生的英语课,"上课时到校园里散步,一边看一边说,看到什么说什么,有时(老师)叫我们到她的宿舍喝茶,面对面进行会话,使我们口语能力进步很快"。[5](P312)理科学习亦强调理论与实际相结合,多动手操作,多走进生活,而不是囿于书本。金女大超高的师资水平和先进的教育教学理念,保证了学生在专业的学习过程中专业兴趣的发展。

2. 关注学生的身心健康

学生的身心健康是学校关爱学生的重要方面，发展学生的专业兴趣可以促进学生的专业水平，但这还不能够使之具有服务社会、帮助他人的智慧和能力。践行"厚生"校训，"自爱"还要关注到学生的身心健康。扎实的专业知识和健全的身心，是丰满人生的基础。金女大对学生身心健康的关注亦是无微不至的。

砥砺学生身体素质。金女大对学生的身体素质尤为关注。"学校对学生的体格非常重视，每个学生都进行严格体检，而且对每个人的坐、立、行的姿势都有记载。抬头、平肩、挺胸、收腹等都是新生训练的内容，在这方面有缺陷而又不重视，会受到提醒，必须纠正。"学校了解每位学生的健康记录，并根据学生的实际情况采取不同措施，如纠正不良姿势、为体弱的学生增加营养餐等。学生梅若兰因为体重不达标，每天十点钟由学校免费供给营养餐，有牛奶，加鸡蛋、肉末的稀饭，直到体重达标为止。校友甘克超回忆说："我当时和梅若兰就坐在一张饭桌上吃饭整整一年，若不是几十年后她告诉我，我当时一点也不知道学校对体弱的同学还有营养加餐。可见学校并没把这当作特别特殊的事值得怎么宣扬，而是视为理所应当的事……金女大就是这样照看自己的学生的！"[4](P186)除了对身体的检查，金女大对学生的体育锻炼也是颇为强调的。体育在金女大是唯一一门四年皆开的课，体育不及格不予毕业。学生在体育课上学习射箭、打门球等等各项活动，学生的体育表演和学校的运动会更是吸引很多人来观看。金女大的毕业生很多一生都得益于母校对其身体素质的训练，良好的身体素质是金女大学生们专心学术研究、事业上有所成就的基础，也是其服务社会和他人的前提。

呵护学生心理发展。除了对学生身体素质的关注，金女大更是在精神上关心、爱护学生，呵护学生的心理发展。金女大实行的是家庭式管理模式，师生、同学之间亲如一家。学校制定了导师制、姐妹班制、新生周制等，从制度上保障了学生能够健康地在金女大学习和生活。学校的教师是对学生负全责的人，导师负责指导学生选课和学习，或以小组活动等其他方式帮助学生解决学习、生活等各方面的问题。学校还让高年级与低年级学生结成姐妹班，平时的学习和生活互帮互助。在平时的学习和生活中遇到任何烦恼和困难，学生都能向老师和同学们倾诉、寻求帮助。学校对学生心理上的关怀备至尤其体现在对新生的关心上，姐妹班和导师制相配合，使新生在遇到诸如想家或饮食不习惯等问题时，都受到导师和"姐姐"的热心关怀和帮助。另外，学校还专门设立新生周,帮助新生熟悉新的学习和生活环境,顺利渡过对新环境的适应期。亲密的师生关系和姐妹情谊保证了学生的心理健康发展和完整人格的养成。

三、"厚生"校训的目标在于"给予"——奉献服务

"自爱"是"厚生"校训的起点和核心,是"给予"的前提条件,只有提高自己的智慧和能力才能够帮助别人、服务社会。"厚生"校训的目标在于"给予",即"人生的目的,不光是为了自己活着,而是要用自己的智慧和能力来帮助他人和社会",最好的体现即从事社会服务。金女大的社会服务在学校的办学指导思想、学校的专业设置以及师生的社会服务践行等方面得以充分体现。

1. 学校的办学指导思想明确为社会服务

作为一所教会大学,金女大起初以传教、培养基督教的妇女领袖为办学的指导思想。然而自从吴贻芳出任金女大的校长,学校的办学指导思想也逐渐本土化,立足于为中国的社会服务。吴贻芳在1928年11月出任校长的就职典礼致辞时就明确表示:"现在办学,就是培养人才,从事于中国的各种工作。""学校于国学科学同时并重,既培养了中国学者的思想,又得到科学家的方法,然后到社会上去,才能适应各种的新需要,运用自己所学,贡献给各种工作。""凡是办教育的,没有不注意学问同道德的。"[1](P100)经过吴贻芳的"改造",传播福音的目标已经隐去,基督教色彩已淡至"有基督教服务精神",金女大的目标更突出的是培养"为社会所用"的妇女领袖,且这些女性精英是服务于社会各个领域的专业人才,已远离"宣教"的目的。可见,金女大以"为社会服务"为办学目标,践行着"厚生"校训。

2. 学校的专业设置重视为社会服务

金女大的专业设置的出发点是该专业能否为社会服务。由于金女大的办学目标强调为社会服务和适应社会建设的需要,因此,20世纪20年代以后,随着社会的发展变化和社会的需要,金女大及时调整了系科设置,逐渐加强了一些受社会欢迎的系科和专业,而停办了一些社会需求不多的专业。设置专业也充分考虑到了学校作为女校

的实际情况。当时中国女性从政或参与理工类工作的为数不多,且面临着要做贤妻良母的压力。因而金女大在系科设置中比较重视社会学系、医预科、护预科以及家政系和辅修系教育学的建设和发展。其中社会学系和家政系堪称金女大的品牌特色专业。从社会学系学生的论文题目中,我们可以看出社会学系对社会问题的关注和社会服务意识的深入人心,如"马必宁的《成都慈善机关调查》、蔡淑美的《成都保育院难童调查》、卢宝媛的《成都市三十个犯罪儿童的研究》、李秉贞的《成都市牙刷工业及其工人生活概况调查》"[1](P194)等等。

3. 师生的社会服务践行

金女大的校训为"厚生",就是希望学生们在学校领受丰盛的生活,同时也能与他人分享这种生活,吴贻芳鼓励学生从事公益事业并服务于社会,并特别强调为社会服务要见诸行动。

金女大师生在校时的社会服务践行的内容可以归为三类:一是邻里服务。金女大学生的邻里服务工作是多方面的,包括开办邻里学校,为附近的妇女和儿童提供免费学习的机会;兴建邻里中心,为附近的妇女提供教育、医疗、职业培训、娱乐活动等;此外,还走出校门访问邻里,为居民提供一些帮助。二是乡村服务。金女大在抗战时迁往的成都和返校后的南京的郊区都设立了乡村服务处,教当地的农民识字、培养职业技能、改善医疗条件、成立托儿所等等,"希望借此服务于农村社会,服务于当地农民,改变当地'贫'、'愚'、'弱'、'私'的状况"[1](P185)三是在自然灾害和战争等突发事件面前,金女大的师生表现出充分的社会责任感。如1931年,长江、淮河流域发生了罕见的大水灾。灾情发生后,引发了全校师生的极大关注。学生们一致通过决定,各宿舍的交谊室冬天不生火炉,将节省下来的取暖费用全部捐赠给灾民。此外,学生们还捐款捐物,救济灾民。抗战的特殊时期,更以国家民族的利益为首要出发点。吴贻芳校长勉励全校师生:当国家民族需要服务时,吾人能有"我在这里,来差遣我"之态度。[6](P39)师生们积极为灾民募捐、举行义演、组成战时服务团、参加抗日救亡运动。尤为值得一提的是,在抗日战争中,华群(即明妮·魏特琳)教授等几位金女大教师放弃离开的机会,留守在战火中的南京校区,将金女大改造为避难所,冒着生命危险庇护了成千上万的中国无辜妇孺。

金女大的学生在毕业离校后,依然把践行社会服务的精神带到了日后的工作中。金女大的毕业生在多个领域都颇有建树,贡献自己的力量。金女大"80%以上的毕业生都走上了服务社会之路","就业的主要行业是教育界、医护界和社会服务,另外有1/10以上的毕业生从事科学研究"。[1](P260) "金陵女儿"的杰出代表有国际著名植物学家胡秀英、医学影像学专家李果珍、传染病专家皇甫玉珊、中国科学院院士沈韫芬、海洋学家刘恩兰等,不胜枚举。金女大的毕业生在各个岗位上尽职尽责,将金女大的"厚生"校训融进了自己的生命中,切实地为社会和国家贡献自己的智慧和能力,不仅帮助了更多人,也丰富了自己的生命。

四、"厚生"精神对当代高等教育的启示

金女大的"厚生"校训不仅在当时激励着所有师生,其所蕴含着的中西方伦理精神的核心内涵和在高等教育中教育学生、服务社会的伦理意蕴,亦对当代的高等教育有着重要的启示意义。

当代高等教育有三项基本职能:即培养人才、科学研究和社会服务。其中培养人才是高等教育最基本的职能,是高等教育的基本出发点和归宿;科学研究成为高等教育的一项重要职能,是和它在提高人才培养质量和促进社会发展中的作用是分不开的;社会服务是培养人才、科学研究两个职能的延伸和发展,它反映了高等教育与社会政治、经济、文化、科技之间的关系,反映了高等教育直接为社会发展作贡献的能力。培养人才和社会服务是当代高等教育三项基本职能的两端,对学生的教育和对社会的服务体现的是当代高等教育的教育责任和社会责任。

然而当今处在转型期的高等教育,教育责任和社会责任的缺位现象非常严重。市场经济带来的对物质和效率的极度追求和功利主义,不可避免地影响到了作为社会子系统的高等教育。高校中"教书育人"的质量大打折扣,有的高校教师热衷于名利双收的接项目、写论文、评职称,到处兼职、兼课,疲于奔命,而导致课堂上教学质量的下滑于不顾,对学生知识的引导尚且做不到,更难以做到对学生身心健康的关心和人文精神、奉献精神的培养。高校社会服务的职能在某种程度上被异化为教师获取金钱,积累财富的途径。

故此,回顾和弘扬"厚生"精神相当必要,"厚生"校训一方面强调学生应提升自己

的智慧和能力,丰满自己的生命;另一方面更要用自己的智慧和能力帮助他人和社会,丰满他人的生命。前者体现了大学培养人才的教育责任,即关爱学生的专业兴趣和身心发展;后者体现的是大学服务和引领社会的责任。

首先,高等教育应"以生为本",对学生全面负责。历史上金女大对学生的关爱是无微不至的,从学业到生活,从身体健康到心理发展,对学生全面负责。"学校的重心,放在为学生在校四年创造最好的发展环境上","金女大平时为了节省开支,行政人员务求精简高效。但只要是有利于学生才华的发展,又不惜延聘名师,不计选修人数多寡"。[4](P184) 1949级和1950级选择地理系的都只有一个学生,但是学校对一个学生和对一个班学生一样认真培养,聘请了很多名师:系主任刘恩兰是在英国剑桥获博士学位的中国地理博士第一人;赵书文先生刚从美国留学归来,立即被聘为专职教师;地理研究所所长林超先生和后继所长周立三、中央大学任美锷教授、陆漱芬先生都被聘在地理系兼课……整个系师资水平颇高。[4](P184) 即使是对已经毕业的学生,学校依然保持联系,为她们的工作和生活提供帮助。1932级的校友黄绫汉,毕业后到上海一所学校教英语。一天上午她走进教室上课时,意外地发现母校的教务主任华群坐在最后一排听课。原来,是吴校长对孩子气较重的她放不下心,特让华群来考察一下,昔日的学生走上讲台是否胜任。[4](P191) 学校对学生的关心可见一斑。

相比之下,当代高等教育"以人为本"的口号很多仅仅停留在口头上,而没有落到实处。一些高校可能在为多申报几个重点课题和专业、为学校能获得一些物质利益、为提高学校的声誉和地位而慷慨破财,四处奔波,却忽视了实实在在地去发展学生的专业兴趣、关注学生的身心健康,培养学生的"给予"精神,这显然是本末倒置的。教师上了一学期课都不知道所教学生姓甚名谁几乎成为平常之事。在转型期的社会背景中,在功利主义盛行、浮躁的社会氛围中,高等教育如何沉下心来,守住自己的本分,静水深流?金女大"以生为本"的"厚生"精神为当今高等教育应担负起的培养人才的教育责任提供了范本。

其次,高等教育应培养学生具有服务社会的精神。通过社会服务,用自己的智慧和能力去帮助他人和社会,使自己和他人的生命都丰满,是高等教育的价值所在和责任所在。当下,为了"谋利"或为了"升格",一些高校不顾自身条件和社会供求的实际状况,盲目开设专业和扩大规模,导致高等教育培养质量的下降。而有的大学生接受高等教育,亦不是为了"胸怀天下"、"修己达人",而只是为了自己日后能有个好工作,服务他人和贡献社会的意识十分淡薄。责任意识的缺位警示当代高等教育必须强化培养具有服务社会和富有"给予"精神的人才。

金女大的毕业生在各行各业取得令人瞩目的成绩,她们对"厚生"校训有着一生不变的认同感,因为"厚生"校训"为当时的女子指引了一条成为'完整的人'的精彩之路,又为她们找寻了精神上的追求目标,提供了一种能给予她们人生神圣性以及终极追求的信仰"。[4](P97)"厚生"校训给予学生的是自我价值的意识、奉献的意识,是一种人格的影响。"厚生"之于金女大,正如"自强不息、厚德载物"之于清华、"允公允能、日新月异"之于南开。成为高素质的人才,不仅要学会立足社会的本领,更要学会做人。金女大以"厚生"校训为载体,通过信仰和情感切实化育塑造学生崇高人格,以使其生命丰厚完整的育人模式,对今天的教育仍有重要的参考价值。当今很多大学生对自己学校校训的来源、内涵等并不清楚,只把校训当成了口号,就使校训失去了本身的价值。当代的高等教育不能仅仅强调学生知识的累积,更应充分发挥校训的精神激励和人格塑造的功能,重视对学生做人的教育。

"大学教育就是通过厚爱和知识教化激荡学生的生命才智,这是'厚生'的一层内涵;同时大学教育引导学生再以'厚生'的精神造福于社会,这是'厚生'的第二层内涵,这两个方面深刻地表达了大学的教育责任和社会责任。……这样的校训真正抓住了大学教育的两端:一端是造福社会;一端是造福学子。"[7]以金女大为源头之一的南京师范大学的校训为"正德、厚生、笃学、敏行","厚生"即为其中至为重要的一部分。金女大的"厚生"校训所蕴含的伦理意蕴在当代的高等教育中依然熠熠生辉、生生不息。

参考文献:

[1] 张连红.金陵女子大学校史[M].南京:江苏人民出版社,2005.

[2] 吴贻芳.金女大四十年[A],吴贻芳纪念集[C].南京:江苏教育出版社,1987.

[3] 朱寰.儒学与基督教道德哲学核心理念的异同[J].甘肃社会科学,2003(5).

[4] 金一虹等.吴贻芳的教育思想与实践[M].南京:江苏人民出版社,2005.

[5] 陈祥凤.在一个三易其名的大系里学习了四年[A].金陵女儿·第三集[C].南京:江苏教育出版社,2005.

[6] 程斯辉,孙海英.厚生务实 巾帼楷模——金陵女子大学校长吴贻芳[M].济南:山东教育

出版社,2004.

[7] 金生鈜.正德厚生:大学校长的教育责任——读《厚生务实　巾帼楷模——金陵女子大学校长吴贻芳[J].当代青年研究,2006(2).

从淑身济物到替祖国服务
——梁启超的家庭道德教育思想及其当代意义初探

陈泽环

(上海师范大学哲学学院)

改革开放以来,梁启超(1873—1927)这位中国近代伟大的启蒙思想家、开创性的人文社会科学学者的历史地位,已经日益为我国学术界和读书界所认可。例如,郑大华认为:"立功、立德、立言,是中国士大夫们一生追求的'三不朽'。就这'三不朽'而言,中国近代史上恐怕很少有人能与梁启超相提并论。"[1]那么,在当今时代,我们如何更深入地理解其生平和思想,并从中汲取有益于实现中华文化复兴、塑造21世纪中国人健全和高尚人格的经验教训呢?鉴于一个人的生平和思想与其特殊的品性不可分割,而一个人的品性与其幼年成长时的家庭和社会环境密切相关;因此,本文主要以梁启超所受的祖父、父亲"教化之儒"的家庭道德教育,梁启超本人对学生、特别是子女的道德教育思想为视角,对其中所蕴涵的"德育在当代学校和家庭教育中的地位"和"儒学在当代中国社会中的地位和功能"问题,作一初步的探讨。

作者简介:陈泽环,上海师范大学哲学学院教授、博士生导师。
E-mail:czh659@shnu.edu.cn 或 czh659@sohu.com

一、"义理名节"与"淑身济物"

就梁启超个人的成长而言,首先必须指出的是:虽然他在"三不朽"方面达到了很高的程度,但其之所以能够做到这一点,绝非一蹴而就,而是有一个从乡人经国人到世界人的漫长过程。梁启超尽管禀赋卓绝,幼年在乡里即以神童著称,在科举考试中也一帆风顺,12岁中秀才,17岁中举人;然而正如他自己所说的那样:"余生九年乃始游他县,生十七年乃始游他省,犹了了然无大志,梦梦然不知有天下事,余盖完全无缺、不带杂质之乡人也。曾几何时,为十九世纪世界大风潮之势力所簸荡、所冲激、所驱遣,乃使我不得不为国人焉,浸假将使我不得不为世界人焉。"[2](P1824) 由此可见,即使按照当时的标准衡量,梁启超家庭出身的起点似乎并不很高,既非贵族高官,也非书香门第,只是一户亦耕亦读的农民之家而已;虽然有得风气之先的地利,但离国家的政治、文化中心十分遥远。但是,在中国古代社会中,这种普通的耕读之家始终是社会的脊梁,在这种环境中出现的读书人终究与世家子弟有所差别,如果具备必要的先天与后天条件,本人又能够不断地进德修业,很可能成为历史性人物。而梁启超的情况恰恰正是如此:"既生于此国,义固不可不为国人,既生于世界,义固不可不为世界人。……既有责任,则当知之;既知责任,则当行之。为国人、为世界人,盖其难哉!夫既难矣,又无可避矣,然则如何?曰学之而已矣。"[2](P1824)

那么,为什么诸如梁启超这样的农家"多出异才"呢?这是由于其家族不仅多年自耕自种,像下层民众一样接触社会、了解社会,勤俭、务实、淳朴,"吾大王父最富于阴德,力耕所获,一粟一帛,辄以分惠诸族党之无告者";[2](P2222) 而且受过一定程度的儒学教育,自觉地以儒家伦理为立身处世之道,而成为乡村的"教化之儒":"吾家自始迁新会,十世为农,至先王父教谕公,始肆志于学,以宋、明儒义理名节之教贻后昆,而先君子……传家学独劭……教授于乡,不孝启超、启勋及群从昆弟自幼皆未尝出就外傅,学业根柢,立身藩篱,一铢一黍,咸禀先君子之训也。"[2](P2731) 这就是说,梁启超先辈世代务农,祖父通过刻苦读书取得了初级功名,虽短暂地担任过县"教谕",但主要在乡间亦耕亦读、教育子孙;父亲则在科场上屡试屡败之后,致力于"教授其乡"和"乡规民治",在乡邻诸县有相当的影响。总之,梁启超的祖父、父亲居家孝悌、居乡为公,是中国传统社会典型的"教化之儒"。作为"归教于闾里的士人",梁启超祖、父以言教和身教相济的方式,努力将儒学的淑身济物之道传给后代子孙。而就这种"教化之儒"的地域文化背景而言,则和以明代思想家陈献章为代表的新会"士人尊师务学问,不逐虚名。仕者以恬退为乐,竞进为耻。尚门第,矜气节,慷慨好义,无所诣屈"[3](P7)的风俗相关。

进一步说,所谓"教化之儒",是杨念群提出的一个概念,不同于帝王官僚政治体系之内的"王者之儒",主要指"以教化的身份握有裁定与维系文化价值的权利"之宋明新儒家,"通过一系列的制度安排如宗族、乡约、书院等社会组织把儒家要义直接贯穿到了基层社会,构成了地方形成相对自治状态的文化资源"。[4](P9)尤其是其中"被摒斥于官学正统之外"的"南方地域化儒家流派,如陆学(陆九渊)、岭学(陈白沙、湛若水)、心学(王阳明)等等"[4](P143),其私门教化之风,更是塑造了一些基层儒生的生活道路。从地域影响来看,梁启超祖父、父亲的儒学信念显然是由此路径形成的;而"从儿童时代直到晚年,梁启超对陈白沙一直怀有十分崇敬的心情"。[5](P117)由此可见,正是基于这一地域文化背景的"教化之儒"教育,是梁启超从一个乡人成长为国人、世界人(阅读其著作,即使按21世纪的标准来看,也不能不承认,他确实具有宏阔的世界历史眼光),最终成为一个中国近代史上"三不朽"历史人物的最初根基。否则,即使有成为一个国人、世界人的其他条件,如果缺乏了祖父、父亲这样的"教化之儒"的家庭道德教育,梁启超也不可能达到他已有的境界。而在初步概括了梁启超"三不朽"的家庭道德教育根基,探讨了"教化之儒"的地域文化背景和重要意义之后,接着就可以分析其基本内涵与核心价值了。

从其《三十自述》来看,梁启超自幼就受到了比较好的、以儒学为核心的中国传统文化教育,包括下列几个要点:四五岁就祖父及母膝下获授四子书、《诗经》。六岁后,就父读,受中国略史,五经卒业。八岁学为文,九岁能缀千言。十二岁补博士弟子员,日治帖括,颇喜词章;家贫无书可读,惟有《史记》一、《纲鉴易知录》一。十三岁始知有段、王训诂之学。十五岁时,肄业于省会之学海堂。年十七,举于乡。年十八入京师,下第归,道上海,从坊间购得《瀛寰志略》读之,始知有五大洲各国,且见上海制造局译出西书若干种,心好之,以无力不能购也。以上"自述"表明,尽管家庭藏书不多,但祖父、父母已经能够把最基本的儒学经典传授给梁启超;加之资质俊秀、学习刻苦,在成为秀才和举人之后,有了更好的拜师和学堂学习的条件,不仅逐步奠定了其以儒学为核心的中国传统文化根基,而且开始有了关注世界大势的视野。此外,更重要的是,在传授儒学经典的同时,祖父还特别重视道德教育,特别是其中的民族气节、爱国情操、忠孝德性显然成为其基本内涵,同时也为我们理解梁启超一生"屡变",但"爱国救国"

不变的"一贯主张"提供了深层的线索。还有,"父慈而严,督课而外,使之劳作,言语举动稍不谨,常训之曰,'汝自视如常儿乎?'至今诵此语不敢忘",[2](P2222)等等,都为梁启超未来的生平和思想奠定了牢固的道德根基。

关于梁启超家庭"以宋明儒义理名节之教贻后昆"的问题,如果说上述的概括还是比较经验的话,那么,这里还有必要简捷地从学理上发挥一下。一般说来,所谓"宋明儒义理"主要包括"天人合一"、"万物一体"的本体论和宇宙论,"民胞物与"的人生论,"以诚敬存之"、"涵养须用敬,进学在致知"、"读书穷理"、"先立其大"、"致良知"的工夫论,其核心则在于"吃紧人生","特重人之心性与修行","以淑人拯世为本"。[6](P188)把上述概括与梁启超的回顾相比较,可以说其父亲的道德教育不仅充分体现了"宋明儒义理"之基本精神,同时也是孔子"修己安人"之道的平民化。"先君子常以为贵乎学者,淑身与济物而已。淑身之道,在严其格以自绳,济物之道,在随所遇以为施。"[2](P2731)就"严其格以自绳"的淑身之道而言,父亲生平不苟言笑,跬步必衷于礼,恒情嗜好,无大小一切屏绝,取予之间,一介必谨,成为子女的道德榜样。至于"随所遇以为施"的济物之道,则使梁启超父亲在科举失败之后,并不自暴自弃,而是积极投入了家乡自治的活动,发挥了一个乡村"教化之儒"的积极社会功能。显然,父亲传授和身体力行的"宋明儒义理",在梁启超今后的生平和思想中有深层的体现。从而,在这样的家庭环境中,"以淑身济物为目标的教化之儒的文化传统和仁、勤、慧三种最优秀的美德,在儿童时期就被祖辈、父辈栽培出来了"。[7](P13)

而正是这种由"教化之儒"所奠定的"仁、勤、慧三种最优秀的美德"和"淑身济物"的理想,成为梁启超从一个幼稚学童逐步跨越"帖括之学"、"训诂词章之学"的藩篱而进入"经世济民之学"的境界,并最终跨越"中学"和"西学"的对立而进入"中西融合之学"的最深刻、最厚实的品性基础。就个人品性的形成和特质而言,由于家庭"义理名节与淑身济物"的道德教育,使梁启超在从"乡人"发展成为"国人"和"世界人"的过程中,能够始终保持着一种真挚的情感和朴素的品性:"报恩"。从其自述中我们可以看到,在名满天下之后,梁启超虽然也感到"快心",但更多的是思考如何报国民之恩,从变法失败直至逝世都是如此:尔来蛰居东国,惟日日为文字之奴隶,"顾自审我之才力及我今日之地位,舍此更无术可以尽国民责任于万一。……惟于今春为《新民丛报》,冬间复创刊《新小说》……此后所以报国民之恩者,未知何如?每一念及,未尝不惊心动魄,抑塞而谁语也"。[2](P2224—2225)"凡人对于社会都要报恩,越发受恩深重的人,越发要加倍报答。像我怎样的一个人,始终没有能够替社会做出一点事,然而受了社会种种优待,虚名和物质生活都过分了。我若还自己懒惰,不做完我本分内的事,我简直成了社会的罪人。"[8](P3410) 显然,只有真正以儒学"淑身济物"之道作为生活理想的人,才可能始终有这样强烈的"报恩"之心。

二、"毕业后回来替祖国服务"

难能可贵的是,梁启超不仅自觉地承继了祖父和父亲的"宋明儒义理名节之教",坚持以"严其格以自绳"的淑身之道和"随所遇以为施"的济物之道为立身之本;而且在其一生漫长的教育活动中,在其独特而硕果累累的子女教育中,始终以道德教育作为一切教育的根基,使传统儒学的淑身济物之道发展成为"替祖国服务"的现代爱国主义。例如,在1917年由周恩来所记录的南开学校讲演中,梁启超强调青年为承担起改革和建设国家的责任,必须从塑造自己的良善品行做起:"吾人欲改革国家,不必思及他人,先以一己为主位,敦己之品,坚己之力。"[9](P274) 1927年,在与"清华学校研究院"同学的谈话中,他又指出:"反观现在的学校,……进学校的人大多数除了以得毕业文凭为目的以外,更没有所谓意志,也没有机会做旁的事情。有志的青年们,虽然不流于这种现象,也无从跳出圈套外。于是改造教育的要求,一天比一天迫切了。我这两年来清华学校当教授,当然有我的相当抱负而来的,我愿想在这新的机关之中,参合着旧的精神。吾所理想的也许太难,不容易实现。我要想把中国儒家道术的修养来做底子,而在学校功课上把他体现出来。在以往的儒家各个不同的派别中,任便做那一家都可以的,不过总要有这类的修养来打底子,自己把做人的基础先打定了,吾相信假定没有这类做人的基础,那么,做学问并非为自己做的。"[3](P607)

由此,基于"国家一线之希望,实系诸二十世纪之新青年"[9](P273) 的基本认识,针对当时教育界急功近利、以片段的知识相夸耀的弊端,梁启超要求青年学生努力处理好"修养意志"与"开辟学问"[9](P277)、"为学与做人"、[2](P3333—3336)"救知识的饥荒"与"救精神的饥荒"[2](P3367—3371)、"文献的学问"与"德性的学问"[2](P3341—3347) 等的关系问题,实现"淑身济物"、"淑身淑世"的目标:"一是淑身,二是淑世,既为人,也为己。如何培养智能,增长人格,是为淑身;如何服务社会,尽力国家,是为淑世。"[10](P185) 既要学好知识,更要学会做人,追求知情意的全面发展,达到"知者不惑,仁者不忧,勇者不惧"的境界;在西方找材料,以"救知识的饥荒",在东方找材料,以"救精神的饥荒",确立"宇宙未济"、"人类无我"的信仰,才是为学的首要;用客观的科学方法去研究"文献的学问",用内省的躬行的方法去研究"德性的学问","知其不可而为之","无终食之间违仁"。总之,"在求智识的时候,不要忘记了我这种做学问的方法,可以为修养的工具,而一面在修养的时候,也不是参禅打坐的空修养,要如王阳明所谓在事上磨练"。[3](P607)以上这些论述,作为梁启超晚年成熟的教育思想和教育伦理思想,在当时"革命"的时代,有可能被一些人认为不太合乎事宜;但在当今的"建设"时代,确实是一种合理的教育伦理思想,值得当代教育界和青年学生倍加珍惜。

此外,在公共的学校教育中坚持和发扬传统儒学的"淑身济物"之道和"替祖国服务"的现代爱国主义,培养了许多德才兼备的人才的同时;梁启超在对自己子女的家庭教育中,也以身作则,同样以"淑身济物"之道为根基的爱国主义教育子女,创造了现代中国家庭教育的奇迹,九个子女个个成才,甚至出现了"一门三院士"的佳话以至"神话",被人称为中国式精英教育的典范。而梁启超之所以能够在家庭教育中取得如此辉煌的成就,是与其不断地进德修业,养成了家庭亲情深厚、爱国意志坚定、文化智慧高远的人格分不开的:"我自己常常感觉我要拿自己做青年的人格模范,最少也要不愧做你们姊妹兄弟的模范。"[11](P477)针对子女"怕我常常有忧虑,以至损坏身子"的担心,他在逝世前不久的家书中说:"你们几时看见过爹爹有一天以上的发愁,或一天以上的生气? 我关于德性涵养的功夫,自中年来很经些锻炼,现在越发成熟,近于纯任自然了,我有极通达极健强极伟大的人生观,无论何种境遇,常常是快乐的。"[11](P542)而梁启超人格的精神实质即以"淑身济物"之道为根基的爱国主义,其内涵主要为以儒家为主体的中国传统人生观和西方近代的自由、民主的社会观及科学精神和科学方法;到了晚年则综合了中西文化的精华,形成了自己独特与超前的文化观念和"知不可而为"与"为而不有"的人生观。

至于对子女的期待,梁启超既不是非要他们成为"精英"不可,也没有刻意要使他们成为"普通劳动者";而是尊重一切尽了"自己责任"的人,但致力于把子女培养成为具有高度道德和文化的知识分子:"毕业后回来替祖国服务,是人人共有的道德责任。"[11](P482)"要各人自审其性之所近何如,人人发挥其个性之特长,以靖献于社会。"[11](P446)"我常说天下事业无所谓大小,(士大夫救济天下和农夫善治其十亩之田所成就一样。)只要在自己责任内,尽自己力量做去,便是第一等的人物。"[11](P333)"人生在世，常要思报社会之恩，因自己地位做得一分是一分，便人人都有事可做了。"[11](P281) 正是基于这样的子女培养目标，梁启超不仅始终对子女的学业抓得很紧，而且特别重视对子女的中国古典文化教育。例如，1923年5月，梁思成车祸住院，梁启超就要求他读"国学"经典："吾欲汝以在院两月中取《论语》、《孟子》，温习谙诵，务能略举其辞，尤于其中有益修身之文句，细加玩味。……更有余日读《荀子》则益善。"[11](P318) 也许，梁思成日后成为著名的建筑学家，也与其早期受的中国古典文化教育有关。此外，梁启超对其他子女也是如此。1927年，他甚至让梁思达、梁思懿、梁思宁休学在家一年，请学生谢国桢做家庭教师给他们上中国古典文化课程。这里透露出的文化观念和教育思想，值得开始重新认识到"国学"价值的当代人深思。

当然，在梁启超把中国古典文化作为培养子女的文化和道德根基的同时，他也深刻地认识到，现代青年必须学习西方的科学技术和人文精神。因此，他倾力支持子女出国留学。这样，在九个子女中，七个在国外学习过。1941年，幼子梁思礼跟随姐姐梁思懿到美国留学，归国后成为我国航天事业的开拓者之一。关于学习的方法，梁启超则告诫子女不要过分看重文凭，不要急于求成，不怕冒险吃苦，既要"猛火熬"，又要"慢火炖"，特别是要打好扎实的基础，注重科学的方法："'求学问不是求文凭'，总要把墙基越筑得厚越好。"[11](P356) 这就涉及学问的基础和创造、规矩与天才等的关系问题。此外，梁启超还就学问的专一和广博的关系对子女做了透彻的指导，不仅强调要学好专业知识，而且指出了有多方面学问兴味的重要性。例如，他对梁思成说，不仅要在图书馆中学习，而且还要"行万里路"，到各地游历考察，更要去体验"自然界的崇高伟丽"，常常找机会转变自己的环境，扩大自己的眼界和胸次，到那时候或者天才会爆发出来。为此，他要求梁思成趁毕业后一两年，多学些常识，尤其是文学或人文科学中之某一部门，多用点功夫，以避免因所学太专门之故，把生活也弄成近于单调；并且以自己为例说："我是学问趣味方面极多的人，我之所以不能专积有成者在此，然而我的生活内容异常丰富，能够永久保持不厌不倦的精神，亦未始不在此。"[11](P494)

梁启超要求子女成为具有高度文化的知识分子，"替祖国服务"，但他并不认为青年人为此只要读书就够了。因此，梁启超也十分重视在日常生活中对子女的教育和引导，希望他们成为有德性、趣味和见识的人。在此，他首先要求子女保持"寒士家风"，生活节俭朴素、学习勤奋刻苦。1927年，梁启超对梁思顺说："生当乱世，要吃得苦，才能站得住（其实何止乱世为然），一个人在物质上的享用，只要能维持着生命便够了。

至于快乐与否,全不是物质上可以支配。能在困苦中求出快活,才真是会打算盘哩。"[11](P480) 梁启超之所以这么重视子女的"寒士家风",是基于对孟子"生于忧患,死于安乐"思想的深刻体认。"人贵自立也","大抵凡关于个人利害的事只是'随缘'最好";"人之生也,与忧患俱来,知其无可奈何,而安之若命"。读着这些话语,使人感觉梁启超似乎是一个只讲"责任"、十分"严肃"的人。但是,这只是其人格的一个方面;同时,他还是一个"富有趣味"的人。梁启超常称自己是一个趣味主义者,并认为"中国人生活之不能向上",大半是由于没有把"美"的趣味当作生活必需品之一。因此,他也十分重视对子女的审美趣味教育。梁启超这么做是基于:缺乏趣味的人,特别是缺乏"美"的趣味的人,就会"把生活也弄成近于单调,太单调的生活,容易厌倦,厌倦即为苦恼,乃至堕落之根源"。[11](P493)

三、"把中国儒家道术的修养来做底子"

"太后曰:'丈夫亦爱怜其少子乎?'对曰:'甚于妇人。'太后笑曰:'妇人异甚!'对曰:'老臣窃以为媪之爱燕后,贤于长安君。'曰:'君过矣!不若长安君之甚。'左师公曰:'父母之爱子,则为之计深远。'"[12](P335) 这是出自《战国策·赵太后新用事》中的一段著名对话,由于涉及父母如何爱子女这一永恒的话题,因此经常被后人引用。进入21世纪以来,随着我国人民物质生活水平的提高以及社会生活的复杂化,父母如何爱护和教育子女的问题也面对着新的挑战。从而,"父母之爱子,则为之计深远"的问题日益引起人们的重视。这样,作为中国近代史上"三不朽"代表性人物梁启超的家庭道德教育思想,包括其祖父和父亲传统儒学的"义理名节"之教与"淑身济物"之道,以及他本人对青年学生、特别是子女的以"淑身济物"之道为根基的爱国主义教育也进入了人们的视野。而本文以上的概括和分析则表明,与百余年来影响广泛的全盘西化和彻底决裂的教育伦理思潮相比,梁启超"从传统儒学的淑身济物之道到替祖国服务的现代爱国主义"的教育伦理思想确实是比较合理的。如果综合性地考察梁启超的教育伦理思想和方法,那么甚至可以说,在21世纪的我们还在为青少年和子女教育问题上的传统和现代、中国和西方、精英和平民的路径争论不休的时候,他早就以其超越时代的做法解决了这一问题,并由此为我们树立了难以企及的典范。

当然,尽管"德育在当代学校和家庭教育中具有根基性的地位"是一个基本的社会共识(至于是否能够真正做到这一点则另当别论),尽管梁启超"从传统儒学的淑身济物之道到替祖国服务的现代爱国主义"的教育伦理思想在过去硕果累累,近年来也逐步得到了许多人的认同;但是,就更广泛的范围而言,在已经深刻变迁了的当代社会,特别是由于近百年来"全盘西化"和"彻底决裂"思潮的流行,人们对梁启超家庭的道德教育,特别是其中的传统儒学"义理名节"之教与"淑身济物"之道,即"把中国儒家道术的修养来做底子"的思想,还是有所疑惑并存在尖锐争论的。从而,为澄清这一迷惑和争论,在确认了"德育在当代学校和家庭教育中的根基性地位"的基础上,还有必要探讨"儒学在当代中国社会中的地位和功能"问题。关于这一问题,当前大致有三种观点。第一种观点认为,儒学作为中国古代"国家的指导思想",已经"彻底结束了自己的历史使命";第二种的"政治儒学"坚持"只有儒学才能救中国";还有一种相对平和的观点则认为,儒学从历史上看曾是中华民族发育、成长的根,并强调儒学在诸多方面可为当代人类社会提供有意义的、较为丰厚的资源。那么,上述三种不同看法的合理性何在呢？这里不妨看看梁启超的意见:"吾意以为孔子所以能为百世师者,非以其哲学论、政治论等有以大过人。……孔子教义,其实际裨益于今日国民者,固别有在。何在？则吾前举第三种所谓教各人立身处世之道是已。更以近世通行语说明之,则孔子教义第一作用实在养成人格。"[2](P2565)

笔者认为,上述梁启超关于"养成人格"为"昌明孔子之教"的关键和实质的论述,尽管发表于1915年,已接近过去一个世纪了,但现在看来,应该说仍然是一种比较合理的建设性观点。因为,与上述三种代表性观点相比较,不仅比处于两极端的、肯定会导致争论的儒学已经"彻底结束了自己的历史使命"和倡导"只有儒学才能救中国"的观点更为合理;而且在发挥儒学当代功能的问题上,也比认为"儒学在诸多方面可为人类社会提供有意义的、较为丰厚的资源"的观点更立足于"以伦理道德思想为特质"[13](自序,P1)的儒学的精华和根基。特别值得重视的是,梁启超这么说,不是出于一个纯粹研究儒学的"学者",而是出于一个儒家弟子的立场:"启超确信我国儒家之人生哲学,为陶养人格至善之鹄,全世界无论何国、无论何派之学说,未见其比,在今日有发挥光大之必要。"[3](P520)联想到其祖父"宋明儒义理名节之教"的培育,其父亲"淑身济物"之道的教诲,以及他本人在"三不朽"方面达到的境界,甚至其对学生和子女教育的成功,[14]应该承认梁启超"把中国儒家道术的修养来做底子"的思想,即把传统儒学的淑身济物之道发展成为替祖国服务的现代爱国主义的教育伦理思想,为我们摆脱各种疑惑和争论,合理处理"儒学在当代中国社会中的地位和功能"问题提供了一条很好的路径,尽管儒学的当代意义并不仅仅限于此。

毋庸讳言,对于"严其格以自绳"的淑身之道和"随所遇以为施"的济物之道,当代中国人也许已经十分生疏了;但是,这一看似简单和平凡的古老格言,实际上是整个儒家"修己安人"人生哲学的基本内涵、核心价值和生命智慧所在,是千百年来中国人民道德生活流传下来的宝贵遗产,是中华民族现代爱国主义的伦理根基,我们在任何时候都应该继承并发扬光大,而绝不可以简单地否定和放弃之。21世纪的中国,国人都在追求权利幸福、自由个性,似乎淡漠了"淑身济物"之道。这种状况的出现,当然也蕴含着巨大的社会进步,是"传统社会"向"现代社会"转变的一种体现,但同时也伴随着许多弊端。特别是一些"社会精英"只知道向国家、社会、他人索取权利,但不愿意对国家、社会、他人承担起必要的义务并缺乏基本的德性。究其原因而言,很重要的一方面就是这些人从来就没有受过儒学"淑身济物"之道的熏陶,从而"替祖国服务"的现代爱国主义也根本不可能在他们心中扎下根来。这就是说,现代爱国主义是不能离开传统儒学"淑身济物"之道的伦理根基的。从而,在培养中国公民现代爱国主义情操的过程中,我们应该吸取梁启超家庭道德教育的经验,特别是梁启超"把中国儒家道术的修养来做底子"的观念,即把传统儒学的淑身济物之道发展成为替祖国服务的现代爱国主义的教育伦理思想。

关于这一点,我们可以从我国当代学者的相关研究中得到进一步的证实。例如,就在中国现代化进程中所发挥的作用和贡献而言,崔大华认为,作为一种理性的、世俗的伦理道德精神,儒学的主要功能有三:提供带动和支持中国现代化进程的"中华民族复兴"的动力因素、秩序因素和适应能力;而构成这个动力的基础——对国家的伦理认同、社会责任意识和勤勉品质,都是从个人对家庭、国家之伦理共同体承担有义务责任的儒家伦理道德思想和生活中发育出来的。这是一种伦理性质的认同,"表现为从情感上和理智上认同国家、民族是高于个人存在的命运共同体,个人要和她休戚相关、荣辱与共,愿为她奉献、牺牲个人的所有"。[13](P389)同时,在儒家传统中,这种伦理认同也会十分自然地孕育出一种责任意识——由儒家伦理道德理念生长出来的一个人能自觉地将实现、维护国家、社会民众的利益视为是自己应有义务、应尽责任的观念。此外,除了对国家的伦理认同、社会责任意识外,还有以"孝"为核心的勤勉品质。这种勤勉品质根基于儒学对现世的、具有物欲内容的世俗生活的充分肯定,不仅在现世的、物欲的世俗追求中始终保持着道德的理性自觉,而且还会汇入到对国家的伦理认同和社会责任的意识中去。由此可见,作为儒家"修己安人"人生哲学平民化的"淑身济物"之道,确实"积淀着中华民族最深沉的精神追求"。[15]

此外,如果我们放宽历史的眼界,不仅能看到梁启超"把中国儒家道术的修养来做底子"的观念,即把传统儒学的淑身济物之道发展成为替祖国服务的现代爱国主义的教育伦理思想的合理性,而且更能澄清"儒学在当代中国社会中的地位和功能"问题,实现儒学"在新的时代条件下发挥积极作用"[16]的目标。例如,"毛泽东在长沙第一师范读书时,杨昌济先生……总是以曾国藩、梁启超的故事来勉励他,毛亦把曾和梁当作学习的榜样"。[17](P244)至于青年周恩来就更认为:梁"任公先生(吾国舆论界之泰斗,亦近代文豪也)"[9](P272)。在1918年1月23日的《旅日记》中,周恩来写道:"晚间我又拿起梁任公的文集来看,念到'十年以后当思我,举国欲狂欲语谁;世界无穷愿无尽,海天寥廓立多时'几句诗,我的眼泪快要下来。忽然又想到任公做这诗的时候,不过二十七八岁,我如今已痴长十九岁,一事无成,学还没有求到门,竟真正是有愧前辈了。"[9](P320)梁启超对开国领袖青少年时代的积极影响确实是重大和深远的,其意义难以估量。而笔者在近一个世纪之后读梁启超的著作时,所产生的感受和激起的思想震荡,同样是在读西方哲学—伦理学书籍时所不可能有的:作为一个中国人,特别是中国的知识分子,一定要认识到传统儒学的"淑身济物"之道是"替祖国服务"的现代爱国主义的文化和道德根基,"是中华民族生生不息、发展壮大的丰厚滋养";[15]"仁以为己任",为中华民族生命以至人类生命的可大、可久而努力。

参考文献:

[1] 梁启超.梁启超集[M].郑大华、王毅,编注.广州:花城出版社,2010.

[2] 梁启超.饮冰室文集点校[Z].吴松等点校.昆明:云南教育出版社,2001.

[3] 丁文江,赵丰田.梁任公先生年谱长编(初稿)[Z].北京:中华书局,2010.

[4] 杨念群.儒学地域化的近代形态(增订本)[M].北京:三联书店,2011.

[5] 章继光.陈白沙梁启超综论[M].长沙:岳麓书社,2011.

[6] 钱穆.读宗密《原人论》[A].中国学术思想史论丛(卷四)[C].合肥:安徽教育出版社,2004.

[7] 蒋广学.梁启超评传[M].南京:南京大学出版社,2006.

[8] 梁启超.梁启超全集[M].北京:北京出版社,1999.

[9] 中共中央文献研究室、南开大学.周恩来早期文集[M].北京:中央文献出版社;天津:南开大学出版社,1998.

[10] 郑流爱.平生怀抱在新民——梁启超的历史教育思想与实践.北京:教育科学出版社,2010:185.

[11] 张品兴.梁启超家书[M].北京:中国文联出版社,2000.

[12] 李维琦点校.国语·战国策[Z].长沙:岳麓书社,2006.

[13] 崔大华.儒学的现代命运——儒家传统的现代阐释[M].北京:人民出版社,2012.

[14] 吴荔明.梁启超和他的儿女们[M].北京:北京大学出版社,2009.

[15] 新华.习近平在全国宣传思想工作会议上强调 胸怀大局把握大势着眼大事 努力把宣传思想工作做得更好[N].人民日报,2013-8-21.

[16] 郑依菁.习近平考察孔府细读两本书 谈儒学"要发挥新时代作用".东方早报,2013-11-27.

[17] 郭长久主编.梁启超与饮冰室.天津:天津古籍出版社,2002:244.

个人幸福的教育追寻
——功利主义教育话语辨析

郑富兴

(四川师范大学教育科学学院)

关于当前学校教育的批评中,一种普遍的话语就是教育的功利性。人们把对一些不利于学生自由健全发展的学校教育现象称之为功利主义教育。人们习惯把应试教育的种种弊端归为教育的功利性的表现,如只顾学校和学生的眼前利益,而忽视学生的长远发展。但是这些批评都没有回答"教育实现谁的功利"的问题。众所周知,功利主义的缺陷就是未能解决平等与权利的问题。因此,这一问题是我们认识和评价功利主义教育不可回避的。本文根据"教育实现谁的功利"来梳理关于学校功利主义教育的若干批评言论,进而分析了以往人们没有讨论到的功利主义教育的得失,以期使我国的学校教育改革能更好地处理理想与现实的关系。

一、教育实现谁的功利:三种功利主义教育话语

关于学校功利主义教育的批评言论是多种多样的。这种多种多样是因为对于功利主义教育的理解也是各不相同的。我们根据"教育实现谁的功利"大致梳理了这些

作者简介:郑富兴,教育学博士,四川师范大学教育科学学院教授,多元文化研究中心副主任。
E-mail: zhfxbj@163.com

批评及其对功利主义教育的理解。这样可以把功利主义教育的理解大致分为家长功利主义教育、国家功利主义教育与学校功利主义教育。对功利主义教育的批评也相应地分为这么三类。

就家长(即社会)而言,他们都希望让自己的孩子能够多才多艺,考上名牌大学,出人头地。国人的教育目的向来十分明确,那就是"学而优则仕",上学就是为了有个好成绩,然后升官发财! 教育是努力实现这些功利追求的主要手段,这是众多家长教育孩子的动机和目的。虽然素质教育在公众话语中被高谈阔论,但社会认可的依然是应试教育。因此,许多家长让孩子整天学习,参加各种辅导班。在家长和学生的眼里只有考试、只有分数、只有排名、只有奥赛、只有荣誉。名牌大学+热门专业+好工作+高待遇、高地位成了许多人求学的内在逻辑。家长功利主义教育直接催生了发达的考试产业,比如在书市铺天盖地的是从小学到考研的应试资料,社会上则涌现了大量的培训辅导机构。就学生而言,他们已经厌倦了学校,厌倦了学习。

就学校而言,在教育目标上,重成才,轻成人;重智育,轻德体;重特长,轻全面发展;关注成名成家,忽视如何做人。在教育行为上,重结果,轻过程。在教育的途径上,教学成了唯一的途径,丰富多彩的社会实践活动被排除在人的培养途径之外。[1]中小学成为大学考试培训基地,而大学也成为职业培训场所。培训(training)取代了教育(education)。功利主义教育使学校成为了一个名利场:学校领导和管理者把学校应试教育作为个人晋职牟利的手段,而班主任和教师把学生家长当作可以利用的社会资源和摇钱树。

就政府而言,学校教育长期以来是实现国家功利的重要工具。以前,学校教育是政治工具和意识形态阵地。现在学校则是培养经济发展所需人力资源和拉动经济内需的重要手段。正如萧雪慧所说的,"教育的政治化和意识形态化在思想启蒙的80年代有所淡化,却在90年代重新强化。不同以往的是,对教育在国家经济发展中的作用有了较高重视,这使90年代的教育游移于政治功利主义和实利主义之间,前者始终占有主导地位,而且即使后者居于引人注目地位,因其对教育的重视基于经济、科技、国防等现实功利的考虑而忽视教育的非功利价值,同样具有狭隘性。"[2] 一些地方政府把学校教育作为加强思想政治工作、实现官员个人利益的工具,如创造政绩工程和形象工程、弥补财政缺口等等。

以上三种功利主义教育的一个共同点就是:功利主义教育就是工具性教育[3]。也就是说，功利主义教育观把学校教育作为一种实现家长、政府、国家、学校领导与教师的功利的工具，而作为学校教育核心的学生的个人功利却没有得到考虑。学生及其教育成为家长、政府、国家、学校领导与教师实现各自功利的手段。教育工具化本身意味着学生的工具化，因为教育目的都是家长、政府、国家、学校规定的——目标决定学生，而非学生选择目标。所以，当前人们提出以学生为中心的教育（以人为本）、强调教育的人文精神，本身就是针对工具性而言的。这与杜威提出的"教育无目的"是一致的。

但是我们认为，对于功利主义教育的批评仅仅停留在教育工具化层面是不够的。这不仅不能解释为什么功利主义教育能够成为现代学校教育制度的重要价值取向，而且片面、简单地否定功利主义教育容易忽视其积极价值，产生浪漫的教育理念。

二、 功利主义教育的价值：增进个人幸福

根据"教育实现谁的功利"的问题来分析各种批评的话语，我们可以得出，对于以往强调学校教育实现国家功利（尤其是政治功利）来说，当前强调教育实现个人（家长、教师等）的功利是一种进步。这种进步性体现在它肯定了教育实现个人的幸福，具有一种启蒙价值。

由以上几种功利主义教育话语我们可以看出，当前的功利主义教育更强调个人功利。这对于家长、学校来说是不言而喻的。对于国家和政府来说，则需要作进一步说明。学校教育的国家功利更强调学校教育服务于国家经济发展。这就是学校教育的"市场逻辑"。"市场逻辑"主导下的学校教育开始考虑个人的需求（学生、家长的教育需求）如何在新的学校制度中能够得以满足。把学校纳入市场机制之中，人们会以消费者（家长—学生）的需求作为教育的评价标准。因此，当前政府功利主义教育也强调个人功利。

个人幸福是个人功利的重要内容。根据西方功利主义来分析，强调个人功利实质肯定了幸福与教育的直接相关。我国传统的功利观源于传统的义利之辩，指个人之利、一己之利，是与公众之利、天下之利相对而言的。因此关于何谓"功利"的理解与西方功利主义大致相同，指利益、幸福。西方功利主义的功利（utility）指幸福（happiness）。边沁的界定是："所谓功利，意即指一种外物给当事者求福避祸的那种特性，由于这种特性，该外物就趋于产生福泽、利益、快乐、善或幸福（所有这些，在目前情

况下,都是一回事),或者防止对利益攸关之当事者的祸害:痛苦、恶或不幸(这些也都是一回事)。假如这里的当事者是泛指整个社会,那么幸福就是社会的幸福,假如是指某一个人,那么幸福就是那个人的幸福。"[4](P239) 这种幸福具体体现为人们对不同的具体目标、具体欲望的追求。谈论功利主义教育实际已经是探讨幸福与教育的关系了。

我国近代知识分子把西方功利主义思想作为启蒙的武器,以此批评传统社会的重义轻利对人性的否定。五四时期启蒙知识分子的主流是从文化—道德批评走向政治斗争和社会革命,因此功利主义的"利益"原则更多地是为新的政治伦理提供前提。也就是说,同社会解放、民主政治的理想有更密切的关系,与"博爱"的理想紧密联系在一起。西方功利主义的"利"更多地和我国传统义利观的"义"联系在一起。人们把这种理论称为革命的功利主义。[5]我国近现代的学校教育无疑是这种"革命伦理"的体现,即强调学生为中华民族崛起而读书,强调个人以国家或集体的利益为重,甚至可以为此牺牲个人的利益和幸福。

在当代社会,教育实现个人功利已得到社会普遍认同。2001年,《中国青年报》报道了湖南省株洲市某重点中学语文教师尹庭健的"读书应该是为了自己"的言论,引起了社会的强烈反应。同时,一项调查似乎证实了这种思想的普遍性。2001年,福州市政协科教文卫委员会组织的一项调查显示,福州近7成学生学习目的是为实现个人奋斗目标,3成学生想当企业家,学生自我意识表现强烈。①对于这些言论和调查,社会各界的认识和评价也是多种多样。在这种争论中,反对者无疑处于劣势。这说明,"为自己读书"已是社会认同的潜规则,"为自己学习"成为当代学生的主要动机,只是学校和教育部门不能以此来进行教育和管理罢了。这种想法是否只顾家长的意图,或者忽视社会、民族、国家的利益等暂且不论,我们认为,如果把这种言论放在革命功利主义或国家功利主义主导学校教育这一历史背景中分析,肯定个人的价值和抉择是时代的进步。毋庸置疑,在近现代帝国列强入侵的情况下,个人读书为了中华民族的崛起,牺牲个人自由以成就国家、民族的自由是有其合理性的。但是当这一环境变化之后,这种想法就失去了其合理性。个人的自由被国家、民族的自由所遮蔽,个人的幸福与生存被宏大叙事所掩盖。一场"文革"使人们都清醒过来。人们都意识到自己受到虚假意识形态的欺骗和自欺,认识到以道德名义下的邪恶对个人生存与幸福的抹杀,产生了以牺牲和不幸为幸福的社会变态。至今仍有不少当年从文革中走过来的知识分子在批判这种无视个人幸福的、为社会奉献、牺牲(牺牲生命的很少了)而学习和工作的病态。当全社会都以此来规范学校教育时,个人功利的教育实现必然让位于国家功利的教育实现。而现实表明,这种"人人都以无我为荣耀,以个人不幸为国家之幸"的思想带来的是这个国家和民族陷入邪恶与灾难。

强调学校教育增进个人幸福具有一种启蒙价值。西方启蒙思想家认为,传统道德贬低感性,鼓吹牺牲,这种以道德、理性的名义带来的邪恶是更有迷惑力的邪恶。"启蒙治疗的目的是保护一阶的、生活的价值亦即'真实的幸福'。"[6](P69,P71) 每个人都有自己自由选择的生活。这对于强调牺牲个人利益的传统伦理学说是一种启蒙治疗。肯定社会家长和普通教师的个人功利意识,是因为这表明人们的自我意识之觉醒,能够独立地思考自己的利益和价值,而不是像以前意识形态宣传所强调的没有自我的牺牲与奉献。因此,针对以前学校教育的革命功利主义或国家功利主义,强调学校教育中个人功利并不是退步,而是一种进步、一种思想的启蒙。

因此,当前学校教育的功利性也是我们敢于承认教育的目的在于增进个人幸福的表现。这正是功利主义教育的积极意义所在。

那么人们为什么又对当前学校教育的功利性有着诸多不满呢?这一问题使我们去探询功利主义教育的缺陷。这种缺陷不仅仅是当前人们探讨的教育工具化,还有两个重要的问题:通过学校教育增进的个人幸福是何种幸福,是谁的幸福。下面我们将进一步探讨这两个问题。

三、 功利主义教育的缺陷分析（Ⅰ）：何种幸福

功利主义教育的进步之处是承认教育目的在于增进个人幸福。那么这是什么样的幸福呢?我们认为,功利主义教育的缺陷之一在于它对个人幸福的理解过于狭隘。

功利主义教育强调为了未来的幸福牺牲当下的幸福。功利主义教育的工具性往往使学校教育过于关注教育的手段性,强调教育实现学生将来的幸福和利益,无意中又无视学生在当下的幸福和利益,忽视教育过程本身蕴含的价值。由于以往的教育过分强调教育的工具性和过分强调教育目的的长远性,从而忽略了教育对人自身发展的意义,使得教育越来越远离人的幸福生活。把"为了人的幸福"作为教育的基本价值取向,其中包含两层含义:一是教育过程本身必须是幸福的;二是教育必须为人未来的幸福生活做出必要的准备。功利主义教育的终极关怀是指向人的幸福。但是这种教育

忽视对人的当下要求,以单纯的知识和技能获得为单一的目标,忽视人在受教育过程中情感、情绪、兴趣、爱好的不同要求。因此,功利主义教育要以人的幸福为指引,不仅是以后的幸福,更重要的是在受教育的过程中去获得幸福的感觉。

功利主义教育注重追求一种外在的幸福,忽视了追求一种内在的幸福。外在幸福有两层含义:一是外在要求的幸福。对于学生而言,这是指外在于学生的各个相关主体(如家长、教育行政官员、校长、教师、学者)对学生追求幸福的要求,而学生只有接受这些要求。如果从这点看,幸福教育论者也应该被摒弃,做纯粹的教育无目的论者。幸福是什么?诚然,不同的人对幸福有不同的理解。因需要的不同,对幸福的理解而相去甚远,但是有一点可以肯定,幸福作为一种主观的情感体验,是一种对需求的满足,从而产生的心灵愉悦和充实感。因此,内在的幸福即一种基于个体自由选择的幸福。既然幸福是一种主观心理体验,因此外在于学生的各个相关主体的幸福理解自然不能替代学生本人对于幸福的理解。这也进一步论证了强调当下幸福的重要性。

二是幸福即是对外在好处(good)的追求。幸福不仅在于对金钱、名望、权势的追求(由于是获得幸福的手段因而是幸福的组成部分),更重要的是,像崇尚德性、追求健康、热爱音乐以及追求个体的自由发展,都是幸福的要素。完满的幸福并不是等于简单的"金钱+好工作+好房子",而是一个自我价值不断实现与超越的过程。比如,在学习过程,发现与创造的乐趣,好奇心与求知欲得到满足,这本身就是教育过程中的幸福体验。

当前人们倡导一种幸福教育论,主张教育的目的在于使学生获得个人幸福,教育作为培养人、发展人的活动。但是问题在于是获得一种什么样的个人幸福。功利主义教育本身也是指向个体的幸福。因此,准确地说,如果要矫正功利主义教育的弊端,那么幸福教育的目的就在于让学生通过教育获得一种内在的、自由的、当下的幸福。这种幸福应该是一种追求向善的生活、人格的完善、自我价值的实现。乌申斯基说:"教育的主要目的在于使学生获得幸福,不能为任何不相干的利益牺牲这种幸福,这一点当然是毋需置疑的。"[7](P213)卢梭反对为未来的幸福牺牲当前幸福的野蛮教育,他认为"教育的目的应该是培养现实的享受",为此要遵循规律,使人得到和谐全面的发展。斯宾塞想对人进行"充满生活"的教育让人感受现实的幸福。所有这些关于幸福教育的论述都说明,幸福教育追求的不仅仅是学生未来的幸福,更是一种当下的、内在的幸福。功利主义教育指向一种当下的幸福、内在的幸福正是其功利的实现。功利主义教育对人的幸福的理解如果缺乏这样全面的把握,将会是最不"功利"的行为。已有的教育现象已经充分证明了这一点。

四、功利主义教育的缺陷分析（Ⅱ）：谁的幸福

功利主义教育不能平等、有权利地实现每个个体的教育功利,往往只是实现少数人的功利。承认个人的功利实现是一回事,但是能否实现则是另一回事。这里存在一个教育平等问题,即通过教育实现谁的功利,或增进了谁的个人幸福。

当前学校的功利主义教育其目的在于增进个人幸福,但是从实践来看,这种增进的幸福不仅是一种外在的、未来的幸福,也是一种不平等增进的幸福。在"教育产业化"的影响下,当前学校教育与管理已经呈现出极端的功利化倾向。如前所述,教育管理者把教育管理活动作为实现个人愿望和满足个人需要的手段,这意味着学校的各个利益主体都希望通过学校教育获得个人功利的最大化实现。地方政府不仅以产业化的名义减少了投入,而且还依靠学校挣钱。学校则在教育产业化的指导下以各种名义大肆收费。而家长和普通教师的利益也依附学校管理阶层和地方政府的功利实现而获得某种程度上的实现。近几年,教育产业的兴起,的确给教育注入了不少的生机与活力,不仅满足了部分家长对优质教育的需求,而且还让一些学校靠家长的消费投入改善了办学条件,教师员工的福利待遇也相应得到提高——尽管相比之下是微不足道的。这自然就会产生一场力量的较量,即教育权的争夺。各个利益主体的功利实现程度取决于彼此之间的权力大小。在这场争夺中,社会中下层家长和普通教师没有政治力量和经济力量的依靠,无疑处于劣势。根据"教育实现谁的功利"来分析,我们认为,学校管理阶层与地方政府成为最大获益者,破坏了功利或幸福在各个利益主体之间的平等分配,损害了弱势群体利益分配的权利,即社会的正义和公平原则。政府的利益已还原为地方政府少数官员集团的利益,学校的利益则是学校管理阶层的利益,市场的利益则是少数与地方政府、学校管理阶层有密切联系的企业、公司的利益。他们所追求的功利自然是指达致幸福（即"外在的幸福"）的手段。

就家长、教师而言,通过学校教育实现个人功利是一种依附式实现。对于功利主义教育的批评,对于中小学大都是指应试教育。在现实中,虽然理论界批评了学校教育的工具化和功利性,但是家长们却都支持学校的应试教育,一谈到各种改革都担心是否会影响到自己孩子的成绩。由于好学校与差学校之间的悬殊差别，加重学生负担成了薄弱学校们生存的"救命稻草"。在农村地区，长期以来，片面追求升学率几乎成为农村中小学的唯一追求。由于城乡之间的悬殊差别，农村学生的学习目的大都是为了"跳出农门"，农村教育教学普遍存在为升学和培养英才服务的倾向。一般认为这是应试教育的传统影响，或者家长的教育素养不高，等等。我认为这都不是原因，真正原因在于家长们关心的是学校教育给自己带来的功利。我国家长都有"望子成龙"、"望女成凤"的想法，希望子女能考取功名以出人头地。家长们深信，子女学业上的成就不仅意味着谋生有保障，更重要的也意味着社会地位的改善与生活质量的提高。对于家长们来说，学校组织能够提供应试教育和职业训练就足够了。从这个意义上说，凡是有威胁到其功利实现的改革措施都会遭到他们的质疑和反对。当前这些对教育改革的质疑和反对反映了家长们关注的仍然是学校教育的工具性价值，即视学校为生存手段之一。这种生存是依附于国家和市场力量的生存，在工具理性主导的现代社会和国家，个人成为人力或者有用的公民。这种现象的根本原因是教育商业化和国家化视学生为工具，而家长依附这些力量生存决定了他们不得不接受这一规则。尽管他们知道应试教育的种种坏处，他们只能遵从强势阶层制定的规则。政府与市场主导的功利主义准则已经控制和支配了社会的教育与个人发展，而教师、家长和学生只有适应这种工具化的教育（准确地说是培训）及其筛选机制，才能实现个人的功利。也就是说，与近现代教育相比，这些在学校组织利益主体中处于弱势地位的成员的功利实现是一种依附性的实现，他们只有被动接受。社会中弱势群体与学校教师的利益之实现取决于所在地方政府和学校管理阶层的民主与否。

  不过，也有不少家长开始抗拒这种依附式功利实现的自我异化。采取的做法，或者是逃离我国公共教育制度，或者是弱化学校教育的工具性与功利性。在北京、上海、广东等地存在大量学生在家上学的案例，涵盖幼儿园至高中的各个阶段。而其存在形式呈多样化：父母在家教孩子、亲朋把孩子集中在一起学习、小规模的私塾学堂等，其中有些已初具微型学校规模。[8]同时留学越来越低龄化。来自美国国土安全部的统计显示，在美国各地私立高中就读的中国留学生，在2005学年只有65人，在2008学年增至4503人，而在本学年更增加到23795人。[9]家长们这些祛除这种工具性教育价值观的做法，本身就是抵制政府和市场力量控制和支配个人功利实现的表现。

五、结语：个人幸福的教育追寻

根据"教育实现谁的功利"，我们认为，教育的功利主义价值取向有其积极价值，即敢于承认学校教育的目的在于增进个人幸福，而功利主义教育的不足不仅仅是当前人们探讨的教育工具化，还有更重要的在于它所指的幸福是以学生的外在的、未来的幸福取代内在的、当下的幸福，而且处于弱势地位的社会成员的功利实现只是一种依附性地实现，即功利的不平等分配，个人获得的幸福也是异化的、不自由的幸福。

既然我们当前对于功利主义教育的批评是不够全面和有失偏颇的，那么我们提出的矫正举措和理念也是不够和偏颇的。比如我们提倡精神教育和幸福教育，但是功利性是学校教育的必然价值取向，追求教育的功利性本来就是人类进行学校教育的初衷，这是教育出于个体与群体生存的必需。批评教育的功利性或者干脆主张不要功利性的观念，往往具有浓厚的浪漫主义色彩。问题的关键在于"教育实现谁的功利"。认识到国家、政府与家长、教师、学生相互之间追求功利实现的价值冲突，才是我们解决学校教育功利性弊端的核心。

因此，教育的功利主义价值取向有其不可替代的价值，即承认教育的个人价值——实现个人幸福。功利主义价值的教育取向的不足在于它强调的主要是一种未来的、外在的幸福，在"教育实现谁的个人幸福"这一问题上它不能够解决教育权利、教育平等的问题，而且政府、学校、家长等外部主体往往把自己的幸福理解强加在学生身上。从这个意义上说，教育的民主性、人文性、公共性是在观念层面上对功利主义教育做出了较好的、具有针对性的解决，而"幸福教育"之类的说法却只是一种虚幻的、浪漫的理念。这也是当前我们讨论幸福与教育的关系时要注意的。因此，消除功利主义教育的负面影响就是要求通过教育制度的变革使最大多数人能够通过学校教育获得有限历史时期里的最大个人幸福。

注释：

① 据《福州日报》报道，此次调查以 600 名中小学生为抽查对象。结果显示，68.1％学生以实现个人奋斗目标为学习目的，喜欢在大城市且待遇好的单位工作。在对职业的选择上，有 32％的学生选择当企业家，2％的学生选择当工人，没有一名学生选择当农民。调查还显示，学生中与同学、朋友谈论最多的话题是个人前途，40％的学生把升学问题作为最烦恼的事

情。而65%的学生家长平时最关心的是学生的学习成绩,对学生思想道德表示关心的仅占21%。《福州七成中小学生以实现个人目标为学习目的》,"人民网《科教》教育动态",http://www.people.com.cn/GB/kejiao/39/20010410/438576.html,2001年4月10日。

参考文献：

[1] 杨兆山,王守纪.反对功利主义教育[N].中国教育报,2003-4-5.

[2] 萧雪慧.有必要从根本上检讨中国的教育政策——反思九十年代的教育[EB/OL].中国教育先锋网,http://www.ep-china.net/content/academia/c/20040310220325.htm,2004-03-10.

[3] 李长伟,徐莹晖.功利主义教育目的与人的工具化[J].内蒙古师范大学学报(教育科学版),2004(9).

[4] 周辅成.西方伦理学名著选辑(下卷)[M].北京:商务印书馆,1987.

[5] 高瑞泉.鱼和熊掌何以兼得——"义利之辩"与近代价值观变革[J].华东师范大学学报(哲学社会科学版),2000(5).

[6] 包利民,M·斯戴克豪思.现代性价值辩证论[M].上海:学林出版社,2000.

[7] 郑文樾.乌申斯基教育文选[Z].北京:人民教育出版社,1997.

[8] 在家上学[Z].百度百科,http://baike.baidu.com/link?url=nSpHFgAER1iS8ug1JoaCjO9Cz217AckkK3lf2MGXnJQrCa687-yYf9j5PRqd3QupNMSvVg-ATApH_aNYDHnG3_,2013-12-16.

[9] 中国小留学生问题多 退学现象频发[EB/OL].http://news.tiandaoedu.com/usa/25022.html,2013-07-03.

美国教育职业伦理的理论研究、行为规范与实践

王正平

(上海师范大学　跨学科研究中心)

教育职业伦理(Educational Professional Ethics),又称"教育专业伦理",通常是指教育工作者在教育职业劳动过程中所遵守的基本道德价值理念、道德原则、行为规范和准则以及职业道德实践。教育劳动是传道授业、立德树人、学术研究和服务社会的神圣职业活动。教师遵守怎样的职业伦理准则,在教育劳动中表现出怎样的道德品质,直接影响到受教育者道德品质的形成,影响到教育劳动的成效。在现代,世界上一些发达国家在高度重视发展教育事业的同时,高度重视教师职业伦理建设,纷纷根据本国的国情,从教育劳动的具体特点出发,制定与教育劳动相适应的教育职业伦理准则,努力提高教师职业道德水准。相比较而言,美国虽然只有200多年的教育发展史,但在现代教育历史发展中所具有的影响却广泛而深远。教育职业伦理、道德规范的支撑和维护,对于美国教育事业的促进和发展具有积极作用。[1]探究美国教育职业伦理的理论、规范与实践,可以为当前我国教师职业道德建设提供一些有益的借鉴与参考。

基金项目:上海市一流学科(B类)上海师范大学"哲学"建设项目。

作者简介:王正平,上海师范大学跨学科研究中心研究员,哲学学院教授,博士生导师。

E-mail:wangzhpj@shnu.edu.cn

一、美国教育职业伦理研究的兴起和发展

美国对教育职业伦理的研究,是随着教育事业的发展,逐步兴起和发展起来的,先后经历了孕育与发轫、发展与成熟、专门与多样的过程。

1. 美国教育职业伦理的孕育与发轫

美国教育的发展历史,先后经历了共和时代和民主时代。从 1770—1870 年共和国时代的一百年,美国教育理想一直是为所有人提供一定的教育而为少数人提供大量的教育。到了民主教育的一百年(从 1870—1970 年),教育理想则是为所有人提供尽可能多的教育。[2](P19)在建国初期,移民、民主政治、都市化、工业化以及有组织的劳工等力量共同对教育进程产生了重大影响。18 世纪美国社会现实与欧洲启蒙思想相结合促生了实用主义教育观,富兰克林提出创办文实学校的设想得以变成现实。从 1852 年马萨诸塞州制定美国第一个义务教育法开始,实行义务教育在其他州陆续以法律规定的形式开展了起来。特别是在二战及之后,在多元文化的熔炉中永恒主义、要素主义、进步主义、改造主义和后现代主义等思潮的融合与分离,推动了美国教育和学校的变革。与此相伴随,美国教育专业化也经历了一个从忽视职业伦理到遵循一般道德准则的过程。1825 年,美国俄亥俄州的地方证书只要求通过文化考试以后有 30 个小时的培训即可,教师职业道德方面的教育内容抽象、空乏,基本上被淹没在一般教学技能教育的任务之中。[3] 19 世纪初期,以霍拉斯·曼为美国公共教育运动的旗手,为开发充分的教育资源,于 1839 年创立了师范学校,以推动美国的师资教育。1855 年,由亨利·巴纳倡导编辑的《美国教育杂志》创刊,并连续出版 26 年,该刊以学校教育和教师发展问题为主要内容,登载了美国初期的一些教育研究成果。1857 年,在费城成立的"全国教师协会"(National Teacher Association,简称 NTA,美国全国教育协会的前身)具有标志性意义。其成立之初的主要目标包括"对教师专业福利的促进,对教学专业品质的提升,以及对美国公众教育事业发展的促进"等等。1896 年,乔治亚州教师协会颁布的教师专业伦理规范,成为美国一部较早的教师职业道德规范。1870 年,NTA 与师范学校协会(American Normal School Association)、学校督导协会(National Association of School Superintendents)两个组织机构合并,1906 年获得国会

颁发的特许状,并于 1907 年最终被正式定名为美国"全国教育协会"(National education Association,简称 NEA)。NEA 作为美国非官方的全国性教师组织,在推动全美教育发展,提高教师的专业水平和经济、社会地位等方面发挥了重要作用。

20 世纪二三十年代,美国开启了教育职业伦理较为系统、规范性的研究。当时,一些学者用实证的研究方法,比较系统地分析教师的品质人格。如卡他斯和韦伯斯,他们采用严密的方法,调查访问了学生、教师、家长、教育行政人员、教育学教授、教师团体负责人共 97 人,概括了优良教师现有或应有的品质和行为特征,作为改进师资训练课程的依据。他们归纳的教师必备品质,得到另外两名研究人员巴尔和伊孟斯对各州进一步调查的证实。他们研究概括了 25 项教师职业应有的品质:"(1)适应能力;(2)仪表动人;(3)广博的兴趣;(4)细心;(5)体谅别人;(6)合作;(7)可靠;(8)热心;(9)说话流利;(10)有活力;(11)判断力强;(12)健康;(13)诚实;(14)勤勉;(15)领导才能;(16)有吸引力;(17)整洁;(18)虚心坦白;(19)创造能力;(20)进取精神;(21)敏捷;(22)文雅;(23)好学;(24)自制;(25)节俭。"1929 年,美国全国教育协会在亚特兰大会议上,提交了一份题名为《教学专业伦理规范》的教师道德行为准则,并获得通过。该规范包括序言和正文两部分。序言部分涉及的是规范的目的及其适用范围。正文部分涉及与学生及社区、与本专业和与同行等 4 种关系范畴。这一规范的施行凸显了教师职业道德同教师教育之间的差异性,从而使教师职业道德成为一个专门的领域。[4](P30—31)

美国全国教育协会专业伦理规范(NEA Code)自 1929 年初创到 1975 年成型,历经 6 次修订,以适应不同时代美国教育职业的发展和需要。在这一时期,1948 年全美教育委员会所属的师范教育委员会,在组织专家、教师、学者、大学研究机构进一步系统研究的基础上,向全国教师发表了题为《我们时代的教师》的报告,对教师应当具备的职业道德提出了 13 项详细的要求和指导。其主要内容有:(1)教师要自重重人;(2)教师要富于社会意识;(3)教师要能够理智地处理一切事务;(4)教师要善于与人合作;(5)教师要能在专业素养中培养其一般的优良特质;(6)教师要继续不断地求知;(7)教师要熟悉传达知识的技术;(8)教师要爱护学生,与学生友善相处;(9)教师应了解学生;(10)教师应了解社会并参与社会活动;(11)教师应是学校社会中的良好分子;(12)教师对本身及学生的成就应具有正确的品评能力;(13)教师要有专业的信心。全美教育委员会师范教育委员会的这份研究报告,对美国教师的职业品质的研究和教

育,产生了较大的影响。[4](P31—32)

2. 美国教育职业伦理的发展与成熟

从20世纪50年代到60年代,由于美国中等和高等教育的迅速发展,各级教育研究人员对理想教师的职业素养和品质构成进行了大规模、系统的研究。在对从事教育职业人们的态度、兴趣、价值观、动机、教师的个性差异进行较深入研究的基础上,进而结合美国社会实际,对教育职业生活中的利益冲突、伦理矛盾、伦理规范、道德调节的必要性进行了专门研究,认识到"一种可行的伦理行为准则,也许是一种职业生存下去的最好根据"。[5](P426)1966年国际劳工组织和联合国教科文组织发布的《关于教师地位的建议》,进一步推动了美国教师教育从职业向专业的迈进。

20世纪80年代,以美国总统里根任命的全国优质教育委员会形成的报告《国家处于危机之中:教育改革势在必行》(1983年),特别批判了学校教育中的课程内容、标准与期望等四大领域存在的问题,"师资力量及其培训"被列入其中。该报告的发表,成为指引各州和各地方教育改革的风向标。1986年,卡耐基教育与经济论坛(Carnegie Forum on Education and the Economy,1986)发表的《准备就绪的国家:21世纪的教师》报告,拉开了美国重视教师专业化建设的序幕。这一报告要求提升师资准备水平,取消本科水平,将师资储备提高到研究生阶段,以"带头教师"提高新教师的教学水平以及课程开发。建议设立全国教师资格认证制度。1987年,全国专业教学标准委员会(National Board for Professional Teaching Standards,简称NBPTS)成立,自该委员会成立以来,不仅拟定了教学标准,而且在30多个领域内确立了资格认证制度。虽然这一资格认证制度主要是围绕学生发展水平和学科领域来设计,但对于教师而言,获得委员会的资格认证直接关系到教师的竞争力。[6](P389)1996年,美国制定了《优秀教师行为准则》,在总共26条的规定当中,有21条涉及教师的专业伦理方面的要求。其中具体内容包括:(1)记住学生的姓名;(2)注意参考以往学校对学生的评语,但不持有偏见并且与辅导员联系;(3)对学生真诚对待,富有幽默感,力争公道;(4)要言而有信,步调一致,不能对同一错误采取今天从严、明天从宽的态度;(5)不得使用威胁性语言;(6)不得因少数学生的不轨而责备全班学生;(7)不得当众发火;(8)不得在大庭广众之下让学生丢脸;(9)注意听取学生的不同反映,但同时也应有自己的主见;

(10)要求学生尊敬教师,对学生也要以礼相待;(11)不要与学生过分亲热或过分随便;(12)不要使学习成为学生的精神负担;(13)在处理学生问题时如存偏差,应敢于承认错误;(14)避免与学生公开争论,应个别交换意见;(15)要与学生广泛接触,相互交谈;(16)少提批评性意见;(17)避免过问或了解学生们的每个细节;(18)要保持精神饱满,意识到自己的言谈举止都会影响学生的行为;(19)要利用电话等手段与学生家长保持联系;(20)在处理学生问题时,要注意与行政部门保持联系;(21)要严格遵守学校规章制度。[7](P51) 21 世纪初期,美国小布什总统签署《不让一个孩子掉队》(2001 年)的教育改革法案,其中强调提高教师质量(第二条款 A 部分)的重要性,认为高标准的教师意味着学生能够更好地学习。因此,高质量教师是学校改进的关键环节。

美国大学作为美国教育的重要组成部分,是学术自由的场所、酝酿新思想的堡垒。在 20 世纪之前,美国大学对于教育专业的道德规范还没有明确的要求。往往通过大学校长自身的人格影响及其职权开展"道德哲学"课程的讲授,对教师的遴选,也只有为数不多的大学校长将高尚的品德和学术道德视为优秀教师的必备素质。到 20 世纪前半期,"在教师的选聘上,对学术成就和学术自由的要求几乎已经完全取代了注重品德的传统要求。大学校长有关道德问题的讲座似乎也随之销声匿迹"。[8](P138) 这一现象的出现,受到当时社会历史现实状况的影响和制约,缘于担心对教师个人品德考察极易成为种族歧视、宗教偏见或持异见者的借口。这一时期,着眼于传授专业知识而忽视道德品行的培养,常常成为美国大学教师教学行为的存在方式。"到 20 世纪 20 年代为止,大多数自然科学家和社会科学家用专业化教育的术语和科学知识的发展来定义他们在学院中的角色,有效地破坏了使他们的学科成为一种新的世俗道德教育之基础的种种计划。"[9](P244) 20 世纪 70 年代,由于"能源危机"、"水门丑闻"以及通货膨胀所产生的经济危机,引发了社会公众对道德问题的普遍关注,教育职业伦理也重新回归到教育工作者的视野关注之下,高等教育中教师的职业伦理成为社会焦点问题之一。自 20 世纪 80 年代以来,教育消费主义和绩效主义在大学管理中推行,美国大学教育的普及化,教与学、教学与科研之间矛盾日益显现出来,"大学教师精力分散,为职业利害而竞争"以及"课堂教学中的墨守成规与创造性之间的矛盾"并列为美国大学教育的两大问题。[10](P18—19) 纵览 20 世纪 90 年代美国大学史,克拉克·克尔提出美国大学实践中教师公民道德呈现衰退的迹象,这直接影响着大学教师教学责任的成功履行。遵守学术道德准则,愿意有效地参与共同的管理,承诺保护学术机构不受政治破坏和暴力冲击应当成为教师具有良好公民道德的基本标准。[11](P178) 20世纪90年代以后,美国对高等教育中道德问题的理论研究,有了较大的发展,出版了多本学术专著。诸如鲁滨逊和莫尔顿合著的《高等教育中的伦理问题》,系统探讨了高校中的内在道德矛盾、道德关系和道德要求。巴克和斯坦尼主编的《高等教育中的伦理原则和道德问题》,广泛探讨了高等教育教学和管理中的职业道德问题,指出:"由于高等教育中道德冲突情况的严重存在,唤醒了全体教育职业人员的道德良知,并在业以开始的教育劳动中实践道德要求,这是一件无比重要的事情。"[12](P68)

3. 美国教育职业伦理的专门与多样

美国的教育界重视对教师道德行为和品质的研究,也出现了对教师职业内部的不同教育层次、不同专业的伦理道德进行分门别类的研究,并以经验为根据,制定出更加符合各种教师专业和工作特点的教师职业伦理准则,以"保护公众利益"和"职业集团利益"。如在美国教育界除《NEA准则》外,还先后确定了美国人事和指导协会的《伦理规范》,美国心理学会(NPA)的《心理学家伦理规范》,全国学校董事会协会(NSBA)的《学校董事会成员伦理规范》,美国学校管理者协会(AASA)的《学校管理者伦理规范》,教师教育者协会(ATE)的《教师教育者伦理规范》等。这些准则通常涉及:普通标准、职业决策标准、竞争的限度、自主权和责任范围、保护本职业免受其他职业干涉、开除不称职人员、限定疏忽导致的错误,保留评价同行的权利和宣告、保护某些可接受的失误等等。[1]同时,这些教育伦理准则一般更加符合不同教师的特点,如美国大学教授联合会(AAUP)下的专业伦理委员会于1987年6月正式采用了以往颁布的《美国教授职业伦理声明》,该声明强调了教师的责任感在教师伦理中的重要性。并指出:"教授应深信以进步知识的尊严和价值为指南,应认识自己肩负的特殊责任,他对于他学科的主要责任是如实寻求和阐明真理。""他实践知识分子的诚实品质。尽管他会追求所属的利益,但是这些利益必须不严重妨碍或放弃他对科学真理的探索自由。"作为一个教师,"他在学生面前保持最好的学者纪律风范。他表示尊重每个学生,坚持作为知识向导和顾问的角色。他作出每个恰当的努力,以培养诚实的学术行为,并且保证他对学生们的评价体现了他们真实的优点"。作为一个同事,"教授负有源于所在学术团体普遍成员的义务。他尊重同事的自由询问,并为之辩护。在交换批语和观点中,他对其他意见表现应有的尊重。他承认学术情况,并且在同行评价中力求客观"。作为他所在学校的一个成员,"教授的无上追求是当一名有效的教师和学者","他在注重所在机构内首要职责的情况下,决定他所任工作的多少和性质。当他考虑中断或结束他的服务时,他清楚地认识到他们决定对于学校科目的影响,并预先恰当通知他的意图"。[12](P247—248)美国学校顾问协会(American School Counselor Association)道德委员会在1997到1999年间声称"其主要职责是告知其成员相关道德标准,并为道德标准修改提出建设性建议"。教师的道德要求不再仅仅着眼于行为约束层面的职业道德规范,教师作为特殊专业人员的专业责任和专业精神等内在的伦理品性受到普遍关注。

二、 美国教育职业伦理的行为规范与实践

美国全国教育协会是全美最大的专业人员组织,其成员包括各级各类的教师和教育行政人员近270万。美国全国教育协会职业伦理规范(NEA Code),自1929年初创到1975年成型,历经6次修订,形成一套相对成熟的教育职业伦理规范。它是全美教育协会推进教育专业化的重要举措之一,并具有较高的认同度和实效性。美国教育职业伦理准则的演进历程充分体现了教育职业伦理的实践品格。

1. 美国教育职业伦理准则的初步形成和注重实效性

1929年的美国教育职业伦理准则是在专业伦理委员会实证调查基础上制定的。该专业伦理委员会针对39个有关伦理的问题,向经抽样获得的3145名教师、校长、州和学区督学以及高等教育人员发放了问卷,回收的调查数据成为委员会制定伦理规范的重要依据。该委员会并借鉴、吸取了其他已制定规范的专业和组织的经验,广泛征集有关教育职业伦理方面疑难问题的意见,经过多次会议讨论,形成了多份报告,于1929年大会上提交了最后的报告以及伦理规范。其中,伦理规范包括序言和正文两个部分。序言部分阐明了这一伦理规范的目的,"为了更加全面地实现教育的目标,为了促进教学专业的福利,为了使教师知晓何为恰当程序,并使其专业关系达到操行的高标准"。正文部分以与学生及社区、本专业、同行的关系为内容。①

在与学生及社区的关系方面。首先,强调了教师教育活动与宗教、政治的分离,

"教室不宜作宗教、政治或个人宣传之场所。教师应行使其作为公民的全部权利,但要避免可能有损于其作为教师之价值的争论";"教师不得允许其教育工作为党派政治、个人获益或任何利己宣传所利用"。其次,教师应客观公正,关爱学生,并不得从学生中谋取私利,"在教学、管理以及与学生的其他关系中,教师要公平、公正、专业。教师要照顾学生的不同兴趣、态度、能力和社会环境";"教师与学生的专业关系,和其他早已建立的专业中的成员所遵守的一样,要求严守私密的和公务的信息";"教师不得有偿辅导自己班级的学生"。第三,强调教师要协调好在家庭与学校之间的关系,"教师要在家庭与学校之间努力建立友好的、明智的合作"。

在与本专业的关系方面。首先,指出教师的专业性及其职业的崇高性,"教学专业的成员要想方设法为其行业争光。教师要鼓励最有能力的人士进入本专业,同时阻止那些把教学专业作为进身之阶的人进入本行业";"教师要通过学习,通过与当地、州及国家的教育组织的联系,保持自身的工作效率和教学技能";"教师自身的生活要表明教育确实是崇高的"。第二,教师应尽职尽责,并获得相应报酬,"教师尽管不出于工资低的原因而限制自己的服务,但要坚持与其社会地位相称的薪酬";"教师不得仅仅为了迫使学校提高其现任职位的薪酬之目的而另谋职位。相应地,校方不得推行拒不给员工应有加薪直至其他邀约学校的要约迫使其加薪的政策"。第三,教师应在专业领域客观、公正,不得谋取不正当利益,"教师不得以私人授意的印刷布告或广告,或以其他非专业的方式,推销自己的学校或教师本人,特别要避免来自继任者或前任者的讽刺和批评";"教师不得在其能够影响或行使决定权的书籍和物资采购中,充当代理,或者收受佣金、提成或其他报酬;也不得以帮助其他教师谋职而收受佣金或其他报酬"。

在与同行的关系方面。强调与其他教师之间应客观、独立,"若非为了学校利益向校方正式报告,教师要避免对其他教师作不利之批评。涉及学校至善利益之事,不及时向合法当局报告,也是非专业的行径";"教师不得干预其他教师与学生之间诸如规训或打分之事务";教师与行政管理人员之间应当相互尊重、合作,"行政管理人员与课堂教学人员之间,要同情彼此的观点,承认行政管理人员的领导权和教师的自我表达权,在此基础上要有合作。教师和行政管理人员,与正式委派的下属办理公务,均应遵守专业礼节";教师应按照程序获得教职,切实维护正常教育秩序,"若非某特定职位存在空缺,教师不得申请该职位。除非校规另有规定,教师应该向行政主管申请教职。教师不得为了谋取某个职位而故意贬低竞争对手,也不得故意压低预定的薪酬";学校对待教师应当客观公正,帮助教师的专业成长,"资格证明应是任命与晋升的唯一决定因素。校方要推荐杰出教师在本校或在他校晋升,以鼓励和谨慎促进其专业成长。校方因不想失去杰出教师的服务而不将其推荐到其他职位,是不道德的";"对教师的推荐书要坦率、公正和保密";学校与教师之间要认真履行承诺,忠实履行各自义务,"合约一旦签订,即应忠实履行,直至双方均同意终止合约。为防止意外发生,签约双方需要像处理商业事务所要求的那样,进行审慎的考虑";"要作职位调动时,校方和教师应予适当通告"。

为了切实有效地使这一规范得到实施,与该规范相配套的文件还包括专业组织使其成员熟悉规范的步骤,以及促使成员合作执行规范的建议。在这一规范早期实施过程中,由于许多教师对其知晓度不够,从而未对教师产生较大影响,没有收到预期效果。这也成为美国全国教育协会专业伦理规范得到修订的起因。与1929年的规范相比,1941年规范的修订,虽然在内容与执行等方面均发生了一些变化,但总体而言,基本延续了前期规范的精神实质。在全国教育协会广泛调查、征求协会成员关于伦理规范的意见基础上,对规范进行修订。在规范修订过程中,全国教育协会将更多的关注点放在规范宣传与执行中的问题,以促使新修订的规范发挥实际效应。

1941年的伦理规范也包括序言和正文两个部分,其中,正文部分共4款21条。序言部分开宗明义地提出了美国民主的公共教育思想——"信念:真正的民主能够通过为所有人的所有孩子提供免费的公共教育而得以最好的实现;美国的教师负有极大的和不可推卸的责任去塑造每一个孩子和年轻人的理想。这样的责任要求从业的人拥有高度的理想、广泛的教育,对人类有深入的理解;同时,为了民主教育的目的可以得到更为充分的实现,教学专业的福利应得到改善"。

其正文部分第一款与学生及家庭的关系、第三款与专业的关系和1929年规范正文大部分内容重合,第二款与公民事务的关系贯穿了序言中民主思想在公共教育的重要性,指出"每一位教师都有责任向其学生反复灌输一种对于民主原则的赞赏。他应指导关于值得争论的问题的全面的、自由的讨论,并期待比较、对照和解释将带来对民主原则的理解、赞赏、接受和实践"。强调教师所应承担的公民责任,"教师应认识到并履行其作为公民的全部责任。其个人愿望应服从于公众的最大利益。他应对学校系统、州和国家忠诚,但应行使其提出建设性批评的权利"。"教师的生活应表明教育使人成为更好的公民和更好的邻里。无疑,他的个人行为不应违反被其服务的团体所接受的行为模式。"

第四款专业伦理常设委员会,阐述了规范执行的组织机构建设。一是指出组织机构的组成情况,"在此,特别建立一个专业伦理常设委员会,它由主席任命的5人组成"。二是明确委员会的职责及其处理问题的权限,"研究可以参照规范的违规事件,并对其采取适当行动。委员会也应负有宣传规范、促进其在教师预备机构中的运用、以及提出必要的修改建议的责任。当一个事件被报告时,如果发现它来自于有伦理委员会的州,那么,这样的事件应立即被提交给该州委员会进行调查和采取行动。当被报告的违规事件来自于既没有规范也没有伦理委员会的州,或是来自于有规范但没有伦理委员会的州时,全国教育协会伦理委员会应采取明智而合理的行动,并使其成员铭记尊重适当专业行为的重要性。应向社区的主要学校官员和违规行为隶属的州报告此类行动"。三是对于违反规范的处罚,"对于公然违反该规范的成员,委员会享有进一步的开除其全国教育协会成员资格的权力"。[13]

2. 美国教育职业伦理准则的不断完善使其更加具有针对性

以1929年、1941年伦理规范为蓝本,美国教育职业伦理准则经过1952年、1963年、1968年、1972年4次修订。但从整个修订模式来看,1963年、1968年、1972年伦理规范基本又是以1952年伦理规范为基础来修订的。1952年伦理规范包括教师责任五个方面的内容:一是与学生的责任;二是与家长、家庭的责任;三是与社区的责任;四是与雇主—雇员责任;五是与同行的责任。1963年伦理规范包括四项教师责任:对学生、社区、专业和专业雇佣实践的责任。1968年与1972年伦理规范基本保持一致,都是四项责任:对学生、公众、专业和专业雇佣实践的责任,其中的区别在于对专业雇佣实践的责任1968年为10条,1972年则缩减为9条,删除了"当适当的专业组织需要其服务时,不得接受其他职位"这一条。美国教育职业伦理准则历经5次修订,这些内容的调整反映了新的教育实践伦理的需求,将教师公民责任的承担体现在伦理规范之中,突出了尊重学生学习自由及抵制不公正教学的重要性。1968年、1972年以及1975年伦理规范在语言表述上,转向以禁令为主,体现了这一规范的专业约束性。

譬如,1968年通过并颁布的《教育职业伦理准则》明确申明,"教育工作者相信人的价值与尊严。承认追求真理,力争卓越和培养民主公民的至高无上的重要性。认为保护学与教的自由以及保障所有人的平等受教育机会对于这些目标的实现是极其重要的"。在"对学生的态度"中指出:"教育者根据各个学生在何等程度上发挥着成为有价值的优秀公民的潜在能力,来评定各人的成绩。因此,教育者鼓励探索精神,促进其获得知识与理解力,形成对有价值的各种目的作深入思考。在对学生履行义务时,教育者:(1)没有正当理由,不得拒绝学生的各种意见。(2)不准故意歪曲或不教自己负有责任的学科、课目的内容。(3)面对有害于学习、健康、安全的各种情况,必须为保护学生而作相应的努力。(4)在执行作为教育者的职责时,不准毫无必要地使学生为难,或挫伤学生的心灵。(5)不得以人种、肤色、信仰以及出身国为理由,禁止学生参加特定的活动,或阻止其受到特定活动的关怀,或在照顾和利益上区别对待。(6)不得着眼于个人利益来利用教育者与学生的关系。(7)教育者通过工作获取的情况,只要不是应用于职业方面的目的,或法律所要求的范围里,不得公开向人泄露。(8)除了没有物色到合适的教师之外,不得对自己所担任的年级学生进行个别指导并接受报酬。"

该准则在"对社会的一般态度"中,对教育者的"爱国心"、教育者在履行社会和个人教育工作职责等方面提出了道德要求。在"对职业的态度"中指出,教育者履行职业业务中,"在行使作为教育者的权利和责任时,必须公正平等地对待所有从事这一专门职业的人","不得有目的地利用威胁手段或达成特别约定,来对作为教育者的同行的意向决策施加影响";"有关得自同行的情况报告,除了利用于职业上的目的外,不得公开向他人透露";"不得故意歪曲同行"。在"对专业雇佣实践的态度"中,教育者应视雇佣合同为誓约,尽职尽责履行合约;在个人职位取向以及他人资格准入方面,切实维护专业声誉。②

在美国,有200多万从事教育工作的人签署赞同《教育职业伦理准则》。这200多万人都是美国全国教育协会或被其接纳为成员的州和部门团体的成员。在大多数情况下,信奉这一准则是取得组织成员资格的条件之一,对于不断增长的大量教育者来说,受到学校的聘用和得到州里发的教学许可证,都是依照是否拥护这一准则而定的。[1]

3. 美国教育职业伦理准则从宽泛化向专门化转型

1972年规范颁布之后,全国教育协会就伦理规范中条款实施情况作了调查分析,依据协会成员普遍反映的建议,伦理规范中诸如与雇佣、与社会的关系等,适宜采取合同或地方法规等外部规约机制处理,伦理规范的适用范围应该限定在处理一般的与学生和专业的关系。在此调查结果的基础上,1972年的伦理规范经过修订,全国教育协会1975年的伦理规范颁布,内容包括对学生的责任与对本专业的责任两条原则,删除了之前各次修订稿中包括的与雇佣实践、社会等方面关系的规定。新的准则进一步强调了教师在教育职业活动中恪守职业伦理准则的重要性,强调了教师肩负的教书育人的道德责任。

该准则在序言中指出:教育工作者相信每一个人的价值和尊严,认识到追求真理、栽培人才、养育民主精神具有至高无上的重要性。这些目标的基础是保护学习和教学自由,保证对所有人教育机会平等。教育工作者有责任坚持最高道德准则。教育工作者意识到在教学过程中坚持固有责任的重要性。获得同事、学生、家长和社区成员尊重和信仟的愿望,为他们达到和保持最高道德品质提供了源动力。《教育职业伦理准则》反映了所有教育工作者的愿望,并为他们的行为提供了判断标准。

新的《教育职业伦理准则》的具体内容分为"献身学生"原则与"献身职业"原则两个部分:

原则一:献身学生。教育工作者要努力帮助每个学生认识到自己作为有价值、有用的社会成员的可能性,要为激发学生探索精神、使学生获取知识、提高理解能力、树立经缜密考虑的有价值的目标而工作。为了履行对学生的职责,教育工作者:(1)不应当无理阻止学生在求知中的独立活动;(2)不应当无理阻止学生接近不同的观点;(3)不应当故意隐瞒或曲解同学生进步密切相关的题材;(4)应尽可能地保护学生,使其免受对学习、健康和安全的侵害;(5)不应当有意难为、轻视学生;(6)不应当根据种族、肤色、信念、性别、民族出身、婚姻状况、政治和宗教信仰、家庭、社会和文化背景,或性倾向而采取不公正态度:a.拒绝任一学生参与任一活动;b.拒绝惠济任一学生;c.给予任一学生便利;(7)不应当利用与学生的职业关系而获取私利;(8)不应当透露在教学过程中获得的有关学生的信息,除非基于教学目的或法律要求。

原则二:献身职业。人民对教育事业寄以厚望,并要求教育工作者具备责任感,而责任感源于对教育事业的崇高理想。由于教育职业的服务质量直接影响国家和它的公民,教育工作者应尽一切努力提高专业水平,营造鼓励批评的氛围,创造吸引忠于教育职业优秀人才的条件,帮助纠正不合格教师的不良职业习惯。为履行职业责任,教育工作者:(1)不应当为了申请职位而故意制造虚假陈述,或隐瞒与能力和资格有关的重要事实;(2)不应当歪曲他或她的专业资格;(3)不应当帮助一个明知在品德、教育或其他有关品行方面不合格的人进入教师职业队伍;(4)不应当对申请职位的候选人的资格做虚假陈述;(5)不应当帮助非教育工作者参加未经授权的教育实习;(6)不应当透露在职业活动中获得的有关同事的信息,除非基于职业目的或法律要求;(7)不应当故意做关于同事的虚假或恶毒的陈述;(8)不应当接受任何有可能损害或明显影响职业决定和职业活动的恩惠、礼物或好处。③

显而易见,美国全国教育协会新通过的上述《教育职业伦理准则》与之前通过的准则比较,在尊重学生的个性自由、鼓励学生的创造精神、提高教师的教育劳动社会责任心、反对教师的职业利己行为等方面,提出了更为具体的道德要求。1975年美国全国教育协会颁布《教育专业伦理规范》,所增加的内容是将教师专业自主、职业伦理等教师专业特质纳入其中。

三、对我国教育职业伦理建设的启示

考察美国教育职业伦理发展历史和实践,可以从中获得一些有益的启示。教育职业伦理建设必须充分重视现代教育职业劳动的专业性和特殊性,我们应该按照教育职业发展的规律性要求,结合我国教育职业活动的具体实践,批判地吸取美国教育职业伦理理论研究和实践的经验,积极构建具有中国特色的社会主义教师职业伦理规范体系。

1. 增强教育职业伦理规范的针对性,从教育专业的特性出发,以教育服务对象的利益发展为着眼点。现代教育理念是以"人"为核心,重视受教育者的全面素质发展,使受教育者具备作为国家公民和世界公民所应有的基本素质。在公正、民主、人道的制度下促进个体的全面发展,是教育的至善本性和本质的伦理诉求。因此,以受教育者的需要和发展为着力点,既是教育者(包括教育利益相关者)的首要要求,也是教育事业发展的动力源泉。

2. 重视教育职业伦理规范的适用范围,有效反映教育的实践状态和时代特征。将其适用对象扩大到所有教育人员,而不仅仅局限于从事教学的教师。健全不同层次的教师行业组织,发挥教师行业协会的自组织、自协调能力,增强教师行业协会自治性

和维权意识,切实维护本专业主体权益,使专业自主权得到充分体现。实现教育职业规范从行政命令向专业行规的转变,发挥教师组织建设主体在专业伦理规范制定中的作用,加强实际配套执行制度的完善,切实建立具有专业化的教育职业道德规范。

3. 注重教育职业伦理规范的层次性,从以指令式师德原则为主到以禁令式师德规则为主构建规范,形成激励与约束机制相协调的教育者专业实践功能,构筑教育、培训、指导、监督和处罚等方面网络化规范管理,增强规范的执行力、实效性和践行性。

4. 加强教育职业伦理规范的适宜性和可操作性,克服教育职业伦理的宽泛性。原则性过多的教育职业伦理规范,往往导致伦理准则的无效。美国的教师专业伦理规范更多关注的是具体的、外显的教育实践当中所应具有的道德品质和行为规范。美国 NEA 准则在其历次修订的过程中,反复强调其具体性和可操作性,其中更多的是以教师所应具备的专业道德出发,具体化为教师可以做到的以及必须做到的行为规范。

5. 注重教育职业伦理规范与法律政策的一致性。美国教师职业伦理以公民层次为基本出发点,依据法律所赋予的公民权利来调节教师与教育相关者之间的关系,体现了师德行为规范与法律的一致性。另外,除了援引相关法律为规范的执行依据外,全国教育协会在规范修订上,也始终保持着对于法律的灵敏反应。表现在跟随法律调整及时修订规范内容方面。在我国教育职业伦理的建设中,如何有效建立以法治支撑的道德规范体系,以及在法律规范适应社会发展需要适时变动的情况下,如何适时调整伦理规范以便更地好服务于教育事业,应当予以充分重视。

注释:

① 美国全国教育协会:伦理规范(Code of Ethics of the National Education Association of the United States, 1929), Reeder, W. G., A Code of Ethics. In *Educational Research Bulletin*, Vol.10, No.1, 1931,第 12 - 19 页。王丽佳译,黄向阳校,引自王丽佳《美国全国教育协会教育专业伦理规范历史演进探析——兼谈师德规范建设》,华东师范大学,2010 年。

② 平冢益德:《世界教育事典·资料编》,东京部,1980 年,第 110—112 页。

③ NEA Handbook 1989 - 1990, Washington, 1989, pp. 317 - 318.

参考文献：

[1] 王正平.美国教育职业伦理准则的研究、制定与演进[J].思想理论教育,2001(6).

[2] 里查德·D·范斯科德,等.美国教育基础——社会展望[M].北京师范大学外国教育研究所译.北京:教育科学出版社,1984.

[3] 檀传宝.论教师"职业道德"向"专业道德"的观念转移[J].教育研究,2005(1).

[4] 王正平.教育伦理学[M].上海:上海人民出版社,1988.

[5] 戴格哈顿.教育百科全书(第3卷)[M].马克梅拉-弗利出版社.

[6] 迪安·韦布.美国教育史:一场伟大的美国实验[M].陈露茜,等译.合肥:安徽教育出版社,2010.

[7] 傅维利.教师职业道德教育指南[M].北京:高等教育出版社,2002.

[8] 德里克·博克.走出象牙塔——现代大学的社会责任[M].徐小洲译.杭州:浙江教育出版社,2001.

[9] 茱丽·A·罗宾.现代大学的形成[M].尚九玉译.贵阳:贵州教育出版社,2004.

[10] 欧内斯特·博耶.美国大学教育:现状·经验·问题及对策[M].复旦大学高等教育研究所译.上海:复旦大学出版社,1988.

[11] 克拉克·克尔.高等教育不能回避历史——21世纪的问题[M].王承绪译.杭州:浙江教育出版社,2001.

[12] 巴克·斯坦尼.高等教育中的伦理原则和道德问题[M].查尔斯·西·托尔斯出版社,1983.

[13] 王丽佳.美国全国教育协会教育专业伦理规范历史演进探析——兼谈师德规范建设[D].华东师范大学,2010.

教育伦理研究综述

教育伦理学研究三十年的回顾、反思与展望

吕寿伟
(江苏大学教师教育学院)

早在1923年范寿康就在其《教育哲学》中提及教育伦理问题,而且1932年丘景尼甚至出版了《教育伦理学》专著,但之后漫长的半个世纪中国的教育伦理学研究始终处于一种停滞的状态,只有在改革开放之后,1980年代初教育伦理研究才逐步得以恢复。三十年以来,我国教育伦理研究从无到有、从自发到自主,经历了一个艰辛但富有成效的过程。研究的论题也从日常教育道德观念的经验与感悟到教育问题、教育现象的道德回应,再到教育的道德本性等道德形而上学问题,一步步走向深入。然而,在取得这些成就的同时,教育伦理研究依然面临着诸多的困境,存在着方方面面的不足。我们需要对成就予以肯定,更需要对不足予以反思,只有如此,教育伦理研究才能明确进一步努力的方向,并获得持续发展的动力。

一、近三十年以来教育伦理研究取得的成就

改革开放之后的三十年,是中国教育伦理研究从无到有的三十年,尽管在这三十年当中并没有使教育伦理研究像伦理学和教育学的其他分支学科一样获得深入而持

作者简介:吕寿伟,教育学博士,江苏大学教师教育学院讲师。
E-mail:lvshouwei@163.com

久的探索,但至少在这一时期教育伦理研究这一主题得以明确、教育伦理学学科体系得以初步创建、教育伦理研究的领域得到较大的拓展。同时,研究也从 80 年代以至 90 年代的经验感悟逐步走向对教育伦理领域的实质性问题的探讨,所有这些都为教育伦理研究的进一步发展奠定了很好的基础。

1. 教育伦理研究的主题得以明确

教育伦理学的源头可以追溯至杜威,杜威早在 1894 年就芝加哥大学开设了专门的"教育伦理学"课程,并于翌年撰写出版《教育伦理学六讲》。更为重要的是他提出,"学校的道德目的不能仅仅通过直接的道德教学来实现,而必须依托一种更加广泛、间接、生动的方式,即将学校自身、教学方法、课程建立在伦理的基础上"。[1]这也就意味着,道德对教育的关涉已经超越了目的和内容的层面,而走向了形式与程序层面。尽管杜威意义上的教育伦理学概念依然是狭隘的,即只是将教育伦理学局限于学校教育伦理学,但却从研究的视角、内容和方法上实现了教育伦理研究的根本性突破。然而,我国的教育伦理学学科建设自一开始便没有沿着杜威的思路继续往下走。我国第一本以"教育伦理学"命名的书籍出版于 1932 年,但这本《教育伦理学》探讨的问题实为"道德教育",如本书作者丘景尼先生所言,"此二者之涵义,大体相同,初无严密之分。且道德教育一名,已为通常所习用,故本书中对于二者,亦时时混用,即有时称之为教育伦理学,有时称之为道德教育"。[2]之后多年,教育伦理学基本上被等同于道德教育,直至 2004 年台湾学者贾馥茗所著《教育伦理学》仍以"道德教育"为其主体内容。因此,可以说,在解放前我国的教育伦理学并没有实质性的进展,甚至很难说有真正意义上的起步。解放后,教育伦理学并没有得到重视,也没有相关的专著诞生。这种状况延续到 20 世纪 80 年代,1988 年由上海师范大学王正平教授主编、西南师范大学、华南师范大学、南京师范大学等九所师范院校联合编写的新中国成立后的第一本《教育伦理学》教材正式由上海人民出版社出版。此书对于教育伦理研究的意义是重大的,同时也产生了巨大的影响,如全国伦理学会会长罗国杰欣然为此书作序,香港《大公报》刊登长篇述评,称此书为近几年研究的硕果。此书的诞生结束了教育伦理研究的无意识状态,"教育伦理"成了明确的教育研究主题。然而,此书在内容上所探讨的更多的是教师道德,而此书的巨大影响使此后多年,诸多教育伦理研究者都将教师(职业)道德作为教育伦理学的全部内容和研究主题,如 1989 年由施修华、严缘华主编的《教育伦理学》、1989 年陈旭光主编的《教育伦理学》、1993 年李春秋主编的《教育伦理学概论》等概莫能外,于是所谓的"教育伦理学"最终演变为"教师伦理学"或"教师职业道德"。1995 年,王本陆教授在《教育研究》发表《关于教育伦理学研究对象的思考》一文,对"道德教育说"和"教师职业道德说"提出了明确的批判,指出教育伦理学的研究对象既不是道德教育也不是教师职业道德,而是教育中存在的善恶矛盾,"教育伦理学就是要把以前对教育善恶问题零星的、经验的认识上升为理性认识,即对教育的善恶矛盾进行科学研究,并构造基本的理论。教育伦理学就是人们在教育善恶矛盾上的理性自觉"。[3]但这种观点并没有很快得到学界的响应。2001 年,王本陆教授在《教育崇善论》中进一步明确了自己的观点。之后,不少学者开始深入地探讨教育伦理学的研究主题。如钱焕琦指出:"教育伦理的研究就旨在通过善恶评价的方式,按照一定的道德观念、道德原则和道德规范的要求,自觉地调整道德关系中的矛盾冲突,在和谐融洽的关系氛围中最大限度地维护并满足各个主体的利益需求,从而使教育的现实走向日益趋近人们的教育期待。"[4]其他如刘新春、糜海波等人都对教育伦理学的研究主题进行了进一步的研究。自此,教育伦理学的研究主题开始超越"道德教育说"和"教师(职业)道德说",而关注所有学校教育、家庭教育、社会教育中存在的道德问题,教育中一切与之有关的道德现象均成为教育伦理研究的主题。在这一背景下,教育中人员的道德问题,教育制度、教育行政、教育管理中的公平正义问题,美善的教育生活如何可能问题等,都成为教育伦理研究关注的对象,从而使教育伦理研究的领域得到极大的拓展。

2. 教育伦理研究的领域得到拓展

研究主题的明确使教育伦理研究的领域也得到迅速的拓展,在改革开放之前教育伦理学本质上为道德教育,因此,在实质上并不存在所谓的教育伦理研究。1980 年代之后大量的学者又将教育伦理研究定位于教师(职业)道德,但教师职业道德并不属于教育伦理学的研究范畴,因为被称为职业道德的内容已经是定型了的,不具有分析意义的内容,因此也就不存在所谓的善恶矛盾;而将教育伦理研究定位教师道德则极大地窄化了教育伦理学的研究领域。也正是在这意义上说,笔者认为中国教育伦理研究起步的真正时间应该是在20世纪80年代末、90年代初。只有在这一时期教育伦理研究的主题才逐步得以明确，也只有这之后，教育伦理研究的领域才得到不断地拓展。

首先，教师道德仍是这一时期教育伦理研究的重要领域，但此时教育伦理研究已经超越了职业道德的范畴，而对教师道德的应然性、规范性进行了探讨。而对教师职业道德的探讨则更多地指向教师职业道德的合理性、正当性，并企图对那些不符合时代需要、不符合社会现实和教育发展需要的道德规范予以遗弃，对那些反映了社会现实、满足教育需要的道德予以更多的关注。而且，对教师道德的研究也不再局限于对某种道德的静态研究，而是在师生交往中、在教学过程中来研究教师应该具有的道德品质。

其次，社会领域和教育领域的道德问题、道德现象和道德事件也成为教育伦理学研究的重要领域。社会中出现的道德问题或道德事件总能引起人们的讨论和反思，而从教育的视角对这些问题进行审视和理性的思考便构成了教育伦理研究又一个重要领域。教育伦理学属于应用伦理学，应用伦理学的首要任务就是解决现实教育生活中和社会生活中的道德难题，因此，教育伦理研究对道德现象或道德事件的关注是其研究领域拓展的重要表现。

第三，关于教育伦理的本体研究得到了重视。在最近十余年，关于教育伦理的研究已经不限于教育中的道德问题、事件，教育中的道德经验的研究，对教育伦理自身的研究也构成了一个重要的研究领域。这些研究首先表现在对教育伦理的内涵的研究，究竟什么是教育伦理，教育伦理包括哪些方面等；其次，对教育的道德本性的研究也是教育伦理本体研究的重要体现．这些研究旨在揭示教育与道德的关系，以及道德哲学对教育关涉的必然性和可能性；第三，价值性是道德的首要品质，对教育伦理的价值取向的研究也成为这一时期研究的重要方面。其他如教育的伦理精神、教育伦理体系建设、教育伦理的元研究等都在这一时期得以展开。

以上三个方面只是概括性的指出三十年以来教育伦理研究领域的拓展情况，如果进一步的细究，研究领域的拓展就远不止以上这些，如教育改革过程中的伦理问题研究，市场经济与教育伦理研究，网络发展与教育伦理研究，教育制度、教育政策、教育法等问题的伦理研究，教育公平问题研究，所有这些都已经或多或少地得到了研究人员的关注。可以说，尽管这三十余年，尤其是近十余年来，教育伦理研究在自身的理论建设上并没有实质性的突破,但研究领域的拓展却是这一阶段最为重要的成就,必将为以后教育伦理研究的繁荣奠定坚实的基础。

3. 教育伦理研究的内容得以深化

当前我国教育伦理研究尚处于初级阶段是不争的事实,但这并不妨碍教育伦理研究在内容上的深化。

首先,研究领域的拓展便是研究深化的表现之一。开辟一个新的研究领域,在很多情况下比在旧有的论题下深究意义要重大的多。尤其当一个研究领域分化为诸多不同的研究领域时,这种形式的领域拓展就直接体现为研究的深化,如教育制度伦理细化为教育制度生成和管理上的道德、教育制度内容上的道德和教育制度运行的道德等。

其次,在这一时期,研究逐步摆脱了经验的直接性,理性反思取代经验直观成为教育伦理研究的主要方法。通过经验,我们也可以获得关于生活的规则。比如说,教育要满足功利的目标和要求、教育要遵循幸福的原则,但这些规则还只是源于自我教育生活的经验,源于自我对愉快和不愉快、快乐和悲伤、享受和折磨、痛苦、灾难等的经验感受,这样的规则还不能被称为是道德的法则,顶多可以说是一条具有实用性的、道德实践的规则。经验之为经验在于其尚不能称为普遍的法则,具有可错性,它并没有坚实的基础。如果我们将经验作为道德行动的依据,就意味着行为具有了不正当的可能性。理性的参与则使建立在经验基础上的规则接受理性的检验,通过逻辑的分析和理性的证明而使其成为无条件的必然的法则。以不能羞辱或体罚学生为例,经验告诉我们这是不正确的,但理性告诉我们它何以是不正确的、不应该如此行为的根据和理由。理性使那些经不起检验的经验性规范遭到遗弃,同时为那些合理和正当的经验性规范寻找根据。

第三,研究内容的深化不仅仅借助于研究方法的转变,那些已经得到论证的、被证明为合理的理论在教育伦理研究中的应用同样能够使研究得到深化。直观的感悟无论其多么深刻总还是个人性的,因此也就难以摆脱随意性和可错性,道德哲学理论在教育伦理研究中的应用则在一定程度上避免了这种情况的出现。教育伦理学是一个应用性的学科,这种应用性一方面体现在对现实教育伦理问题的功能性上,另一方面也体现在它总是需要从母体学科中汲取理论的营养来丰富自身,从而使自身超越经验性和感受性,并逐步通过理论的运用、逻辑的分析、理论的反思开始自身的理论建构,而这必将引领教育伦理研究走向深入。

二、近三十年以来教育伦理研究存在的问题

尽管三十年以来,教育伦理研究取得了一定的成绩,获得了一定的发展,但依然存在着诸多的问题。

1. 缺乏专门的研究队伍,研究的内容分散且深度不够

近三十年以来,有不少的《教育伦理学》教材问世,但却从来没有被作为一个学科而得到承认,无论是在本科、研究生还是博士生招生的专业目录也很少有将其作为一个研究方向列入的,至于课程开设也只有寥寥数所学校将《教育伦理学》作为选修课程来开设。这种状况至少从两个方面阻碍了教育伦理研究团队的形成:一方面因为缺乏建制,教育伦理学也就很难作为一个专业的研究领域而得到认可,更难以吸引专业的研究人员对其进行长期、以至毕生的关注;另一方面,因为缺乏建制,也就不可能形成对教育伦理学研究后备队伍的培养,从而使学科发展难以为继。事实上,当前从事教育伦理研究的人员绝大多数并非是专业的教育伦理研究人员,相反,在更多的情况下他们只是"偶尔为之",这些人很大程度上只是源于一时的兴趣而写下一两篇学术论文,而并未将其作为可以终生关注的领域。即便那些被公认的对教育伦理学有较为突出贡献的学者也往往并非将教育伦理学作为其主要的学术领地,如作为中国当代教育伦理学开拓者的王正平教授,先后出版过四部教育伦理学的教材或专著和部分的学术文章,但相比较于其前后的30余部专著而言,显然不能将教育伦理学作为其首要的学术领域;再如,北京师范大学课程与教学研究院王本陆教授,长期以来一直关注于教育伦理问题的探讨,但相对于其在课程与教学论方面所费的笔墨,教育伦理研究也就很难被认为是其首要的研究领域。至于南京师范大学孙彩平教授,近年来更是几乎放弃了教育伦理问题的研究,而完全转入了对道德教育问题的关注。

总体来说,当前教育伦理研究尚未形成专业的研究队伍,更未形成专业的团队和学术共同体。教育伦理研究的这种状况决定了其不可能得到深入的探究,也不可能获得深刻的理论洞见。在这一背景下,教育伦理研究呈现出研究领域分散、研究深度缺乏的现象,因为,研究人员的研究缺乏学术的交集,每个人完全基于自我的兴趣即兴创作,既无冲突,亦无共鸣。似乎每个人都在开辟着教育伦理研究的一个领域,但每一个领域又缺乏深入的探究。当前的教育伦理研究范围不可谓不广,教师道德、师生交往、校长及教育行政人员的道德、学术腐败、教育制度伦理等诸多领域都得到了关注。但研究却缺乏深度。以教育制度伦理为例,自段治乾在河南人民出版社2005年出版《教育制度伦理》一书以来,便很难再看到其关于教育制度伦理方面的学术论文或专著问世,尽管其他的研究者还有数十篇文章对这一问题予以关注,但无一作者有两篇或两篇以上的关于这一主题的文章。这也就注定了研究不可能走向深入,多是浅尝辄止,到目前为止基本上还停留于对教育制度伦理概念的厘定和意义的说明,而教育制度伦理的价值标准虽有提及,但基本上套用了罗尔斯的观点将公正或正义作为其首要价值,而缺乏教育视角的审视和教育自身特性的思考。

2. 研究缺乏对内和对外的交流,闭门造车,研究的开放性不足

研究队伍的分散性,不仅影响研究的深度,同时也使教育伦理研究者之间的交流变得困难。学术的交流是学术成长的重要途径,但教育伦理研究者之间却表现出明显的交流不足,几乎没有任何公开的学术交流活动。这种交流的匮乏不仅表现在教育学和伦理学研究者之间的交流、表现在学科内部的交流上,同时也表现为与国外教育伦理研究者之间的交流。

作为交叉学科的教育伦理学,其研究群体既有来自教育学领域的学者,也有来自哲学或伦理学领域的学者。前者如上海师范大学伦理学博士点带头人王正平、南京师范大学公共管理学院前副院长钱焕琦、北京师范大学哲学系伦理学教研室主任李春秋等,后者如北京师范大学课程与教学研究院院长王本陆、南京师范大学道德教育研究所孙彩平等。在最初的关于教育伦理研究的理论成果中主要是来自伦理学领域的学者,1990年代开始少数的教育学学者开始涉足这一领域。时至今日,两个学科的学者的研究都获得了一定的发展,但两个学科之间的研究者长期以来一直进行着各自独立的研究,没有实质性的交流。如果说学科之间的差异使得他们的研究彼此孤立尚能理

解,毕竟在当今学科之间高度分化的背景下,任何两个学科之间的合作和交流都不多见。那么,伦理学内部或教育学内部之间的交流匮乏,则很可能源于相关组织或学会的缺场。学术交流自然有非正式的交流和正式的交流,私下的合作或许存在,笔者不得而知。但正式的学术交流、学术论坛、学术会议等,到目前为止尚未看到。其原因无非在于,正式的学术会议或学术论坛往往需要有具体的组织者,而教育伦理研究者无组织的分散状态注定了不可能有人出面去组织这样一个耗费财力、人力而效果又不确定的会议。因此,对于尚处于起始阶段的教育伦理研究而言,相关学术组织的建立是必要的、紧迫的,这样的学术组织能使那些自发的教育伦理研究者获得一种归属感;而且,组织的建立意味着相关研究者的研究主题得到了公开而明确的承认,从而能够坚定自己的研究方向,将教育伦理研究作为一项终身的事业来对待,付诸全部的精力。所幸,2013年11月"中国伦理学会教育伦理学专业委员会"在上海师范大学成立,并召开了第一届"教育伦理学年会",这必将为教育伦理研究的深化产生深远的影响。

学术交流不仅需要国内学者之间的交流,同时需要同国外学者之间进行相关的交流。在漫长的人类历史上,无论我国还是西方世界,都有着丰富的教育伦理思想,但这并不等于现代意义上的教育伦理研究。前文已经指出,《教育伦理学》肇始于杜威,后经彼得斯、索尔蒂斯、斯特赖克等人的发展,至20世纪80年代,"西方教育伦理学进入发展的多样化和成熟化阶段:在研究领域上从整体层面延伸到课程、教学、管理、政策等具体层面;在研究方法上,走向了事实分析和价值辩护的并存;在研究形式上,呈现出'专题化'、'系列化'和'体制化'的趋向,教育伦理学俨然成为教育学(或伦理学)园地中的璀璨一枝"。[5]而在这一时期,我国的《教育伦理学》研究尚未真正起步,也就意味着我国的教育伦理研究水平与西方的研究在起点上便有着巨大的差距。事实上,目前,美国、加拿大、英国等西方教育强国对教育伦理问题都已经有了较为广泛和深刻的研究,而我们要想获得快速的发展,就需要向他们学习,与他们交流。自2012年以来,陆续有教育伦理研究的相关著作被翻译成中文,如《教学伦理》《教育政策伦理》等,但翻译毕竟只是一种单向的交流,而且许多西方经典的著作尚未得到重视和翻译。

3. 重演绎而轻实践,研究的现实性不足

教育学是社会科学的分支学科,教育问题也是社会问题的一种类型,但教育问题

不是一般的社会问题,而是具有自身特殊性的社会问题。因此,在进行教育伦理研究时一方面要顾及一般社会科学研究的普遍性特征,另一方面也要遵循教育自身的特殊性。然而,当前关于道德哲学与教育的研究整体上呈现出重道德理论的运用而缺乏教育的道德思考、重演绎而轻视教育实践的特征。

所谓演绎,即是通过将具体的道德哲学理论运用于教育问题的探讨之中,从而揭示教育的道德本性,探索教育中的道德规律,解决教育中的道德问题。在教育学的众多分支学科的研究中,来自其他学科的理论对教育学的问题的解决发挥着重要的作用,如经济学理论对于教育经济问题的研究、统计学理论对于教育统计问题的研究、社会学理论对于教育社会学问题的研究等,如果缺乏了这些学科的理论,也就不会存在教育学复杂而丰富的学科体系。教育伦理学本身就是一个交叉学科,因此,它离不开母体学科已有的研究成果,需要已经获得论证和检验的道德哲学理论。也正是在这一背景下,功利主义伦理学、责任伦理学、关怀伦理学、幸福伦理学等开始进入教育伦理研究者的视野。近十几年来,舍勒的情感伦理学、康德的道德形而上学、哈贝马斯的商谈伦理学、麦金泰尔的美德伦理学、鲍曼等人的后现代伦理学、霍耐特的承认伦理学——被引进教育领域。这些道德哲学理论在教育领域的引入对于教育伦理研究的拓展和深化发挥了不可替代的功能,同时也给予了教育伦理研究者诸多的启迪。

然而,在这些理论被引入教育领域的同时,也产生着诸多的问题。首先,道德哲学的教育运用似乎成为教育伦理研究获得突破的唯一渠道,研究者对这些伦理学的既有理论的依赖形成了心理惯性,而缺乏从教育的视角对这些理论进行批判和审视,更放弃了对教育问题进行道德思考的努力。这些理论是否适合于教育伦理研究,又在多大程度上适合教育伦理研究,这些理论形成的时代背景与当前的教育现实是否吻合等问题,都在很大程度上遭到了忽视。可以说,道德哲学理论在教育中的运用,在丰富教育伦理研究的同时,遗忘了对教育自身的道德思考,扼杀了教育伦理研究的创造激情,阻碍了教育伦理理论的发展和成熟。

其次,道德哲学理论在教育中的运用遵循着演绎的法则,而所谓演绎就是从普遍的道德理论出发来认识教育中的现象和问题,这是一种普遍性的逻辑。然而,在很多时候,"普遍的知识会淹没特殊性",[6]道德哲学的一般理论往往会形成对教育这项特殊的社会活动的特殊性的遮蔽,只能顾及教育当中那些符合这些被选择的理论的现象,而那些具有教育独特性的、大量的教育事件、教育现象、教育问题以及教育中的规律性的东西不可避免地遭到忽视。

第三,通过理论演绎的教育伦理研究,其出发点是道德哲学本身,而非教育的现实,这也就意味着当前的教育伦理研究难以形成对现实的关照,是脱离现实的研究。教育的现实在很多情况下并非是自明的,而是需要努力去揭示的。因为"现实"并不等于"实存",即不等于现状,"现实是一种行动中的、变动着的存在",[7]它并不会自我呈现。然而在道德哲学向教育迁移的过程中,要么因为道德哲学理论的普遍性特征而忽视教育的现实性,要么为了思想而刻意彰显部分现实去掩盖或逃避其他现实。也正是在这个意义上我们说当前的教育伦理研究缺乏对现实的关照。当然,关照现实首先是研究的出发点问题,即研究要从真实的教育入手,而非从外来的理论入手;同时,走向现实、接受现实,也是一个能力的问题,"强者直面现实,弱者逃避现实",教育伦理研究之所以表现出现实不足的弊端,在很大程度上也源于当前教育伦理研究队伍的薄弱和自信的不足,不具有理论开拓的勇气和能力。

三、教育伦理研究的发展趋势展望

教育伦理研究在自身发展的过程中已经呈现出了一些明显的趋势,这种趋势既是一种客观的现实,同时也是研究人员的一种内心期待。这些发展趋势中,教育伦理研究的学科化、教育伦理自身的理论建构、教育制度伦理等备受关注,必将成为未来一段时间内教育伦理研究的重要内容。

1. 教育伦理研究学科化趋势明显

随着教育伦理学研究的进展,教育伦理学的学科化趋势日益明显,具体来说表现在三个方面:一是三十年来有大量的教育伦理学教材和专著问世,二是教育伦理学在高校获得了初步的建制,三是教育伦理学学会的成立。

自1988年由王正平教授主编的《教育伦理学》出版开始,我国教育伦理研究便被揭开序幕,之后有不少的《教育伦理学》教材问世(见表1)。

表1 《教育伦理学》教材列表

作者	书名	出版社	年份
王正平	《教育伦理学》	上海人民出版社	1988
施修华、严缘华	《教育伦理学》	上海科学普及出版社	1989
陈旭光	《教育伦理学》	天津教育出版社	1990
李春秋	《教育伦理学概论》	北京师范大学出版社	1993
王正平、郑百伟	《教育伦理学:理论与实践》	上海教育出版社	1998
贾馥茗	《教育伦理学》	江苏教育出版社	2008
贾新奇	《教育伦理学新编》	山西教育出版社	2008
钱焕琦	《教育伦理学》	南京师范大学出版社	2009
李廷宪	《教育伦理学的体系与案例》	安徽师范大学出版社	2010
余文模	《教育伦理学》	西南交通大学出版社	2011

在教材编写的基础上,还有不少的专著和译注问世,如王正平的《教育伦理学:理论与实践》、王本陆的《教育崇善论》、孙彩平的《教育的伦理精神》、檀传宝的《教师伦理学专题》、伊丽莎白的《伦理型教师》、斯特赖克的《教学伦理》和《伦理学与教育政策》、罗伯特的《教育研究伦理》等。

尽管在21世纪之前的《教育伦理学》著作基本上是针对道德教育和教师(职业)道德的研究,甚至在21世纪之后依然有学者将教育伦理学的研究主题确定为教师(职业)道德,但无论如何这些教材的出版使"教育伦理学"这一称谓在教育学界和伦理学界引起了注意、得到了关注,甚至给予了承认。而且自2008年以来,新出版的教材或专著均在一定程度上超越了原有的范畴,逐步使教育伦理研究得到了本真的回归,尤其是国外相关著作汉译版的问世使得教育伦理学的研究领域和学科体系日益成熟。由这些研究成果不难看出,教育伦理研究已然成为教育学的一个新的研究领域,也必将成为教育学研究的一个新的学术生长点。而且,近年来部分学校逐步开设《教育伦理学》课程(如华东师范大学、江苏大学、南京师范大学等),招收教育伦理学专业的研究生和博士生(华东师范大学),也就是《教育伦理学》作为一个学科初步获得了在高等院校的建制。更为重要的是前文所指出的,2013年11月份在上海师范大学成立的"中国伦理学会教育伦理学专业委员会"标志着教育伦理学的学术组织正式建立,这必将进一步推动教育伦理学的学科化水平,推动教育伦理学的进一步发展。

2. 教育伦理研究的理论创新与本土化将受到重视

20世纪80年代至90年代的教育伦理研究主要是来自一线教师的经验说明,尽管这些研究揭示了教育中存在的大量道德事件,也说明了教师等教育工作人员所面临的大量道德困惑,但总体而言,因为缺乏理性的参与和理论的建构,对现实教育中的道德问题所提出的解决方案和对策也因为缺乏逻辑的论证而很难被称为学术性研究,其研究成果也缺乏说服力。90年代后期以来,教育伦理研究逐步理论化、学术化,但这种理论化和学术化主要体现在两个方面,一是对学科自身问题的探讨,二是对既有道德哲学理论的演绎;而关于教育伦理自身的理论建构并没有获得实质性的进展。

长期以来,教育哲学学科习惯了从哲学中引入理论来进行教育学的问题分析,然而这样的研究往往会导致我们不愿看到的现象出现,即这样的教育哲学研究在深刻性上不如哲学专业,在实践上又不如教育学的其他专业,从而在教育学术领域处于一种尴尬的地位。究其原因,便在于教育哲学研究一味地追求其哲学的深刻性,过分重视对哲学问题的研究,而忽视了对教育自身的思考。而今,作为教育学分支学科的教育伦理研究也同样面临着这样一种尴尬,在脱离最初的经验直观之后,教育伦理研究必然会重视对自身的学科理论体系的建构。然而,就当前的情况来看,这种建构的原点并没有在教育中寻找,而同教育哲学研究长期的状况一样,企图从伦理学中寻找教育伦理研究的学术起点和学术发展的力量和源泉。尽管这样的理论建构对教育伦理研究并非毫无意义,但却缺乏理论上的创新性,而且也不可能成为教育伦理研究持续发展的动力之源。

因此,教育伦理研究的理论创新必须得到重视,这种创新不是外来理论的简单移植,而是以教育自身为研究的出发点、基于教育自身的特性进行的理论建构。不是道德哲学理论主宰教育伦理理论体系的建构,而是教育伦理理论建构内在需要它们的参与;不是外来理论成为教育伦理理论的生长点,而是教育的现实成为教育理论的生长点。这里所谓的现实,是当前中国教育的现实,是在中国经济社会文化背景下的教育现实。也就说,教育伦理研究要走向本土化。但事实上,当前教育伦理研究多借助伦理学理论,伦理学研究领域也多是对西方理论的引介、学习和阐释,而具有中国特色、中国气派的伦理学研究也并不多见。这也就注定了我们的教育伦理研究必然是脱离国情、脱离现实的无根的研究。

当然,在研究基础并不深厚的中国教育伦理学领域,学习是必然的,也是不可避免的。但如果仅是停留于学习和模仿也就不可能有中国教育伦理研究的理论创新。中国的教育伦理研究必须能够适应中国的社会文化条件,实现研究的本土化。本土化并非是要闭门造车,放弃交流,相反,我们要想实现真正的本土化就必须全方位地拓宽交流渠道,与他国教育伦理研究者进行交流,并最终把目前刚刚开始的单向交流变为双向的交流。

"本土化并不拒绝借鉴外来的概念、方法、理论,但强调要批判地、有选择地借鉴,反对来者不拒,反对盲目接纳。"本土化不是要把视野局限于中国,而是在坚守中国教育立场的同时放眼世界,"以批判的眼光观察世界,批判地吸收外来养分的同时,要有清晰的本土问题意识",不断从中国现实教育的视角对中国和世界教育伦理现象进行创造性的思考,并有胆识把这种思考的结果上升到一般性理论,要有意识地在理论化过程中创造新关键词、新概念体系、新基本假设、新分析框架、新研究方法,要以自信的姿态积极与各国政治学者对话,将中国人看中国和世界的心得与各国政治研究者共享。简而言之,本土化的要求无非是三条:"批判的吸收,创造性的思考,平等的交流。"[8]

3. 教育制度伦理将会继续得到关注

当前,教育制度伦理已经得到了一定的研究,尽管目前的研究尚非常有限,但这一主题的研究将会得到持续。这是因为,一是当前中国社会转型和教育转型的背景迫使我们进行教育制度伦理的研究;二是伦理学研究主题的转向,即从个人道德向社会伦理、制度伦理的转向,也从客观上引导着教育伦理研究的制度伦理转向;三是当前中国的教育实际状况以及教育伦理研究的现实也使教育制度伦理研究变得异常重要。

第一,当前中国深刻而广泛的社会转型和教育转型对教育制度伦理研究的需要。当前中国社会正处于一种急剧转型的阶段,而教育转型作为社会转型的推动力量而成为社会转型的关键因素。[9]尽管对教育转型的认识多有差异,如文化转型论、知识转型论、历史形态转型论等,但这些转型无一不需要最终求助于制度来实现。换言之,所谓教育转型本质上就是教育制度转型,通过制度来体现知识的更新、观念的转变、文化的更替和历史形态的变迁。制度的变革在教育转型中扮演着极为重要的角色,如和学新所言,教育法律和制度建设"对促进我国教育事业的发展,维护教育的国家管理原则,保护公民的受教育权利,调整教育活动中的各种社会关系,推动教育的转型,发挥着极其重要的作用"。[10]在某种意义上,教育转型与教育制度变迁同义。教育转型就是要通过制度的合理性审视、批判而予以重构,以实现教育的稳定秩序和健康发展。但好的教育制度不仅要具备合理性的要求,同时要具有正当性的要求。事实上,任何制度都内含着价值的规定,离开了对制度价值和正当性的追求,无论一个制度多么具有效率,都不能称得上是一个好的制度。"教育制度的内在价值,是教育制度的灵魂和根基所在,确立教育制度的伦理价值维度则是教育制度得以充满生机和活力的精神源头。"[11]而教育制度伦理的核心就是制度的价值和制度善,以及制度应当合乎善的伦理价值精神。因此,教育转型的时代背景客观上要求我们重视制度,重视对教育制度伦理的研究。

第二,教育伦理研究对于教育制度伦理的重视的另一个原因在于伦理学领域的一个重大转变。长期以来,伦理学内部一直重视个体的美德,试图通过对个体美德的塑造而提升一代人的道德修养,从而型构出一个理想的社会。[12]然而,方军在1997年对这种基于个体美德的伦理学提出了批判,并明确提出伦理学要实现从个体美德道德向社会伦理、向制度善的转变,认为道德进步必须从修养论道德向制度伦理转变。[13]伦理学领域这种研究视角的转换有着现实的基础,在美德口号下的虚伪人格,以及普遍的社会道德失范现象,迫使人们将视野由个体美德转向社会制度善。作为教育伦理学母体学科的伦理学的研究视角的转换必将引起教育伦理学研究的重心向教育制度伦理的偏移。

第三,教育领域的情况也迫使教育伦理研究向教育制度伦理转变。首先,当前我国教育的价值取向已经从20世纪八九十年代的效率优先转向了公平。自90年代末以来,教育公平问题便始终是我国教育领域面对的重大问题。对教育公平而言,制度的公平和正义是首要的。因此对教育制度的道德性的研究,也必将成为教育伦理研究的重中之重。其次,长期以来,教育伦理学始终将教师道德作为其研究的中心,甚至是研究的全部内容,这种状况导致了教育制度伦理研究的长期缺失,教育制度伦理的理论建构也成为教育伦理研究的空白。从学科建设的角度来看,教育制度伦理理应成为当前教育伦理研究的重要内容。再次,从当前教育伦理研究的现实来看,教育制度伦理研究自2001年以来陆续开始有研究者涉猎,时至今日已有数十篇学术文章产生,这其中既有对教育制度伦理的本体探究,也有对教育制度某一维度进行的分析(如教育制度的公平、正义)。也就是说,教育制度伦理研究的序幕已经拉开,而且必将持续下去。

总体来说,教育伦理研究经过三十年的发展,取得了一定的成绩,但我们依然面对着太多的问题。道德哲学对教育的关涉不仅仅是一种时代的需要,而是具有内在的必然性,道德是教育的本性,它不会随着时代的变迁而有任何的削减;相反,随着教育发展水平的提升,道德哲学与教育的关联只会更加紧密。这种趋势已经在新世纪的十几年间得到了印证,相信随着越来越多的学者对这一问题的关注,道德哲学对教育的关涉会更加的深入,教育也会越来越接近其道德的本性。

参考文献:

[1] 杜威.学校与社会——明日之学校[M].赵祥麟,任钟印,吴志宏,译.北京:人民教育出版社,2005.

[2] 丘景尼.教育伦理学[M].福州:福建教育出版社,2011:7.

[3] 王本陆.关于教育伦理学研究对象的思考[J].教育研究,1995(3).

[4] 钱焕琦.教育伦理学[M].南京:南京师范大学出版社,2009.

[5] 程亮.教育伦理学的元问题:反思与建构[J].教育理论与实践,2009(7).

[6] 丁立群.理论哲学与实践哲学:孰为第一哲学?[J].哲学研究,2012(1).

[7] 刘森林.何为"现实":马克思与尼采的启示[J].哲学研究,2014(1).

[8] 王绍光.中国政治学30年:从取经到本土化[J].中国社会科学,2010(6).

[9] 冯建军.论教育转型[J].全球教育展望,2010(9).

[10] 和学新.社会转型与当代中国的教育转型[J].华中师范大学学报(人文社会科学版),2006(2).

[11] 李江源.论教育制度的伦理道德之维[J].教育理论与实践,2006(1).

[12] 高兆明.制度伦理研究[M].北京:商务印书馆,2012:39.

[13] 方军.制度伦理与制度创新[J].中国社会科学,1997(3).

核心价值、教育伦理与师德建设
——全国首届教育伦理学学术研讨会综述

周治华

2013年10月27日—28日,全国首届教育伦理学学术研讨会暨中国伦理学学会教育伦理学专业委员会(简称中国教育伦理学会)成立大会在上海师范大学召开。研讨会以"核心价值、教育伦理与师德建设"为主题,由上海师范大学哲学学院、上海师范大学跨学科研究中心、上海师范大学学报期刊杂志社共同主办,得到了中国伦理学会和教育部教师工作司的大力支持。来自全国28个省市的100多位专家学者和一线教育工作者围绕当代中国教育伦理学与师德建设的现状、任务和发展对策进行了广泛而深入的研讨。现将主要观点综述如下。

一、关于教育伦理与师德现状的反思

正视与反思当今社会存在的教育伦理与师德师风问题,无疑是新的时代条件下推动我国教育伦理学学术研究与教师职业道德建设的前提。与会学者从教育活动与教师职业两个方面展开研讨,分析了"应然"与"实然"之间的落差及其成因。

作者简介:周治华,博士,上海师范大学马克思主义学院副教授。
E-mail:zhouzhihua@shnu.edu.cn

1. 教育活动的伦理审视

教育活动有其特殊的且不可或缺的伦理内涵和价值目标。上海师范大学王正平从建设社会主义核心价值观的高度分析了当前教育活动的价值缺失，认为实现现代化的急躁情绪造成对于教育培养目标的片面理解，导致学校致力于培养工具性人才，忽视了人的全面发展，严重损害了学校教育对公平、正义、自由、民主等社会核心价值的追求。南京师范大学钱焕琦也认为，教育不同于经济活动，是教人向善的事业。市场经济追逐利益最大化的影响、"我是为你好"式的家长主义、基础教育阶段学生负担过重和选择性评价机制、"人上人"而不是普通劳动者的价值取向，背离了培养健全人格的教育目标。

教育以立德树人为根本任务，意味着对学生的道德发展承担责任。湖北大学靖国平认为，由于长期受到应试教育的影响，我国学校德育在一种虚拟的道德教育情境中进行道德教育，满足于道德知识的传授，应当深刻反省学校德育工作中长期存在的"虚无主义"和"包办主义"倾向。湖南师范大学向玉乔则以更加宏观的视野深入反思了道德教育在我国现有教育体系中处于被抑制、被阻碍、被制约或被限制的原因，认为偏重于科学知识教育和科学技术教育是我国现有教育理念和教育体制的根本特征，也是导致我国道德教育陷入困境的根源所在。

2. 师德失范的成因分析

当下中国教师职业信誉受损，师德状况不佳，原因何在？北京大学魏英敏认为，政策上的偏差，把教育作为产业，教育资源分配不公，都是造成教育行业诸种乱象的因素；同时，部分教师不能在商品经济冲击下把握自己，与丑恶现象同流合污。上海师范大学潘文岚认为，教师职业不同程度地受到了市场经济大环境的影响，导致教师职业动机个性化、多元化、功利化，教师职业理想碎片化、淡漠化、庸俗化，教师职业道德的迷失、缺失、丧失。同济大学教授邵龙宝则通过古今对比看到，现代社会的教育不再强调"师道尊严"，也不再强调"做人的教育"，而是突出"知识传授"、"能力培养"和"智力开发"，导致教育者敬重教育职业的内心体验与要求越来越淡化。首都师范大学李春玲也认为，从个体方面反思师德现状，最根本的问题是一些教师或教育工作者对于教师职业道德缺少敬畏感。

二、 关于教育伦理学的学科建设与理论研究

问题是时代的声音,召唤学理层面的自觉和回应。如何推进我国的教育伦理研究,目前的主要任务和研究重点是什么,是本次研讨会引发与会学者积极关注和研讨的重要议题。

1. 教育伦理学的学科建设

推进教育伦理学研究,首先应当明确其学科归属和研究范式。华中师范大学王珺指出,作为制度化学科的教育伦理学探讨目前还没有成为重要的研究关怀。教育伦理学内在属性中的"跨学科性"以及与其他学科边界的模糊性,造成了目前该学科理论建设与学科建制面临困境。如何在学术上突破知识壁垒、坚持跨学科,在学科建制上规范自己的研究边界和学科归属,获得二级学科建制,这是教育伦理学未来发展需要关注的议题。沈阳师范学院田鹏颖也认为,教育伦理学应当加强基础研究,体现学科特色,研究视角实现多元化,研究领域保持开放性,研究指向注重应用性。

2. 教育伦理学的视域拓展

深入研究时代发展提出的重大教育伦理问题,是教育伦理学承载的学术使命。南京师范大学刘云林认为,传统伦理学影响下的教育伦理研究仅仅关注教师个体的教育道德问题,存在视域过窄的缺憾。拓展研究视域,尤其要关注大政方针的伦理合理性、教育公正,受教育的权利保障、教育者的全面发展等重大现实问题。北京师范大学王本陆认为,我国教育事业的快速发展和改革开放进程中凸显出来的一些具有鲜明时代特征的教育伦理问题,例如教育改革伦理问题、教育国际交流伦理问题、教育制度伦理问题、教育信息化伦理问题,要求教育伦理学"固本拓边",夯实理论基础,开辟新的研究领域。上海师范大学陈泽环提出,教育伦理学研究可以借鉴经济伦理学的发展经验,从制度、机构、个人三个层面加以拓展:"制度教育伦理"探讨教育制度、教育政策和教育理念的道德价值导向问题,"机构教育伦理"关注各级、各类教育机构的道德行为,"个人教育伦理"研究个人在教育活动中承担角色的伦理问题。此外,还有学者提出了构建"学习伦理"、"教学伦理"的课题和设想。

3. 教育伦理的核心价值研究

澄清教育活动的价值导向,是推进教育伦理研究的基础性工作。复旦大学邓安庆认为,每一位教育工作者都应该有自己的教育哲学,承担起推进教育伦理研究的责任。教师不单要引导学生追求成功和走向卓越,更要塑造人的灵魂,构建价值秩序,并促使价值秩序转化为行为规范。南京森林警察学院糜海波认为,教育作为一项塑造人、引导人和解放人的社会活动,本质上是崇高的事业。在当代中国,实现教育善的价值期待,促使教育伦理规范确切地反映社会的价值要求,必须以社会主义核心价值作为灵魂和内核。贵州师范大学彭海霞、李金和认为,构建高校核心价值观是一个直指当前高校教师价值观现状的时代问题。立足当代中国主导价值观,直面当前社会现实生活中的流行价值观,可以从优化社会价值导向,解决高校教师的实际问题、改革高校教师的考评方式三个方面培育教师的核心价值观。四川师范大学郑富兴澄清了有关功利主义教育价值理念的批评,认为教育的功利主义取向在肯定和增进个人幸福方面有其积极的价值;探究国家、社会与家长、教师、学生相互之间追求功利实现的价值冲突,才是我们解决学校教育功利性弊端的核心。

4. 教育伦理的思想资源研究

以中国传统伦理思想滋养教育伦理研究,才能夯实师德建设的文化根基。中国人民大学焦国成强调,理论建设有深厚的历史底蕴,才会产生实践的感召力。教育伦理研究应当重视继承优秀传统,汲取传统道德资源。上海师范大学陈泽环通过分析梁启超本人的道德成长及其教育伦理思想,认为他坚持以"严其格以自绳"的淑身之道和"随所遇以为施"的济物之道为立身之本,始终以道德教育作为一切教育的根基,为人们探讨"德育在当代学校和家庭教育中的地位"提供了有益的启示。湖南师范大学教授王泽应阐述了杨昌济一生学习、教授和实践伦理学所体现出来的教育伦理思想,包括培育君子人格,倡导乐观主义的人生观;注重唤起主体的道德自觉,推崇志气德操;树立高尚的人生理想,追求圣贤的人生境界;锻炼道德意志,培育高尚的道德品质。

推进教育伦理研究,还应当学习和借鉴国外教育伦理的理论成果和实践经验。上海师范大学王正平通过考察美国教育伦理理论、规范与实践表明,构建教育职业伦理应当以受教育者的需要和发展为着力点,以禁令式师德规则为主构建规范,有效反映教育的实践状态和时代特征。天津职业技术师范大学刘东菊探讨了世界范围内的教师专业化运动的启示,认为教师专业伦理作为教育伦理学研究的核心内容是教师专业活动开展的需要,师德建设应当立足于教师专业伦理工作的推动。

三、关于教育伦理的发展路径与实践机制

教育伦理学的理论研究源于实践,也要走向实践,尤其是服务于师德建设的推进。这是与会学者的共识,也是成立中国教育伦理学会的意义所在。

1. 注重理论研究与实践工作的结合

中国伦理学会会长万俊人指出,中国教育伦理学会的成立是中国伦理学发展史上的重要时刻。教师群体在当代中国以道德凝聚人心、改善社会风气方面具有特殊的重要性。他期望并祝愿新成立的中国教育伦理学会不仅在教育伦理学方面开拓创新,更能在立德树人、推动师德建设方面发挥作用。鉴于当前教育职业道德规范未能全面反映教师与学生、学校、职业和社会之间的伦理关系的现实,井冈山大学曾建平也认为,教育伦理研究不仅要回应和针对现实问题,也要注重理论上的发展和创新;不仅要从理论上明确核心价值观,而且要回答教育实践中的两难问题。王正平代表新当选的中国教育伦理学会理事和会长表态,将群策群力,以学术为本,注重理论研究与实践工作的结合,为国家和地方行政部门推进师德建设提供决策咨询,为社会道德发展贡献智慧和力量。

2. 构建科学的师德规范体系

构建科学的师德规范体系,是教育伦理研究走向实践、加强师德建设的重要路径。与会学者的一个共识是,师德规范是教师群体自我约定的道德承诺,应当强化基础性、现实性的道德约束。华中师范大学杜时忠认为,一部成熟的教师职业道德规范,不仅仅是"道德理想宣言",同时应该包含道德原则、师德规则、体现专业伦理的系统性与可操作性。他建议成立教师专业自治组织,依据教师专业伦理精神从师德理想与师德规则两个层面完善师德规范,充分表达教师群体的意志。西安理工大学沈璿以著名学者

常道直先生草拟的《全国教师公约》作为范本提出了制定当代教师伦理规约的原则和方法,即性质上区别于法则,应当包括德义原则和专业原则;伦理精神上应当蕴含教师的责任心、培养教师的专业意识、维护教师的共同利益;制定程序上应当由下而上推出、政府辅佐参与、体现集体意志。

3. 寻求师德建设的有效路径

加强师德建设,需要行之有效的切入路径。聊城大学黄富峰基于道德治理的视角提出提升高校整体德性的对策:对高校教育教学目的进行道德审查,对高校教育教学内容进行道德反思,对高校教育教学功能进行道德定位,对高校教育教学方法进行道德校正,对高校内部制度进行道德设计。广西教育学院卫荣凡从教师团队建设的角度提出加强师德自律的建议,认为团队成员的自觉性有利于形成师德自律的内在动力,团队运行的规范性有利于形成教师师德自律的外在动力,团队工作的协调性有利于形成师德自律的内在动力与外在动力的良性互动。北华大学李清雁认为,师德建设涉及对教师道德形成的体系构建和运行管理的保障措施,是一个系统化工程,与教师身份的获得和教师专业化进程相辅相成。此外,还有学者从教师的心理健康和人格测评、顶层设计与综合治理、创设良好制度环境等角度提出了加强师德建设的新思路。